社会学教程

第3版

主　编　易益典

副主编　李　峰

上海人民出版社

目　　录

第一章　社会学的性质与历史

第一节　社会学的研究对象和特点

"社会学"一词,通常认为是法国社会学家孔德在 1839 年出版的《实证哲学教程》第四册中正式提出来的。从那时算起,社会学已有了 170 余年的发展历程。作为一门具体的社会科学已被人们普遍接受,成了科学体系中的重要一员,社会学的学科知识和科学成果被广泛传播与运用。然而,作为一门独立的科学要进行系统的学习,我们还得从最基本的问题入手,即我们首先要明白社会学研究什么,怎么研究以及有何作用等基本问题。

一、社会学的研究对象

社会学的研究对象是社会学中最基本的问题,但最基本的问题并非最简单。有关社会学研究对象的论述,尽管社会学家们都是围绕着社会这个核心在揭示和阐述,但实际上各个社会学家对其具体理解和描述是千差万别的,甚至可以毫不夸张地说,有多少个社会学家,就有多少种社会学定义。面对此种情况,我们认为,美国社会学家英克尔斯(A. Inkeles)的定义方法是可取的。我们必须通过历史的途径、经验主义的途径和理性分析的途径才可能揭示社会学对象的内涵。关于社会学对象和定义,我们可以作以下简要归纳:

1. 社会学就是关于社会的科学,它的研究对象是整个社会。孔德(A. Comte)就有这一主张。

2. 社会学是关于社会关系的科学,研究对象是社会关系。其主要倡导者为美国社会学家索罗金(P. A. Sorokin)。

3. 社会学是研究社会行为的科学,研究对象是社会行为。这种观点由德国社会学者韦伯(M. Weber)所倡导,对现代社会影响极大,以致许多学者由此把社会学纳入行为科学的行列。

4. 社会学是研究社会组织和社会制度的科学。持这种观点的主要有美国社会学家帕森斯(T. Parsons)等。

5. 社会学是研究社会群体的。美国社会学家斯莫尔(A. W. Small)是这种观点的主张者。

6. 社会学是研究人类共同生活的科学,人类共同生活亦即社会生活。日本学者福武直和我国学者费孝通等有此倾向。

7. 社会学是研究包括社会制度和社会潮流、社会心理在内的社会事实的科学。法国古典社会学家涂尔干(E. Durkheim,又译为迪尔凯姆)持此观点。

8. 社会学是研究人们相互作用的社会形式的科学,这种社会形式实际上是社会关系。古典社会学家齐美尔(G. Simmel)持此观点,他认为社会学只研究社会关系的形式,不研究它的内容。

9. 社会学研究的对象是社会问题。美国芝加哥学派的许多人和我国的部分学者有此看法,社会学传播过程中这种观点也很有群众基础。

10. 社会学是关于社会调查及其方法的科学,把社会学视为各种社会调查研究及其技术的总和。

分析上述观点,我们可以看到社会学家和各种描述无一不包含在今天社会学研究的范围之中,各种不同的说法,只是描述的角度不同,共同点是显而易见的,即力图从静态或动态的角度揭示社会的本质。我们认为,社会学研究对象应该是整个社会,即社会存在的结构和社会变迁的过程。社会学的目的就是揭示社会发生、发展的原理,从而对社会进行科学管理。基于此种认识,我们对社会学下一个简要定义:社会学就是从社会整体性视野出发,通过对社会结构和社会过程的分析,揭示社会存在和发展的基本原理的一门具体的社会科学。

二、社会学的基本特点

社会学作为一门学科,在其研究和传播过程中,从内容和方法上体现出几个明显特点。

（一）整体性

社会学的最终追求是揭示整个社会的发生、发展原理，所以把社会当作一个有机整体来进行分析就成为社会学的一个基本观点和基本要求。社会学认为，任何一个社会都是一个有机的、完整的体系，它包含许多不同的组成部分，但整体不等于部分的简单相加，整体由局部构成，又改变了局部。整体与各个组成部分之间，各个组成部分之间相互联系、相互依赖、相互作用、相互制约。我们研究某一个社会组成部分，某一种特定的社会现象时，必须将它放到社会中加以认识，加以分析。考察它如何受到整体社会及其他组成部分的影响，从而揭示它在整体社会中的地位和作用。与此同时，我们也通过特定社会现象、社会组成部分的分析，来揭示整体社会的基本性质和基本面貌。只有这样的整体分析，才能从根本上揭示社会本身，就事论事的方法不符合社会学的要求。

（二）广泛性和交叉性

社会学的终极使命是把握社会的整体面貌，面对社会的整体把握，只有通过分析的途径才能实现，社会学对社会的分析是方方面面的，它的视野是无限广阔的，既涉及宏观社会的发展模式、发展规律、发展动力等问题，也直接关注微观领域中的人们的一言一行。尽管社会学的研究范围在理论上涉及社会的所有领域，但随着学科的分化和发展，很多领域已有独立的学科进行系统研究，典型的社会学领域似乎变得越来越小。然而，在学科不断分化的过程中，同时又出现了学科综合的趋势，由此导致学科之间的相互渗透和交叉。在此背景下，社会学和其他学科交叉，产生了许多新的分支学科，如经济社会学、法律社会学、人口社会学、医学社会学、宗教社会学、地震社会学等。社会学和其他学科交叉，使得社会学成了一个庞大的学科群。国际社会学协会设了37个社会学分科研究委员会，美国社会学协会也搞了几十个分科，日本《社会学小辞典》介绍有57种分支社会学。

（三）实证性

在具体的研究方法上，实证性是社会学的明显特征。社会学从其诞生之初,就力图与社会哲学相区别,强调使用自然科学中非常成熟而且在自然科学研究中取得巨大成就的观察法、分解分析法、实验法等来研究社会。孔德当时就把社会学称之为社会物理学,可见其良苦用心。实证方法在当时简单地说就是自然科学的方法,强调实地观察,强调事物的解剖式分析,强调数理分析。这一传统演变到现在,使得社会学非常强调社会调查和对社会现象的数理分析,甚至有的学者就把社会学当作一门专门研究社会调查和分析方法的学科,认为社会学是一种纯技术性的方法类学科。

(四) 现实性

社会学研究社会,但社会是一个延绵不断的发展过程。在整个社会的历史长河中,社会学关注的主要是特定的现实社会,并且以此与历史学、人类学相区别。在视野的广度上,社会学、历史学、人类学几乎是相同的,但在研究对象的时间段上,社会学与历史学、人类学有明显不同的取舍。历史学主要研究过去,而社会学主要研究现实;人类学主要研究相对落后的社会,而社会学则主要研究相对发展的现实社会。社会学关注现实生活的焦点,剖析现实社会的结构,倾心现实社会的管理。

三、社会学的作用

社会学自诞生以来,其所积累的知识和其倡导的价值理念不断地运用于社会的各个领域,对人们进行社会变革、社会管理的实践起了重要和直接的作用。社会学关注现实社会的品格,使得大多数社会学家都积极投身于现实社会,成为社会研究和社会管理的中坚力量。在社会学的整个发展过程中,甚至有人要把社会学演绎成"社会医学"和"社会工程学",他们不仅把社会学当作诊断和医治社会弊病、帮助解决社会问题的学问,而且把社会学视为对社会生活进行规划和设计的科学。社会学在社会的实际生活中发挥的作用归纳起来可以表现为以下几个方面:

(一) 理论上的认识作用

社会学关于社会是一个完整系统的一般理论和基本观念,改变了人们长期对社会的看法,纠正了人们把社会简单地等同于经济体系的观念,特别是在社会发展理念中促成社会全面发展的模式。

(二) 实践上的参谋作用

社会学能以其科学系统的社会调查和科学预测,为国家制定社会发展计划提供可靠的资料和数据,为决策者提供更多更好的发展思路,改善和优化决策模式,从而优化社会结构,促进社会发展。外国政府决策智囊团中有很多是社会学家。在我国的很多实际工作中,如大工程的移民工作及整体评价,社会福利和保障政策的制定,社区的社会工作,国家发展的综合指标的制定等,都充分体现了社会学的咨询和参谋作用。

(三) 社会行为的导向作用

社会学不仅关注宏观的社会,也关注社会中的具体个人,关注社会与个人之间的相互关系。在对人的价值理念、行为方式及人际关系的研究中,社会学提供有关的行为、人的心理以及合理的价值观念等知识,为人们合理调整自己的行为,从而适应环境、适应他人提供帮助。

(四) 学科研究中的助生作用

科学研究中分化和整合两种矛盾统一的现象日益明显。在这一趋势中,由于社会学具有相对独特的理念和方法,使得它与其他的学科广泛交叉和结合,产生了大量的边缘学科,为学科整合起到了桥梁作用,为新学科的诞生起到了催生作用。

四、社会学的研究范围

社会学的研究范围极其广泛,从某种角度来看,说它包罗万象也是不错的,然而在实际研究中,社会学家们仍然有一些侧重。按照美国社会学家 H. 哈特(H. Harte)的归纳,社会学中比较集中的主题有:社会学的科学方法,社会中的人格,文化,人类群体,人口,种性和阶级,种族,社会变迁,经济制度,家庭,教育,宗教,社会问题,等等。我国的社会学教科书设计的主要内容有:社会学的性质与方法,社会结构与社会文化,人的社会化,社会群体单位,社区,社会阶级阶层,越轨行为,社会控制,社会现代化,社会问题和社会保障制度,社会学的历史发展等。

第二节　社会学的历史发展

一、社会学产生的历史背景

(一) 社会背景

社会学作为一门学科,一般认为是从19世纪30年代法国的孔德提出"社会学"和建立这门学科的思想体系开始的。

社会学不是凭空出现的,同其他社会科学一样,它的产生有其深刻的社会和理论思想的前提条件。

第一,18世纪和19世纪的欧洲经历着巨大的社会变迁。产业革命和政治革命的冲击力波及西欧许多社会和社会内部的各个方面,其影响是积极的和巨大的。产业革命带来的机器大工业和工厂企业迅速地取代一家一户的手工业生产和作坊。为了给机器工业的产品寻找市场,引起了海运和陆路交通的大规模发展以及随之而来的商业和服务业的兴起。大炮加商品,攻击着世界各个闭关自守的社会,引起各地民族的强烈反抗。在各种社会思潮波及的地方,人们的价值观念和生活方式发生了变化,他们对自己社会和资本主义社会的不满与反抗也更趋激烈。

第二,社会主义的兴起。由于在资本主义制度中,绝大多数的劳动者终日从事长达十几个小时的劳动,而获得的报酬却少得可怜,仅够活命。不仅如此,由于资本家只顾摄取高额利润,工厂中卫生状况极端恶劣,工人家庭成员不断增加,生活水平急剧下降,工人生活贫困而悲惨。凡此种种,不可避免地导致推翻资本主义制度的劳工运动和各种激进运动的发展。马克思、恩格斯等一些伟大的社会革命家提出了建立社会主义制度以代替资本主义制度的学说,但也有的社会学者却持不同的立场。诸如涂尔干和韦伯都是反对社会主义的。他们认为资本主义社会中出现的弊端可以在资本主义社会范围内加以改革,无需像马克思所主张的那样要诉诸革命的手段。但是,社会发展的进程却令人信服地证明,马克思的科学社会理论深刻地揭示了社会发展的规律,越来越显示其强大的生命力。

第三,都市化。随着工业革命的迅速发展,西欧城镇的数目急剧增加,中小城镇也日益发展成为大城市。早先,城市几乎一致被看成是文明、思想自由和物质享受的摇篮。但都市发展的过程中带来的弊端也日益在人们的心灵上投下了暗影,这就是城市人口急剧增加后所产生的住房拥挤、环境污染、工厂噪音、人际关系复杂化、破裂的家庭、卖淫、吸毒、犯罪等种种问题。

第四,科学技术的发展。随着科学技术产品渗透生活的各个领域,科学的声望越来越高。它对社会学理论的发展也越来越显得重要。早期的社会学家专心致志地注视“硬”科学的发展,他们希冀能以物理学和生物学的模式来塑造社会学。但是,在热衷于科学模型的学者和主张人类社会生活不同于自然科学的学者之间很快地展开了一场长时间的辩论,这就是社会学和科学两者关系的论战。

(二) 思想理论基础

许多思想力量对于社会学思想流派的产生与发展有密切联系。在 18 世纪,许多社会思想家已不满足于仅仅对人类和社会作出哲学上的解释。他们开始注重启迪人民群众的思想和心智,开展批判性的讨论,以及在必要时进行重大的革命或改革。最具代表性的是启蒙运动思想和 19 世纪空想社会主义思想。

1. 启蒙运动思想

法国社会学的创立和启蒙运动的肇始,标志着哲学思想非凡发展和变革的一个历史时期。其杰出的代表人物是伏尔泰(1694—1778)、孟德斯鸠(1685—1755)和卢梭(1712—1778)。这些思想家的观点虽有所不同,但他们都反对封建制度,宣布封建制度的不合理性,必须代之以合乎“自然”秩序、“理性”制度,保护资产阶级的所有制;他们反对君主政体与君主主权,提出人民主权的思想;他们反对封建思想和等级特权,提出平等的主张;他们认为国家和社会制度不是起源于神,不具有永恒性,也非神圣不可侵犯,认为国家和社会制度是人造的(社会契约的)结果;他们反对宗教势力,痛恨教会、愚昧和迷信,强调知识的重要性和教育的万能;他们都认为社会的发展是有规律的,但发展的动力是人的心灵、知识和良知。总而言之,他们要建立一个所谓的理性王国——即资产阶级共和国。

启蒙运动的信仰特点是人们想通过理性和经验研究来理解与控制宇宙。既然自然界受自然规律支配,那么,人们也可以将这些规律用到社会界中来。由于强调理性,启蒙运动的哲学家便趋于反对传统权威的信仰。由于启蒙思想中含有进步的合理成分和唯心主义空想成分,因此当时的社会学家们从不同的角度和立场出发,吸取了启蒙思想中的不同成分。从表面上来看,启蒙运动直接而积极地影响着法国社会学。但在实际上,法国社会学从它成立起也在不同程度上受到反对启蒙运动思想的影响。

2. 19 世纪的空想社会主义思想

19 世纪,资本主义生产方式的矛盾性开始暴露出来,资本主义的发展同广大劳动群众的贫困紧密相连。圣西门、欧文和傅立叶,这些 19 世纪伟大的空想社会主义代表,从劳动者的利益出发,愤怒地揭露了产生贫困的社会制度,提出了一整套的空想社会主义思想。他们的思想之所以成为空想,就在于他们的思想中充满了如下无法解决的矛盾:一方面,他们提出人类社会的发展规律,否定资本主义是完美至极的社会,提出要建立合乎"理性"的实业制度——社会主义制度,另一方面,他们把社会主义看作是理性的产物,否认暴力革命的必要性;一方面,他们是穷苦无产者的利益的代表,企图为无产阶级寻找摆脱贫困和压迫的途径,另一方面,又认为无产者愚昧无知,需要富人来教导他们;一方面,他们提出阶级斗争在人类社会发展中有着主要作用的天才思想,另一方面,反对任何形式的阶级斗争,主张在富人和穷人、工厂主和工人合作的基础上,实现理想的社会制度。

19 世纪法国空想社会主义思想中,关于否认任何革命行动的思想,是他们学说中致命的弱点。但他们的思想之所以伟大,则在于空想社会主义在世界史上是正确的,因为它是由资本主义产生的那个阶级的象征、表现和先声。

(三)学科方法论基础

1. 自然科学的发展

资本主义进入 19 世纪后,自然科学由原来主要是"搜集材料的科学"发展为"整理材料的科学"。一些以研究自然物质发展过程为特征的科学,如地质学、胚胎学、动植物学、有机化学等,纷纷建立和发展起来。达尔文所创立的生物进化论,使人们知道,包括人在内的各种生物,都是按照"适者生存"的规律长期进化和发展的结果。一方面,它促使人们将注意力渐渐转向对社会的研究,社会研究的重要性日益明显和迫切,其中一些资产阶级的思想家,如孔德和斯宾塞,力图用自然科学的方法来研究社会,另一些无产阶级思想家,如马克思和恩格斯,看到了自然科学的方法在社会研究中的重要性,吸取了当时自然科学的伟大成果,对社会进行真正实证的科学的研究;另一方面,由于自然科学的方法,特别是调查统计技术被广泛地运用到社会领域的研究中,为社会学的创立、发展和完善,创造了必要的条件。

2. 早期经验调查

经验调查的历史比起"社会学"一词的出现要早得多。它是同英国的"政治算术"同时在17世纪开始出现的。

随着资本主义在英国的兴起,与之相适应的是社会调查统计的产生和发展。为了收集和整理社会状况资料,提供合理可靠的统计事实,以满足商业贸易和城市发展的要求,"政治算术"和人口统计应运而生。其后,随着资本主义经济、政治文化日益发展的需要和资本主义社会问题的愈益暴露,在18世纪末至19世纪初,社会调查已发展成为各种专题的调查研究。其涉及范围则有人口普查、农业资源普查,以及与工业化和都市化有关的制造业、公共行政、公共健康、教育体系、货物消费、财富水平、住房、工资、赤贫、童工、死亡、自杀和犯罪等问题的调查研究。

早期的经验调查对社会学说的创立有重要意义。如马克思在其巨著《资本论》和《工人调查表》中,恩格斯在其《英国工人阶级状况》一书,都在许多地方引用了早期资本主义社会中的有关学者的经验调查资料。

二、古典社会学的主要代表人物

(一) 孔德的实证主义社会学

孔德(Auguste Comte, 1798—1857),法国社会学家,社会学学科创始人。孔德在青年时代就同圣西门(1760—1825)有过密切的关系,他从十九岁起成了圣西门的秘书和门徒,这两位思想家的思想有很多相似之处,使他们走到一起,后来由于在理论上和政治上的意见有根本分歧,终于导致友谊的破裂。

　　孔德早年毕业于巴黎综合工艺学校,熟谙数学、物理和天文学。在大革命后的法国,社会陷于动乱和无政府状态中,他对如何重建当时社会次序较为关注,主张应当用自然科学的观察、实验和比较的方法来研究人类社会。为了与启蒙时期所流行的新兴哲学相抗衡,他提出了"实证主义"或"实证主义哲学",并著有《实证哲学教程》(六卷,1830—1842 年)和《实证政治体系》(四卷,1851—1854 年),在 1839 年出版的《实证哲学教程》第四卷中,他提出了"社会学"这一学科。

　　孔德认为,建立一门关于社会的实证科学,即社会物理学,是这个实证哲学教程的"首要目的"。他以按照进入实证阶段的先后次序对科学进行分类。他认为数学是最早进入实证阶段的一门科学。在数学之后依次排列的是:天文学、物理学、化学、生物学和社会学。在科学分类史上,孔德首先创用"社会学"这一术语来取代社会物理学,并将其纳入科学分类的体系之中。他反对纯思辨性,主张实证研究,断言观察法是社会学中主要的研究方法。孔德认为社会学是研究整个人类社会的,把社会学划分为社会静力学和社会动力学,他用"秩序与进步"来概括这两大内容。

(二) 斯宾塞的社会有机体论

　　斯宾塞(Herbert Spencer,1820—1903),英国社会学家。斯宾塞的学说受到达尔文的《物种起源》、马尔萨斯的《人口论》以及英国经济学家亚当·斯密、功利主义者边沁等人的影响,主张用生物进化论来解释社会现象。他认为,社会类同于生物界,人类个体与生物个体具有共同性,社会发展的规律也是生物学中所揭示的规律,即弱肉强食、适者生存、不适者淘汰的规律,社会机体如同生物机体、社会进化如同生物进化一样,社会组织完全可以用生物学的解剖法来进行结构和功能的分析。

　　斯宾塞的社会学观点,集中体现在社会有机体论的学说。他认为社会是由不同部分构成的一个整体,不同部分的排列活似生物有机体各个部分的排列一样。作为一个有机体的社会特性有如下特点:(1)社会是在不断地生长,如小社区变成大城市;(2)它在生长的过程中,各个部分变得不一样,也就是说,它的结构分化了,同时它的复杂性也增加了;(3)社会在结构上逐渐分化,其功能也随着分化,如社会分化为许多不同的组织,每个组织又有其不同的功能;(4)随着结构的变化和功能的不同,它们之间的相互依赖也逐渐增强,使任何部分的变动,都会影响到其他部分的变动;把社会看成为各部分的结合;(5)对应生物机体的营养系统、消化系统、调节系统,社会有机体有三大系统:即担负营养功能的工人阶级,担负分配和消化功能的商人阶级,担负调节生产分配以致整个社会的工业资本家阶级。这三个阶级各司其职,从而使整个社会有机体处于均衡状态,反之有机体就会出现功能失调。

同时,斯宾塞认为,社会的进化过程也是按照生物学中自由竞争、适者生存、不适者淘汰的原则自然地、逐渐地实现的,是一个不断量变的演进过程,而不能有意识地"加速"或干预。社会学要耐心等待社会长期的自然进化,排除社会改革运动的干扰。

(三) 涂尔干的社会学思想

涂尔干(Emile Durkheim,1858—1916),又译为迪尔凯姆,法国社会学家。出身于法国一个犹太教家庭。早年在巴黎高等师范学校受过哲学教育,他在青年时期就渴求学习科学的方法,并用来指导社会生活的道德原理。他最初曾执教于省高立中等学校,同时从事社会学著作的研究,并在哲学杂志中当评论员。他曾去德国熟悉哲学、社会科学和伦理学,并于1887年应邀在波尔多大学讲授社会科学课程,1896年他在这所大学领导了法国第一个教育学和社会学系,同年他与其追随者开始出版《社会学年鉴》,对法国社会学的发展产生巨大影响。他在社会学方面的主要著作有:《论社会分工》(1893年)、《社会学方法的规则》(1895年)和《自杀论》(1897年)。

涂尔干的理论的核心是关于社会事实的概念。所谓社会事实是指自我客观存在的、能给个体以外在的压力并强迫他做出一定行动的任何活动方式。他把社会事实分为两种基本类型,即物质的和非物质的。物质的社会事实如劳动分工、法律等,但他的着重点在于非物质的社会事实,如集体意识、集体表象和社会潮流等,主张用一些社会事实去表达和解释另一些社会事实。《自杀论》就是贯彻这一方法论原则的重要著作。在本书中,他通过大量的统计资料,来说明自杀率和作为宗教信仰、家庭规律、婚姻状况、职业等因素。

涂尔干还提出"社会学主义"的观点。"社会学主义"强调社会事实不同于自然事实的特殊性,也不同于社会个体的自主性,社会事实比个体更重要。"社会学主义"的基本观点认为,社会是一种自我调节的系统,这个系统不能简单归结为各种个别因素的性质,而只可归结为构成系统的各部分之间的相关性;现实的社会秩序是社会的正常状态,必须从各种社会现象在系统中所起的作用的角度,来对这些现象进行功能分析。因此必须考察社会事实之间的关系及各部分的功能,才能揭示"社会事实"的本质。

(四) 韦伯的社会学理论

韦伯(Max Weber, 1864—1920),德国社会学家。出生于德国埃尔富特的一个律师家庭,曾先后就读于海德堡大学、柏林大学和哥廷根大学学习和研究历史学、法学、政治经济学和经济史。从 1894 年任弗赖堡大学教授,1896年起任海德堡大学教授,1909 年他帮助建立了德国社会学学会。他是一个学术渊博的社会科学家,曾涉猎许多社会科学领域,除法学、历史学和经济学领域外,他还在政治学、宗教学和文化学等方面有所研究。

韦伯把社会学定义为理解人的行为科学。他认为社会学要认识的是社会行动,要从根本上说明社会行动、过程和影响,于是他提出了"理解社会学"。所谓"理解社会学"就是指社会学家要理解社会行动的含义,要掌握行动者赋予其自身的行为和决定的主观意义。为了理解社会行为,他以合理性概念把社会行动区分为四种类型:第一种是与目标相连的合理的行动;第二种是与价值观相连的合理的行动;第三种是情感的行动;第四种是传统的行动。按照他的看法,现代社会的合理化性质就是通过扩张第一种合理行动的范围而表现出来的。例如他认为以科层制来管理的经济企业是合理的,以科层制来管理的国家也是合理的,整个社会将趋向于目标相连的合理化。于是他把科层制理论纳入管理和统治的合法形式。

韦伯的方法论一方面坚持实证主义的传统,另一方面又吸收了反实证主义思想中的合理之处,在此基础上,他提出了价值中立(或叫价值无涉)的原则。韦伯反对将自然界简单同等于人类社会,将自然科学的方法简单地用于社会研究,强调社会学研究对象的特性,即要理解人类的行为活动;同时他也反对降低或否认社会学的科学性和客观性,认为社会学的研究必须坚持实证主义的传统,他认为价值中立原则是社会学研究的最科学的方法。

三、现代社会学主要流派

第二次世界大战后,世界各国的社会学都有很大的发展,涌现出各种社会学派。下面仅将一些主要流派加以介绍:

(一) 结构功能主义学派

第二次世界大战后,美国的国民经济恢复较快,并出现了繁荣和稳定的局面。就在这种背景之下,以帕森斯为代表的结构功能学派,犹如异军突起,没有多久便开始称霸于美国社会学。帕森斯的学生们在国内一度占据了很多主要社会学系的重要位置。

结构功能概念并不是新概念,早期的社会学家,如孔德、斯宾塞、涂尔干、马林诺夫斯基、拉德克利夫—布朗的学说都使用过这些概念。但帕森斯(Talcott Parsons)和他的学生默顿(R. K. Merton)将其发展成为一个极其有影响的学派。

帕森斯的理论把人类社会同拥有各种器官的有机体作比较,他认为人类社会也有很多结构联合在一起发挥功能作用,以维持整个体系,如同人体中的各种器官互相起作用借以维持人体一样。因此,社会整体不等于社会各部分简单之和,社会各部分的结构形式是一种有机地构成,则社会整体将会大于社会各部分简单之和。反之,如果各部分的结构形式不是均衡地、协调地、有机地构成,那么社会整体的功能将会小于社会各部分简单之和。所以如果要了解任何一种社会结构,例如正常的社会模式,就一定要解释这个结构在社会中所发挥的功能。

帕森斯理论的中心点是社会体系的稳定、整合、均衡和协调,十分重视构成社会各要素之间的相互关系,而不大注意社会的局部或个人。他认为社会作为一种体系,同活的机体所具有的自我调节机制一样,它自身也具有自动调节的机制。

(二) 社会冲突理论

在对结构功能主义的批评过程中,社会冲突理论发展起来了。冲突学派的理论观点大体上可分为两类:以达伦多夫为代表的辩证冲突论和以科泽尔为代表的功能冲突论。

达伦多夫(Ralf Dahrendort)是一位比较通晓马克思主义理论的德国著名社会学家,还在 1958 年就抨击帕森斯的理论。他认为今日的社会学应远离帕森斯的功能理论,把重点放在研究冲突理论上。他认为,社会基本上是一种不均衡权力分配的组合团体,社会冲突分为两大类:一种是外来的冲突如战争;另一种是内在的冲突如政党的斗争。达伦多夫的冲突论虽然以马克思的理论为其出发点,但他又认为阶级理论只不过是冲突理论的一个特殊例子而已。他的《工业社会中的阶级和阶级冲突》(1959)是一本很有影响的冲突论著作,但是全书仍带有较浓厚的结构功能色彩,适合主流派社会学家的口味。

科泽尔(Lewis Coser)是美国的社会学家,他的冲突理论所强调的是社会冲突的功能。他的著作主要是从结构功能观点的框架之内来讨论社会冲突。他主张,社会体系内每一部分都是相互关联的,但在这种关联里,一定会出现紧张、失衡和利益冲突等现象。不过冲突也有助于巩固一个松散的具有结构型的团体。在一个似乎出现失去整合的社会,如果同另一社会发生冲突,很可能又会成为一个整合的核心。例如,在 20 世纪 70 年代美国由于侵越战争,而在国内引起反战运动,最后从越南撤军,使国内失去整合,而在 80 年代初期,美国煽起对苏冷战可能会有助于美国重新整合。

(三) 符号互动理论

亦译为象征符号论。这个学派关注的是在社会生活的日常情景中,人们如何进行相互交往和人们如何理解社会关系。代表人物是美国芝加哥大学的乔治·米德(George Mead, 1863—1931)。米德在其专著《理性、个性与社会》一书中阐述了符号互动理论的基本内容。

米德认为,符号是社会生活中最基础的东西,是社会交往的媒介。在社会生活中,为了沟通和交往,必须将思想和感觉先转换为各种符号——文字、语言、绘画、音乐、手势、眼神、面部表情、非语言的声音等。除此之外,一切人造的象征物品都是符号,人们通过对这些符号的认同和交互反应,便能沟通思想和感觉,从而达成相互理解。人们如果没有对特定的符号作出任何反应,社会交往将会中断。

符号互动理论的中心点是想从人们对社会交往中分解出"人的特性",以与动物之间的互动相区别。因此,米德认为,符号具有广泛性、暗示性、连续性等特征,对符号的理解具有民族文化的差异性,受到交往各方的经验范围、知识程度和思维能力等因素的限制。因此,从本质上讲,符号互动理论是研究人与环境的互动,具体地说,是研究人们如何理解环境和适应环境的。

米德之后的符号互动理论可分为以布卢默为代表的芝加哥学派和以库恩为代表的依阿华学派。两派的分歧点是对米德的"自我"学说的解释不同,在方法论上也有差异。布卢默注重研究人类行为应当有独特的方法论,这种方法论是非概率推论的。库恩则强调科学方法的统一性,认为所有的科学领域,包括社会学在内,目的都应当是发现共同规律,布卢默倾向使用内省法,库恩则对同一的经验现象感兴趣。

四、社会学在中国的传播和发展

在我国,作为一门学科的社会学是从西方传入的。从传入到现在已有一百余年的历史,整个发展可分为四个阶段。

(一)初创阶段

从 19 世纪末到 1930 年。这一时期,社会学作为新学科,开始从西方传入。1891 年,康有为在广州万木草堂讲学列入社会学课程(群学)。1895 年,严复在《原强》一文中介绍了斯宾塞的社会学,并于 1903 年 5 月把斯宾塞的《社会学研究》译成《群学肄言》一书出版,其时还有章太炎于 1902 年翻译出版的日本社会学家岸本能武太所著的《社会学》一书。其后又有不少人将欧美、日本的各种社会学著作翻译过来。

西方社会学著作被陆续介绍到中国后,外国社会学家也开始来华讲授社会学,使社会学的译著转向课堂教学。同时,中国也开始派留学生出国学习社会学,他们回国后成为我国第一代社会学家,其中有朱友渔、吴文藻、陶孟和、陈达、孙本文、吴景超、吴泽霖等人。

　　中国较早开设社会学课程的学校,大都是基督教学院。1908 年圣公会所办的圣约翰大学最早设立了社会学课程;1915 年,浸礼会所办的上海户江大学成立了中国第一个社会学系;1922 年,燕京大学创办了旧中国影响最大、时间最长、实力最强的社会学系;1926 年以后,中国自办的私利、国立大学都普遍开设社会学课程,建立社会学系,并由中国的社会学家教授社会学。

　　1922 年,由中国共产党领导的上海大学也开设了社会学系。1923 年,瞿秋白到上海大学担任教务长,兼社会学系主任,自编"现代社会学"和"社会学概论"两篇讲义。1924 年,广州的黄埔军校和农民运动讲习所内先后开设过"中国社会结构"、"中国农民运动"、"中国职工运动"、"中国青年运动"、"社会问题与社会主义"等课程。

　　这一时期,社会学除了在教学上发展以外,同时也开展对中国国情的调查。1918—1919 年间由美国人主持的北京社会生活调查,我国学者李景汉于1924—1925 年间在北京郊外进行的农村调查,在这一时期都有较大影响。

(二) 成熟阶段

　　从 1930—1949 年。这一时期的社会学开始走向中国化,由理论分析较多地转向具体社会现象的调查分析。

　　1930 年,在上海成立了中国社会学社,这是第一个全国性的社会学学术团体。自成立到 1948 年,共开了 9 次会,出版了 6 卷正式刊物《社会学刊》。社会学的研究已粗具规模,并开始中国化。据统计,到 1948 年止,我国的各类大学有 49 所,开设社会学课程的有 28 所,设立社会学系的有 21 所。社会学教师有 119 名,其中只有 5 名外籍教师,其余均为中国学者。

　　在社会学中国化的过程中,中国社会学家开始致力于社会学理论与中国社会现实相结合,广泛开展社会调查与研究。1933 年,李景汉组织了"定县调查"。1934 年,林耀华对福建一个民族村庄进行调查,出版了《福建的一个民族村庄》。费孝通在农村调查的基础上,发表了《中国农民生活》。抗日战争爆发后,社会学的重心转移到了云南,社会学家克服各种困难,深入农村和少数民族地区,继续从事社会调查和研究,取得了丰硕成果。较有代表性的有张子毅的《易村手工业》、《玉村土地和商业》,史国衡的《昆厂劳工》,林耀华的《凉山夷家》、费孝通的《禄村农田》以及陈达的英文著作《现代中国人口》。

　　这一时期，马克思主义社会学也得到发展。1935 年，李达发表了《社会学大纲》，1936 年，许德珩出版《社会学讲话》，1937 年，我党创办的陕北公学设有社会学系。中国共产党的调查机构在陕北进行了广泛系统的调查，写成了《绥德米脂土地问题初步研究》、《米脂县杨家沟调查》、《固临调查》等重要报告。

（三）停滞阶段

　　从 1949—1979 年。新中国成立后，社会学者们都努力重新学习，他们深入到城市和农村进行社会调查，搜集了许多有关工农业状况和工人、农民生活状况等资料。这些资料为城市的调整和农村的土地改革提供了依据。同时，各院校的社会学系也开始调整办学方向和课程设置，以适应新中国的需要。但 1952 年全国院系调整时，社会学被简单地当作资产阶级的东西而取消了。1957 年，反右斗争中又对有些社会学家提出的建立中国马克思主义社会学的主张进行了不公正的批判，对他们中的许多人做出错误处理。从此，作为一门学科的社会学消失了，社会学研究由此成为禁区。

（四）重建和发展阶段

　　中国共产党第十一届三中全会后，科学的春天来临了。1979 年 3 月，根据邓小平同志提出的包括社会学在内的许多学科要赶快补课的精神，在胡乔木同志的倡议主持下，成立了中国社会学研究所（后改为中国社会学学会）。同年 9 月，上海市成立了上海市社会学学会。上海大学、南开大学、北京大学、中山大学等建立了社会学系。北京、天津、上海、武汉等地相继举办了几期社会学讲习班，为社会学培养了一大批急需人才。随后，各省市社会学研究机构和学术团体纷纷建立，各种社会学译著、各类专门研究报告大量涌现，由费孝通先生主持编写的新中国第一本《社会学概论》于 1983 年正式出版。

　　社会学重建后，时代的发展和改革的宏观背景，为社会学的大发展提供了契机。在我国进入依法治国与建设和谐社会的时代，社会改革创新不断发展，社会学的研究进入了一个崭新的阶段。社会学工作者积极投身现实，进行广泛的社会调查，同时对理论进一步深化，在理论和实践中取得了重大成果，为我国社会的健康、稳定与和谐的发展提供了有益的支持。

第三节 社会调查的理论与方法

社会调查是社会研究的重要方法,是社会学研究方法体系中最核心和最有特色的一部分。由于社会调查的内容本身自成体系且日益丰富,我们无法详细展开,现对社会调查的一般知识作一些介绍。

一、社会调查的基本含义

一般地说,社会调查是人们有目的、有意识地对社会现象的直接考察和了解,从而分析、认识社会现象及其本质的一种社会活动,它是人们运用一定的方法自觉认识社会的一种理性行为。社会调查是人们认识社会的基本途径,也是理论联系实际的中心环节。理解社会调查的含义必须注意以下几点:

1. 社会调查就是要对某一社会现象进行实地考察,并对直接实地考察所得的资料进行分析。凡是纯粹用第二手资料来对社会现行进行研究的社会活动,如领导机关通过各种已有资料对社会现象进行研究不属于社会调查。

2. 社会调查以了解和分析社会现象为目的,对社会现象的实地考察如果不以系统的了解和分析为目的,那也不属于社会调查,如艺术家深入生活的采风活动就不属于社会调查。

3. 社会调查是一种对社会现象进行认识的理性活动。对社会生活的深入,对社会现象的认识,如果不是有意识进行的活动,那就不能称之为社会调查。如一个农民长期生活在农村的一个村庄里,对这个村庄的情况有较多的了解,但是自发的结果,这样的活动不属于社会调查。

4. 社会调查是对社会现象所进行的一种认识活动,不包括对社会所进行的改造活动。

二、社会调查的基本类型

按照不同的标准,社会调查可作不同的分类,如根据调查时间,可分为一次性调查、经常性调查和跟踪调查；根据调查区域，可分为地区性调查、全国性调查；根据调查内容，可分为人口调查、矿产资源调查、基本组织调查等。而最常见的分类，主要是根据调查对象的范围来划分的。我们通常的社会调查类型主要有普遍性调查、典型性调查、个案调查、抽样调查。

(一) 普遍调查

普遍调查也称全面调查，简称普查，指对调查对象所包括的全部单位无遗漏地进行调查，就调查对象内部的组成单位而言，既不能少一个，也不能多一个，这是绝对的。就调查总体范围而言，则是相对的，即可以有不同的总体，可以大，也可以小。

普遍调查的主要优点是全面性和准确性，调查结果误差最小，精确度最高，在调查对象对于调查者来说是十分重要的，以及在人力、物力、财力、时间等条件允许的情况下，应当采用普遍调查。当然，普遍调查的局限性也是明显的。一是工作量大，费用高。普遍调查设计的具体调查对象比较多，相对其他调查来讲，所花费的人力、物力、财力自然就多，花费的时间也相对较长，特别是调查对象的总体规模大的时候，费用就更加惊人。如我国的全国人口普查，每一次都动用大量的人力、物力，第一次动员了 200 万人参加，第二次动员了 530 万人参加，第三次动员了 710 万人参加，第四次动员了 700 万人参加。二是调查内容相对有限。普遍调查的面比较大，调查项目就自然不能太多，否则，所耗费的统计分析时间将非常漫长，所以普遍调查所获得的信息一般是最基本和最简要的。

(二) 典型调查

典型调查就是从调查现象中选择具有代表性的组成单位进行调查，并用这些典型对象的资料来认识和分析调查对象整体的一种方法。典型调查就是我们通常所说的"解剖麻雀"，中国共产党在民主革命时期经常运用典型调查来了解社会情况。我们的很多政府工作调查也通常用典型调查法。

典型调查的主要特点是：(1)在实际调查对象的确定上，有一个主观分析选择的过程，这就是要求调查者对调查对象总体有一个全面把握，否则，典型选不出或选择失误。(2)典型调查的实际对象只是个别或少数几个单位，他们与总体之间总会存在一定的差异,因此,其结论必须谨慎对待,而且在目前,典型调查结论的使用范围很难用科学手段准确测定。

(三) 个案调查

个案调查指对一个事物或一种现象(如一户家庭或一个人、一个事故)所进行的详尽调查。通过调查,了解这个现象或事物的基本特征,内在联系,整个历史发展过程等,在社会调查中,个案的应用比较广泛,如家庭个案、老年个案、交通个案、犯罪个案等。个案调查的要点在于能具体生动地认识调查对象,能够综合性多层次地把握调查对象,能够综观调查对象的变化过程。基于这些特点,人类学家对个案调查使用尤其多。个案调查的主要缺点表现为个案调查的典型性、代表性没有把握,不能简单地由个案调查推导出带有普遍性的结论。同时,个案研究方法没有定式,分析过程难以标准化。个案调查强调在一定场合下的就事论事。

(四) 抽样调查

抽样调查指按照一定的抽样原则,从抽查对象的总体中抽取部分单位作为样本进行调查,并且用样本资料来分析、推断总体状况的一种调查方法。抽样调查是随着统计学的发展而形成的一种调查方法,所以,抽样原则一般采用随机抽样,但是在调查总体内涵和外延无法具体确定或者不需要准确推断总体的情况下,也可以采取非随机性抽样的原则,我们主要介绍一下随机抽样。

随机抽样有几个显著特点:(1)按照随机原则从总体中抽取样本,不由调查者确定。(2)调查的目的不是说明样本的本身,而是要推及总体。(3)抽样误差可以事先进行计算并加以控制,具有可靠性。

随机抽样具体方法有四种类型:

1. 简单随机抽样

它是抽样中最基本、最简单的方法,是利用随机原理在总体中直接抽取一定数量的样本,主要适用于某一特征分布均匀的总体和范围较小的总体。其操作方法一般是,先将总体中的所有研究对象逐一进行编号,然后用抽签方法或者根据随机表来抽取确定的单位数。在单位多的情况下,一般用随机表进行抽样。用随机表抽取样本,先把总体中所有单位进行编号,根据编号的最大位数来确定使用若干位数字,既可以从前面规定若干位,也可以从后面规定若干位,然后从任一位的任一行数开始,可以从右或下任何一个方向数过去,碰上属于编号范围的数字号码,就把这一单位作为样本单位,直到抽够数量为止。

2. 等距随机抽样

又称系统抽样,它是在调查总体中按等距原则抽取样本的一种方法。具体方法是先将总体编上号码,然后确定间隔距离。间隔距离是根据总体单位数和样本数的比例而确定的。如单位总体数为 1 000,需要样本数为 100,这总体被分成 100 间隔,每个间隔距离为 10,接着在某间隔中抽取一个单位,依这一单位在这一间隔中的位置,把每一间隔中处于相同位置的单位抽出来作为样本。等距抽样主要应避免因食物周期性特征而产生的抽样偏差。

3. 分层随机抽样

也称分类或分组抽样,它是先按某一个与研究目的有关的标志对总体进行分组,然后从各组中按随机原则进行抽样的一种方法。在组中的抽样,既可以按定比进行,也可以按异比进行。如我们要调查某一学院学生的情况,要从 4 000 名学生中抽取 200 名作为样本进行调查。我们可以从四个年级里每年级按 5% 抽取样本,这是分层定比抽样。我们也可以从 2 年级和 3 年级里按 7% 抽样,而在 1 年级和 4 年级按 3% 抽样,这是分层异比抽样。分层抽样的关键在于总体进行科学的分类。

4. 多段随机抽样

也称整群抽样。这种抽样方法不是直接抽样样本个案,而是把总体分成若干聚类,再以聚类为抽样单位。如我们要调查某一城市的小学生学习的情况,我们可以从这个城市的 24 个区县中随机抽取 400 个班级,再从 400 个班级里随机抽取 100 名学生进行调查。多段抽样法特别适合调查总体范围大、单位多、情况复杂的调查对象。

抽样调查总会产生一定的抽样误差,科学的调查也总是力图缩小误差,关于这个问题我们不作具体展开,只作一个原则说明,即抽样误差的大小可以通过抽样方法的选择和抽样误差的统计分析来获得。当我们知道了抽样误差的大小,就能用样本调查的结论对总体状况进行统计推论。

三、社会调查的具体方法

在社会调查对象确定后,如何与调查对象接触而获取资料,这涉及社会调查的具体方法,它主要有三种类型。

(一) 观察法

观察法是观察者根据一定的调查目的、调查提纲或观察表,用自己的感官和辅助工具去直接观察调查对象,从而获得调查资料的一种调查方法。作为社会调查的观察与日常提纲或观察表进行的,故而较有系统性。观察法的类型很多,通常可分为参与观察和非参与观察,有结构观察和无结构观察等。为了使观察能有成效,观察时必须注意几点:(1)客观性。被观察对象是什么情况就观察什么情况,记录什么情况,不能想当然。(2)全面性。事物有多方面的属性和多方面的联系,必须从不同角度、不同层次进行观察。(3)勤奋性。观察是一项十分艰苦的工作,需要调查者具有勤奋和吃苦精神。(4)尽量减少观察活动对被观察者的影响。

(二) 访问法

访问法是在一定的调查目的指导下,由访问者面对面地询问被访问者,从而获取资料的一种方法。它表现为:(1)面对面接触。(2)对话式。(3)相互影响。访问者要根据被调查者的表情和心理状态提问,被访问者会根据访问者的身份、表情、语气等回答问题。

为了使访问者顺利,需要作一些访前准备,如了解课题研究的有关情况,被访问者的基本资料,设计访问提纲等。在实地访问中,访问者要努力掌握访谈过程的主动权,尽量使他们按既定计划来回答问题。同时,还要具体做到以下几点:(1)主动介绍自己及研究课题,消除被访问者的疑虑。(2)尊重被访问者,以礼相待。要和被访问者交朋友,不要仅仅作调查,语气要温和,态度要谦虚。(3)保持中立,防止暗示和诱导。访问者在提问和回答被访问者的问题时,要防止倾向性,对于有争议的问题,只能是中性的表示,而不能随意表达自己的观点,以免被访问者迎合访问者。(4)访问语言要对象化。要根据不同的被访问者,决定语言的书面化或口语化程度。

(三) 问卷法

问卷法是调查者运用统一设计的问卷向被访问者了解情况,获取资料的一种方法。由于问卷调查具有成本低、使用范围广、内容标准化等特点,因此,现代社会调查使用问卷法的情况比较多。

问卷调查按问卷的传递方式不同,可分为报刊问卷、邮政问卷、发送问卷和访问问卷。问卷调查的成败涉及很多环节,但问卷设计、问卷回收是其中比较关键的环节。下面我们来谈谈问卷设计和问卷回收。

问卷一般包括前言和正文两部分,前言是对调查目的、意义以及有关事项,如调查的匿名性、保密性、回复时间和方式等作出说明,即告知被访问者的注意事项和操作事项。正文部分包括调查的问题和回答的方式,以及对回答的指导和说明。正文的关键是调查问题的设计,即调查指标设计。其内容有四个方面:(1)事实。如年龄、职业、性别、家庭人口等。(2)态度和情感。如是否喜欢看球赛。(3)行为。如世界杯足球赛共看了几场? (4)理由。阐述某种态度或行为的原因。如你为什么要到国外读书?

问卷问题的回答方式有两种,一种是封闭式的,即被调查者的回答只能在问题后面所列的几个答案中选择。另一种是开放式的,即被调查者自由回答问题。为了使调查资料便于整理和统计,一般都采用封闭式的回答方式。

问卷设计应注意几个问题:(1)问题的排列应先易后难,由浅入深。一般先问事实,再问情感和态度,接下来问行为和理由。(2)提问的语言要清楚、准确、易懂,如问年龄要注明是周岁,问经济状况要问总收入等。(3)在一个问题中不能包含两项以上的内容,如女青年抽烟、喝酒好吗? 这个问题,把抽烟、喝酒并列提问是不恰当的。(4)问题可能涉及不同类别的调查者时,应该说明。如你婚前是否有过怀孕的历史? 就要说明男性被调查者不要回答。(5)涉及敏感问题时,要注意讲究策略。

问卷的回收率会直接影响调查结果。要提高回收率可以从几个方面来努力:(1)取得权威机构的支持,请他们代为发送和回收问卷,那么回收率将会明显提高。(2)提高问卷的设计质量。问卷质量包括问卷的内容设计,同时也包括问卷长度、版面形式等。一般而言,内容简短和版面清晰、美观的问卷的回收率会高一些。(3)适当的物质刺激。回收时给予小礼品或给予抽奖机会等,可以适当提高回收率。

四、社会调查资料的分析

对调查资料的分析有多种方法,但在社会学这门学科中,除了一般的定性分析之外,还比较强调定量分析,因此,社会统计分析成为社会调查分析方法中相对专业化的一种分析。社会统计分析指运用统计学知识对社会资料进行量化整理、分析的方法,主要包括分组分析法,图表分解法,各种统计绝对数、相对数、集中趋势分析,离散程度分析,相关分析,回归分析等。有关这些分析方法的具体内容,本教材不作具体展开。

第二章 社 会 体 系

第一节 社会及其结构体系

一、社会的一般含义

社会一词,无论在日常生活还是在社会学的学科体系中,应该说使用频率是非常高的。然而,细究起来,人们是在不同的意义下使用社会一词的,有时人们把社会等同于社区使用,如我们常说的乡村社会、城市社会,以及在加拿大有英语社会和法语社会之说;有时人们把社会等同于国家,如中国社会、美国社会等;有时人们把社会等同于人类历史发展的形态,如工业社会、农业社会,现代社会、传统社会,封建主义社会、资本主义社会等;有时人们把社会等同于特定的社会结构形态,如专制社会、民主社会等;有时人们还把社会等同于生活领域的特定空间,如家庭、学校和社会,诸如此类,不一而足。

我们再从两方面来考察一下社会的含义。

(一) 社会的词义

从汉语词源上看,"社"和"会"最初是各有其意且分别使用的。在我国的古籍中,"社"是指土地神或用来祭祀土地神的场所。《考经·纬》记载:"社,土地之主也。土地阔不可尽敬,故封土为社,以报功也。""社"后来也指志同道合者所结成的人群,如晋代慧远所建的"莲社",明代张溥所建的"复社"等。"会"有聚合、相见等义。"社"和"会"两字相连,表示在一个地方,于民间节日举行的演艺、祭神的庆祝活动或众多人聚集在一起等。如《旧唐书·玄宗本纪》中记载:"十八年闰月亲卯,礼部奏请千秋节,休假三日及村间社会,并就千秋节赛白帝,报田祖。然后生饮,敬之。"再有如宋孟元老的《东京梦华录·秋社》载:"八月秋社……市学先生预敛诸生钱作社会。"

今日广泛使用的"社会"一词,主要源自英文的"society"和法文的"société"等,它们均来自于拉丁文 socius,主要含义为"伙伴",英文的 society 则还有团体、协会等义。

综上所述,从词源上说,社会在我国古代主要指祭祀神灵的活动或人群。近代以后,受到西方文化的影响,社会一词多指各类人群。

(二) 西方学者对社会的解释

英国的斯宾塞认为社会只不过是一个类似生物体的有机体。法国社会学家塔尔德认为,社会是具有共同心理的人的集合,是相互模仿的一群人。美国的帕克(R. E. Park, 1864—1944)认为,社会是一种包括人类行为习惯、情操、民俗等在内的遗产。法国的迪尔凯姆认为,社会是集体意识,是建立在个人意识之上的独立实体。日本学者横山宁夫认为社会的概念可以理解为行为主体、关系和文化的三位一体。

上述种种表明,社会概念看似简单,实则深奥,学者们的理解并不一致。社会概念描述的是一个非实物对象,它是一个只能凭意识感知和领悟得到的客观实在。但同时社会又不能离开具体的物质而存在。近代以来,西方资产阶级社会学对社会的理解主要有两类观点。一是认识到社会现象总是通过有意识的人的活动、交往而存在,因而把社会视作人们的有意识的创造物,社会契约论是这种观点的代表。二是直观地看问题,把社会看作人、思想及其各种创造物(机器、房屋、各种物质设施)的简单总和。

在资本主义社会学中,就个人和社会的关系问题发生过长期争论,形成了两个对立的派别:社会唯名论和社会唯实论。它们争论的实质是社会是否是一种真实的存在,社会概念是对一种实在的反映,还是仅仅为了方便而对独立的个人采取的一种概括,孔德、斯宾塞、迪尔凯姆及现代西方社会学的大多数人,都属于唯实论者。他们认为社会是真实的存在。受狄尔泰哲学和新康德主义影响的社会学者大多是唯名论者。韦伯、塔尔德、伯吉斯(E. W. Burgess, 1886—1966)是其代表,他们认为,真实的不是社会,而是单独的个人。社会只是一个概念和名称,是对独立个人的一种集体称谓。

从本体论上看,社会唯实论认为,社会本身具有其独特的实在性,并不能还原于个体。社会唯名论则相反,认为社会是由各个有独立意义的个体所组成的,"社会"一词只不过是人们臆造的,理解"社会"应该还原于对每个个体存在的理解。在社会学史上,迪尔凯姆认为,社会学的研究对象"社会事实"标志着社会学独立于哲学并区别于其他学科而成为一门独立的社会科学;而社会事实是外在于个人意识的,并能对个人意识产生或容易产生影响的行为方式。作为一种"物"的社会事实,具有高于个体的特征;把握社会意识,不能用生理学或个体心理学的方法,而只能用社会学方法进行解释。韦伯的"理解社会学"则认为,个人是社会行动的真正主体,只有把握个人行动的动机才能"理解"社会的"主观意义"。按照韦伯的看法,社会学是一门关于行为的科学。科学要理解这种行为,说明这种行为,并且从社会的角度解释行为的展开。以迪尔凯姆及韦伯为代表的社会唯实论与社会唯名论的两大传统,造成了在方法论上的整体主义与个体主义的分裂。整体主义以社会唯实论为预设,认为应该用整体的系统去说明各部分,用一个社会事实解释另一个社会事实;而个体主义则相反,认为社会现象只能通过个体行动才能得到解释,个体行动本身则无需用社会现象来解释。与本体论上的社会唯实论和社会唯名论,与方法论上的整体主义和个体主义相对应的是价值观上的集体主义和个人主义的分离。前者认为,集体利益高于一切,个人应该服从集体;而后者则认为,个人的自由才具有绝对的价值。

然而,个人与社会关系在本体论、方法论及价值观上的两种不同观点的存在,本身就意味着这在形而上学的层面上是无法解决的。这主要是从这两种不同观点都无法克服自身的理论缺陷,且无法否定对方有某种合理性的事实而言的。唯实论的社会观点在强调社会本身的实在性时,忽视了构成社会的最重要的因素——人的主观能动性,也就是说,在个人与社会关系问题上,唯实论将社会看成是完全独立于个体并对个体具有强制作用的观点存在着将社会物象化的缺陷。而唯名论的缺陷也是明显的。在强调个体的自主性的同时忽视了社会的客观实在性,存在着将个体物象化的缺陷。事实上,无论是社会唯名论还是社会唯实论,都没有足够的理由在个人与社会关系中选择其中任何一方作为这个社会的基本取向。而方法论上的整体主义与个体主义的对立同样陷入一种困境之中。就个体主义来说,在整体观上,个体主义者采取了化约主义和原子主义的立场以及分析主义的思维策略,从而导致了社会的消解;在个体观上,个体主义者采取了非社会化和反社会决定论的立场以及综合主义的思维策略,从而在个体观上犯了物象化错误。就整体主义来说,在个体观上,整体主义者采取了社会决定论和外部归因的立场以及分析主义的思维策略,从而导致了主体的消亡;但是,在整体观上,整体主义者采取了反化约主义和反原子主义立场以及综合主义的思维方式,从而在社会观上面临物象化的危险错误。

二、马克思主义社会观

马克思主义认为,社会是在人们交互作用的基础上组织起来的,处于一定历史发展阶段的社会关系体系。马克思指出:"社会——不管其形式如何——究竟是什么呢? 是人们交互作用的产物。"①"生产关系综合起来就构成所谓社会关系,构成所谓社会,并且是构成为了处于一定历史发展阶段上的社会,具有独特的特征的社会。"②

马克思在分析社会的本质时,透过扑朔迷离的社会现象,抓住了物质生产关系的核心,把自然界、物质资料生产和人都放在一定的社会关系格局中加以说明,科学地阐明了社会的涵义。具体来说,主要包括以下几个要点:(1)社会是人与人的互动体系。人们在交互作用中必然形成一定的社会关系并通过这种关系而实现社会互动。(2)这种互动体系简单地说,实际上是社会关系体系,而其中生产关系是主要关系,它决定其他一切关系,并决定社会的基本特征。(3)社会关系体系的发展变化表现出明显的阶段性和历史性,社会的发展表现为一个自然历史过程。这一历史过程,马克思用社会形态这个概念加以描述,指出社会历史的发展一般要经历原始社会、奴隶社会、封建社会、资本主义社会、社会主义社会五种形态。共产主义是人类历史发展的必然。

---

① 《马克思恩格斯选集》第四卷,人民出版社 1972 年版,第 320 页。
② 《马克思恩格斯选集》第一卷,人民出版社 1972 年版,第 363 页。

三、社会结构体系

结构本是工程技术用语,但目前已被社会科学各领域广泛使用。对于社会学而言,结构概念和结构分析的方法实际上从其产生起,就是社会分析的重要概念和手段。一般的说,结构分析主要有两层相互联系的含义,一是任何一个作为独立对象并且具有完整意义的事物(大到星际,小到微观粒子)都是由一定的因素组合而成,因而是可以分析的。二是组成事物的因素并非杂乱无章地组合起来的,而是按一定的方式和原则有序结合的,它们彼此产生一种较为固定的关系,从而成为一个统一的整体并具有相对稳定性。

社会本是一个极其复杂的系统,其组成要素不仅各种各样,而且它们各自处于整个社会的不同层次。对于社会结构的具体内容,各学派和个人的解释各不一致,如在苏联社会学之中,社会结构一般指阶级和阶层结构,有时也包括职业结构和民族结构。在美国社会学中,社会结构的内容则包括角色、群体、机构、制度、社会类型等。我们认为,社会结构主要指整体社会中各基本组成部分及其相互之间稳定的联系状态和联系方式。从内在的内容来说,它包含各种具体的组成因素,如自然环境、人口、社会制度、群体和组织等单位;从外在的形态来说,它是这些因素错综复杂的联系网络,其分析不仅可以从不同的角度进行,而且可以从不同的层面进行。

为了论述的简便和紧凑,本章仅从社会的最基本的构成因素来分析社会结构体系。我们把社会构成形态上的结构体系划分成三个部分,即社会的主体——人口,社会存在的空间——自然环境,社会主体、社会空间各自内部及其相互之间联系的细节——社会文化。在这三者之间,人口和环境更加具有一般意义上的物的性质,是社会体系的基本"物件",而社会文化则是人的创造物,是上述两者相互联合的黏合剂,社会的基本性质、形态、发展实际上都受制于社会文化,受制于这种黏合剂的黏合方式、黏合力度。

第二节　社会主体——人口

一、人口的含义

　　人口是社会的主体,是社会存在的基础和前提。所谓人口,是指生活在特定社会历史时期,特定地域范围的个人的总和。人口的基本状况可以从静态和动态两个方面来进行考察。

　　从静态考察,人口状况通过一定时点上的人口数、人口密度和各种人口构成反映出来。人口构成主要指具有不同特征的人口在总人口中的分布状况,它主要分解为人口的自然构成和人口的社会构成两方面。人口的自然构成包括性别构成、年龄构成、残疾人员状况。人口的社会构成包括阶级构成,社会劳动力资源构成,在业人口的行业和职业构成,文化教育程度构成,婚姻状况构成,家庭状况构成,民族构成,宗教信仰构成,语言状况构成,人口的地区分布构成等。

　　从动态考察,人口状况通过在一定时期内各个时点发生的有关人口变动的总和反映出来。人口的变动可分为自然变动、机械变动和社会变动三大方面。人口的自然变动是通过新一代人口的出生代替老一代人口的死亡而形成的人口变动过程,亦即人口再生产过程。人口出生数、死亡数、自然增长数,以及人口出生率、死亡率、自然增长率等指标反映这一过程。某一地区在某一年内的人口自然增长率等于该地区在这一年中出生人数减死亡人数的差额除以年平均人口数,它一般用千分比表示。人口的机械变动是指人口在空间上的移动,它通过人口的迁入和迁出来改变人口的地区分布,也称人口迁移变动。人口机械变动用人口的迁入数、迁出数、机械增长数及人口的迁入率、迁出率、机械增长率等指数来反映。某一地区在某一年内的人口机械增长率等于该地区在这一年年终的迁入人数减迁出人数的差额除以年平均人口数,它一般用百分比表示。人口的社会变动是指人口的各种社会构成的变化。

（一）人口的年龄构成

人口的年龄构成的各年龄组人口在总人口中的分布状态,它对人口的整体发展及社会经济发展都有重要意义。在描述一个国家的人口年龄构成时,通常把一个国家的人口状况划分成三种基本形态,即年轻型人口、成年型人口和老年型人口。具体标准见表2-1:

年轻型人口国家,人口增长速度较快,社会所面临的主要问题是抚育、教育、就业等,而老年型人口国家人口变化会出现递减的趋势,所面临的主要问题是老年人的医疗保健,老年人扶养,未来劳动人口是否充裕等。

表 2-1　　　　　　　　　　人口类型的划分标准

比例数值　参照对象　　　人口类型	年轻型	成年型	老年型
少年儿童(0—14岁)系数	40%以上	30%—40%	30%以下
老年人口(65岁以上)系数	5%以下	5%—7%	7%以上
老少比(老年人口/少年儿童人口)	15%以下	15%—30%	30%以上

（二）人口性别构成

人口性别构成是指男女两性人口数在总人口中的分布。人口性别构成的测量指标通常是性别比例。它是以女性人口为100时所对应男性人口数来计算的。一般地说,男女两性人数总体上是平衡的,即性别比例是接近的,但是由于人口受到诸多社会因素和自然因素的影响,两性比例总有些失衡。造成两性比例失衡的原因,社会因素可能重于自然因素。一个社会对劳动力的需求程度,一个社会对男女两性的重视程度以及由此而来的抚育关心程度是直接影响性别构成的社会因素。

（三）人口的空间分布

人口的空间分布指的是社会人口在各个地区的分布数量和密集程度。从整个世界范围来看,目前,地球上的陆地还有35%至45%基本无人居住,平均每平方公里居住不到2人的要占总面积的50%,全世界近80%的人口在北半球的中纬度地带。

人口的空间分布既是一种自然结构,又是一种社会结构。人口的密集程度要受到气候、土地、资源、交通、生活水平、社会治安等因素的影响,它会随着自然条件、社会条件的变化而变化。

二、人口社会理论

人口自始就是与社会紧密联系的,从古到今,有不少思想家把人口与社会的相互关系作为研究的中心问题。他们有的提出了人口众多才能使国家兴旺的观点,如我国的管仲在《管子·重令》篇中写道:"地大国富,人众兵强,此霸王之本也。"有的也提出了适当限制人口的思想,如古希腊的亚里士多德(Aristotelés,前384—前322),他在《政治学》中写道:"据经验所示,人口过多的城市就不好统治,因为法律就是秩序,而且有好的法律才有良好的秩序。"古今中外,人口社会思想非常丰富,我们主要介绍几种。

(一) 马尔萨斯的人口论

马尔萨斯(T. R. Malthus,1766—1834)于1798年匿名发表了《人口论》。后于1803年出版了第二版,公开了自己的姓名,并把书名改为《论人口原理及其对于人类幸福的过去和现在的考察,附我们预测将来关于除去或缓和由人口原理所生的弊害的研究》。马尔萨斯的人口论,在他逝世前共出版了六版。其主要思想可以概括为以下几个方面:

(1) 两个公理。即"食物为人类生存所必需";"两性间的情欲是必然的,且几乎会保持现状。"这两点,"自从我们有任何人类知识以来,似乎就是我们本性的固定法则。"

(2) 两个级数。从两个公理出发,就必然存在两个社会过程及社会资料的生产和人自身的生产,这两个过程是如何发展的呢?马尔萨斯认为:"人口在无妨碍时,以几何级数率增加,人类生活资料以算术级数率增加。"

(3) 两种抑制。从两个级数出发,显然在无妨碍状态下,人口生产与生活资料的生产会产生不平衡,产生人口对生活资料的压力,因此有必要对人口的增加作出一些限制,他认为,对人口的限制即"抑制"有两种:一是"积极的抑制"，"人口开始增加后才予以抑压的妨碍"，如婴儿不良保育，疾病，饥馑，战争等提高人口死亡率，使已经出生的人口大量减少。二是"预防的抑制"，即相当部分人"因抚养家庭困难的预见"，"不遵从早婚的自然性向"或"自愿继续过独身生活"，从而减少人口的出生。马尔萨斯还认为："在自然环境有害于健康，或死亡率很高（不论由于什么原因）的那些国家里，预防的抑制不会占优势，在自然环境既合乎卫生预防的抑制又有力地盛行着的那些国家里，积极的抑制不占什么优势，或其死亡率很低。"

（4）三个命题。这是他要加以证明的结论。那就是："第一，人口必然地为生活资料所限制。第二，只要生活资料增加，人口一定会坚定不移的增长，除非受到某种非常有力而又有显著的抑制的阻止。第三，这些抑制和那些遏制人口的优势力量并使其结果与生活资料保持同一水平的抑制，全部可以归纳为道德的抑制，罪恶和贫困。"由此他认为，贫困与罪恶等社会问题是由于人口增加超过了生活资料增加这个"自然法则的不可避免的结果"。

马尔萨斯的人口理论体系指出，人口生产受到生活资料生产的影响，抑制人口生产的社会因素也多种多样。但从总体上来说，他的理论体系是错误的，政治上是保守的，甚至是反动的。

（二）马克思主义的人口社会思想

马克思主义关于人口与社会相互关系的观点，成为科学的人口社会思想的核心。它们分别处于不同时期和不同国度，其思想脉络是一致的，但在具体表述时，针对不同的具体情况，侧重点有所不同。

马克思和恩格斯着重论述了以下几个观点：

（1）人口现象和人口问题在本质上是一种社会现象和社会问题，人口在获取生活资料和人口再生产过程中都与动物完全不同，受到许多社会条件的制约和影响。

（2）不同的社会生活方式有不同的人口规律，随着资本积累必然产生相对人口过剩，是资本主义生产方式特有的人口规律。

（3）人口状况对社会发展及社会问题具有一定的影响。

（4）在共产主义社会中，才能毫无困难地对人的生产进行有计划的调整。

列宁和斯大林的人口思想主要表现为以下几点:

(1) 19 世纪末,俄国农业劳动者的失业是由于资本的统治,而不是由于人口的增殖和生活资料之间的不相适应。

(2) 殖民地、半殖民地人民贫困、破产的根源在于帝国主义的侵略和掠夺。

(3) 工人阶级拥护节制生育的原因与新马尔萨斯学说完全不同。

(4) 人口状况能促进或延缓社会的发展,但不是决定因素。

毛泽东在人口思想方面主要阐明了以下几点:

(1) 中国新民主主义革命的发生不是人口压力所致,而是阶级压迫的结果,只有革命加生产才能解决好中国的失业问题。

(2) 在社会主义制度下,为了使人口和经济社会发展相适应,应当实行计划生育。要采取多种措施,使计划生育工作落到实处。当然,毛泽东有关计划生育的思想,有过一些反复,有过一些错误。主要在 20 世纪 50 年代中后期,1958 年上半年,毛泽东对中国经济形势作了不合实际的乐观估计,夸大了人作为生产者的积极作用,对人口多给我国带来的困难有所忽视,认为当时的问题还是人口少,人口增加到 7.5 亿至 8 亿时再进行控制。这样就导致了我国人口在这一时期盲目增长。

(三) 马寅初的"新人口论"

我国学者马寅初(1882—1982)在 50 年代中期,针对我国人口的发展状况,提出了"新人口论"的人口理论,具体思想观念集中反映在 1957 年 7 月 5 日发表于《人民日报》上的《新人口论》一文。

马寅初分析了影响我国当时人口出生数增长多及死亡数减少的社会因素后指出,我国人口增殖太快,而人口的迅速增长同经济发展之间存在许多矛盾,影响我国的工业化进程,影响人民的就业、教育、住房及整个生活水平的提高。为了使当时我国的人口发展有利于经济和社会发展,必须"提高人口的质量,控制人口的数量"。

(四) 索维的适度人口论

适度人口论是 20 世纪初和第二次世界大战后国外流行的一种人口理论。

最早系统论述"适度人口论"的是英国的艾德温·坎南(1861—1935),当代的集大成者则是法国的阿尔弗雷·索维,代表作是他的《人口通论》。在这部著作中,索维主要阐述了下面三方面的内容:

(1)所谓适度人口是指在一定条件下,国家或地区能够保证某种特定标准或指标达到最高水平所需的人口。索维认为,这些特定标准可以是诸如个人福利、增加财富、就业、实力、健康长寿、文化知识等。各种目标都可以确立适度人口数,且目标不同,适度人口数也不一样。

(2)适度人口有静态和动态两种,静态适度人口是指在物质资源、技术水平、年龄构成、产品分配、就业状况等诸多社会条件不变时,达到某种特定标准的最高水平所需人口,但社会条件不变是不可能的,在实际社会生活中,为了达到适度人口数,只能控制人口"适度增长节奏"。

(3)为了防止一个国家的人口失去平衡,应具体研究影响人口变动的经济和社会因素,根据不同情况采取一定的政策措施。索维认为,要十分精确地计算某一国家在某一时期的适度人口数量和适应增长率是非常困难的,但对于一个国家的实际人口数是否失去平衡,即是人口不足还是人口过剩,则还是可以确定的,并对此国家和社会可以有所作为。

三、我国人口状况

人口问题是我国当前重大的社会问题。从我国的整个人口状况来看有几个重要的特点:

(一)我国人口绝对数量大

据第六次全国人口普查资料,我国全国总人口为 1 370 536 875 人。其中普查登记的大陆 31 个省、自治区、直辖市和现役军人的人口共 1 339 724 852 人,香港特别行政区人口为 7 097 600 人,澳门特别行政区人口为 552 300 人,台湾地区人口为 23 162 123 人。尽管我国执行严格的人口政策,但据人口学家估算,大约在 21 世纪 30—40 年代,中国大陆的人口总量将达到高峰——约 16 亿人,即比现在还要净增 3 亿人。

(二) 我国已进入老龄化行列

按 1998 年 1‰ 人口变动抽样调查的数据计算,1998 年中国 65 岁以上老年人口已占总人口的 7.4%,跨入了老龄社会的行列,考虑到这一点,国家于 1999 年 10 月成立了老龄工作委员会。值得注意的是,从发展趋势上说,中国的老龄化是加速度的老龄化。第六次人口普查资料显示,大陆 31 个省、自治区、直辖市和现役军人的人口中,0—14 岁人口为 222 459 737 人,占 16.60%;15—59 岁人口为 939 616 410 人,占 70.14%;60 岁及以上人口为 177 648 705 人,占 13.26%,其中 65 岁及以上人口为 118 831 709 人,占 8.87%。

(三) 出生性别比继续失调

我国的人口出生性别比自 20 世纪 80 年代中上升以来,持续偏高 30 余年,并在 2008 年达到 120.56 的最高值。根据国家统计局发布的最新数据,我国出生人口性别比近年来首次出现"三连降",由 2009 年的 119.45,降到 2010 年的 117.94,再到 2011 年的 117.78。不过,参照国际社会公认的合理比值 103——107 的标准,显而易见,当前我国出生人口性别比仍在高位徘徊,还处于较为严重的失衡状态。

(四) 劳动适龄人口增长快

中国的劳动适龄人口在 2000 年达到 8.6 亿人,2010 年达到 9.4 亿人,2025 年将超过 10 亿人,其后将保持在 10 亿人以上。劳动适龄人口的增长速度会快于总人口的增长速度,这也就意味着劳动适龄人口的就业压力会越来越大。

(五) 人口受教育程度不断提高

第六次全国人口普查资料表明,大陆 31 个省、自治区、直辖市和现役军人的人口中,具有大学(指大专以上)文化程度的人口为 119 636 790 人;具有高中(含中专)文化程度的人口为 187 985 979 人;具有初中文化程度的人口为 519 656 445 人;具有小学文化程度的人口为 358 764 003 人(以上各种受教育程度的人包括各类学校的毕业生、肄业生和在校生)。同 2000 年第五次全国

人口普查相比,每 10 万人中具有大学文化程度的由 3 611 人上升为 8 930
人;具有高中文化程度的由 11 146 人上升为 14 032 人;具有初中文化程度
的由 33 961 人上升为 38 788 人;具有小学文化程度的由 35 701 人下降为
26 779 人。

(六) 人口分布不平衡

人口地理学家胡焕庸先生潜心研究数十年,提出了著名的瑷珲—腾冲人
口分布地理分界线(今称黑河—腾冲线)。该线西北占国土面积的 52%,人口
仅占 5%;东南占国土面积 48%,人口却占 95%。这一基本的分布格局历年
来几乎没有大的变化,而今也大致如此。1995 年,西北部的内蒙古、宁夏、甘
肃、青海、新疆、西藏 6 个省和自治区,面积占全国的 53%。人口占全国的
6.3%,人口密度为每平方公里 15 万人。东南部地区的北京、天津、河北、辽
宁、山东、江苏、上海、浙江、福建、广东、广西、海南 12 个省、自治区、直辖市,面
积占全国的 14%,人口占全国的 40.9%,人口密度每平方公里 372 人。其余
中部地区 13 个省面积占全国的 33.2%,人口占全国的 52.8%,人口密度的每
平方公里 200 人。以人口密度比较,西北部、中部、东南部的分布比例为:
1∶13∶25,高低相差十分悬殊。

第三节 社会空间——自然环境

一、自然环境的意义

自然环境是人类生存和发展的外部条件,是社会存在的空间前提,是各种
自然条件的总和,是由土地、地理位置、气候、水、动植物、矿藏等因素构成的复
杂系统。从广义上说,自然环境是整个的自然界,它是无限的。从社会构成角
度上说,它是指与人类生存和发展紧密相连的那部分自然界,它是有限的。

马克思主义认为,自然环境和人类自身一样,都不是上帝创造的,而是物
质运动长期演变的结果。自然环境的这种运动永不停止,但它的速度比社会
发展的速度要慢得多,因此,对于人类活动来说,它被看成是相对固定的。人

类与自然环境的关系,体现为人类对自然环境有依赖的一面,也有能动改造的一面,从整个历史进程来看,人类对自然环境的这种关系体现为四个阶段,即依赖、改良、掠夺、协调。

环境作为一种公用品或公共财产,具有以下特点:(1)稀缺性。一些不可再生资源(如煤、石油、矿藏等)会逐渐耗竭。即使如空气和水等资源,如遭到了污染,人们想要寻求干净的、无损于人体健康的空气和淡水也并不是那么容易的。(2)非独占性与非排他性。如空气,每个人都可以享受,而且在一定限度内,在你享用的同时也不会降低其他人的可利用性。

二、自然环境对人类社会的影响

自然环境和人类社会的关系十分密切,对人类社会的存在和发展意义十分重大。首先,自然环境是人类存在的经常和必要的条件,人类所需的物质资料必须由自然界提供材料。社会生产力包括人和物两个基本要素,而物的要素离不开自然界。自然界是人类吸取最基本生命物质的场所,同样也是向人类提供生产建设原料的基地。其次,自然环境对社会经济发展有重大影响。一般情况下,自然条件比较优越(如资源丰富、土壤肥沃、交通便利)的地区,社会经济发展速度较快,发展水平较高。反之,社会发展水平较低,发展速度较慢。如中东地区一些国家,政治、经济、文化都很落后,正是由于有了丰富的石油资源,一跃成为世界上最富有的国家之一。而原来与他们差不多的非洲国家,就一直挣扎在贫穷与饥饿之中。当然,自然环境的优越与否,还必须与社会发展水平结合在一起才能进行正确的评判。同时,按照马克思的观点,自然环境的优越主要指能给人以发展机会,同时也给人以发展压力,绝对优越使人产生对自然的依赖,自然环境的多样化是自然环境优越的标志。再次,自然环境影响社会的政治和文化。在政治方面,自然环境往往会对政治制度、结构和观念等发生重大影响。如古代生活在各大河流域的民族,几乎都无一例外地出现过中央集权的专制主义政治形势。古巴比伦、古印度、古代中国和古代埃及等都是。在文化方面,一定的气候、地形、动植物分布、交通的自然条件等因素,也影响文化式样的形成和发展,因为人的观念、价值、意义、理解实际上很大一部分是来自人类与自然的相互作用之中。

应该指出,人类社会的生存、发展依赖于自然环境,不同的自然环境对人类社会有着不同的影响,能起到加速或阻滞社会发展进程的作用。无论如何,自然环境是人类生存、发展的必要条件,但不是决定条件,自然环境只能通过社会的生产过程才能对人类社会发生作用,它对社会发展的具体作用要受到社会生产力发展水平的制约。

人们对环境的作用与价值是逐步认识的。迄今为止,人们认识到,环境对人类至少有以下四大具体作用:第一,提供资源。人们的衣、食、住、行和生产所需的各种原料,无一不是取自自然要素。环境是人类从事生产的物质基础,也是各种生物生存的基本条件,如煤、石油、天然气、粮食等。上百万年来,环境一直给人们提供着大量的资源。第二,消纳废物。限于经济、技术条件和人们的认识,有些副产品不能被利用,而成为废物排入环境。环境通过各种各样的物理、化学、生物反应,容纳、稀释、转化这些废弃物,并由存在于大气、水体和土壤中的大量微生物将其中的一些有机物分解成为无机物,又重新进入不同元素的循环中,这一过程称之为环境的自净作用。如果环境不具备这种自净功能,整个自然界早就充斥了废弃物。环境消纳废物的能力又称为"环境容量"。第三,美学与精神享受。环境不仅能为经济活动提供物质资源,还能满足人们对舒适性的要求。清洁的空气和水既是工农业生产必需的要素,也是人们健康愉快生活的基本需求。全世界有许多优美的自然与人文景观,如中国的桂林山水,美国的黄石公园,埃及的金字塔等,每年吸引着成千上万的游客。优美舒适的环境使人们心情愉快,精神放松,有利于提高人体素质,更有效地工作。经济越增长,对于环境舒适性的要求越多。第四,生命支持系统。人类不可能孤零零地生活在这个星球上。自然界中,由上千万种生物物种及其生态群落和各种各样环境因素构成的系统支持着人类的生存。1995 年,美国"生物圈 2 号"试验的失败,说明人类离不开地球环境这个生命支持系统。

三、我国的环境状况和可持续发展

近代人类社会,由于人口的迅速增加,生产的不断发展和工业的不断集中,使得自然界的财富被索取得越来越多,随之投向周围的废弃物也越来越多。尤其是自 20 世纪 50 年代以来,人类所面临的人口猛增、粮食短缺、能源紧张、资源破坏和环境污染等问题日益恶化,导致"生态危机"逐步加剧,经济增长速度下降,局部地区社会动荡,这就迫使人类重新审视自己在生态系统中的位置,并努力寻求长期生存和发展的道路。为了达到这一目的,人类进行了不懈的努力和探索,并提出了一些富有启发和很有意义的观点、思想和对策,发表了一系列有关这类问题的报告、书籍和文章。可持续发展(sustainable development)是其中最有影响和最有代表性的概念。这一概念是 20 世纪 80 年代提出的。1987 年世界环境与发展委员会在《我们共同的未来》报告中第一次阐述了可持续发展的概念,取得国际社会的广泛共识。

可持续发展是指既满足现代人的需求又不损害后代人满足需求的能力。换句话说,就是指经济、社会、资源和环境保护协调发展,它们是一个密不可分的系统,既要达到发展经济的目的,又要保护好人类赖以生存的大气、淡水、海洋、土地和森林等自然资源和环境,使子孙后代能够永续发展和安居乐业。

可以说可持续发展概念的提出彻底地改变了人们的传统发展观和思维方式。与此同时国际社会也围绕着可持续发展问题进行了一些大规模的研究和行动。其中联合国人类环境会议、联合国环境与发展会议和可持续发展世界首脑会议等联合国会议被认为是国际可持续发展进程中具有里程碑性质的重要会议。(1)联合国人类环境会议于 1972 年在瑞典斯德哥尔摩召开。当时人类面临着环境日益恶化、贫困日益加剧等一系列突出问题,国际社会迫切需要共同采取一些行动来解决这些问题。这次会议就是在这样的国际背景下由联合国主持召开的。通过广泛的讨论,会议通过了重要文件——《人类环境行动计划》。这次会议之后,联合国根据需要迅速成立了联合国环境规划署(United Nations Environment Program)。(2)1992 年联合国在巴西召开了联合国环境与发展会议。这次会议是根据当时的环境与发展形势需要,同时为了纪念联合国人类环境会议 20 周年而召开的。会议通过了《21 世纪议程》等重要文件。根据形势需要,联合国在这次会议之后成立了联合国可持续发展委员会(Commission on Sustainable Development)。(3)可持续发展世界首脑会议于 2002 年在南非召开。这次会议的主要目的是回顾《21 世纪议程》的执行情况、取得的进展和存在的问题,并制定一项新的可持续发展行动计划,同时也是为了纪念《联合国环境与发展会议》召开 10 周年。经过长时间的讨论和复杂谈判,会议通过了《可持续发展世界首脑会议实施计划》这一重要文件。

就我国总体的环境和资源状况而言,地大物博仍可作为基本写照,因为中国自然资源比较丰富,总量位于世界各国靠前位置,品种和门类几乎应有尽有,是世界少数资源大国之一。按照国土面积中国排在世界第 3 位,在目前 160 多种矿产资源中,中国基本探明储量的有近 150 种,未探明储量的也有埋藏。全国由南向北横跨热带、亚热带、温带、寒带全部气候带,从地域海平面到 8 848 米世界最高峰等高气候带,具备发展农业物质生产的条件,可以基本依靠自己的资源建立独立的经济体系,这在世界上仅有很少国家可以做到。我们之所以强调这一点,是因为近年来我们在强调计划生育,强调保护环境资源的时候,常用算账的办法计算各种人均资源,同时加上某些片面宣传,在社会上产生了一些中国资源贫乏,难以维持长期高经济增长的偏向。这种偏向和过去那种单纯认为中国地大人多,物产丰富,是绝对的资源大国都是十分错误和有害的。

要客观辩证地看待我国的环境资源。作为加速走向现代化的国家,我国的环境和资源既有优势,也有劣势。中国环境问题的实质是人口、发展、环境交织在一起。中国在为三者的协调而努力。从加强"三废"治理,到逐步将环保纳入国民经济与社会发展计划;从谁污染、谁治理政策的出台,到环境立法和全国范围的环保网络的建立,整治环境的力度不断加大。改革开放以来,在经济持续高速增长中,基本上没有造成大的环境恶化,这对于环境系统本身相当脆弱的国家来说,是难能可贵的。

但是,世纪之交的中国环境形势依然非常严峻。历年富集在环境中的污染物对环境的损害和影响将长期存在;城市和乡镇人民生活污染物排放总量将增加,生活污染所占比例有较大上升,而对生活污染物的控制能力相对滞后;无组织排放的农业污染问题日益突出,庞大的人口基数和绝对短缺的人均资源引发的生态矛盾在中国的局部地区日益尖锐;淡水缺乏,土地退化,水土流失,江河断流,气候变异,物种减少等危机在短期内仍然严重。

环境对于人类而言是重要的,人类能够改造环境,但人类对环境也有依赖性,社会的发展必须与环境相协调,人类应当与环境和谐一体。必须树立现代的发展意识和环保意识,走可持续发展之路,既满足当代人的需求,又不对后代人满足其需求的能力构成危害。做到以人为主体,全面满足人的多层次需要,合理开发和利用自然资源,在维持生态平衡和良好的自然环境下,通过科学技术使社会、经济得到不断发展。中国政府 2010 年环境保护目标充分体现了这一思想。这一目标是:可持续发展战略得到较好贯彻,环境管理法规体系进一步完善,基本改变环境污染和生态恶化的状况,环境质量有比较明显的改善,建成一批经济快速发展、环境清洁优美、生态良性循环的城市和地区。

第四节　社会纽带——文化

一、文化的含义

文化是一种最常见的社会现象。正是因为有了文化,人与人之间,物与物之间,人与物之间才能有机结合,才能有序组合。文化是人类特有的一种现象,只要有人类生活,就有文化。文化也像空气一样,随时随地围绕着人类,滋养、哺化着人类,文化成为人类的第二个本性。

《周易》有所谓:"观乎天文,以察时变;观乎人文,以化成天下。"这大概是中国人论述文化之始。在中国人此时的观念中文化的含义是,通过了解人类社会的各种现象,用教育感化的方法治理天下。到汉朝,文化一词正式出现,其含义也与现在人们通常理解的不一样。刘向《说苑·指武》篇中说:"凡武之兴,为不服也,文化不改,然后加诛。"晋人束皙也讲:"文化内辑,武功外悠。"这些都是指与国家军事手段相对的一个概念,即国家的文教治理手段。到唐代大学问家孔颖达则别有见地地解释《周易》中的文化一词,认为"圣人观察人文,则诗书礼乐之谓",这实际上是说文化主要是指文学礼仪风俗等属于上层建筑的东西。古人对文化的这种定性从汉唐时起一直影响到清代,因此明末清初的大学问家顾炎武在《日知录》中说"自身而至于家国天下,制之为度数,发之为音容,莫非文也",即人自身的行为表现和国家的各种制度,都属于文化的范畴。

西方语言中的文化(culture),在 1690 年安托万·菲雷蒂埃的《通用词典》中,其定义为人类为使土地肥沃,种植树木和栽培植物所采取的耕耘和改良措施,并有注释称耕种土地是人类所从事的一切活动中最诚实、最纯洁的活动,此时西方人观念中的文化只是被用来隐喻人类的某种才干和能力,是表示人类某种活动形式的词汇。而文化一词成为一个完整体系的概念,大约到19世纪中叶才形成,这以后,文化和文明常被看做同一事物的两个方面。学者们从人类学和社会学的角度探讨文化现象及其历史发展,对文化作了许多解释,其中较有影响的观点有三种:第一种是方式论,即认为文化是一定民族的生活方式,是一种并非由遗传而得来的生活方式。这里包括了人们的兴趣、爱好、风俗、习惯,强调了文化的继承性。如美国著名文化人类学者鲁斯·本尼迪克特(R. Benedict,1887—1948)认为,文化是通过某个民族的活动而表现出来的一种思维和行动方式,一种使这个民族不同于其他任何民族的方式。第二种是过程论,即认为是人类学习和制造工具,特别是制造定型工具的过程,这里包含了人类智力和创造能力的不断进化,强调了文化的演进性。第三种是复合论,即认为文化是作为社会的一个成员所获得的包括知识、信仰、艺术、音乐、风俗、法律以及其他种种能力的复合体,强调了文化的综合性。英国人类学家泰勒(E. B. Tylor,1832—1917)在《原始文化》一书中写道:"文化是一个复合整体,它是人作为社会成员所学习获得的一切内容,包括知识、信仰、艺术、道德、法律、习俗,以及其他的能力和习惯。"

1952年,美国文化人类学家克鲁伯(A. L. Kroeber)和克拉克洪(C. Kluckhohn)发表了《文化,关于概念和定义的检讨》一文,对西方自1871年至1951年期间关于文化的160多种定义作了清理与评析,指出这些定义分别从心理学、历史学、发生论、结构功能主义等各个角度对文化进行理解。在此分析基础上,给文化下了一个综合定义,即文化由外显的和内隐的行为模式构成;这种行为模式通过象征符号而获致和传递;文化代表了人类群体的显著成就,包括他们在人造器物中的体现;文化的核心部分是传统的(即历史的获得和选择的)观念,尤其是他们所带来的价值;文化体系一方面可以看做活动的产物,另一方面则是进一步活动的决定因素。这一文化的综合定义基本为现代东西方的学术界所认可,有着广泛的影响。

关于人类学家对文化所作的定义,克拉克洪还在《文化与个人》一书中作了一些总结:(1)文化是学而知之的。(2)文化是由构成人类存在的生物学成分、环境科学成分、心理学成分以及历史学成分衍生而来的。(3)文化具有结构。(4)文化分隔为各个方面。(5)文化是动态的。(6)文化是可变的。(7)文化显示出规律性,它可借助科学方法加以分析。(8)文化是个人适应其整个环境的工具,是表达其创造性的手段。他认为:"人类学家对文化的描述可以和地图作个比较。地图显然不是一片具体的块,而是特殊地域的抽象表示。地图如果绘制得精确,人们看了它就不会迷失途径。文化如果得到正确的描述,人们就会认识到存在一种具有特殊性质的生活方式,认识这些性质之间的相互关系。"

马克思主义的理论家对文化作了一种新的解释,把文化分为广义和狭义两种。在苏联哲学家罗森塔尔和尤金(1899—1968)合作主编的《简明哲学辞典》中,认为文化是人类在社会历史实践过程中创造的物质财富和精神财富的总和,这就是所谓广义的文化,而与之相对的狭义的文化则专指精神文化而言,即社会意识形态以及与之相适应的典章制度、政治和社会组织、风俗习惯、学术思想、宗教信仰、文学艺术等。

我们从两个层次来作分析。在日常生活用语中,文化一般指人类的精神修养,指人类通过语言文字而获得的各种观念、能力等。如我们说一个人受过学校教育,能识字读书,便是有文化,否则便是没文化。有时也特指对艺术的讲究,如认为古典音乐爱好者是有文化的,而流行音乐的追随者则认为是没有文化的,如此等等。科学层次上的文化,则是随着人类学、社会学的发展而逐渐形成和完善的。现代人类学在上述各种文化含义之外,把人类创造的有形物体也归结为文化,所以文化既有无形部分,也有有形部分,既有精神观念一面,也有物质实体一面,即包含人类的整个创造物。

根据上述分析,我们给文化一个简单的定义。文化是人类群体创造并共同享有的物质实体、价值观念、意义体系和行为方式,是人类群体的整个生活状态。它既是人类的创造物,又是人类活动的前提。这个定义揭示了几个方面的内容:(1)文化是人类群体整个的生活方式和生活过程。主要成分是符号、价值和意义、社会规范。符号是指能够传递事物信息的一种标志,声音、文字、颜色或图画、手势、姿态(肢体语言)、紧握的拳头、国旗、十字架等都是一种符号。符号在生活中,代表着一定的信息或意义。语言也是符号的一种。文化的存在取决于人类创造、使用符号的能力。价值观是人们评判日常生活中的事物与行为的标准,决定着社会中人们共有的区分是非的判断力。社会规范是特定环境下人类行动的指南,它影响着人们的心理、思维方式和价值取向、行动。(2)文化的内隐部分为价值观和意义系统,其外显形态为各种符号,这些符号主要体现为物质实体和行为方式。(3)对整个人类来说文化是人的创造物,对于特定时间和空间的人而言,文化则主要体现为既有的生存和发展框架。(4)文化随着人类的群体的范围划分不同而体现出差异。

二、文化的结构

(一) 文化的内部结构

　　文化的内部结构主要是指文化体系的构成关系。一般而言,我们讲文化,主要是讲文化体系,即特定社会的整个文化系统。从历史横断面上来讲,一个社会的文化系统体现为三个层面,即文化特质、文化丛、文化模式。

　　文化特质是文化的最小结构单位,是构成文化的最基本要素,是文化的细胞。文化就是文化特质的总和。文化特质可以是物质形态的,如一双筷子、一件衣服、一辆汽车、一支钢笔,也可以是行为形态的,如给长辈让座,右手握筷子的要求等,我们对一个文化体系的了解都是从阐述文化特质开始的。如我们对美国文化的了解,对爱斯基摩人文化的了解,都是从其衣食住行及待人接物的点滴开始的。

　　文化丛指紧密相关的文化特质的总和。社会中的文化特质是多种多样,无以穷尽的,它们相互之间都有一定的关系,但有些关系非常密切,有些则相对疏远。那些紧密相关,经常在一起出现,在一起被理解和被评价的,就构成文化丛。如筷子、瓷碗、菜肴、吃饭的方式及要求等,构成饮食文化丛。筷子和碗、菜等相对紧密联系,筷子和手表就没有多少紧密联系。文化丛通常以某一特质为中心,行为的表达,意义的理解和其他文化特质构成一个小的系统。只有在文化丛中,才能更好地理解文化特质。如古代中国"父叫子亡,子不得不亡"的封建伦理观念,只有在中国"孝"文化丛中才能很好的理解。

　　文化模式是所有文化丛的综合,也是所有文化因素的系统化。它是一种相对比较稳定的文化结构体系,包含一个特定社会的全部文化内容。文化模式作为一种分析概念是相对的,其外延范围随研究者的研究目的而确定。既可以把上海地区的文化当作一个文化模式,也可以把整个中国文化当作一个文化模式,还可以把整个东亚文化当作一个文化模式。

(二) 文化的外部结构

文化的外部结构主要指文化进程的时空结构。即纵向的时间结构和横向的空间结构,对于这两方面的分析,我们引入文化层和文化区域的概念。

文化是能够积累、传承和发展的。文化的积累犹如地层的构造,是可以按时间顺序加以发现和整理的。文化在不同的历史时期由不同的文化要素或要素的不同意义组成,反映特定时期的人类生存状态。这种文化分布的平面特征(即历史断面)即是文化层。文化层可以根据不同研究视野作不同的划分,我们可以把文化区分为传统文化与现代文化,也可以把文化区分为原始文化、奴隶制文化、封建制文化、资本主义文化、社会主义文化,还可以把文化区分为前农业文化、农业文化、工业文化、后工业文化等等。

文化区域即指文化的空间分布,任何一个特定的区域,其居民心理、交往方式、意义认同、价值观念等,都会有自己一定的特点。构成自己特有的文化形态。文化区域一般以自然地理为其重要的分界线,但现实的行政区划也对其产生一定影响。空间距离越大,空间界限越明晰,往往文化的区域界限也越清楚。中国社会地域辽阔,文化的区域结构也十分明显,吴越文化、齐鲁文化、楚文化、巴蜀文化、燕赵文化等都有自己各自的区域。

在分析文化区域时,还要提出文化中心和文化边缘的概念。文化中心是一个区域文化的核心地带,也是该文化模式最典型、最完备的地方,它对周边地区有较强的辐射力。而文化边缘则是一种文化模式最薄弱的区域,同时也是另一种或几种文化模式逐渐渗入的区域,所以,一般地说,文化边缘是两种或多种文化模式并存的区域。

三、文化的分类

对于文化类型的考察,研究的角度是多种多样的,如有关于显形文化和隐形文化的划分。这一区分的代表是克拉克洪,他认为,对文化作分析必然既包括显露方面的分析也包括隐含方面的分析。显形文化寓于文字和事实所构成的规律之中,它可以经过耳濡目染的证实直接总结出来。人们只需在自己的观察中看到或揭示其连贯一致的东西。人类学家不会去解释任意的行为。然而,隐形文化却是一种抽象。隐形文化由纯粹的形式构成,而显形文化既有内容又有结构。

另外,文化哲学把文化区分为物质文化、制度文化、精神文化三个层面。物质文化实际是指人在物质生产活动中所创造的全部物质产品,以及创造这些物品的手段、工艺、方法等。制度文化是人们为反映和确定一定的社会关系并对这些关系进行整合和调控而建立的一整套规范体系。精神文化也称为观念文化,以心理、观念、理论形态存在的文化。它包括两个部分,一是存在于人心中的文化心态、文化心理、文化观念、文化思想、文化信念等。二是已经理论化对象化的思想理论体系,即客观化了的思想。

我们主要从两个角度来进行一些分析和认识。

1. 物质文化、规范文化、认知文化

前面曾谈到,文化的核心是价值观和意义体系,而价值观和意义体系要依赖一定的符号而表现出来。对文化的类型研究来说,可以根据符号性质来对文化加以区分。物质文化、规范文化、认知文化的划分标准就在于此。

物质文化通常指通过有形的物质实体而反映出来的文化,它包括人类创造的一切物质产品,也包括这些产品所蕴含的社会意义。一张桌子、一座建筑物、一台机器等,都是人类依照特定的使用价值、审美价值等制造出来的,同时向社会传达了生产力水平、使用方法等意义,因而构成一个文化产品。

规范文化是社会存在的各种社会规范及这些规范所蕴含的社会意义。社会规范是人们在特定的环境中应该如何行动,如何思考,如何体验的一种社会或群体要求。而为什么要这么行动,这么体验,包含着深刻的历史传统和现实原因,包含着丰富的价值和意义。

认知文化即人们通过语言文字而获得的知识和信仰,它表达了人们对事物的认识程度和对事物的喜恶倾向。

2. 主文化、副文化、反文化

一个社会的文化模式是由多种多样的文化学系统组成的,在这多种多样的文化学系统中,各自对整个文化模式的影响是不同的,各自在整个文化模式中的地位也是不同的。正是根据文化学系统在文化模式中的地位和影响,把文化划分为主文化、副文化、反文化三类。

主文化即主流文化,是指在一个特定社会文化体系中占主导或支配地位的文化学系统,它通常决定或代表该社会文化的基本面貌,影响其他文化学系统的评价和走向,决定该社会成员的行为,决定该社会文化发展的进程。主流文化在社会中占主导地位,一般表现为两个方面,一是享有这种文化的人数占多数,在共同生活中,大家都遵从这种文化。二是一种特定的文化学系统受到特定政府的支持,使得它成为该社会成员不得不遵循的价值观和行为方式。

副文化也称亚文化,是指在一个特定社会文化体系中居于从属和受支配地位,居于非主导地位的文化学系统。它与主文化存在差异,但这种差异还不至于对主流文化构成伤害或威胁。它反映的是社会文化的多样性一面。当一个社会的某一群体形成一种既包括主文化的某些特征,又包括一些其他群体所不具备的文化要素的生活方式时,这种群体文化被称为亚文化。亚文化可以围绕着职业种类发展而成,如医学或军事部门的亚文化。亚文化还可能是基于种族或民族的差异,如美国黑人亚文化。亚文化还可能是源于地区的差异,如美国南部各州的亚文化;也可能基于原来的国籍,如美籍墨西哥人和美籍意大利人亚文化。每一个复杂社会都包括许多亚文化,社会成员常常是在一个以上的亚文化中发挥作用,反过来说,他们在一生中也会经历许多种亚文化。总之,社会中由于不同职业、地域、民族、性别、年龄等而形成的独立于主文化而有自身特殊性的语言行为、价值观念、生活方式,都可以称为亚文化。一个社会亚文化体系越发达,文化整合的工作就越难。

反文化是指与主文化相反或反对主流文化的文化子系统,严格地说,它是副文化的一种极端表现。反文化通常是在价值层面上进行讨论,带有非政府倾向,非权威倾向,非道德和非理性倾向。

主文化、副文化、反文化由于是根据文化子系统的地位来划分的,而这种地位受政治、经济、社会生活诸多因素影响,所以它们的性质不是一成不变的,而且相互之间可以进行转化。

四、文化的功能

文化是人类的创造物,但人类受文化的深刻影响,人实际上是文化化的动物,社会是文化的另一种表现。具体地说,文化有下列显而易见的作用。

（一）文化使得人与人之间的沟通和合作成为可能

我们通过语言及其他符号表达意义和接受意义,通过价值观念、社会规范来适应他人和让他人适应。

（二）文化给人提供必要的生存知识和技能

从文化中,我们知道了怎样吃,吃什么;怎样穿,穿什么等。文化还教给了人医学、法律、机械工程等知识,使人能够立足于社会。文化赋予人以生活意义。

（三）文化提供了社会区分的标准

社会与社会之间的区别,民族与民族之间的区别,除自然因素之外,还有其他方面的区别,如地域界限、人种特性,但主要还是文化因素,如社会制度、善恶标准、行为方式。试以中美文化为例作一说明(见表 2-2)。①

表 2-2　　　　　　　　　　中美两国在文化上的区别

文化内容	中　　　国	美　　　国
产业特点	农业人口占很大比重,重工业和制造业在工业中占据主导地位	农业人口比例甚微,第三产业、信息、高技术产业占据主导地位
社会关系	注重家庭、家族等血缘关系	注重事缘、业缘等非血缘关系
价值观	强调集体主义、集体成就	强调个人主义、个人成就
妇女形象	以贤妻良母为模范,妻子要协助丈夫	强调妇女的独立
对子女要求	子女、年轻人要服从家长、尊敬老人	要求子女独立,自己决定事情,给子女以较多自由
谈话方式	在进入主题前有较多的寒暄、客套	喜欢开门见山,直接进入主题
感情表达	含蓄、不外露	直接表达,外露
异性交往	男女之间在公共场合不宜过多接触,不宜过于亲密,同性之间可以有身体接触	男女之间在公开场合可以相互亲吻、挽手,同性之间不宜有身体接触
对生日、逝世的态度	重视纪念死者	重视庆贺生日

① 郑杭生主编:《社会学概论新修》,中国人民大学出版社 2003 年版,第 75 页。

五、中国人的基本价值观念

简单地说,中国人的基本价值观念是以中华民族传统文化为底蕴的,渗透于中国人的日常生活,表现为中国百姓的普遍心态和行为倾向,它们丰富而又复杂,要把这些内容完整准确地描述出来实非易事,在此,只作一个最简明的概括。

(一) 权力中心

不管是基于什么原因,可以看到,权力在中国社会具有最广泛而深刻的影响,中国人对权力的追求也是一以贯之。在传统的中国,政治、经济、社会、文化生活从来以"官"为中心,以行政权力为中心。其最大特点是集权主义、全能主义政治,是金字塔形的权力结构。中国的官本位文化起源于秦王朝,通过科举制度而走向兴盛。科举制度是专门选拔官吏的一种制度,对象是全体知识分子。在任何国家,知识分子都应该是社会精英,当这个精英集团的最高目标是如何考官和如何当官时,官本位文化就主宰了社会生活的各个角落。国家的社会价值观是以"官"来定位的,官大的社会价值高,官小的身价自然小,与官不相干的职业则比照"官"来定位各自的价值。

官本位文化与现代文明是格格不入的,应该随着封建帝制的消亡被扫进历史的垃圾堆。或许是中国的封建社会太长,官本位文化流恶难尽;或许是现代化革命不够彻底的原因,官本位的阴魂在现代中国无处不在,中国病的症状主要集中在"官本位"。

(二) 国家本位

对于中国人来说,国家是强大的,是第一位的。先有国后有家,先有家后有人,也变成了中国人的基本观点。中国人最核心的价值是要服从组织,服从上级,而上级和组织的终极就是国家,在国家面前,每个人都是那么渺小,国家的决定通常是对的,大多数人都认为是自然而然的。

(三) 亲缘伦理

中国人非常重视人伦关系,而这种人伦关系是以我为中心的一个网络,对待他人的态度一般是根据亲疏远近关系而表现出极大的不同,在一般的行为倾向中,带有更多的人情味,而缺少真正意义上的平等和公平。人的生命的终极意义,对于大多数人来说,是对家庭、亲戚朋友做了些什么。亲缘伦理文化在世界性范围内属前工业文化,它的天然土壤是小农经济及其衍生物——族类社会,族类意识是亲缘伦理文化的基本纽带,它的基本规约是整个族类的群居点必须统一在一个一元的权力构架中。传统伦理本位社会的一个特征就在于以血缘关系及其衍生性关系形成的人身依附。

(四) 道德至上

中国人在评价他人时,常常把道德放在首位,而能力和业绩则位居次要地位,从国家教育到家庭教育,道德教化都是件十分重要的事情。对一个人的最大否定,就是给他较低的道德评价,而且在我们的整个社会规范体系中,道德仍居于核心地位。

(五) 重视脸面

面子对于中国人来说,是其精神纲领,做事情争个面子,社会交往给个面子,批评他人留个面子等等。要有脸面是中国人待人接物的重要指导思想。中国人重视脸面,实际上也就是重外在形式,使得在很多时候虚伪做作的表面功夫重于实质的内容。

关于面子问题,鲁迅有透彻而独到的见解,《阿Q正传》自不必说,在《且介亭杂文》中,有一篇《说"面子"》的文章,把中国人爱面子的特点刻画得淋漓尽致。其中有一段写道,相传前清时候,洋人到总理衙门去要求利益,一通威吓,吓得大官们满口答应,但临走时,却被从边门送出去。不给他走正门,就是没给他面子;他既然没有了面子,自然就是中国有面子,也就是占了上风。输了银子,却赢了面子,对中国人来说,也并不算坏。正如在中国生活了大半辈子的美国传教士明恩溥所言,中国的人问题永远不是事实的问题,而是形式的问题。

第三章　社会角色与人的社会化

马克思说,人们并不能随心所欲地创造历史。实际上,人们也不能随心所欲地创造自己、表现自己。他需要按照社会特定的要求去塑造自己,并且去承担特定的任务。社会在不断地把貌似自然的人,变成社会的一个分子,变成社会的一个结构单位,从而完成对自由的、松散的个人的整合,关于这一过程,就是社会学要阐述的社会角色和社会化理论。

第一节　社　会　角　色

一、社会角色的含义

无疑,社会是社会关系的总和,是人们交互作用的产物,社会中存在着许许多多的个人。但是,社会具有超个人性,社会学家在分析社会结构时,不是把具体的个人当作社会结构的单元,而是把社会角色认定为社会制度的单位。所以,他们不断地对社会身份和社会角色进行剖析,因为社会角色总是与社会身份联系在一起的。

所谓社会身份(social status,也可称为社会地位),是指社会中为人们规定了的位置,如女人、律师、大学生、父亲等,都是一种身份。社会中充满了各种各样的身份,把可能的身份排列起来的话,那将是一张无穷尽的序列表。不过,人们最熟悉的身份包括性别、婚姻状况、年龄、受教育程度、民族背景、宗教信仰和职业等方面。

社会身份对于认识社会和个人都具有重要意义。社会身份的各种组合方式能够体现社会结构的诸多特征。例如在我国,男律师比女律师多,工人的生活水平比农民高,等等。这些都是通过社会身份反映出来的,是我国目前社会结构的一些基本特征。又如在美国,黑人青年的失业率比白人青年的失业率高,这也是美国社会的一个明显的社会结构特征。对于个人而言,在社会中,任何一个人都占有一个以上的身份,其中有一个或两个是核心身份,这一核心身份——现代社会中主要体现为职业身份,而在传统社会中主要是门第身份——能使你更容易或更艰难地去获得其他身份。有些人拥有很多的身份,有些人则拥有很少的身份。大企业的总经理或董事长,会被邀请做商会主席、名誉校长、政协代表、丛书顾问等。由此可以看出,在身份获取方面,存在着马太效应。很明显,身份的多寡和身份的重要性可以标识一个人。

身份与等级有着密切的关系。有的身份本身就是由等级划分造成的,如军队里的连长、班长,行政机关里的局长、处长、科长等。但身份与等级也并不是完全一回事,不同的身份可以属于同一等级,如教师与医生,同样,同一身份也可以有不同的等级,如教授、律师等都可以有级别之分。

对整个社会的运转而言,一张身份表就像一张列满名字的、等待被叫上台的演员表。事实上,社会学家正是用"角色"这个表演艺术的术语来描述身份的动态性质的。所谓的社会角色,是指围绕特定身份,按照一定的社会规范表现出来的一套权利义务系统和行为模式。社会角色的概念首先出现于 R. 林顿(R. Linton)1936 年所著的《人的研究》一书中,该书作者明确阐述了社会角色与社会身份的动与静的关系。他指出,你占有一个身份,你就必须扮演一个角色。

二、社会角色的分类

从社会角色所存在的社会关系领域来看,可以把社会角色划分为政治角色、经济角色、宗教角色、学术角色等。它们分别承担着不同的社会任务,要求有不同的表现方式,发挥着不同的社会功能。

从社会角色获得的途径来看,可以把社会角色划分为先赋角色和自致角色。先赋角色是指一个人由于出生的偶然性而自然获得的角色。这些个人的先天性包括性别、年龄、出生家庭、出生顺序、所属民族、种族等,围绕着这些先天特性可以形成不同的先赋角色,如男人、女人、长子、汉人等,先赋角色更深的含义是指社会上某些只有具备特定自然特性才可获取的角色,如封建社会中的皇帝、族长等,这些角色只有皇门的嫡长子才能担任,而其他人无法问津。封建世袭制度下多先赋角色,所谓的龙生龙,凤生凤,士者恒士,农者恒农就是写照。自致角色则指个人由于自己的后天努力可以获取的角色。如大学生、体育冠军、科学家等,这些角色都是现代社会特有的,只有通过个人的奋斗才能取得。

先赋角色和自致角色是紧密联系在一起的,任何社会都存在着这两类角色,只是程度和比例的不同,标明社会的开放性不同。总的说来,社会的发展是逐渐由角色的先赋性向角色的自致性过渡,也就是说,自致角色的比例将不断扩大。

从角色的规范化程度来看,可以把社会角色划分为规定性角色和开放性角色。某个角色应当做什么,不应当做什么,负什么责任,对谁负责任等问题,都有明确的规定,不能按照自己的理解自行其是,这样的角色称为规定性角色,如政府官员、法官、警察等,他们的职责、权利、行为方式都比较明确,不能随意发挥。与之相对,对权利、义务、行为方式等没有明确具体的规定,可以允许扮演者根据自己的理解去履行的角色,称为开放性角色。如父亲、朋友等。有人把志趣一致、能共同创业者当作朋友,有人则把共同吃喝的人当作朋友。

从角色所追求的目标来看,可以把社会角色划分为功利性角色和表现性角色。功利性角色指的是这种角色计算成本和讲究报酬,注重实际的经济利益,如工人、商人、厂长、经理等。经济领域中的角色一般都是功利性角色,他们重视经济活动的投入产出关系,关注角色行为的经济后果。表现性角色则指角色不是或主要不是为了报酬,而是出于责任感、义务感和事业上的自我实现感。如艺术家、医生、科研人员、慈善家等,他们的表演、治病、科研、捐赠等行为,目的不是要获取经济利益,而主要是有深重的责任感,有浓厚的兴趣和爱好,有强烈的自我实现愿望。对一个真正的艺术家来说,观众的掌声比票房价格更能使他获得满足。

从角色的表现状态来看,可以把社会角色划分为理想角色、领悟角色和实践角色。

理想角色也称为期望角色,是指社会对特定身份所规定的一套权利义务系统和行为规范,它表现为应当如此,如女子,在封建社会中的最高准则是三从四德,其样板是薛宝钗而非林黛玉。

领悟角色指的是扮演者主观理解的角色,每个社会角色都需要具体的人去占有,去扮演,而扮演者要扮演角色必须首先对角色进行理解,由于个人之间的差异,各个人对自己充当的角色理解是不同的,有什么样的领悟,就有什么样的扮演,所以对角色的领悟是极为重要的。

实践角色指的是扮演者在实际行为中表现出来的角色,这是角色的最终形态。任何角色都只有通过人的行为才能表现出来,才能真正实现,而人的行为受主、客观两方面的影响和制约。因此,实践角色与理想角色、领悟角色之间可能一致,也可能不一致,角色差距就是指它们之间的不一致性。

三、社会角色的扮演及其冲突

(一) 角色丛与角色扮演

现实生活是丰富多样的,一个人在社会中往往与他人建立多方面的关系。在不同的社会位置上表现着不同的社会行为,也即扮演不同的角色,众多的角色集中在一个人身上,组成一个"角色丛"。在社会生活中,处于一定社会地位的人扮演着多种角色,集许多角色于一身,就是一个角色丛。这种围绕主要社会地位而存在的诸多社会角色的有机集合,被称为角色丛,也称角色集。社会成员在社会中是以错综复杂的方式与他人相互联系的。对应性是社会角色的基本特性之一,任何一种角色都不能单独存在,任何一个人也不可能仅仅承担某一种角色,而总是要承担多种社会角色。角色丛包括两种情况:一种情况是多种角色集中于一个人身上;另一种情况是一组相互依存的角色,特指人与人之间的关系。个体在不同的生活领域由于表现的角色不同,其交往的角色对象也不同,这些各不相同的交往对象构成了特定个体的角色丛,这样一组组相互依存的角色集合了不同个体的现实的社会关系。

比如,一位女教师相对于丈夫来说是一个贤惠的妻子,相对于子女来说是一个慈爱的母亲,相对于母亲来说则是一个可爱的女儿,相对于工会会员来说是一位工会主席,相对于党员来说还是一位党支部书记,等等。这样围绕着教师这一主要角色她还担任着很多其他的社会角色:妻子、母亲、女儿、工会主席、党支部书记等。

　　个人与角色的关系可概括为两个方面:(1)角色规范人的行为,扮演什么角色就得从事什么样的行为。(2)个人是角色的参与者,社会的角色基本上是稳定的,而扮演角色的人却是流动的,某个角色可能由好多人在扮演,也可能由许多人轮流扮演。

　　社会角色的扮演是指个人实现角色的过程,即个人按照特定角色的行为规范去履行角色的权利和义务。角色扮演的第一步就是要进行角色知觉,即明确自己扮演的是什么角色。个人的角色承担是自我选择与社会认同两方面相互作用的结果。每个人进入社会关系网时,都要问一问自己占有什么身份,扮演的是什么角色,从而确定自己社会生活的出发点。角色扮演的第二步就是进行角色操作,即对角色进行理解和表现。在进行了正确的角色知觉之后,需要对该角色的全部内涵进行理解,着手准备客观的物质条件,就像舞台上的表演一样,设置布景和道具,培养自己的兴趣和能力。有效的角色操作还要求人们对社会关系网中的其他角色进行正确的知觉和评估。因为角色总是在互动中实现的。对他人角色的知觉和评估是通过角色象征来完成的。这些角色象征有的是本质的,有的是符号的,能明显标识角色的外在特征的称为符号特征,典型者如制服、徽章。能决定个人角色的内在因素的称为本质特征,如职业、知识能力。本质特征大都可以通过一系列符号特征显示,但两者有时不完全一致,本质特征与符号特征之间不存在一一对应的关系,如知识分子,教育水平和职业是他们的本质特征,大方的仪表,斯文的举止,外加一副眼镜是其主要的符号特征,但有些知识分子不完全具备这些特征,而具备这些特征的人也并不都是知识分子。

(二) 角色冲突

　　角色扮演是一个复杂的过程,既对能力有要求,也对技巧有要求,所以角色扮演经常出现失调现象,这种失调就表现为角色冲突。

　　所谓角色冲突指的是扮演者和角色之间或角色与角色之间的不吻合与不协调,包括角色内冲突和角色间冲突两类。角色内冲突指扮演者与角色之间的冲突。即特定的个人在角色扮演过程中所出现的紧张与焦虑,它由众多的原因所造成:(1)个人期望与社会期望不一致;(2)个人能力与角色要求不一致;(3)角色期望不相容或不确定;(4)两个以上的角色同时对一个人提出履行角色的要求;(5)两个角色对一个人提出两种相反的要求。角色内冲突的结果一是违心履行角色,即没有能力或不愿意扮演某一角色,但出于某种外在的原因而仍然在扮演某一角色。二是角色崩溃,或退出角色或创造角色,不愿扮演或无力扮演某一角色,就不再扮演某一角色;另一方面是扮演者不是被动地去适应某一角色,而是主动地去改造某一角色,创造出新的角色模式。

角色间冲突则是指角色与角色间的一种对立,它主要是由不同的人对同一角色的不同理解而造成的,如夫妻之间的矛盾。领导与群众之间、婆媳之间、服务员与顾客之间,都容易产生角色间冲突。

角色冲突妨碍与破坏人们的正常生活秩序,但防止角色冲突并没有固定统一的措施,有时候需自觉退出角色,有时候要大胆创造角色,有时候则需与他人多沟通。

第二节　人的社会化

一、社会化的含义与实质

(一) 社会化的概念

人的本质是社会的,正如亚里士多德所说,能够不在社会里生存者,不是禽兽就是神明。但人又是首先作为一个生物个体而存在的。要从一个新生儿变成一个社会的有机成员,必须经过一个过程,这个过程就是社会化过程。所谓社会化,概括地说,就是指个体通过学习群体文化,学习承担社会角色,把自己一体化到群体中去的过程。由此可知,广义的社会化指生命的整个过程,"活到老,学到老",狭义的社会化指未成年人变成成年人的过程。简单地说,社会化即是不断获得和扮演各种社会角色的过程。

社会化是极其重要的,这种重要性可以从两个方面来理解。从个体角度而言,社会化是个体学习文化、熟悉并掌握进入社会生活所需的规范、礼节、技艺、传统、习惯等各种知识、能力,从而取得社会所承认的身份,成为一个合乎标准的、完整的社会人的必要环节。从社会角度而言,作为一个整体的社会,它要存在和发展,亦即要保持其一体性和延续性,就必须不断造就一代代新人,把已经积累起来的文化和制度一代代传下去,使社会的发展延绵不绝。因此,不经过社会化,个体不能成为人,典型者如狼孩。同时,没有社会化也就没有社会。无序的、松散的、不能相互沟通和合作的个人组织不成社会。

(二) 社会化的实质

社会化是人的需要和教育的辩证统一,是个体自我选择和社会教化的矛盾统一,是个体和社会相互作用的双向过程。

1. 人的需要

人的需要是个人生理和心理的内部要求,是个人积极活动的内因,也是个人行为不断向前发展的动力。人的需要是人的社会化的基础和前提。人的需要只能在社会实践中产生并得到满足和发展。首先,需要具有客观性特点,需要的表现形式是主观的,即某人想得到什么,但满足它的内容必须是客观的,也就是需要所指向的对象具有客观实在性,画饼不能充饥。其次,需要还具有社会性特点,人的需要产生于社会中,并且只有在社会中才能得到满足。人们通过相互比较,相互模仿,不断产生新的需要,通过相互合作而满足这些需要,需要的社会性使得人们相互攀比,也使人们产生相对剥夺感。第三,需要具有综合性、历史性特点。人的需要是多方面的,有衣、食、住、行的需要,也有精神生活的需要,单一的发展并不利于人的成长。需要的历史性是指人的需要层次会不断升高,需要的范围会不断扩大,旧的需要满足了,又会产生新的需要,永无止境。充分注意人的需要的这些特性,是社会化顺利进行的保证。

美国心理学家马斯洛(A. Harold Maslow, 1908—1970)首创了需要层次理论,它是研究人的需要结构的一种理论。他在 1943 年发表的《人类动机的理论》一书中提出了需要层次论。这种理论的构成根据三个基本假设:(1)人要生存,他的需要能够影响他的行为。只有未满足的需要能够影响行为,满足了的需要不能充当激励工具。(2)人的需要按重要性和层次性排成一定的次序,从基本的(如食物和住房)到复杂的(如自我实现)。(3)当人的某一级的需要得到最低限度满足后,才会追求高一级的需要,如此逐级上升,成为推动继续努力的内在动力。

马斯洛提出需要的五个层次如下:(1)生理需要,是个人生存的基本需要。如吃、喝、住处。(2)安全需要,包括心理上与物质上的安全保障,如不受盗窃和威胁,预防危险事故,职业有保障,有社会保险和退休基金等。(3)社交需要,人是社会的一员,需要友谊和群体的归属感,人际交往需要彼此同情互助和赞许。(4)尊重需要,包括要求受到别人的尊重和自己具有内在的自尊心。(5)自我实现需要,指通过自己的努力,实现自己对生活的期望,从而对生活和工作真正感到很有意义。

马斯洛的需要层次论认为,需要是人类内在的、天生的、下意识存在的,而且是按先后顺序发展的,满足了的需要不再是激励因素等。除了广为人知的以上五种需要外,马斯洛还详细说明了认知和理解的欲望、审美需要在人身上的客观存在,但是他也说明,这些需要不能放在基本需要层次之中。

2. 社会教化

社会总是按照自己的意志和品格来塑造个人。它力图把业已形成的社会关系、文化传统和制度灌输给个人,以使其在原有的、既定的轨道上运行。社会教化具有强制性特点。社会赋予它的各种机构以教化大众的职能,它总是把社会中的个人当作客体进行整合,不同时代、不同区域的人明显带有该社会的烙印,就是社会教化的结果。

3. 自我选择

个人从来不是被动地接受社会化的。他总是根据自己的需要,自己的兴趣、爱好,自己的发展目标、自己已有的知识和经验,来接受社会的文化与知识,来形成自己独特的人生。自我选择明显具有差异性,不同的人有不同的选择,不同的选择便构成社会的多样性。

二、社会化的条件

人类之所以成为主宰,仅仅是因为人组织成了社会。而人之所以能够组织成社会,个人能够通过社会化过程完成从自然人到社会人的转变,说明人有其特殊的基础,而这些特殊的前提条件是人类长期进化的结果。它表现为:

(一) 人具有进行脑力劳动的条件

人是生物中的一类,但人是高度发展了的有机体,具有高度的生物结构,如直立的姿势,解放了的双手,复杂而有音节的语言,善于思维的大脑等,并由此具有高度的生物机能,能够进行高级神经活动,进行抽象思维。人由于有了抽象思维,能够从理论上把握世界,能够用理论指导自己的行动,因而使得人比其他动物更高明。马克思说,蜜蜂建造蜂房的本领使人间的许多建筑师感到惭愧。但是,最蹩脚的建筑师从一开始就比最灵巧的蜜蜂高明的地方,是他在用蜂蜡建筑蜂房之前,已经在自己的头脑中把它建成了。人类由于能够进行脑力劳动,从而超越了动物,变得主动地适应世界。

(二) 人具有较长的生活依赖期

人类没有强烈的本能,他不像鸭子,一经孵出即能游泳,也不像飞鸟用不多久即会筑巢。相反,人有一个较长的生理上不能独立生活和性不成熟的童年时期,人在其全部生活时间里有 15％ 至 25％ 的时期依赖父母或其他长辈,与其他动物相比,这是很长的一段时间。且正是由于这一相对较长的时期,使得广泛、深入的社会化不仅成为必要,也成为可能。它为学习文化和科学技术提供了必要的时间,而且还在人们之间形成了整个的社会联系和情感联系。

(三) 人有较高的学习能力

与其他动物相比,人能够坚持更长的学习时间,从而学习更多的知识。人类的抽象思维更是其他动物所无法比拟的。动物主要靠本能来适应环境,而所谓的学习,如老鼠走迷宫,只不过是一些直接或间接的模仿,缺乏创造力。即使有一些类似于人类的学习,如黑猩猩的学习,也不能像人类学习一样坚持很长的时间,更重要的是,人能把习到的东西变成概念和知识,使自己成为一个有目的、有计划的行动主体。

就个人而言,人的学习能力是个人的天赋,社会的教导和个人的努力相互作用所造成的。这三方面的有机配合给人的社会化创造了良好的条件。

(四) 人有语言的能力

语言是人类社会特有的现象,人类可以通过语言来传达信息、沟通思想。人们凭借语言,学习社会文化,了解他人经验,积累生活知识,指导自己的行为,参与社会生活,处理社会关系,创造社会财富。语言是个人社会化的强有力工具,它丰富了人的社会化内容,扩大了人的社会化范围,加速了人的社会化进程。

语言是劳动的产物,是由于人类共同生产生活的需要而产生的。语言可以分为两类:口头语言和书面语言,这也是语言发展的两个阶段。口头语言带有很大的情景性质,即可以借助所处的交流情景来表达思想,而书面语言则要求完整、精确,只有这样才能被人理解,正如培根所说,写作使人精确。

三、社会化的内容

如前所述,社会化的实质就是使个体成为社会的一员,因此社会化的内容是非常广泛的,凡是社会所必需的知识、技能、行为方式、生活习惯以及社会的各种思想、观念都包括在内,概括起来有以下几个方面:

(一) 掌握生活技能

新生儿呱呱坠地之后,适应环境的能力很差。他除了吃奶的本能之外,其他的生活知识一无所有。他有衣食的需求而无获取衣食的能力,因此父母及其他长辈要给他们多方面的照顾,且随着儿童的慢慢成长,成年人要逐渐教给他们穿衣吃饭等基本生活技能,这是第一步;为了能在社会上独立生存,每个人还要学习和掌握某种专业技能即职业技能,这在不断分化和发展的社会中尤为重要,专业技能的获得,传统社会中主要依靠家庭,而现代社会中则主要依靠学校。从我国的实际情况看,加强职业教育和职业培训极为迫切。

(二) 学习社会规范

在任何社会里,都需要有一个达到秩序、达到一体化的工具,这个工具就是社会规范,它独立于个人而存在于各个生活领域,表现为道德、宗教、习俗等,其目的在于约束人们的社会行为,调整个人与社会、个人与团体、个人与个人、团体与团体之间的社会关系。教导和学习社会规范是人的社会化的另一重要内容,常言道,入乡随俗,同样,一旦进入社会,也必须学习和遵守社会规范。社会也总是通过各种形式的教育、示范、舆论、权力等的力量,向人们系统地灌输社会规范知识,使人们逐渐形成一种信念、习惯、传统,最后在实践中把社会规范内化为个体的行为。

(三) 获得生活目标

人是有意识的,他不断地思索人为什么活着、为什么工作等一系列人生问题。人在整个生命过程中,总要确定一个追求的目标,否则无异于行尸走肉。然而,生活目标的确立却不是个体自由选择的结果,它受到家庭和社会的强烈影响,受到社会价值体系的制约和决定。价值体系,也可称为价值观念体系,是指社会、民族或群体中存在的比较一致的共同理想、共同信仰及较为持久的信念。社会价值对于个人来说就是各种可供选择的生活目标体系。个人通过社会教育而学得价值判断,按照在社会中形成的内在需要或意愿,将可供选择的行为目标建立起一种结构或秩序,由此确立为自己一系列的生活目标。对于我们国家、我们这个时代的人来说,要确立的是为共产主义奋斗,为人类多作贡献,做一个有远大理想和高尚情操的人这样一个人生目标。

(四) 承担社会角色

社会化的出发点和最终成果,就是为社会培养一个合乎要求的社会成员,使其在社会生活中承担起特定的责任、权利和义务,个人能否顺利充当特定角色,是社会化成败的标志。

社会角色的获得是社会培养和个人学习的结果。社会分工产生不同的社会角色,而个人不同的角色获得则是社会化的结果,即使男女这类角色的形成,也主要是社会的作用而非生理的作用。社会心理学家巴雷(B. Barry)1957年曾对 110 个较封闭的社区中男女角色的形成过程进行了研究,发现社会对男女儿童行为的强化和鼓励是不同的。(见表 3-1)

表 3-1 社会对儿童行为强化和鼓励的不同要求

鼓励的行为 \ 性别 百分比	女孩	男孩	一般
家务及照顾兄妹	82	0	18
服从	35	3	62
负责	61	11	28
成就	3	87	10
自主	0	85	15

此表显示,82%的社区要求女孩操持家务,照顾弟妹,而没有一个社区对男孩有这种要求;87%的社区要求男孩追求成就,只有3%的社区对女孩提出这种要求;85%的社区鼓励男孩自立,没有一个社区对女孩提出这种要求。可见,男女角色模式是在教育中形成的。

(五) 形成自我与个性

个性是个人比较稳定的生理、心理素质和社会行为特征的总和,它的形成和发展依赖于一定的生理特征和一定的社会生活条件。每个人在其成长过程中,遗传素质和具体的社会生活环境是不同的。各个人的各种心理活动也各有特色。人与人之间除共性之外,也有明显的差异,社会化过程中要发展共性,也要发展个性,发展个人正确的自我观念。人们是在社会交往、社会评价中完成个人自我认识、自我调节的。

第三节　社 会 化 过 程

人的社会化过程是人们通过实践,逐步认识社会的过程,也是社会对其成员施加影响的教育过程。社会化有广义、狭义之分,所以社会化过程也可从两大部分来研究,一是儿童和青少年的社会化,这是基本的社会化过程;二是成年人的社会化,这被称作继续社会化过程。

一、人的基本社会化过程

儿童和青少年的社会化是指从新生儿变成一个独立生活的成年人的过程,它可以分五个阶段来认识:

(一) 婴儿期社会化

从出生到3岁,是一个人的婴儿期。婴儿的全部生活要靠大人抚养和照顾。婴儿的生理机能不完备,心理活动尚在刚刚开始阶段。婴儿期社会化的主要任务是确立自我认识,学得区分自我和非我、主体与环境。这一任务的完成一般是通过家庭而实现的,父母,特别是母亲通过与婴儿的身体接触,如偎依、喂奶、搂抱等,使婴儿认识了自己与父母的关系,接受了母爱与父爱,此后,父母用声音、表情、语言等对婴儿进行教化,所以,父母对婴儿的影响是根深蒂固的。

在婴儿时期,生物需求和情感需要是紧密联系在一起的。当婴儿吃奶时,他在接受三种必需的东西:食物、温暖和与人的接触。与人的接触(包括身体接触和其他方式的相互作用)对于发育甚至生存的重要意义并不亚于温暖和食物。美国心理学家哈洛(H. F. Harlow,1905—1981)曾以恒河猴实验揭示了接触是动物最基本的生物需求。人类发育学家发现婴儿与动物有类似的情况,弃婴院的孩子与由父母照顾并可以自由走动的孩子比较,发育要缓慢得多,得病的也多,怀特(B. White)对婴儿院的孩子进行了研究,发现受到额外照顾(护理员每天与婴儿多呆 20 分钟)的孩子比其他孩子早 45 天学会抓住一个物体。

(二) 幼儿期社会化

3 岁到 6 岁是幼儿期,也称为学前期。这个时期开始形成一个人最初的个性倾向,社会化进入了一个新的阶段。幼儿期儿童心理活动过程带有明显的具体形象性,第二信号系统不够发达,抽象能力较差。在语言学习方面,词汇有所增加,对语法的辨别力和用语言表达思想的能力在增强,慢慢从有声语言向无声语言过渡。

幼儿期儿童的主导活动是游戏活动。儿童的游戏是一种利用假想的社会生活情形来扮演真实的社会角色的过程。儿童在游戏活动中,学习和模仿成人社会中的角色模式,儿童的游戏是成人社会的缩影和写照,成人在与儿童接触过程中切不可忽视自身言传身教的影响。

(三) 学龄初期社会化

学龄初期是从 6—7 岁到 11—12 岁。这个时期儿童开始从家庭或幼儿园转到学校。这是一次重大的转折:(1)对儿童进行社会化的方式,从组织性、强制性较少的家庭或幼儿园教育为主导转变为目的性、系统性、组织性、强制性较多的学校教育为主导;(2)学校教育的目的在于训练儿童的掌握口头语言向掌握书面语言过渡,向抽象的逻辑思维过渡;(3)学校更加有意识、有计划地促使儿童参加范围更大的集体生活,使其得到有益于身心发展的集体锻炼。

(四) 少年期社会化

少年期指的是从 11—12 岁到 14—15 岁。这个时期儿童的自我意识进一步发展,逐渐能够自觉地认识和评价自己的个性品质,这是人的世界观形成的萌芽时期,学校和家庭需要加强对少年儿童的世界观教育,教育的方式要生动具体,具有一定的形象性,但又必须具有一定的抽象性,讲具体的事情、过程,阐述一般性道理。

(五) 青年期社会化

从 14—15 岁到 20 岁左右,以至于更晚的时间,称为青年期。这是一个极为重要的人生阶段,时间跨度大,所要完成的任务多,社会学和心理学把它称为"第二次诞生"、"心理上的断乳"时期。

青年期是基本社会化完成的前夜,即将独立自主地跨入社会生活的各个领域,社会化的任务十分艰巨,哈维格斯特(R. J. Havighurst)曾把青年社会化的课题概括为 10 个方面:(1)学习与同龄男女进行交际的新方式;(2)学习男性与女性的社会角色;(3)认识自己的生理结构,有效地保护自己的机体;(4)从父母和其他的成人那里独立地体验情绪;(5)有信心实现经济独立;(6)准备选择职业;(7)做结婚与组织家庭的准备;(8)发展作为一个市民的必要的知识与态度;(9)寻求完全负有社会性责任的行为;(10)学习作为行为指南的价值与伦理体系。

青年期社会化任务的完成,基本的社会化就结束了,很多社会于此时举行成年仪式,如中国古代有各种各样的成丁仪式,给人生阶段划上一个鲜明的标记,并由此开始成年人的生活。

二、成年人的继续社会化过程

一个人从出生开始,经过儿童和青少年的社会化,基本上掌握了社会成员所要求具备的知识、技能和行为规范,逐步成为一个完全的社会成员,狭义的社会化过程也就结束了。但是从个人必须不断适应社会生活的角度来看,个人还有一个继续社会化的任务。

继续社会化分为中年社会化和老年社会化两个阶段。人到中年,重要的社会化已大部分完成,获得了自我形象、社会的共同规范与自我控制能力,确定了既定的生活方向和相对稳定的行为方式。但是社会生活在不断变革,宏观的社会制度、物质生产条件、自然环境等一旦发生变化,中年人也必须去适应、学习,从个人方面来看,结婚生子、转业、搬迁、出国等,都有可能使原有的经验、知识、态度和生活习惯不适应新的环境和新的角色,这就使得中年人要有一个继续社会化的过程。

老年是生命的最后一个阶段,智力、体力都在不断衰退,并且逐渐从工作岗位上退下来,各方面处于一个辅助性地位,面临着一种新的环境。工作上角色认同突然停止,同时还要抵抗死神的召唤,这对许多老年人来说是非常痛苦的。埃里克·杭伯格·埃里克森(E. Erikson, 1902—　　)认为,生命的最后几年是态度和行为变化最困难的时期。因此,老年人也要继续社会化。老年人要适应环境的变化,不能用老眼光来看待新事物。老年人的主要社会责任是总结以往的得失,把知识和经验留给后世,为社会积累精神财富。

三、反社会化与再社会化

人的社会化过程并非一帆风顺,还会出现反社会化的现象。从文化传递的角度来分析,反社会化是个人接受与社会传统文化相对立和冲突的亚文化的过程,是对一定社会的社会化总目标的背离。从既有社会价值标准来看,一般被视作个人"社会化的失败"。社会要对他们强制纠偏,即进入再社会化过程。

在这里还要注意,反社会化和反向社会化是完全不同的。从我们一直所持的个人与社会的互动关系来看,这种关系除了社会化这种主要的表现形态以外,还有两种次要的表现形态。如果说,社会化是接受社会主流文化及和主流文化大体一致的某些亚文化的过程的话,那么,个人也可能发生接受和社会主流文化相偏离的某种亚文化甚或相对立的某种亚文化(反文化)的现象。社会学家把个人接受与主流文化相偏离的亚文化的过程称之为不完全社会化或顺应不良;而把个人接受与主流文化相对立的亚文化的过程称为反社会化。反社会化主要有两种:(1)无理性型。这类反社会化的结果是有害社会进步和发展的,诸如惯偷、抢劫、纵火、投毒等都是反社会化的个体,这些人在"反社会化"过程中接受的价值观和行为准则是与社会公认的规范相对立的,并且其行为也直接危害到社会大多数成员的生活及整个社会的进步。(2)有理性型。这类结果不利于社会上少数人而利于社会上多数人,或者表面看不利于现在却有利于整个社会进步与发展的社会化,是有理性型反社会化。比如,在剥削阶级统治的社会中,为社会的变革和进步而举行的造反、罢工、战争,都是这类反社会化的典型表现。它"反"的是统治阶级对被统治阶级的奴化。

反向社会化又称逆向社会化,即指传统的受教育者对施教者反过来施加影响,向他们传授社会变化知识、价值观念和行为规范的社会化过程。我们把这种和"嗷嗷林鸟,反哺于子"的生物现象十分相似的年长一代向年轻一代学习的社会文化现象称之为"文化反哺"。

反向社会化或"文化反哺"现象一般发生在这样两种情况下:其一,由于地理迁徙而发生不同文化间的迁移时。如移民家庭,在新来乍到的陌生的文化环境中,由于家庭中的年轻人能够很快学会当地的语言,他们往往能够向父母解释周围的一切。其二,由于社会文化的急剧变迁而形成传统文化向现代文化的迅速变动之时。这种迅速变动可能造成年长一代的知识过于陈旧,但年轻一代则可能因为更贴近时代而能够向长辈们提供新的信息和新的生活样式。在中国社会这些年的改革开放中,青年文化确实在一定程度上影响到成年人和老年人的生活理想、生活态度和行为取向。

目前在中国社会转型过程中,影响个人社会化最突出的一个问题,就是社会失范。所谓社会失范是指社会规范在某些方面和程度上的模糊、混乱乃至多元化的现象。在社会转型中,社会结构在不断加速分化,旧有的社会规范由此受到冲击而逐渐瓦解,新的社会规范体系的建立又有待于社会结构的重新整合,在这个过渡时期就会出现社会规范的混乱。这种状况使社会化的程序被打乱,力量被削弱。社会失范使个人在社会化过程中无所适从,从而造成社会化过程中的偏差、失败及种种病态现象的发生。

再社会化是指极端改变原有价值观和行为方式,去除原有个性,重塑社会角色的过程。从方式上来说,它有较为温和的,带一定强制性的再社会化和完全强制性的再社会化两类。较为温和的再社会化主要是指军事训练。军事训练的主要目的,在于消除公民已发展的自我形象,以军人身份取而代之。这种过程首先需使新分子脱离大众环境,把他们限制于军事基地内,并要求他们放弃大众的生活习惯,无论衣着、发型,乃至言谈举止,均需符合军人模式。个性化的名称被限制使用,代之以士兵、水手或某种等级,军人角色要求尊敬长官,衣着整齐及绝对地服从。在部队里,自决的价值不受鼓励,强调服从权威,"军令如山"。西方社会学者还认为,宗教皈依、意识形态的转变、精神分析治疗等,都属于较温和的再社会化过程。

另一类是完全强制性的再社会化,其主要对象是那些有越轨行为的,危害多数人利益的人,如罪犯。对他们进行"洗脑"是一种强制性的教化,是克服一般社会化过程中的病态现象,所以是在强力管制的条件下进行的,如监狱、劳教所、工读学校等。在这些特别机构里,一方面要全面控制个人,抑制其过去地位的自尊,否认过去的自我道德,并附之以严厉的制裁,另一方面,要给新的角色以明确的规定,使其有一个转变目标。

强制性的再社会化,其目的和方针在不同的社会里各不一样。社会主义制度下的中国仍以教育感化为主,实行劳动与改造相结合,全面贯彻综合治理、争取实现由被迫教化到自动转化的过渡。

第四节　社会化的机构

社会化总是在一定的环境中进行的。这种环境指的就是社会化的机构,它主要包括家庭、邻里、同龄群体、工作单位、大众媒介、社会管理机构、学校、教会等。现主要就家庭、学校、同龄群体、大众媒介、网络社会作一简略介绍。

一、家庭

家庭是最受学者注意的社会化机构,家庭对于态度与行为的影响,可从精神分析理论、人类学与民族性的研究以及角色理论中获得若干解释,美国社会学者库利(C. H. Cooley)强调,家庭是社会化的起点,是人性的养育所。马克思曾经指出,家长的行业就是教育子女。西方有的社会学者认为,个人在社会中的主要人格模式,大都是在家庭中培育起来的。第二次世界大战以前,德国人对于政府权威的态度,据研究是来自家庭中的权威模式。生长在极权家庭中的德国人,希望和期待其政治领袖对他们维持同样的极权关系,这为成就希特勒政府提供了土壤。

家庭对孩子的社会化教育有两个明显的特征:(1)直观性。孩子从家庭中获得的信息都是从熟悉的家庭成员身上直观地表达出来的,父母的是非观念、行为模式及其社会后果,都会直接在家庭中显示,孩子会耳濡目染。(2)可接受性强。父母与子女之间有着不可分割的血缘关系和共同的生活环境,父母与子女之间既相互归属又相互依恋,子女对父母乐于听其言,仿其行。正如颜之推所说:"同言而信,信其所亲。"父母对子女教育,主要采取言传身教或潜移默化,因此,可接受性很强。

家庭教育的重要性可从正反两方面来理解。在所有社会中,成名成家者绝大部分受过良好的家庭教育(道德、技能知识等),有着深厚的家学渊源。一项调查显示,中国科技大学少年班的学生,70％来自知识分子家庭,20％来自干部家庭。相反,家庭结构不健全,家庭教育方法不得当,与青少年的越轨与犯罪有很大的相关性。无父母,家庭不和,家长品行不良,小时候娇生惯养,长大了管不了,只抓子女挣钱、不抓子女教育等情况,都极有可能使得子女走上犯罪的道路。有关研究充分表明:积极性的亲子关系(如爱护与奖励),民主性的教育方式,有利于子女的认知能力、创造能力及创造行为的发展。反之,消极性的亲子关系(如惩罚和拒绝),则妨碍上述能力的发展。

二、学校

学校教育是有组织有计划的系统教育,它在科学技术日益发展的现代社会显得更加重要,通过正规教育,孩子们学到了他们在社会中所需要的各种技能和观念,以及他们的传统文化。受过教育,特别是高等教育的人和未受过教育或仅受过少许教育的人,在态度和行为上是大不相同的。例如在政治方面,从西方一些国家的情况来看,个人所受教育越多,权力欲望越强,政治兴趣越浓,政治态度和政治行为越显著。受过教育的人较多地了解政治,谈论政治,参与政治。

　　学校中的社会化方式与家庭中的社会化方式是不一样的。在学校,强调遵守非个人的规范和权威,而在家里,孩子把父母看作权威人物,父母与孩子之间的关系是个人的和充满情感的。孩子服从父母是因为父母爱他们,他们也很容易认识到自己对父母的依赖性,很容易认识到父母对自己的良好愿望。而在学校里,孩子们学会的是服从规范,而不仅仅是服从个人。

　　不仅如此,通过社会化过程,学校还直接参与了社会控制。因此,学校对学生的评价,不仅包括他们知识学得怎样,而且还包括是否遵守纪律,道德品性是否良好,是否具有人际相容的能力,等等。我们经常看到老师对学生的评语,诸如:"遵守校纪校规"、"有自我管理能力"、"尊敬老师"、"团结同学"之类的概括。

三、同龄群体

　　孩子们一旦跨出家庭,包括进入学校以后,其社会化进程会受到同龄群体的深刻影响。瑞士心理学家让・皮亚杰(J. Piaget,1896—1980)认为,儿童道德观念的全面发展,主要是在同龄群体的互动中实现的。美国社会学家里斯曼(D. Riesman,1909—)也指出,在易于产生他人导向人格的现代社会,同龄人的观点更成为个人行为的指导,同龄群体乃现代社会最重要的社会化机构。所谓同龄群体指的是具有同等地位、年龄相当,且经常互动的一群人。同龄群体的成员有时并不都是朋友,如一个班级是一个同龄群体,但不是每个人在感情上都非常接近。同龄群体不像学校与家庭,它不会有意地对其分子进行社会化。但它在提供成员的情感满足时,成员会自觉或不自觉地把同龄群体的期望与规则内化。当然,团伙组织或帮会会有意地强迫其分子去取得特别的价值、行为与展望。成年人的同龄群体有时也有相同情形。

　　在童年时代,同龄群体大都是偶然形成的。随着年龄的增长,就有了更多的选择因素。在 7 岁时,一个同龄群体就是学校中的班级或班级中的小组,以及同龄的邻居小孩。而在 30 岁时,人们就会根据共同的爱好和活动,根据同等的收入水平、职业及社会地位来选择同龄群体。

　　同龄群体对青少年时期的社会化影响最大,青少年的同龄群体能帮助个人在社会中取得一个平等地位,相反,青少年在家里总是处于从属地位。青少年同龄群体有自己的亚文化,它对帮助一个人结束依赖具有重要意义。同龄群体一方面把自己的亚文化传递给社会,另一方面也把社会文化传递给群体成员。

四、大众媒介

知识和兴趣是社会化的重要因素,而大众媒介恰好能在这方面起到独特的作用,所以随着社会发展而不断发达的大众媒介,其在人的社会化过程中的作用也逐渐增强。现代的大众媒介如报纸、收音机、电影、电视、杂志等,成为当今迅速而广泛地传播消息的主要工具。它刺激人们的兴趣,引导、强化和改变人们的态度。如今,有更多的民众或家庭拥有电视机或收音机,也花费更多的时间在电视机前,个人从中学到大众文化的要素。

大众媒介对于社会化的意义,目前的研究多集中在三个方面:

(1) 大众媒介对文化规范的影响。大众媒介凭借强调且重复某些主题及特别的解释,可能塑造人们一种对社会的印象。如电视与通俗杂志描述的生活形态,常常是以超一般生活水准来表现的。漂亮的发型与衣着时髦的年轻妇女,豪华公寓,新产品展示,杂志、报纸广告强调的汽车、电气用具、化妆品及其他日常用品,有助于人们确定这些东西为必需品而非奢侈品。然而,也有许多电视节目描述的当代生活仅适用于少数人,而观众误以为这些节目是描述社会的普遍生活。对有些人来说,会产生相对剥夺感。

(2) 由大众媒介所引起的偶尔学习对人格形成的影响。儿童通过电影、电视或其他媒介,感受到一种成人世界的情况。他们也许还不是这世界的一部分,但却被这一情境所吸引。在这一情境中,儿童获得有关成人的价值观念、社会角色、社会组织的知识,这虽偶然,但非常重要。

(3) 有意使用大众媒介(特别是电视)对促进学习与社会变迁的效果。对于儿童来说,某些有意义的儿童节目,能增强他们在家里和学校里所学得的价值观与技能。其他如交通规则与家庭计划节目,许多人也承认其有直接教育的潜能,可能会对社会化产生有益的效果。

五、网络社会

随着人类社会工业化进程的升级和质量的提高,正延伸和拓展出一种新型社会——网络社会。这种新型社会与现实社会最大、最首要的区别,在于它的虚拟性质。但"虚拟"本身是一种真实,是现实社会的延伸和拓展。网络社会生存和发展的物质基础是网络。网络这种突生的全球性资源、媒体、社会联结是一个人类新的生存环境,它的生存和发展直接引发了现实社会生产方式的革命性变革,创造着人类全新的生存方式与生活方式。网络的特质在于:为人类经济和社会发展创造出新的条件、环境和空间。网络社会具有如下显著特点:

(1)虚拟性。网络社会是虚拟社会,或者说"虚拟性"是网络社会最重要的特征。网络社会的生存是以信息的生产、分配和使用为条件的;当信息形态由类比式转变到数字化,具体事物便可能成为虚拟。在现实社会中人与人之间的互动总是处在一定的文化环境中,受到一定社会结构的限制,由于各阶级、阶层的生活方式不同,形成了各个阶级和阶层不同的社会特征。在这种具有阶级和阶层差异的社会环境中,各阶级、阶层之间的社会互动总会受到一定程度的阻隔。然而在网络空间中,现实社会结构的规制不再具有效力。取而代之的是网络文化与规则。网络文化与规则表现出灵活性、开放性等特点。它是不断变动的,不再具有社会结构强制性特征,甚至网民可以自己设定互动规则。一种网络文化与规则可以很快形成,又可能很快消亡。

在网络社会中,网民可以根据自己的兴趣来选择自己承担的角色,而如果他想改变自身的角色也是轻而易举的事情。网络互动的虚拟性使互动主体具有空前的能动性,网民可以根据自己的意愿选择相应的互动模式。

(2)符号性和匿名性。网络互动与现实社会的实体互动相比更具有符号性。虚拟社区成员的身份是匿名的,交往以符号为中介。成员可以随意地选择进入网络的各种身份、性别、年龄、种族等标识,从而使互动有了更多的互塑性和建构性的色彩,为人际互动创造了更多的自由空间,人们可以自由和随意地表达观点,宣泄自我。

网络互动符号化主要表现在三个方:一是信息传达方式的符号化。在网络互动中,网民用单纯的符号来代替某些信息,如用"886"代表再见、后会有期的意思,用"：)"代表微笑,"：("代表不高兴等。二是实物的符号化。在现实社会互动中,人们常常相互赠送一些物品来表达自己的心意,在网络互动中,网民也时常相互赠送一些"物品"来表达自己的情感。不过这些物品只是一些图形,一些符号。三是网络互动主体的符号化。在网络发展的现阶段,网民之间的互动是间接的。网络互动实际上是网民代号或者名称之间的互动,每个网民都会在网上设置自己的代号与个人资料,这样在网上参与互动的只是一个符号化的主体。

（3）交往具有超时空性。信息技术的发展使得建立超越地域限制的社区成为现实。传统人际互动中所必需的时间和场所被压缩甚至被取消了,在虚拟社区中,人们可以借助计算机网络技术,在瞬间实现跨国界、跨地区的互动,这种压缩时空的超时空性的交流,深刻地改变了传统的传播和沟通方式,为人类交往提供了革命性的新形式。随着全球经济、政治和文化的一体化趋势,人与人之间的互动在全球范围内扩展开来。网络互动的出现,使人与人之间的互动进一步向全球化方向发展。

由于网络互动成本低和网络互动的便捷,加上网络本身的扩展,网络作为一种信息传递手段,它的优点已经在世界范围内得到认可。作为展现人类本质的手段和实现人的需要的工具,它必然在全球内扩展开来。我们有充分的理由相信,将来每个人都可以通过网络与全世界建立联系。

第五节　西方有关个人成长的理论

社会化的过程就是个人成长的过程,是形成个性和发展自我的过程。围绕着这一问题,西方社会学或社会心理学家作出了诸多的理论阐述。我们在此择要作一概略介绍。

一、米德的概括化他人理论

美国社会心理学家米德(G. H. Mead, 1863—1931)以儿童游戏活动中的发展来说明个人社会化的情形。他强调自我认识的发展应追溯到婴儿与母亲的互动。当儿童很小时即认识他人,特别是母亲使他舒适,这时他人的行为即对其发生影响,从饥饿而哭,拥抱而笑,渐渐地他人的声音、姿态、语言等都使儿童有不同的感情与反应,最后儿童学习了解他人的一切态度与观点。随着儿童学会说话、走路,他所了解的外界便越来越广。这时,儿童生活中最重要的便是游戏。米德认为,2 岁到 4 岁的儿童大部分的时间花在游戏上,他们扮演父亲、母亲、售货员或医生,惟妙惟肖,米德称这种游戏为扮演他人角色的游戏,而父母等便是儿童心目中的重要他人。

当儿童年龄渐大,走出家庭和其他儿童与成年人接触时,就会出现概括化他人的现象,即儿童常将他人对本身的行为,综合成一种总体印象,然后根据这种总体印象,就他人的角度衡量本身的行为。大约 9 岁后,儿童便放弃捉迷藏、玩家家等游戏,学习真实的、有组织的游戏,如踢足球,过真实的社会生活。这时他们必须遵守游戏的规则,了解社会地位。社会的价值与态度成了儿童人格完整的一部分。

此外,米德又将自我分为两部分,一部分是主动的、自生的与个别的自我,即"I";另一部分是内在化的社会期望与需求,称为社会自我,即"me"。米德认为,正是由这两种自我,我们才能反映自己的行为,发展内在的连续感或认同感。总之,米德的概括化他人理论,在于强调自我是逐渐发展的,只有在社会经验与活动过程中才能形成自我观念。

二、埃里克森的自我认同危机理论

埃里克森是精神分析学派的重要代表人物,他对社会化理论最大的贡献,就是提出自我认同危机理论。

埃里克森认为,社会化是一个人终身的过程,是人们从出生到死亡期间对环境的感情发展过程。他在其名著《儿童与社会》一书中,描述了人生发展的八个阶段,每个阶段都经历一个危机,产生生理和社会环境的变化,加以适应后获得心理上的成长,埃里克森强调人类常采取积极和消极两种方式来对付危机,一旦危机渡过,自我便更趋成熟,而且能建立稳定的认同。

人生的八个阶段分别为:

(1) 婴儿时期。1 岁期间,信任或不信任的危机。需求能得到充分满足的婴儿,会感觉到环境是可靠的,建立起基本信任的感情。反之,照料不周、不当,如母亲没有耐心,溺爱或经常远离,婴儿就会产生不舒适、恐怖、不信任的感情,而且这种不信任将被带到个人发展的后期阶段。然而,信任与不信任的解决与后边所有的问题一样,不能一劳永逸。

(2)幼儿时期。2 岁至 3 岁期间,自主自治或怕羞怀疑的危机。这一时期,孩子能够控制自己的身体,能做各种运动,如果成人允许儿童去适当尝试,管理自己,儿童就会取得自信,埃里克森称为自主自治。反之,儿童被过分监管、约束或伤害,就会形成怕羞与怀疑的个性。

(3)游戏时期。4 岁至 5 岁时期,创造性活动或犯罪感的危机。这时,儿童开始扩大其生活环境,喜欢攻击和控制物质环境,开始自己创造一些有目的的活动,以代替一些前些阶段模仿抄袭活动。这时期,如果父母或成人尊重儿童的努力,儿童就会获得自我肯定的情感;反之,讥笑和漠视会造成儿童怀疑其行动和目的的价值,甚至因失败而自我惩罚,形成永久性的犯罪感。

(4)学校时期。6 岁至 12 岁时期,勤劳刻苦或自卑感的危机。儿童从家庭进入学校和大社会后,和许多原本不认识的儿童、成人在一起学习规则、游戏、技术和知识。如果成人鼓励孩子开动脑筋,去做一些实用的东西,并赞成他的成果,会增强孩子的勤奋感。反之,如果把孩子的努力当作恶作剧或瞎胡闹,则容易促成孩子的自卑感。

(5)青少年时期。认同或角色混乱的危机。这一时期,青少年身心发生许多变化,社会角色增多,他们积极向成人学习。埃里克森认为,这一时期应使青少年产生一种连续感,把他们的现在与未来联结在一起,把自我形象与社会背景协调一致。反之,青少年如果不能透过适当的认同,整合自己的各种角色,就会产生自我角色混乱的危机。

(6)青年时期。亲密或孤独的危机。青年是一个重要转折点,有些青年在这一时期坠入情网,有些青年却陷于孤独的境地。埃里克森称前者为亲密,它极易受到且深惧危险——受伤害或损失友谊的危险,只有适当地认同或信任,才能渡过这一难关。埃里克森称后者为孤独,孤立自己或逃避群体而寻求安全感,这种情形总会限制个人的成长。

(7)壮年或中年时期。贡献或呆滞的危机。人到中年,必须面对现实,别无选择。成人需要亲密与接受,也给人温暖与安全。成人具有贡献性,他们作为父母,直接指导新生的一代,他们也作为劳动者,间接改造社会状况。相反,对有些人来说中年是一种痛苦,由于自我意识的幼稚或生理心理的侵犯性,使他们不具贡献性,甚至呆滞不前。

(8) 老年时期。完善或追悔的危机。老年是人生的反思和评鉴时期,他们对生命中的善与恶、快乐与痛苦进行分类整理,力图达到自我接受的至高境界。同时,他们也可能追悔过去丧失的机会,悔恨以前没有把握青春。

埃里克森强调人生八个阶段,每个阶段都可能有积极或消极的发展,而且每个阶段的适应都可能影响下一阶段的情况,消极的发展必须加以克服,积极的情感必须加以增强。社会秩序就在这些发展阶段中产生,由此形成文化中的各种制度代代相传。

三、柯尔伯格的道德发展说

柯尔伯格(L. KohLberg)在实际调查各国儿童的道德发展情况的基础上,建立了道德发展学说。他认为,人类对于道德问题的思考,不仅是文化影响的结果,并且有如情绪成长、认知技术一样,是随儿童对其外界环境的经验逐渐发展而来的,柯尔伯格将儿童道德发展分为三个阶段。

(1) 前规则阶段。前规则阶段指儿童尚未发展对错观念,它分为两个时期。第一时期的儿童服从权威,畏惧惩罚。第二时期的儿童喜欢接受被赞赏的行动。

(2) 规则阶段。儿童逐渐成长,日渐关心别人的想法,其结果是他们的行为成为他人导向。规则阶段也分为两个时期,即第三时期和第四时期。第三时期的儿童希望博得父母的欢心与称赞,也逐渐形成对错观念。第四时期的儿童逐渐开始思考规则问题,例如,他开始知道偷盗是不好的。

(3) 后规则阶段。在这一阶段,儿童开始走出家庭,与他人接触,各种观念的差异随之而生。这一阶段的两个时期为第五时期和第六时期。第五时期的儿童开始认识道德冲突问题,并以不同的观点来评鉴一般规则和合理原则。第六时期的儿童开始具有强烈的好恶感情,成为自我导向,具有正义、互助、人权、平等、自尊、尊人等普遍原则。

四、弗洛伊德的人格发展理论

奥地利精神分析学家西格蒙特·弗洛伊德(S. Freud，1856—1939)在研究人的成长问题上，强调的是人格形成过程中的生物因素，特别是性的因素。弗洛伊德认为，人格的发展很大程度上是受"无意识"驱动的。

弗洛伊德将人格划分为三个部分：本我(id)、自我(ego)和超我(superego)。本我是人格结构中最原始、最隐秘的部分，其基本成分是人类的基本需求和冲动，特别是性冲动。本我受本能驱动，遵循快乐原则。自我是从本我中分化出来的。由本我的各种需要在现实中不可能立即和全部满足，个体必须接受现实的限制，学会在现实中获得需求的满足。于是，这服从现实的一部分即从本我中分离出来，成为自我。自我遵循的是现实原则。它在本我、超我和现实环境之间起着调节作用。超我是从自我中分离出来的，是人格结构中的最高部分。它是个体接受社会道德规范的教养而后逐渐形成的，服从社会的道德要求，在整个人格结构中居于管制地位，对人格的其他部分进行审查和监控，它遵循的是完美原则。在三者中，自我和超我属于意识层次，本我属于潜意识层次。后者长期处于前者的压抑和控制之下，处于无意识状态。在人格发展过程中，本我、自我和超我三者如能和谐一致，那么人格发展过程将会是正常的；如果三者失衡甚至长期冲突，人格发育将会非常困难，甚至出现某些心理疾病。

弗洛伊德把人格发展过程分为五个时期，即口腔期(0—1岁)、肛门期(1—3岁)、性器期(3—6岁)、潜伏期(7岁至青春期)、两性期(青春期以后)。他认为，前三个时期对一生人格的发展至为重要，一生的人格在这三个时期即已基本确定下来。这三个时期的基本需求，特别是性欲的满足程度如何，直接关系到以后人格的健康与否。

弗洛伊德的理论由于过分强调性欲的作用而被称为"泛性论"观点，他也因此受到广泛批评，但他对无意识的发现和早期社会化的强调也深受重视。

五、皮亚杰的儿童心理学与认识发生论

皮亚杰是瑞士儿童教育心理学家。1956年他建立了"发生认识论国际研

究中心",对儿童心理学的研究产生了巨大的影响。他致力于儿童智力发展规律的创造性研究,认为影响儿童智力发展的四大因素是:神经系统的成熟、物质环境的经验、社会环境的影响及活动中通过自我调节而获得的主客观平衡,提出了儿童发展与教育的关系的观点。他还认为教学不仅仅是帮助儿童掌握知识,是简单重复,而是为了提高儿童智力思维的能力,他的学说是世界各国强调教育中必须发展儿童智力的启发式教学的理论渊源。主要著作:《发生认识导论》、《智慧心理学》、《从儿童到青年逻辑思维的发展》、《运动逻辑试论》。

皮亚杰认为,人的认识开始于动作,开始于人对客体的作用和相互作用。人的发展就是个体与环境的不断的相互作用中的一种建构过程,其内部的心理结构是不断变化的。这种变化不是简单地在原有信息的基础上加工新的事实和思想,而是涉及思维过程的质的变化。他认为,认识发展有两种机能即适应和建构的倾向,一方面,由于环境的影响,生物有机体的行为会产生适应性的变化;另一方面,这种适应性的变化不是消极被动的过程,而是一种内部的结构上的积极的建构。适应机能又包括同化和顺应两个过程。同化是把外界元素整合到一个正在形成或已经形成的结构中,而顺应是同化性的结构受到所同化的元素的影响而发生改变。当有机体面对一个新的刺激情境时,若主体能够利用已有的图式或认知结构把刺激整合到自己的认识结构中,这就是同化。而当有机体不能利用图式接受和解释它时,其认识结构由于刺激的影响而发生改变,这就是顺应。运算是指人对客体的作用或相互作用的同化;有组织的且可重复的运算形成了运算模式(图式),运算模式的发展和变换是按照皮亚杰的智力发展模型(心理功能模型)进行的,即经过第一次自我调节(平衡作用),使旧的运算模式改造成为新的运算模式,再经过第二次调节(组织)使新的运算模式和其他有关的运算模式协调起来。

第四章　社　会　互　动

第一节　社会互动概述

一、社会互动的概念

(一) 定义

人类的行为,几乎都是社会性的行为,人类的生活,也几乎都是社会生活。在日常生活中,我们随时都能发现,我们的行为要么受他人影响而发生,要么我们的行为刺激他人。每一个人都在不断地调整自己的行为去适应所处的环境和所接触的人,这一个过程实际上就是社会学家关注的社会互动过程。

所谓社会互动,通常指社会主体之间由于接触而产生相互交流和相互影响的过程。社会互动的含义,具体来说,有以下几个方面:

(1) 社会互动的行为主体必须是两个以上。行为主体的形式既可以是单个的人,也可以是人的集合——广义的社会群体。也就是说,社会互动发生在个人与个人之间、个人与群体之间或者群体与群体之间,当然,任何群体内部都有不同层次的社会互动存在。

(2) 社会互动的行为主体之间必须相互接触。这里的接触主要是行为主体相互接触而能够产生感官刺激的情况,它包括传统意义上的面对面接触,也包括通过现代科技手段如电话或其他媒体而产生的接触。相互接触是产生社会互动的前提,没有接触就不能产生现实的社会互动。

(3) 社会互动是在一定的社会环境中进行的。任何行为主体的行为都在一定的环境中发生,也受到一定环境的影响。一个独立行为主体的所有外部因素都是环境,既有物的因素,也有人的因素;既有自然的因素,也有文化的因素。

（4）社会互动是一个相互刺激、相互影响的过程。社会互动的行为主体在相互接触过程中,通过语言和非语言符号,不断地向对方发出刺激,表达某种特定的意义和价值,通过信息的传递和对信息的理解,相互不断调整自己。

(二) 社会互动的要素

上述分析表明,社会互动的基本要素有四个方面,即主体——个人或群体、环境——时间和空间、信息、影响。但一般侧重于两个要素:首先是文化要素,即语言、文字、姿态、动作、礼仪等等。其中的语言文字是社会互动的第一文化要素,它构成社会互动方式中最重要的一种互动,即所谓"符号互动"。姿态、动作、礼仪、表情等是社会互动的第二文化要素。人们除通过语言和文字进行互动外,还常常以反映相同意义的某种姿态、动作、礼仪、表情等来表达各自的意愿,互为沟通和交流。其次是人格要素,即心态、价值、信念、意识、道德等等。这些要素经过内化过程反映为个体的人格系统,人们就是带着人格特征进入互动过程的。

社会互动是一种普遍的社会现象,对社会互动最完整系统的研究是由米德为代表的"符号互动论"者完成的。米德认为,人类的互动是由文化所规定的,人类互动的过程也是学习符号、学习文化的过程。米德的学生 H. 布鲁默把符号互动论总结为三个原理:第一,我们依据我们对事物所赋予的意义而对其采取行动;第二,我们所赋予的事物的意义源于社会互动;第三,在任何情况下,为了赋予某种情境上意义,并决定怎样采取行动,我们都要经历一个内在的阐述过程——我们在这里"与我们自己交流",社会互动行为的出发点是情境定义——对客观事物的主观解释,社会互动顺利进行的前提是享有共同的情境定义。

二、社会互动的类型与功能

(一) 社会互动的类型

社会互动的形态是多种多样的,从互动的不同角度去划分,可形成不同的互动类型。按互动主体划分,社会互动有人际互动——个人与个人之间的互动;群际互动——群体与群体之间的互动,个人与群体之间的互动。个人与群体之间的互动从理论上来说是存在的,如单个人与政府某机构互动,但从现实形态上来说,群体都是由个人组成,实际上是人与人之间的互动。所以上述三种形态中,人际互动是根本、是核心。按社会互动引起的原因划分,社会互动有血缘互动、业缘互动、地缘互动、趣缘互动及机缘互动。社会互动总是由不同的原因而引起,不同原因引起的社会互动不能简单地作优劣评价,如有些人认为现代社会应当强调业缘互动而弱化血缘互动。在这里,社会互动的价值评判只能依据互动的方式、互动追求的结果及互动的规范化程度,而不能依据互动原因。按社会互动主体在互动过程中的表现方式划分,社会互动有个性互动与角色互动,在整个互动过程中,充分展现行为者的性格、个人资料等,可称为个性互动。反之,严格依照角色的要求,为了完成一些特定的任务的互动,可称为角色互动。按社会互动各方的合作性划分,有合作式互动与冲突式互动,前者主要指互动各方为达到一个共同目标而采取协同行为,后者主要指互动各方追求各自目标而采取对立行为。按社会互动各方信息传达方式划分,社会互动有直线型互动和回环式互动。前者主要指单项的信息传递,后者主要指信息传递是双向的。

(二) 社会互动的功能

(1) 社会互动产生人与人的交互作用,交互作用凝固化、模式化即构成特定的社会关系,构成特定的社会。因为互动的过程中,互动双方必须具有某种程度的共享意识与遵守规范,注意自己也尊重对方。这些特质构成了社会的秩序,使行为可以重复,也可以预测。

(2) 社会互动传播社会文化,促进社会发展。社会互动是一个信息传递过程,而这个信息在社会活动中主要体现为文化信息,互动各方相互作用的过程,就是文化交流、文化传播的过程。而通过不同文化的反复交流,能够达到文化融合,促进社会的合作与协调。

(3) 社会互动能够满足社会成员认识他人、评价他人的需要。人的本质是社会的,生活在特定社会的社会成员需要了解别人,也必然要评价他人,而要了解他人、评价他人,就必然要与他人接触,发生相互作用。

（4）社会互动能够帮助社会成员获得自我、完善自我。人对自己的认识，只能放入社会关系体系中，人必然以他人为镜，才能认识自我。人在与他人的比照及接受他人的评价中形成自我和完善自我。

（5）互动是将文化规范和价值代代相传的一种方式，父母与子女之间的互动将新生代予以社会化，并将文化传递下去。

三、社会互动的理论分析

关于社会互动为什么能够存在即社会成员为什么会进行社会互动以及互动是一个什么样的过程，这些关于社会互动的基本问题，西方社会学的交换理论和编剧理论提出了它们自己的分析。

（一）交换理论

社会交换论形成于 20 世纪 50 年代末 60 年代初，主要代表人物有霍曼斯（G. Homans）、布劳（P. Blau）和埃默森（R. Emerson）。这一理论着眼于人们在社会生活中相互交往的外显行为，用代价和报酬来分析社会关系，认为社会互动的实质是人们交换酬赏和惩罚的过程。这一理论认为，交换行为不仅存在于市场关系之中，而且存在于包括友谊、爱情在内的多种社会关系之中。在《社会生活中的交换与权力》一书中，布劳写道：“邻居们交换恩惠；儿童交换玩具；同事们交换帮助；熟人们交换礼貌；政治家们交换让步；讨论者交换观点；家庭主妇们交换烹饪诀窍”。他们认为，人们的社会互动是一种交换关系，人们之所以做出某种特定的社会行为，完全是基于交换的需要。人们所付出的行为要么是为了获得报酬，要么是为了逃避惩罚，并且人们是按照尽量缩小代价和尽量提高收益的方式来做出行为的。换言之，个人利益是隐藏于人们社会互动背后的普遍动机，而这种动机有时是显性存在，有时则是隐性存在，当交换不能实现或失衡时，隐性动机显性化。

交换理论还认为，社会互动之间的交换不仅可以是物的交换，还可以是诸如赞许、荣誉等非物质的交换，这种交换可能即时兑现，也可能远期兑现。不管哪种交换，社会互动的主体总是为实现交换、为有所得而进行互动的。既然报酬与代价是社会互动的中心，人们主观上也希望付出较少而获得较多，但交换的客观规律是公平,如果违反了公平原则,受到损害的个人会感到愤慨,会力图中断互动关系,而获得超额利益的个人也会感到内疚和不安。

社会交换理论有几个重要的命题:

(1)成功命题:一个人的某种行动越经常得到报酬,这个人就越愿意从事该行动。

(2)刺激命题:如果某种特定刺激的出现曾经成为一个人行为得到酬赏的原因,那么现在的刺激越是同过去的相同,这个人就越可能采取这种行动或与此类似的行动。

(3)价值命题:一种行动对某人越有价值,那么他越有可能采取该行动。

(4)剥夺—满足命题:某人在近期内越是经常得到某一特定酬赏,随后而来的同样酬赏对他来说就越没有价值。

(5)侵犯—赞同命题:A. 当某人的行为没有得到预期的酬赏或者得到了未估计到的惩罚时,他将会被激怒,并可能采取侵犯行为,所预期的酬赏变得更有价值;B. 当某人的行为获得了期望的酬赏甚至大于期望的酬赏,或者未遭受预料中的惩罚时,他会很高兴,并可能采取赞同行为。该行为的结果也变得更有价值。

上述命题中所说的酬赏是指个人在与他人的交往中所得到的收获,包括金钱、社会赞同、尊重和服从四类。他们的价值依次增高,最有价值的酬赏是他人的服从,即控制他人的权力。

(二) 编剧理论

加拿大社会学家欧文·戈夫曼(Goffman,1922—1982)在有关社会互动的研究过程中提出了编剧理论,这一理论实际上是符号互动论的进一步具体化。戈夫曼认为,社会互动犹如演员的舞台表演,每个人都力图塑造一个自我形象,希望他人按照自己塑造的形象来接受和对待自己,这种努力的过程,戈夫曼称为印象管理和自我呈现。一般而言,人在社会互动过程中总会给他人一种特定的形象,这种形象来源于两个方面:一是明显的、给予式的。它主要通过直接的语言描述而形成,互动过程中主动的,通过语言而完成的自我介绍就是这种方式,如说"我是一个善良的人","我对证券业非常感兴趣"等。对于这方面,有正常语言能力的人通常都能做到。二是隐含的、流露式的。它主要通过非语言符号或非针对主题的语言符号而表达出来,如突出名牌服饰或在不谈财富的场合而以某种方式间接表达财富,通过这种方式而把自己塑造成有钱人形象。由于这种表达形象的方法间接委婉,有时甚至是无意识的,因此它需要更加高超的技巧和训练,所以,戈夫曼所说的印象管理更加侧重于这一领域,而在这方面,印象管理的艺术在于可达到虽经修饰但无痕迹,真正被他人认为某种印象是自然的流露。

戈夫曼认为,社会互动的行为场所有两类,即前台和后台,与陌生人互动或与同事的角色互动是前台行为,必须认真、规范,而更加真实展示自我的是后台,只有联系密切的人才允许进入后台。为了印象管理的成功,要防止陌生人随意闯入前台。前台和后台的划分会因具体情况不同而变化。

戈夫曼认为,为了达成良好的印象管理,在剧班表演中还必须相互合作,防止剧班成员的不负责任或对外泄露。同时,在实际互动过程中,要给尴尬的表演者以"有意疏忽",也就是在他人表演失败时,要给表演者一定的台阶,只有这样社会互动才不至于中断。

印象管理可能有各种目的,行为者甚至可能想迷惑、误导抑或欺诈、打发对方,但他只想塑造好自己的形象,或者能够更好地控制他人的行为,他们都只能从行为学上去考察,而不能作道德的评判。

第二节　社会互动的基本过程

社会互动本质上是人与人的相互作用,这种相互作用的过程是一个从社会知觉到社会印象,再到社会判断,最后相互沟通的循环往复的过程。

一、社会知觉

(一) 社会知觉的含义及特点

社会知觉是社会互动主体在社会生活环境中对客体的直接和整体反应。它包括对物、对人及其两者之间相互关系的知觉。社会知觉与普通心理学上的知觉既有一致性,也有差别。社会知觉都是在一定的文化背景中形成的,带有鲜明的社会性。一方面,从社会知觉的主体来说,价值观念、需求水平、人格因素会影响社会知觉的品质。另一方面,从社会知觉的客体来说,不仅受到其物理性质影响,还要受到其社会属性影响,如对人的知觉,不仅受人的高矮胖瘦的影响,还受人的社会角色、社会声望等的影响。由于社会互动的主体是人,在社会互动过程中社会知觉的主要对象也是人,而人是有意识的和能动的,能够主动通过自己特有的方式去影响他人及周围环境。因此,在形成社会知觉时,知觉者与被知觉者是处在双向作用过程中的。

人类所具有的知觉能力是在后天的社会活动中通过学习而获得的,但在人生长的早期阶段这种知觉能力就有所表现。在婴儿身上就可以观察到对人的视觉注视和微笑反应,它对婴儿的生存具有一定的社会适应作用。

社会知觉是社会互动的第一步。社会知觉具有几个显著特点:

(1)直接性。社会知觉是对人和物的直接反应,是对人和物的一种直观,因此,这种反应带有表面性、肤浅性,但同时也带有生动性和具体性。

(2)选择性。社会知觉是对感觉材料的一个整合过程,而这种整合不是简单的感觉材料的堆积,它实际上是一个选择组合的过程。在这个选择过程中,已有的社会因素、社会文化背景起着非常重要的影响。社会知觉的选择性特点,是社会互动的能动性、知觉性的重要表现。

知觉选择性特点在普通心理学界早已被有关国家与背景的实验得到证实(见图4-1)。社会知觉也随处可见这种现象,如在歌咏会上,演唱成为对象,伴舞和伴奏则成为背景。

图4-1　对杯与脸形的选择性知觉

(3)恒常性。前面谈到,社会知觉对感觉材料有一个整合过程,这种整合的结果对以后的知觉又产生影响,前面的知觉可以直接调整后面的知觉,从而产生一种知觉恒常现象。这种社会知觉的恒常现象是一种心理惯性,是知觉惰性的表现。在社会生活里,我们对某些互动主体的变化视而不见,某些新的行为出现时,我们仍然把它归为旧有的意义中,就是这种恒常性造成的。

(二) 社会知觉的内容

1. 对他人的知觉

对他人的知觉即人们在交往中对他人的认识和了解。对人的知觉过程不同于对物的知觉过程。俗话说"人是活的,物是死的"。对物的知觉,我们只要知道其外貌、形状、大小、颜色等就足够了,无须去猜测它的主观状态,且它们也不会作出某种反应来证实我们的印象和判断。对人类来说就不同了,以他人为对象的知觉,不仅包括对他人的外部特征(相貌、表情、语言等)的知觉;更重要的要对其内心特征(性格、能力、思想、态度等)的知觉。我们的认知对象——人,是有思想态度的,是活的、变化着的人。我们一般能直接知觉到人的外部特征,但却无法直接知觉到其内心特征,即所谓"知人、知面、不知心"。我们只有从知觉到的一些个别属性信息的社会刺激中,综合加工,形成一个有关他的完整印象。人在知觉别人时,并不像照镜子一样反映。因在知觉中受着自己(知觉者)的知觉组织结构的影响,我们的立场、观点、态度、认知水平都在影响着对他人的知觉,甚至自己的主观成见还会歪曲他人的印象。总之,对他人的认知是一个复杂的心理过程,它依赖许多因素,概括地说,一是受知觉对象的外部特征的影响;二是受知觉织结构的影响;三是受知觉者和知觉对象互动的影响。

2. 角色知觉

角色知觉即互动中人们对扮演的角色的认识和了解。角色知觉可以泛指角色所包含的一切内容的知觉。主要包括以下三个方面:一是对自己扮演的角色规范进行认知。二是对他人扮演的角色规范进行认知。三是关于角色扮演是否适当的判断。有了角色知觉就会增强角色意识;就会有一种心理暗示,就会造成一种显意识的宏观走向;它的具象就是"我是谁?""我们是谁?""我现在是什么?"总之,角色知觉是否准确,决定着个体是否能达到良好的社会适应。

3. 人际知觉

人际知觉即社会交往中人们对别人相互关系的认识和了解,也就是对人与人之间表现出来的人际关系的知觉。它的主要内容有:自己与他人的关系是否融洽;他人与他人的关系是否融洽;某人在群体中是否受欢迎等。

在社会生活中,人际关系常常表现为一种感情上联系和心理上相互吸引。所以人际知觉的最大特点就是有明显的情感因素参与和介入知觉的过程。人际关系是人的一种最基本的关系,但也是一种最复杂的关系。人的现实生活中总要与他人发生交往,人际关系的发展和变化也同样是人际互动、人际知觉的结果。正是人与人之间的不同性质、不同形式、不同水平的社会交往建立和发展着现存的人际关系。人际知觉的水平影响人际关系的水平,从主观上看绝大多数人都把和睦、亲密、友爱的人际关系放在最重要的位置上,常想尽善尽美地处理好人际关系,但客观事实上事违人愿,大家却常常为各种各样的人际纠纷和矛盾而烦恼和痛苦不已。

一般说来,人际知觉的准确程度与交往个体的社会经验和社会交往技巧水平有关。经验丰富的、交往范围广的、程度深的,向度多的、交往手段高明的人的人际知觉就相对比较准确。

4. 自我知觉

自我知觉又称自我印象(人们对于自身的印象)或自我认同(把自己看作属于某一类人)。自我知觉是指一个人通过对自己行为的观察而对自己心理状态的认识。人不仅在知觉别人时要通过其外部特征来认识其内部心理状态,同时也以这个方式来识别自我行为。自我知觉的结果,必然是增强自我认识和自我意识。自我意识是对社会认知、社会动机、社会情感和社会态度的综合过程。自我意识的本质在于对自己和他人之间的人际关系的处理。自我意识是在与他人的社会交往中产生和发展的一种意识。一个人的自我意识是他所认为的他人对我的看法的反映,即库利的"镜中之我"。

(三) 社会知觉效应

社会知觉是主体、客体和环境相互作用的过程,其机制十分复杂。社会知觉受到社会和心理因素的多重影响,从社会因素来说,职业、生活习惯、社会地位、生活环境等,都会给社会知觉造成直接影响。对同样一个人或一个行为,知识分子、工人、农民所获得的社会自觉可能完全不同,就是因为他们有不同的社会背景。从心理因素来说,社会知觉是反复不断进行的,知觉过程中的某些知觉要素、知觉方式和知觉结果形成比较固定的联系,产生一些特有的社会知觉现象,即社会知觉规律。

1. 首因效应

首因效应,也称第一印象。是指在社会互动过程中最先获得的知觉形象,它对此后的社会互动产生强烈影响。某人在社会互动初次接触时给对方留下的印象,会在很长时间内影响着对方对他以后的一系列心理与行为特征的解释。

社会心理学家 A. S. 洛钦斯最早对首因效应进行了实验研究。洛钦斯杜撰了两段描写一个叫吉姆的学生的生活片段的文字材料,这两段文字描写了两种相反的人格特征,一段内容把吉姆描写成一个热情、外向的人,另一段内容把吉姆描写成冷漠、内向的人。洛钦斯把这两段文字材料以不同的组合出示给四个等组阅读,然后问吉姆是个怎样的人,实验结果如表 4-1:

表 4-1　　　　　　　　　洛钦斯对首因效应的实验结果

组别	实　验　条　件	友好评价(%)
1	先出示热情、外向材料,后出示冷漠、内向材料	78
2	先出示冷漠、内向材料,后出示热情、外向材料	18
3	只出示热情、外向材料	95
4	只出示冷漠、内向材料	3

实验表明,首因效应确实存在,先阅读的那段材料对被试评价吉姆性格起决定作用。第一印象可以通过直接接触而获得,也可以通过第三方的介绍而间接获得。第一印象是非常重要的,但也可能是片面和表面的,社会互动中应慎重对待第一印象。

2. 近因效应

近因效应与首因效应相反,它指的是社会互动过程中,最后所获得的知觉形象在整个互动中具有重要影响。近因效应也是洛钦斯提出的。他在《降低第一印象影响的实验尝试》一文中,用另一种方式重复了前面的那个实验,即被试在阅读两段文字之间有一时间间隔,由此而导致实验的结果正好相反,这时对吉姆性格评价的决定性材料是后阅读的那一段。

在社会知觉中,既存在首因效应,又存在近因效应,它们各在什么情况下起作用呢? 有人区别了不同情况。一种认为关于某人的两种信息连续被知觉时,人们倾向于相信前一种信息,并对其印象较深,起作用的主要是首因效应,而两种信息断续被知觉时,则近因效应占主导。另外一种则认为,人们在与陌生人互动时,首因效应起主要作用,而在与熟人打交道时,近因效应起主要作用。考察首因效应和近因效应,还可以从另一角度进行。首因效应可以称之为行动取向,即在初次接触后或在第一印象之后,接下来如何交往受首因效应影响大;而近因效应则是评价取向,即整个互动性质评判受近因效应影响大。

3. 光环效应

光环效应又称晕轮效应,指在社会互动过程中,互动主体在获得对方的某个特征后,以此推及到他的所有其他特征。也就是说,如果互动主体获得的对方某个特征是肯定性的,那么他就认为对方其他方面都是好的,反之,如果获得的该特征是否定性的,则对其他方面也作否定性推断。

光环效应早期的含义相对较窄,主要指人们通过良好的自然特征来推断他人具有良好的社会和心理特征。苏联学者达博列夫认为,人们在日常生活中常常有根据一个人的面容来推断其心理特征的倾向。如果在互动过程中,一个人的外表是英俊、漂亮的,则我们在心理上容易接受他,会有意或无意地推断这个人有良好的修养,善解人意,有良好的工作和家庭背景等,这就是一个把优点放大的过程。在后来的研究中,光环效应的含义进一步扩大,把某一特点扩大为几乎全部特点的心理现象,都可以称为光环效应,而不管这一特点是好的或坏的,是外表特征或社会特征。

4. 刻板效应

刻板效应也称社会刻板印象。刻板印象是人们对社会的特定人群所形成的一种概括而固定化的看法和认识。在实际的社会互动过程中,互动主体直接把这种印象赋予互动对方,以此来认识、评价决定如何与对方互动的心理现象,就是刻板效应。简单地说,它是把类的印象直接加于个体的过程。

人是社会的人,人受文化的熏陶和影响最大,具有同一文化背景的人,总会表现出许多心理与行为上的相似性。一个民族、一个区域的人,政治经济条件相似,风俗习惯相同,性格特征和行为方式也相似,这就使人在认识过程中有归纳总结的可能和必要,而这种对人的认识总结一旦形成,就会不断强化和固定化,产生社会的刻板印象。社会刻板印象的产生,既来源于人们对某些人群的直接接触,从而将其人格特点概括固定。刻板印象的形成与职业、民族、地区、性别、年龄等众多因素相关，也就是说，在这些因素中的任何一个基础上，都可以形成某类人的刻板印象，如老年人体弱，知识分子文质彬彬，中国人勤劳等。

俗话说，物以类聚，人以群分，人们的社会刻板印象形成以后，总是通过简便的方式来认识他人，对社会中现实的个人不断地加以归类，所以在社会互动过程中，刻板效应便成为一种普遍现象。

二、社会判断

社会判断是在社会知觉的基础上形成的对互动客体的评价和推论。评价是人们对互动客体赋予特定的性质、作用、形态、意义的一种认知过程。推论则是在评价的基础上运用概念、体系进行逻辑推理的认知过程。

在社会判断过程中，对社会行为原因的分析和推论是中心环节，行为归因的研究也成为社会判断研究的一个主要领域，形成了多种归因理论。

归因是指人们对他人或自己的外在行为表现进行分析，根据所获得的各种信息指出其性质，推测其原因的过程。简单地说，就是对人的外在行为表现与其目的和价值之间的因果关系作出解释和推论，从而对环境和行为实行调整和控制。比如我们看到一个人在笑，我们经常会问，他为什么笑，笑包含着什么意义，了解了这个原因之后，我们就能对他的行为加以预测，对环境加以调整。

归因现象在社会生活中普遍存在，有人没有去看电影，我们会自然而然地推测，他可能身体不好，他可能有约会，他可能不喜欢电影。但在社会互动中，某些习惯性行为，我们没有或不需归因分析。比如路上遇到熟人，彼此问候"你好"，就不需归因，我们不需去仔细推测对方问话的有关内容。反之，如果我们总在分析他为什么向我问好，他是否真正关心自己的健康，是否在打探我们身体的真实状况等，则我们的社会互动将可能出现麻烦。

社会互动中，在人们如何归因，从哪些方面归因，哪些因素影响归因等问题的研究中，形成了不同归因理论。

(一) 海德的归因理论

F. 海德是最早研究归因理论的学者，他主要关注人们行为原因的考察。

海德认为,人在社会互动中有两种基本需要,即认知协调和行为协调。认知协调就是在态度、价值、意义上的一致,如自己表现不错时,希望得到他人的承认。行为协调就是在行为上对他人的适当控制,取得行为一致。而要做到这两点,人就必须有预见能力,寻找出他人行为中的因果关系。

海德认为,我们都相信每一个人的行为都有原因,这种原因不外乎内在和外在两方面,即内因和外因两种。如果把个人行为的根本原因解释为来自外界力量,如外在奖惩、运气、周围环境、他人强制、任务难易等因素,称为情境归因;如果把个人行为的根本原因解释为由个体本身的特点所致,如人格、品格、情绪、心境、能力、努力、动机等,称为个人倾向归因。

可以说,人的行为是内因和外因共同作用的结果,两者对行为而言,不存在有无之别、只存在主次之分。海德的理论核心在于只有先搞清楚行为的根本原因是内在或外在原因,才能有效控制个人的行为。但同时海德的理论并没有说明人们在什么条件下会给行为作情境归因或个人倾向归因。

(二) 凯利的归因理论

H. 凯利研究了人们解释由相对稳定的环境的特定部分所引起的事件的过程后提出了三维归因理论,在现代归因理论中具有一定的代表性,引人注意,且颇具说服力。凯利认为,人们行为的原因十分复杂,要根据多种线索,才能作出个人或是情境归因。在凯利看来,人的行为的可能原因有三方面,即行为者自身、行为所指对象和行为产生的环境,行为的归因就是要在这三者中寻找出能够说明和解释行为的特定因素。行为的归因过程无疑要依赖外显的行为信息,而这些行为有三种属性,即区别性、一致性和一贯性。区别性是指行为本身特有的,区别于他人和他时的行为,也即该行为是否具有特殊性。一致性表示与行为所指对象的相似性,即与他人的同类行为是否相似。一贯性则指行为表现在不同时间和情境中是否相同。行为者的行为反应与他人和他时比,具有独特性、偶然性,则区别性高,反之则区别性低;与他人的行为相比,和其他人的行为类似程度高,则一致性高,反之则一致性低;在不同的时间和场合,行为表现相同程度高,则一贯性高,反之则一贯性低。

行为的上述三种属性与行为原因的三个方面紧密联系在一起,三种属性的不同组合意味行为原因不同。根据凯利的观点,如果区别性低,一致性低,一贯性高,即与众不同却总是如此,此时行为的原因在行为者自身;如果区别性高,一致性高,一贯性高,即与众相同却总是如此,此时行为的原因在行为所指的对象身上;如果区别性高,一致性低,一贯性低,即与众不同,偶尔如此,此时的行为原因在于发生的特定环境。

(三) 维纳的归因理论

B. 维纳在海德理论的基础上,研究了人们对成功与失败的归因倾向。维纳认为,个人行为原因自然是多种多样的,但都可以从两个维度来考察,即控制性和稳定性,它们又可分为内在—外在、稳定—不稳定四个范畴。控制维度包括内因(能力、努力)和外因(任务难度、机遇),稳定维度包括稳定的原因(能力、任务难度)和不稳定的原因(努力、运气)。

维纳等人的研究表明,不同的人格特征对于成功和失败的归因倾向不同。一般来说,追求成功的人把成功的原因归结为自己能力强,而把失败的原因归结为自己不努力,认为只要自己努力总会成功。避免失败的人往往把成功的原因归结为运气好,任务容易等外部原因,而把失败归结为自己能力不强。

与此同时,对成败不同的归因倾向会使人产生不同的情绪,还会影响今后的工作积极性。把成功归因于内部因素,使人产生满意和自豪,产生胜任感和自信心,把成功归因于外部因素则产生惊喜和感激。把失败归因于内部因素,使人产生内疚和无助,把失败归因于外部因素,则使人产生气愤和敌意。把成功归因于稳定因素,会提高以后的工作积极性,归因于不稳定因素,则可能提高也可能降低工作积极性。把失败归因于稳定因素,会降低今后的工作积极性,归因于不稳定因素则可能提高今后的工作积极性。

上述理论尽管为人们的归因分析提供了可资借鉴的理论模式,但归因在社会互动中是复杂的,归因过程在实际生活中受多种因素影响,为此经常导致归因偏差和错误。如在社会生活中,人们常常把自己失败的行为归因于情境,成功的行为归因于个人,而对他人失败的行为往往归因于个人,成功的行为归因于情境。还有如,当互动关系协调一致时,对自己和他人的行为归因可能大体相同,而当互动关系不协调时,可能把良好的品质归于自己,恶劣的品质归于别人。

三、社会沟通

　　社会沟通是指社会互动主体依赖符号而实现交互作用的过程,它是信息传递和信息反馈的循环往复过程。社会沟通是社会互动的基本过程,是社会赖以形成的基础。

　　如前所述,社会沟通的本质是人们之间的信息交流,而信息的流程是错综复杂的,社会心理学家通常用沟通网络的概念来描述这一现象,并且力图清晰地勾画出这些网络形态,美国管理心理学家 H. J. 莱维特和美国社会心理学家 K. 戴维斯(K. Davis)分别作了自己的尝试。莱维特按照沟通者的集中程度将沟通网络具体划分为轮型、锁链型、Y 型和车轮型四种。

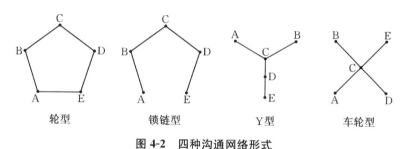

图 4-2　四种沟通网络形式

　　戴维斯则在《沟通管理和小道消息》一书中将非正式沟通的网络结构归纳为单线式、流言式、偶然式和集束式四种。

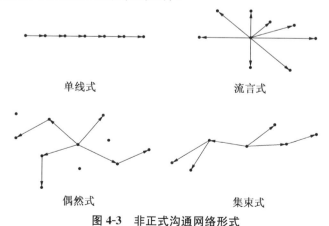

图 4-3　非正式沟通网络形式

社会沟通的本质是信息交流,而信息交流必须依赖一定的符号。所有能够表达信息的媒介都是符号,这些符号我们通常将它们划分为语言符号和非语言符号两大类。泰勒根据这两大系统是否使用了人类的发音器官,进一步把符号分为四个子系统。

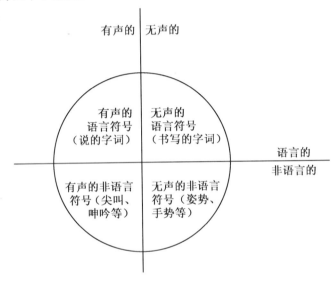

图 4-4　社会沟通的符号系统分类

(一) 语言沟通

语言的存在和使用语言的能力,是社会和人区别于动物的显著标志,按照马克思主义的理论,语言是从劳动中并和劳动一起产生出来的,是人类文化的重要部分。语言是人类传播信息最有效、最便捷的工具,它使人类共享文化经验。

1. 有声语言的沟通

有声语言主要指口头语言。有声语言的沟通就是人们通过口头语言来交流思想,表达感情,它以说和听两个环节来实现,具体形式有两种,即对话和独白。对话形式的特点是相互维持性和情境性,互动双方有说有听,有问有答,相互呼应,呈对称性,互为沟通的主客体。独白与对话相比,呈非对称性,沟通过程中主客体固定,讲话者为沟通主体,听者为沟通客体。独白时由于没有相互交流,相互维持,有时还可能缺乏情境共识,所以独白要求具有严密的条理性、逻辑性和连贯性。

2. 无声语言的沟通

无声语言的沟通主要指人们通过书面语言形式来交流思想和感情,它也有两种形式即书面通信和书面独白。书面通信又称书面对话,用通信方式交流信息,实现沟通。书面对话可以较少受时间和空间的限制,较少受情境的约束,有时可以表达口头语言中不便或不能表达的思想和感情。书面独白又称书面文章,是书面语言沟通的公开形式,分为一般性文章(如公文、新闻报道)和专业性论文两类。书面文章具有大众性,它的传播取决于大众媒体的水平。

3. 暗语沟通

语言在亚文化形态下,可能会被特定的人群赋予某些特定的含义,这类被赋予附加意义的语言通常称为暗语或隐语。暗语多见于由越轨行为构成的亚文化中,如犯人、乞丐、赌徒、娼妓等,他们往往具有某些为该文化以外的人难以理解的暗语。暗语对特定人群来说,具有自卫、保密和自发组织功能。暗语作为语言的一种特殊表现和使用,带有明显的社会学特征,它有一个产生、完善和演化的过程,一些暗语在新的时期、新的条件下会转化为大众语言和通俗语言,我们生活中有很多这种现象。

(二) 非语言沟通

在人类的社会沟通中,除了语言符号外,非语言符号也同样具有重要作用。美国学者 R. L. 伯德威斯特尔认为,在人们的日常互动中,非语言沟通之多令人吃惊。他估计,无数人一天只讲 10—11 分钟的话。在两个人的互动场合中,有 65％的社会意义是通过非语言的方式传达的。艾伯特•梅热比姆甚至提出了这样一个公式:全部信息表达＝语调(38％)＋表情(55％)＋语言(7％)。上述数据如何获得我们不得而知,是否准确我们也难以评判。但事实非常清楚,我们的思想和感情时常需要借助非语言符号来表现,一个人的愉快或愤怒会有意或无意地通过面部表情、语调语速、身体姿势等流露出来。非语言符号能够修饰语言,强化、弱化或否定语言,也能够独立表达信息,非语言符号极大地丰富了人类的社会沟通。

非语言符号多种多样,甚至可以说难计其数。就目前学术界而言,非语行为的研究者一般把它划分为三类:即无声动姿、无声静姿、辅助语言。这里我们可以看到,不管是无声动姿还是无声静姿,实际上都是利用身体形态来表达含义,因此我们也可以把两者统称为体态符号。

1. 体态符号

体态符号实际上是无法穷尽的,社会沟通中最常论及的有以下几类:

第一类是面部表情。面部是最为常用也最为有效的沟通区域,人的喜、怒、哀、乐等情绪状态和对待他人的态度都会首先通过面部表情而体现出来。面部表情丰富多彩,社会心理学家一般都认为人的面部表情在 2 万种以上。同时按照达尔文的观点,人类的各种情绪所特有的表情在发生学上与动物具有共同的生物学根源,许多基本的情绪,如喜、怒、悲、惧的原始表情通见于全人类。尽管如此,人类的面部表情还是具有文化性,我们能够修饰和控制我们的表情。

第二类是手势。手势在原始部落中曾广泛使用,人类学家列维·希富尔描述:不同部落的印第安人,彼此不懂交谈双方的有声语言的任何一个词,却能够借助手指、头和脚的动作彼此交谈,闲扯和讲各种故事达半日之久。现代社会尽管手势的作用不像过去那么突出,但在人类沟通中同样非常重要,有时还是非常有效的沟通工具。英国学者阿盖尔认为,手势有几种作用:(1)有时可以代替语言,如聋哑人的沟通;(2)可以用来强调某一问题;(3)象征着说话者的情绪状态,可以给说话者提供缓解紧张的机会。研究者还认为,手势具有较大的民族差异性。

第三类是目光接触。社会互动中,目光接触的作用是强烈而巨大的,人们通常认为眼神最能表达情感,也常将眼睛比作心灵的窗户。确实,眼神的一送、一收、一顾、一盼、一笑、一颦,皆成妙谛。相爱者深情凝视,仇恨者怒目而视,一般他人断续注视。阿盖尔研究表明,在各种沟通交谈中,相互注视占 31%,单向注视约占 61%,每次注视的平均时间约为 3 秒,相互注视的时间约为 1 秒。

目光接触的社会意义可因接触时间的长短、强度、角度、时间点的选择而改变。长时间的目光接触称为凝视,凝视会引起生理和情绪上的紧张,人们会想方设法很快作出反应以减少紧张。

第四类是触摸。触摸行为主要包括握手、拍肩、亲吻、拥抱等,也是社会沟通的手段之一。不同的国家和地区，不同的民族，由于文化不同，触摸方式也大不相同。在西方社会，熟人相见亲吻和拥抱司空见惯，但东方社会却鲜有。戈夫曼还从社会地位的角度解释了触摸行为。戈夫曼认为，长辈可以拍拍晚辈的肩膀以示亲切或鼓励，医生可以随意触摸病人的身体，甚至男女交际中身体方面的接触也是男性主动。凡此种种，可以归结为一条，即支配者有权与依附者亲昵，但依附者却往往难以获得同等的权利。

第五类是体姿。体姿指人的整个身体形态，包括动和静两方面，昂头、弯腰、正襟危坐、来回踱步、点头、摇头等都是其表现。人的身体动作既可以独立理解如手势等，但还有一个整体形态，它在生物和社会两方面的作用下，在特定的沟通背景中，能够表达许多意义。

图 4-5　人的体姿表达的意义

第六类是人际距离。人际距离指社会沟通过程中人与人之间空间上的距离，也称人际空间或个人空间。人际距离不管是有意还是无意确定，却在客观上能够反映一个人同他人已有的或希望形成的关系程度。适当的人际距离是社会沟通顺利的保证，正如索默所说，人们在对离太远或太近的人说话时会觉得不舒服。

系统研究人际距离问题的学者当属美国人类学家 A. 霍尔。他通过长期研究，把人际距离分为四种类型：

（1）亲密距离。具体距离为 0—45 cm。在亲密距离中，交往双方可以通过各种感觉通道同时来交换信息,这是安慰、保护、做爱等的距离。从沟通性质来说,具有私密性、情感性,轻轻低语、呢喃细语为其主要行为形态。

(2) 个人距离。具体距离为 45—120 cm。朋友、熟人及伴侣在公开场合时保持的距离。主要表现为低声谈论个人的事情,带有一定的秘密性和私人信息,彼此间没有一定情感交流者,不宜采用这一距离。

(3) 社会距离。具体距离为 120—350 cm。以社会距离进行交往的双方,彼此关系具有公开性。它主要适合于非个人交往的正式场合,如一般同事之间,一般社会成员之间的工作交流。通常表现为正常声音谈论非个人信息。

(4) 公共距离。具体距离为 350 cm 以上。这是常见的上课、表演、演讲等场合,人们在迎送重大人物时也通常保持这个距离。公共距离常应用于非正式的、个人和人群之间的大规模沟通。

无疑,霍尔所描述的人际距离的数值具有特定性,但这几种类型是普遍存在的。实际沟通过程中,人际距离会受到文化背景、性别、社会地位及沟通情况等因素的影响。

2. 辅助语言符号

声调、音量、语速、停顿、附加的干咳、重复、感叹等辅助语言,都能修饰语义,使语义多样化。在社会沟通中,有时候他们怎么说可能比全心全意说什么更重要。“我恨你”用娇嗔的语调可以表达亲昵的感情,而“谢谢”一词冷冷地吐出,又可以表达不耐烦或轻蔑。一般认为,表示气愤的声音特征是声大、音高、节奏不规则、发音清晰而短促,表示爱慕的声音特征是柔和、低音、共鸣音色、慢速、均衡而微微上升的声调、有规则的节奏和含混的发音。克劳斯等人还认为,一个人在说谎时,其语言平均音调比说真话时要高一些。

第三节　社会互动的基本行为方式

社会互动的行为方式无疑是多种多样的,但最为突出的有暗示、模仿、合作、冲突以及群集行为。尽管在理论上我们分别讨论这些形式,但实际上它们常常以不同的方式结合,并相互进行转化。

一、暗示

暗示是在无对抗条件下,用直接或间接的方法对人们的心理或行为施加刺激,并可能使人们依此刺激而作出反应的一种行为方式。

暗示表现为通过刺激而引起反应的过程,它能够强化、改变或形成某种心理或行为倾向,但通常以无批判地接受为前提。暗示引起反应依赖的是人类特有的心理机制,而不诉诸社会压力,所以它与命令、指示、教育等有区别。

暗示的实现必须依赖符号,语言的、行为的、表情的等等,都能构成暗示刺激。商店里的服务员介绍商品如何价廉物美,这是语言暗示。服务员自己使用、购买该商品,或他人购买该商品(真假都可能)是行为暗示。购买商品后喜形于色,形成表情暗示。在现代社会,特别是商业领域,还存在大量的广告暗示。

暗示在社会生活中大量存在,社会学和社会心理家通常把暗示划分为以下几类:

(一) 他人暗示和自我暗示

从暗示的主客体关系上分,有他人暗示和自我暗示。暗示刺激来自他人,称为他人暗示。暗示刺激来自自己,称为自我暗示或自动暗示。自我暗示对人可以有积极作用,也可以起消极作用。对一项工作,自己认定能够完成,不断从积极方面刺激自己,能够使工作更好地完成。反之,如果缺乏自信心,则工作可能真的做不好。我国古代有一妇女曾误食一虫,自感身体不适而生病,多次求医都没结果。有个医生知其心理,让她服泻药,并告诉病人虫已泻出,该妇女的病很快好了。这个妇女致病和病愈都是自我暗示的结果。

(二) 直接暗示和间接暗示

从暗示的刺激传递方式上分,有直接暗示和间接暗示。直接暗示是暗示者把事物的意义直截了当地提供给被暗示者,使人们迅速而无怀疑地接受。史劳生曾用实验说明直接暗示的作用。实验者以化学教授的身份告诉学生,他手中的玻璃瓶中有一种恶臭气体,瓶盖打开后会迅速散发,闻到恶臭气者立即举手。说完他打开瓶盖,15秒钟后,前排多数学生举起了手,1分钟后,全班75%的学生举了手。然而,瓶内无恶臭气体,只是一个空瓶而已。是教授直接把瓶内有恶臭气体的信息提供给学生,使其受暗示的结果。

　　间接暗示是将事物的意义间接提供给被暗示者,使其迅速而无怀疑地加以接受。间接暗示是暗示的主要方面。间接暗示由于没有直接说明暗示者的动机、受暗示者并未意识到自己的观念是由暗示形成的,因而不会产生抗拒或逆反心理,因此它的作用往往更大。

(三) 有意暗示和无意暗示

　　从暗示者的主观意识状态上分,有有意暗示和无意暗示。暗示者通过特定刺激希望实现特定意图的暗示称为有意暗示。反之,暗示者并未觉察,但因其言行等刺激客观上起到暗示作用,称为无意暗示。

(四) 反暗示

　　孙本文在《社会心理学》一书中,还提出了反暗示的概念,凡暗示刺激引起受暗示者性质相反的反应,称为反暗示。反暗示现象正好表明具体个性对暗示的抵抗程度。中国古代"此地无银三百两"的故事,是反暗示的绝好例证。反暗示也有有意和无意之分,有积极和消极之别。

　　暗示是社会互动中的重要行为方式,暗示效果的强弱受多重因素影响:(1)暗示者的特征。暗示者权威性越高,暗示效果越好。(2)被暗示者的特征。被暗示者独立性越差,暗示效果越好。(3)暗示的强度。暗示刺激量越大,暗示效果越好。(4)暗示的情境及内容。情境越不熟悉,内容越生疏,越容易受暗示。

二、模仿

　　模仿是有意识或无意识状态下,对某种刺激作出相同或相似反应的一种行为方式。通常认为,暗示与模仿是一组对应的行为方式,引起模仿的刺激就是暗示,模仿是对暗示的反应,因此,模仿也是在无强制条件下发生的。

　　模仿的范围极其广泛,言谈举止,生活习惯,穿着打扮,思想感情,人生态度等,都可以产生模仿。但从模仿方式上来分,主要有自发模仿和自觉模仿两大类。

自发模仿是指模仿者在无意识状态下,不考虑行为的原因和意义而依照他人的模仿。它又可以分为本能性模仿和学习性模仿。

自觉模仿则指有一定的动机,有一定的期望,有意识地模仿他人。自觉模仿又分为适应性模仿和选择性模仿,前者指为适应新的生活而模仿他人,城里人到乡下要遵循其生活习惯,反之,亦然。后者指人们经过一定的思考而有选择地模仿。如在众多的跳高方式中选择一种而学习。

对于模仿的本质、规律和作用,社会学和社会心理学家们做过很多研究。法国塔尔德的研究可以说闻名遐迩。塔尔德认为,社会过程不外乎两方面,个人创造与社会同化,前者为发明,后者为模仿。模仿是社会存在和发展的基本原则。他在《模仿律》一书中提出了社会模仿论,同时认为模仿有三条基本定律:(1)下降律,即下层阶级具有模仿上层阶级的倾向。(2)几何级数律,即在干扰的理想状态下,模仿将以几何级数的速度增加。(3)先内后外律,即个体对本土文化及其行为方式的模仿一般总是先于外域文化。

三、合作

合作是指两个或两个以上的个人或群体之间,为了达到共同的目的而采取的一种相互配合的行为方式。从广义上讲,合作是社会存在的基础,人们为了完成生产,对付洪水及其他自然灾害都必须合作。合作行为的产生必须符合几个条件:(1)有共同的目标。一切合作都表现为行为者趋向于一个目标或结果。(2)有共同的认识。行为者必须共同了解到合作才能实现目标。(3)必须有可供合作的知识与技能。

合作根据不同的标准,可作不同类型的划分。

直接合作是行为者以其行为直接相互配合,从而完成某一工作或达到某一结果。如你递我接,你推我拉,你卖我买等,都体现为共同的行为产生共同的结果。间接合作是行为者以其行为或行为结果作为他人行为的前置条件而产生的配合。如流水线工作,它主要产生于为了一个总体目标大家分工协作的情况下。

结构性合作就是通过制度系统或习惯所形成的,有计划、有默契,比较稳定的合作,如科层制组织中人与人的配合,家庭中夫妻之间的配合。结构式合作也是一种功能互补式的合作,它能最有效地实现目标。非结构性合作是指在偶然状态下形成的暂时合作,它没有制度安排,行为者之间也没有默契,只是受特定情境激发而产生的协同行为。如遇一事故时,大家一同抢救。当然,非结构性合作在共同的文化背景中,能够迅速转化为结构性合作。

合作行为主要有以下几类:

(一) 协同

协同即行为者为了达到共同目的而产生的一致性行动。协同行为的发生,一般是为了解决单个行为主体无法解决的问题,或行为主体为了使问题解决得更好。协同行为有简单协同和分工协同。大家同做一件事是简单协同,如建筑工地上大家一道抬木头。而足球场上同一方队员之间的协同,是分工协同。现代社会中,分工式协同更普遍。

(二) 援助

行为者向他人提供社会资源,支持他人的社会行为方式,就是援助。援助有单向和双向之分。单向援助是行为主体单方面向他人提供社会资源,受益一方没有逆向援助的行为。双向援助是行为主体之间相互提供援助。即使是双向援助,它也不等同于交换。交换是从自身需要出发,援助则是从他人需要出发。

(三) 交换

交换是行为者为了获得回报并得到回报的一种行为方式。一般来说,它包含三个环节,即目标、支付、回报。交换的核心是交换的效益因素,交换者考虑最多的是支付与回报的价值比和目标与回报的一致性程度。这种比较受社会价值体系的影响,也受个体主观需求程度的影响。

(四) 调适

调适行为者主动调整或改变自己的态度和行为方式,从而适应对方的行为方式。在社会互动过程中,行为者基于内在或外在原因,对他人会产生顺从和容忍,主动地接受和适应对方,这个过程就是调适过程。它的主要方式有:和解、妥协、服从、权变、从众、同化等。

四、冲突

冲突是两个或两个以上的个人或群体之间由于利益、态度、价值观念的差异、对立而产生的一种对抗性行为方式。社会学中的冲突理论家一般都认为冲突的根源在于争夺社会资源,因为对人类而言,社会资源总显得有限,人们为了占有或优先占有这些资源,都尽力去征服别人。征服一般表现为超越、压制或毁灭等行为。

西方社会学者认为,自古至今人类社会从未停止过冲突,现代文明使社会冲突更复杂。在今天,国家、民族、团体、个人之间的冲突是随处可见的。东西方对峙、种族歧视、政党摩擦、团体抵触、地位争夺、邻里纠纷等都是社会冲突的表现。

根据冲突的程度和方式,一般把冲突划分为竞争、争斗、战争三类。

(一) 竞争

人们为了夺取同一目标而相互超越的行为就是竞争。在竞争过程中,行为者各自通过增强自己的力量来树立自己的优势从而超越对方,其结果是一方占有优势,他方则处于劣势。

竞争的发生必须具备三个基本条件:一是必须有一个共同争夺的目标。这个目标实际上就是社会资源,它既可以表现为物,也可以表现为权力、荣誉等。二是必须有一个共同争夺的对象。也就是目标的实现只能通过同一对象而完成,对象与目标形成因果联系,只有该对象的获得才能实现目标。三是对象的获得具有排他性。一方占有某一对象,他方就不能占有,一方的成功足以剥夺另一方成功的机会。

现代社会的竞争是全面广泛的,有政治竞争、经济竞争、文化竞争、社会角色位置竞争、配偶竞争。竞争方法大体有两类,一类称之为积极的竞争,它是通过扬长避短或改革创新使自己得到实际提高,从而使自己处于优势地位。另一类称之为消极竞争,它是通过破坏对方,贬低对方而使自己相对提高。

竞争是社会存在和发展的基本法则,竞争有利于提高社会行动的效率,推动社会发展,同时竞争也有可能耗损、抵消不同的社会力量,破坏某些社会关系,所以它的作用是双重的。

(二) 争斗

个人或群体之间相互反对、相互矛盾的行为方式称之为争斗。争斗的原因主要是行为者利益、价值、态度等的对立,其结果通常表现为压制、强制或消灭对方。

争斗的形式主要有以下几种:(1)口角。行为者用语言方式相互打击和侮辱的行为,这是最常见也是最轻微的一种争斗方式。口角不是为了弄清是非,而主要是为了给对方以精神上的打击。(2)拳斗。行为者使用身体某些部位从肉体上打击对方的行为。它是口角的进一步发展,它诉诸武力,表明冲突开始升级。(3)械斗。行为者使用器械伤害对方的行为。这是一种比较残酷和野蛮的冲突行为。决斗和仇斗是械斗的两种特殊表现。(4)论战。行为者公开发表对立观点与意见,相互驳斥对方的行为。论战主要体现为思想文化冲突。理论上的论战双方是平等的,但在实际中,行为者可能借助国家权力力量把论战转化为批判。

(三) 战争

国家、民族、阶级或其他社会集团之间使用武器摧毁对方物质设施与成员肉体的冲突行为,是冲突的最高形式。战争是有目的、有计划、有组织的冲突,规模大、破坏性强。《战争论》的作者克劳塞维茨(Cazl von Claasewitz,1780—1831)指出,战争是一种巨大的利害关系的冲突,这种冲突是用流血方式进行的。

战争与政治紧密结合在一起,是政治冲突的工具和产物。一般说来,主动发动战争的一方要具备强制、暴力和霸权三者。也就是说他们企图使用暴力手段来强制别的集团服从自己,从而取得霸权。引起战争的原因是复杂的,但通常的原因可以表现为:(1)对社会公众的不负责任或企图通过对外政策的胜利来巩固国内秩序。(2)民族主义,即由种族、语言、宗教、意识形态以及历史原因形成的民族沙文主义,或由市场、领土要求引起的民族扩张主义。(3)联盟的变动或军事技术的发展所导致的均势结构的破坏。(4)领袖个人的权力欲望及对权力的制约不力。

五、群集行为

群集行为是在自发和无组织状态下,许多人共同发生的相对一致性的行为。按照科尔曼的说法,它包括人们成群向银行去挤兑;剧场里火警之声大作,观众仓惶逃脱;在一部分人中兴起的某种一时的爱好,如跳呼啦圈舞;群体发财之梦;充满敌忾且又无组织的示威行为;服饰的流行及宗教的狂热等。

群集行为一般来说,具有以下几个特点:(1)自发性。即没有特定的个人与组织负责发动与协调,即使某些群集行为源于某些人的挑唆或某个社会团体的策动,但绝大多数的参与者并不是受到明确指令而参加,而是受到他人的影响而加入。(2)无组织性。即没有严格的隶属与规范,没有明确的行为手段与行为目标。个人与个人之间一致性行为仅以临时的情绪、意见与判断的一致而发生,处在无组织、无结构状态。(3)情绪性。参与群集行为的人在某些共同刺激下,会采取一些在正常条件下难以解释的行为。在群集状态下,相互暗示、相互感染、相互强化,人们缺乏理智思考,而主要受情绪制约。(4)暂时性。群集行为是受某种刺激而产生的情绪性行为,一般来说,这种刺激不会一直存在,人的某种特定情绪也不可能一直维持,所以通常情况下群集行为是短暂的。群集行为要么马上结束,要么转化为有组织的群众运动。

群集行为的发生通常与下列因素相关:(1)环境场所。有些特殊的场所便于人们共同接受某种刺激,从而产生群集行为。这些场所的主要特征就是便于人们聚集,如广场、街道、大厅等,这些场所诱发群集行为的可能性最大。除了空间因素外,时间也是环境因素之一。根据美国克纳委员会对 20 世纪 60 年代美国城市动乱的考察发现,大多数乱子都开始于周末或傍晚。(2)失范。在一种特定背景中,如果人们失去了正常的行为规范,就有可能导致群集行为。失范经常在事故现场发生,由于人们没有想到要应付此类事件,所以事先没有明确的规范来指导自己的行为。在这种情况下也就最容易产生群集行为。另外,当个人与社会联系松弛时,如外出旅游,临时脱离家庭和职业角色,会出现相对失范状态,这也是诱发或加剧群集行为的一个因素。(3)社会控制不力。任何一个社会都有自己的社会控制体系,但实际上这个控制体系在某些时候会产生薄弱环节。群集行为往往在诸多因素作用下在这个薄弱环节产生,社会暴乱、骚乱常在社会控制让步或手段缓解后突然爆发或加剧。(4)相对剥夺。这是敌对性和破坏性群集行为发生的基本原因之一。相对剥夺使人们产生挫折感,产生对社会和政府的敌意,刺激人们通过群集行为来解决问题,而且事实上在很多时候也解决了问题。(5)权力斗争。骚乱和暴力也是表达政治态度的一种普遍形式,一些以政治为业的人也会把群集行为作为一种政治策略。当群集行为的目的不太明确,而参加者又受一定感染、充满信心时,它最容易成为一种政治工具。

第五章　社　会　群　体

　　社会之所以为社会,它不是以单个个体为单元的简单聚合体,其首要条件在于存在一群人;其次,这群人之间还要存在着较为稳定的相互联系,分享着共同的文化,而人们在不断的互动过程中,就建构起了各种社会群体。群体是联系个人与社会的纽带,人类大部分生活都是以群体的形式进行的,因此,我国古代哲学家荀子(约前313—前238)说:"人力不若牛,走不若马,而牛马为用,何也?""人能群,彼不能群也。"①"人之生也,不能无群"。②古希腊哲学家亚里士多德也认为:"人在本质上是社会性的动物,……不能过社会生活的个体,或者自以为不需要因而不参与社会生活的个体,不是兽类就是上帝。"达尔文也认为:"谁都承认人是一个社会性的动物。不说别的,但说他不喜欢过孤独的生活,而喜欢生活在比他自己的家庭更大的群体之中,就使我们看到了这点。"③他们都强调了人的社会性,而社会性又集中体现于人的群体性。故此,社会学在分析社会时,社会群体(social group)也就理所当然成为社会学的基本课题之一,通过对群体的分析,不仅能使我们更清楚地了解社会结构、社会关系,而且还有助于我们理解社会变迁。

第一节　社会群体概述

一、社会群体的含义

　　群体是社会学研究的基本单位。在我们日常生活中,群体一词的应用范

---

① 《荀子·富国篇》。
② 《荀子·王制》。
③ 达尔文:《人类的由来》,商务印书馆1983年版,第163页。

围可以大到整个社会,如"中华人民共和国国民"、"上海市市民",也可小至两人关系。在社会学领域内,由于群体的现实复杂性,因此,至今社会学家也难以提出一个公认的统一定义。最早给群体作出明确社会学界定的是美国社会学家阿尔比恩·W.斯莫尔,他认为,群体是"一大群或一小群的人,在期间所存在的关系使我们必须把他们作为整体来考虑"。①此后,不同的学者依据各自的研究视角和目的,对群体作出了不同的界定:

(1)从群体结构和功能角度的定义:"一个群体是由两个或两个以上的具有相互认同和团结感的人所组成的人的集合,群体内的成员相互作用和影响,共享着特定的目标和期望。"②

(2)从群体形态和性质角度的定义:"所谓社会群体,就是处在社会关系中的一群个人的合成体。这个群体,一般来说,不仅群体中的个人自己能够意识到,而且也是被群体以外的人民所意识到了的。"③

(3)从群体成员和社会心理角度的定义:群体是"若干互动的具有特定人格的个体的集合"。④

除了以上关于群体的不同定义方式外,就社会学的相关研究来看,社会群体在其内涵和外延以及使用上还存在着广义与狭义之分。广义上的社会群体,指所有通过持续的社会互动或社会关系连接起来,进行共同活动和情感交流,并有着共同利益的人类共同体。斯莫尔、库利等学者即持这种观点,他们认为,社会群体既包括诸如家庭、邻里、朋友群,又包括政党、社团、组织等。在这种观点中,社会群体基本上就等同于社会的概念,可以涵盖各类社会共同体。而狭义上的社会群体,仅指能够面对面进行互动、交往的小群体。这以美国社会学家霍曼斯的观点为代表,他认为:"一个群体是由一些人组成的,他们在一定的时间内经常交往,每一个成员都能和群体中的所有其他成员直接接触,无须经过其他人的帮助。"⑤

虽然对社会群体的定义有着不同的理解,但从中我们还是可以看出,群体

① 刘光华、邓伟志编译:《新社会学词典》,知识出版社 1986 年版,第 109 页。
② [美]戴维·波谱诺:《社会学》,李强等译,中国人民大学出版社 1999 年版,第 99 页。
③ 《社会学概论》编写组:《社会学概论》,天津人民出版社 1985 年版,第 80 页。
④ 周晓虹:《现代社会心理学》,上海人民出版社 1997 年版,第 329 页。
⑤ 转引自奚从清、沈赓方主编:《社会学原理》,浙江大学出版社 1989 年版,第 109 页。

大致具有以下几个方面的基本特征或要素：

（1）有一定数量的社会成员。能称得上是群体的人群单位肯定要具有两个或两个以上的成员，这是构成社会群体的主体基础；除了数量上的特征外，尤其是在正式群体内，其成员还具有一定的稳定性，在数量上不会出现过于频繁的波动。

（2）有较明确的成员关系。一方面，在群体内部，每个成员都扮演着不同的群体角色，承担着不同的分工和协作的责任；另一方面，成员之间相互依赖，在心理和行为上彼此影响，从而形成了一定的群体归属感和认同感，并也为群体外成员所承认。

（3）有持续的互动。社会群体成员间的关系不是临时性和偶然性的，他们必须具备持续、较稳定的交往、互动联系，没有持续的互动也就不会产生稳定的社会关系，不存在稳定的社会关系也就不能称之为社会群体，持续的互动不仅有助于成员关系的相对固定化，而且还有利于群体凝聚力和成员归属感的增强。

（4）有一定的行为规范。当群体成员间形成了较明确的成员关系时，也就存在了一定的行为规范，当然这种规范可以是成文的，也可以是不成文的。诸多的行为准则的集合就构成了群体的规范结构，它保证成员能进行持续的互动，群体能有序、协调地运行。

（5）有一致的群体意识和价值观念。群体意识和价值观念是一个群体区别于其他群体的重要标志之一。群体意识超越于成员个体意识之上，它能逐渐形成一种特有的群体文化，并为群体成员共享；同时，这种共有意识、价值和观念既是群体成员间互动得以持续进行的文化基础，也是群体认同感和凝聚力产生的源泉之一。

（6）有一致的目标。群体必须有着自己的群体目标，在统一的目标下，群体成员才能产生一致的行动，因此，群体目标可以说是群体的灵魂。对于不同的群体来说，其目标的表现形式也不一样，有的群体目标是单一的，有的群体目标是多元的；有的目标是由明文规定的，有的可能仅是口头达成的；有的可能是群体成员明确意识到的，有的可能只是成员的一种不自觉行为。但不论如何，没有共同目标的社会群体是不存在的，或者说是难以维系的。

与对群体概念界定的多样性一样，群体的特征也具有广泛的外延性，而且上述属性之间还具有较显著的相关性,这就需要我们以整体性的视角来了解这些特征,而以管窥豹式的断章取义理解是难以正确把握社会群体的涵义的。

要言之,社会群体指由两个或两个以上的成员构成,形成较明确的成员关系和行为规范,具有一致的群体意识、价值观念和目标,并能进行持续互动的社会集合体。

二、社会群体、社会群集及社会类属

据前所述,群体首先要求的是由两个或两个以上的人组成,但并非任何一群人的集合都可称为社会群体。为更进一步厘清社会群体的内涵,还有必要将其与社会群集(social aggregate)、社会类属(social category)等术语进行区分。

在日常生活中,诸如公交车里的乘客、超市里的顾客、电影院里的观众、公园里的游客、街旁看热闹的围观者等都不是社会学意义上的社会群体,我们将这些称为前章提到的社会群集,它是指临时性或偶尔聚集在一起,且不存在持续稳定的互动关系的人群集合体。而社会类属则是指具有共同的社会特征的人群,在应用上,社会类属更多指涉的是统计学意义上的群体,此群体内部之间既可能不存在任何互动关系,也可以没有什么共同的规范和利益,亦可以不在同一地点,例如男性、女性,年轻人、老年人以及残疾人等都属此概念所指。

当然,这三个概念也并非决然独立,完全没有联系,当社会群集和社会类属具备了一定的群体结构,能进行持续的互动,并形成了自我群体意识和规范,且有了具体的群体目标等特征时,它们也会演变成社会群体。

三、群体的类型

由于人们对群体的界定和研究角度不同,因此,关于群体的分类标准也各异。美国社会学家尤班克(E. E. Eubank)在其 1932 年出版的《社会学概论》一书中,就列举了 40 种群体类型。以下几种是社会学研究中较常见的群体类型。

（一）初级群体（primary group）与次级群体（second group）

划分标准：群体成员间关系的亲密程度。

初级群体又称首属群体，指成员能直接进行亲密互动，并以感情为纽带联系起来，具有强烈群体认同感的社会群体；它是社会群体中最直接、最基本的形式，也是个体参与社会生活的最初群体。"初级群体"首先是由美国社会学家库利在 1909 年《社会组织》一书中提出的。他当初使用"primary"这个词强调的是"first"（最初），他认为，家庭和儿童的嬉戏群体是个体所遇到的最初社会化主体，是"人类本性的培养所"，故此，他将之称为初级群体。自库利以后，初级群体一词的内涵得到逐步扩展，指涉一切类似于家庭纽带关系的社会群体，如青少年同辈群体、朋友圈、邻里，甚至具有共同认同感的俱乐部、运动队等都视为初级群体。对任何一个社会个体的成长和生活来说，初级群体发挥着不可替代的功能。在初级群体内，成员间的关系是"一种个人的、情感的、不容易置换的关系，它包括每个个体的多种角色和利益……为人们提供了人格发展的机会"。[①]也就是说，初级群体接纳的是个体完整的人格，我们常说"只有在家庭生活中才能找到真正的自我"也就是这个道理，它的重要性不仅在于通过社会化手段教予个体以基本的社会技能，更重要的还在于它为社会个体提供一种稳定可靠的情感支持，一旦这种支持丧失，例如幼年丧失双亲、离婚或配偶过世、与最知己朋友的关系破裂等情况，一般都会使个体陷入极度的心理痛苦。当然，并非所有的初级群体都对个体发展具有积极作用，有些初级群体，比如行为不良的同辈群体、家教方式不正确的家庭等在个体的生命历程中也有着负面影响。

次级群体又称次属群体，指成员为达到一定社会目标，通过明确的规章制度组织成具有正规关系的社会群体。库利在提出初级群体概念时，将剩下的群体类型统称为"其他群体"，美国社会学家帕克则将之命名为"次级群体"。与初级群体不同，在这类群体中，成员间互动的主要纽带是共同的利益和目标，而非感情联系，是一种工具性的群体形式，不提供个人的情感支持；而且群体成员间的直接、面对面的互动方式也很有限，个体在其中只扮演既定的角

---

① ［美］戴维·波谱诺：《社会学》，李强等译，中国人民出版社 1999 年版，第 174—177 页。

色,它所包含的仅是个体人格的部分。社会组织是次属群体的典型形式,如公司、学校、政府部门和军营等。

(二) 内群体(in-groups)和外群体(out-groups)

划分标准:成员对自我与群体关系程度的自我感觉及其对不同群体的态度。

内群体和外群体的概念,是由美国社会学家萨姆纳(W. G. Sumner)在其著作《民俗论》一书中首先提出的,目的在于通过这种区分来描述群体成员对本群体和别人群体的感情和心理归属。内群体指成员具有强烈认同和归属感的群体;外群体泛指群体成员之外的一切他人的社会群体。我们在日常生活中所讲的"圈"(如朋友圈、娱乐圈),"界"(如教育界、文学界)和"帮"等即是内群体的通俗所指。在内群体中,成员间往往具有相互关心、相互同情及相互理解的情操,因此,内群体可以滋生出一种"同类意识",并分享由共同的经验而发出的"我们感"。简言之,内群体和外群体是通过"我们"和"他们"的群体界线来划分和界定的,因此,它们又被称为"我群"和"他群"。

可以说,整个人类社会都是由内群体和外群体构成的,而两者之间的界线具有有形和无形两种,有形的群体界线能够通过一些实物符号和礼仪习俗加以辨识和强化,校徽、制服(如僧衣)和旗帜等都属此类,当这些实物符号创制后,经过一定的文化使之社会化,并为所属社会普遍接受后,它们也就成了群体界线的区隔符号。另外,还有些群体界线是没有实物标志的,而是通过无形的符号加以识别和区分,例如语言、行为方式等。我们常说"老乡"其实就是一个以方言这一无形的标志进行区分我群和他群的;另外诸如某些特殊组织(犯罪团伙)还有着自己的行话、俚语,也属于这种情况。除了语言外,有的群体更重视行为方式的同一,例如西方有些新兴宗教派别,他们进行崇拜聚会时要先洗脚,如果你认同这一行为方式就会被视为本派教友。相对有形的实物符号,无形的群体界线要求的群体准入方式往往都比较严格。

由于每个个体都要承担不同的社会角色,因此内群体和外群体的这种界线具有一定的相对性。例如在学校中,"我们班"、"我们系"就是一个相对其他班级、其他系而言的内群体。当我们在学校外的时候,内群体的表达形式往往变成"我们学校"、"校友"。再比如"我家"就是一个最基本的内群体组合形式,

"我们小区"则是一个稍高级别的内群体形式。我们出门在外常常喜欢遇上自己的老乡,有的组织起"老乡会"等,那么这里划分的标准就不再局限于自己的居住小区,而是所在的大行政区域。在单位时,我们的内群体还会变成"我们单位"。但并非所有的群体界线都具有这种相对性,当这种区隔带有严重的利害冲突或价值观、意识形态时,内群体的成员往往会对外群体及其成员抱有偏见、厌恶,甚至仇视等敌对态度,例如种族冲突、宗教冲突等就是这种类型。

(三)隶属群体和参照群体(reference groups)

划分标准:成员进行比较时选择的参考对象。

在前面关于内群体和外群体的论述中,我们其实已经提到,针对不同的划分标准可有不同的类型所指,但它们更侧重于群体成员对内部关系的心理认同和归属;而隶属群体和参照群体这组概念除了强调成员的身份归属外,还重在着眼于群体对成员思想和行为的影响,这种群体划分有助于我们研究和解释个人的行为方式,尤其是失范行为发生的原因。

隶属群体指成员身份所属、并以本群体的规范作为自己行为准则的社会群体,又称所属群体。参照群体是与隶属群体相对应的概念,指为个人提供自我评价的标准,并作为个人行动的指南,进而加以模仿的社会群体。它通常包含三种含义:第一种是作为比较的标准,例如我们日常说某一职业群体的收入、社会地位比上不足,比下有余,就是选取了"上"和"下"两个参照群体,并以它们的情况作为评价自己的标准;第二种指那些个体希望晋升其间的群体,如在社会的阶层流动中,就一般情况而言,相对低阶层的个体总想进入较高的阶层,而这个较高的阶层就可称参照群体,个体当前所在的较低阶层就是隶属群体;第三种指个体以其他群体的价值、观念作为自我的行为准则,例如移民美国的华人,为获取足够的生存和发展空间,他就得逐渐学习用美国人的价值和观念去行事,以便能更好地融入美国社会这个大群体。

需要强调的是,参照群体并非都能发挥建设性的功能,有的也会起到破坏社会规范的不良作用。例如美国社会学家在研究青少年犯罪问题时发现,在犯罪率总体水平比较高的黑人社区,青少年的犯罪率也呈现比别处更高的现象,其中原因之一在于在这些社区里,许多小孩常常模仿犯罪团伙中大男孩或者成人的言行,并将他们视为自己行动的楷模,这些犯罪团伙也就成了许多小孩心目中的参照群体,随着他们的成长,不当的社会化过程最后可能导致新的犯罪个体的产生。

另外,根据社会学以及社会心理学的相关研究,个体在选择参照群体时一般遵循两个原则:一是同类性原则,即所参照对象与隶属群体具有相似特征,如某一个家庭群体选择另一家庭群体作为参照群体;二是临近原则,即参照群体与自己所属群体空间距离接近。①

(四) 正式群体(formal group)和非正式群体(informal group)

划分标准:群体内部的组织正规化程度。

正式群体和非正式群体是按照群体的关系结构和功能进行划分的一组群体类型。正式群体是根据一定的群体目标和原则建立起来的,有着明确的规章,成员地位与角色、权利和义务都很清楚的群体。其组织正规化程度比较高,成员间的互动采取的是制度化和规范化的方式。按照正式群体存在时间的长短,又可将其分为永久性正式群体和暂时性正式群体,永久性正式群体的存在时间比较长,如企业的生产班组、政府的科室;暂时性正式群体一般存在时间比较短,例如某事件的联合调查工作组、学校里的毕业分配协调组等都属此类。

非正式群体指自发形成的,没有正式组织形式,无明确规章,成员的角色、权利和义务都不确定的群体。其正规化程度比较低,成员间的互动采取随意、常规的方式进行;它往往以共同的利益、兴趣或观点为基础,以情感为纽带的自发群体,例如诗社、集邮爱好协会、"沙龙"等都属于这类。

正式群体和非正式群体的概念,是由美国哈佛大学教授梅奥(G. E. Mayo)在著名的霍桑试验(Hawthorne Studies)中提出的,他发现,在霍桑这个企业内,除了正式群体外,还存在着自发形成的群体,而这种非正式群体产生的"社会舆论"为群内每个成员所认同,从而对班组的团结、气氛和绩效产生着重要的影响,而这一发现也就使得非正式群体的研究成为组织社会学探讨的重要议题之一。

随后的社会学家一致认为,非正式群体普遍存在于正式群体中,特别是在

---

① 童星:《现代社会学理论新编》,南京大学出版社 2003 年版,第 143 页。

正式群体的目标与成员的需求和愿望不一致,或者正式群体不能发挥应有的作用时,非正式群体更易产生。而且非正式群体在某些方面甚至还能发挥关键作用,例如在有的大学校园里,班级的作用可能不大,但基于感情和兴趣等建立起的老乡会、各种形式的联谊会和协会却能吸引大量学生。当然,非正式群体的存在也具有正功能和负功能,一般来说,如果非正式群体的价值定向与正式群体的目标一致时,其正功能就会得以充分体现,反之,就会起到或多或少的阻碍和破坏作用。

(五) 小群体(small groups)和大群体(large groups)

划分标准:群体的规模及其成员互动的方式。

小群体的概念主要源自哈尔(A. P. Hare)、鲍葛塔(E. F. Borgatta)和贝尔斯(R. F. Bales)合著的《小群体》(1955)一书,它是指规模较小,成员之间能直接互动的群体。小群体的主要特征在于:成员间能面对面的交往,行为上相互直接影响,成员间的关系具有较浓厚的情感投入,具有一致认可的群体规范。对于小群体的具体成员规模,我国学术界目前还未达成统一的认识。①大群体指规模较大,成员之间不能直接互动的群体。

总的来说,美国社会学家西奥多·M. 米尔斯(S. M. mills)认为,小群体不仅是微观系统,而且还可以说是大社会的缩影。它们微观地反映出社会诸如分工、规范、地位和意识形态等许多特征,对这些问题的研究,一方面可以建构起新的理论模型,另一方面也能发展出一般社会系统思维方法,因此,小群体研究在群体研究中占有很重要的地位。

(六) 血缘群体、地缘群体和业缘群体

划分标准:群体内部成员关系产生的缘由和性质。

血缘群体指的是依据成员间的血统或生理联系而形成的群体。它以血缘关系为纽带,是人类历史最悠久的群体形式,主要包括氏族、部落以及血缘家

---

① 常见的主要有以下几种:第一,"2—30 人"说,刘豪兴在其主编的《社会学概论》(高等教育出版社 1999 年版)中持这种观点;第二,"2—20 人"说,如易益典和周拱熹主编的《社会学教程》(上海人民出版社 2001 年版)中即认同这种观点;第三,"2—50 人"说,这种看法参见全国 13 所高等院校《社会心理学》编写组主编的《社会心理学》,南开大学出版社 2003 年版。

庭两种形式;它同时也是社会构成的基本单位,是个体社会化的起点。

地缘群体是指依据成员间的空间位置关系而形成的群体。它以相近的地理位置为联系纽带,比血缘群体出现得较晚,它是伴随着人类第一次社会大分工(即畜牧业和农业的分工)而产生的群体形式。依据不同的地理参照标准,地缘群体的范围也有不同,如小到邻里、社区,大到同县老乡、同省老乡、民族、国家(如中国人)等。

在这三者中,业缘群体是人类历史上出现最晚的群体形式,它是伴随着人类第二次社会大分工(手工业和农业的分离)而形成的,指的是依照成员间的职业关系而形成的群体,包括各种社会经济组织、政治团体、文体教卫组织等。

(七) 功能型群体、工作项目型群体和兴趣—友谊型群体

划分标准:群体目标及由此决定的成员间关系的性质。

就通常情况而言,功能型群体和工作项目型群体一般都是正式群体,而兴趣—友谊型群体则属于非正式群体范畴。

功能型群体常常是组织因其目标而设的群体。它的目的是"为了能够稳定、持续地满足某种必不可少的、经常重复出现的常规性需要,它的最典型特征就是成员之间建立严格的上下隶属关系和正式的职位规范"。[1]工作项目型群体往往是组织为了在预定时间内按照一定标准完成某项具体工作任务而设的非常设性机构,群体往往会随项目的完成而解散,其成员之间一般以平行的关系为主。与前两种相比,兴趣—友谊型群体则主要是为了满足个体的社会性心理需求而形成的群体,遵循着"合则聚,不合则散"的原则,内部也无严格固定的关系规定。

除了以上分类方法外,按照群体对社会的作用可将其分为积极群体和消极群体;按照群体的社会功能,我们又可分为生产性群体、服务性群体、精神性群体和政治性群体;按照群体成员的质量结构,群体还可分为同质性群体和异质性群体,等等。虽然以上类型划分的标准各异,但它们之间还是存在着许多交叉点,因此,确定一个研究对象时,在选择好分析视角的同时,还应注意到不同类别之间的交互影响。

---

① 于显洋:《组织社会学》,中国人民大学出版社 2001 年版,第 163 页。

第二节　社会群体的结构及其功能

社会群体的结构指群体内成员间正式、稳定的关系或互动模式，它是个人行动转变为群体行为的中介要素。当群体内个体保持着不断的互动，他们就会逐渐形成统一的规范、地位和角色系统。R. F. 贝尔斯认为，当两个或更多的人第一次相遇，都会有一定的紧张，为消除这种状态，每个个体都试图建立相对稳定的群体互动模式，一旦这一模式建立起来，其成员就开始知道哪些行为是互相期待的，他们也就能在群体内形塑符合自己角色规范的行为。[①]这样，就可以认为，该群体已经形成了较为稳定的社会结构，具体而言，群体规模、关系结构、规范以及角色系统等是群体结构的基本要素。

一、群体规模

群体规模一直是社会学、社会心理学研究的重要论题之一，它不仅与群体凝聚力密切相关，而且还会直接影响到群体成员的行为及群体的构成，它是群体最外在、最直接的结构要素。

最先揭示群体规模问题的是美国社会学家麦尔和德国社会学家格奥尔格·齐美尔（G.Simmel，1858—1918）等人，他们深入比较了二人群体（dyad）和三人群体（triad）的异同。

在二人群体内，由于任何一人的退出都可导致群体的解体，二人群体依赖的是单一的关系，成员必须总是考虑对方，因此，其关系纽带可能是最强的，在两人之间也会产生特殊的团结感和亲密感。在三人群体里，即使一个人退出，群体仍会存在，但与二人群体相比，成员间的亲密感、责任感就没那么强烈，"两个和尚抬水吃，三个和尚没水吃"讲的就是这个道理。除此之外，三人群

---

① Bales, Robert F., 1951, *Interaction Process Analysis：A Method for the Study of Small Group*. Cambridge, Mass：Addison Wesley. 转引自戴维·波谱诺：《社会学》，李强等译，中国人民大学出版社 1999 年版，第 179 页。

体可能还是一个不稳定的群体:有一位也许总被排除在外,成为一个相对的局外人或"入侵者",当然,第三个人有时也可能扮演中间人的角色,起到关系调解作用。

从他们的分析可以看出,如同大社会一样,群体也是由关系构成,群体关系包括三个方面:个人与个人的关系,个人与群内群的关系,群内群与群内群的关系。群体每增加一名成员,其内部的互动形式和结构就会复杂几倍。为能从量上反映这种质变的特征,我们一般用群体关系数目的增减情况来进行测量。社会学和社会心理学常常用 Kephart 公式[①]计算群体关系的数目:

$$M = (3^n - 2^{n+1} + 1)/2$$

(M 代表群体内可能存在的人际关系数,n 表示群体内的成员数目。)

例如,在 AB 两人组成的群体里,彼此只有 A—B 这一种关系。当二人群体变为三人群体后(ABC),其内部关系就变成 A—B、A—C、B—C、A—BC、B—AC 和 C—AB 六种关系。当群体数目变成四时(ABCD),其关系就会达到 25 种,其中个体与个体间关系有 6 种:A—B、A—C、A—D、B—C、B—D 和 C—D;个体与群内群的关系有 A—BC、A—BD、A—CD、A—BCD、B—AC、B—AD、B—CD、B—ACD、C—AB、C—AD、C—BD、C—ABD、D—AB、D—AC、D—BC、D—BCD 等 16 种,群内群与群内群的关系有 3 种:AB—CD、AC—BD 和 AD—BC。依此类推,5 人群体其内部可能的关系总数为 90 种,6 人群体的有 301 种。

当然,我们根据这个公式计算出来的群体关系仅是理论上可能存在的最大数目,也就是说,其中有许多关系是潜在的,成员间并未进行真实互动,尤其是在大群体里更是如此。

群体规模的大小会影响成员的参与程度,两者成反比的关系,即群体规模越小,成员参与程度越高,反之亦然。以英语口语班为例,如果学员少的话,那么每个人课堂练习的机会就多,当学员太多时,每个人获得锻炼的时间和机会就要少得多。而且根据社会心理学的分析,群体规模的扩大还会增强个体的拘束感,从而进一步影响成员的参与程度。根据这一原理,有些美国学者认

---

① 除此之外,凯波特提出了一个测量群体内部人际关系的公式:$M = (N^2 - N)/2$,不过它主要用于计算群体个体与个体间的互动关系数目。

为,学校中的群体规模,成员数量控制在 12—30 人间最合宜,[①]而这在小组社会工作中常常得到具体应用。

　　除了成员参与程度外,群体规模还可能会影响到群体的其他特性(见表 5-1)。

表 5-1　　　　　　　　　　群体规模对群体特性的影响

衡量的角度	群　体　规　模		
	2—7 人	8—12 人	13—16 人
领导:			
1. 对领导人的要求	低	低至中等	中等至高
2. 领导人与成员间的差别	低	低至中等	中等至高
3. 领导人的指挥能力	低	中等	高
成员:			
4. 对领导人指挥的容忍	低至高	中等至高	高
5. 少数成员对群体相互作用的支配力	低	中等至高	高
6. 禁止一般成员参与决策	低	中等	高
群体过程:			
7. 规章制度的正规化	低	低至中等	中等至高
8. 做出判断性决定所需要的时间	低至中等	中等	中等至高
9. 群体中形成小宗派的倾向性	低	中等至高	高

　　资料来源:[美]唐·赫尔雷格尔、小约翰·瓦·斯洛克姆:《组织行为学》,中国社会科学出版社 1988 年版,第 329 页。

二、群体关系

　　群体关系是对群体结构的更深层理解。齐美尔认为,任何一个社会结构的概念化核心都是结构,包括实体之间的关系和联结。前面所提及的 Kephart 公式主要测量的是群体内潜在存在的关系总数,那么如何更直观、更具经验性地描述和分析一个群体内的关系结构呢? 社会学家将网络分析应用于此,发展出社会关系网络结构图示分析法(简称"社网图")。

　　社会关系网络图是由美国社会心理学家雅各布·莫里诺(J. L. Moreno)

---

① Skidmore, Rex A. , M. Hon, G. Thackeray, O. William Farley, *Introduction to Social Work* (4th ed). Englewood Cliffs, N. J. : Prentice Hall.

提出的,他主要用此表示小群体①内成员间关系的密切程度。社网图的分析单位是个人,一般而言,这些单位被概念化为点或结点,而且常用字母或数字来标示,其操作就是将相关个体的联系模式点描在形象的图形中,并从中看出群体内的某些结构特征。在制图前,我们也要进行相关数据的收集,最常用的问题就是询问群体内的每个成员诸如"你愿意跟谁同座?""你愿意跟谁一起春游?""你愿意跟谁一起看电影?"等人际倾向性问题,然后,我们再把这些情况在社网图上反映出来。

以图5-1为例,从图中我们可以看出在这个群体内,可能存在着以下关系特征:

第一,A、B、C、D、E是一个高密度的群内群,而G、H、I、J则组成了另一个群内群,也就是说,这个群体基本上分裂为两大阵营;第二,C、B、F虽互不往来,但他们都能通过D发生间接的互动关系;第三,D和G分别是这个群内群的核心人物或领袖,他们两者的关系直接影响整个群体的团结程度和凝聚力;第四,K和L是一个独立的孤独者,游离于群体之外,可能也是两个群内群争取的对象。

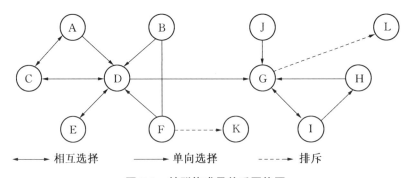

图 5-1　某群体成员关系网络图

社网图除了可以直观地反映群内关系外,还能由此初步判断该群体内部信息的沟通方式,并可从中看出成员的地位特征及群体凝聚力状况。一般而言,群体沟通网络具有全通道型沟通、环型沟通、星型(或称轮型)沟通、Y型沟通和链型沟通五种基本形式①(见图 5-2)。

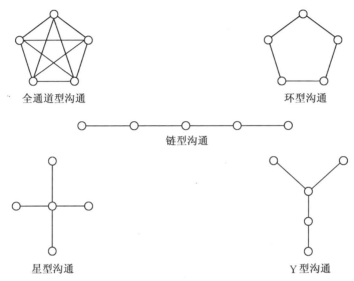

图 5-2 群体沟通的五种形式

而这五种沟通网络可以通过表 5-2 所列的指标进行对比分析:

表 5-2　　　　　　　　五类沟通网络的相关指标比较

	全通道型	环型	链型	Y 型	星型
(可能的)沟通通道数	很高	中等	中等	低	很低
成员地位的平等程度	很高	高	中等	低	很低
民主程度	很高	高	中等	低	很低
群体凝聚力	很低	低	中等	高	很高

全通道型沟通网络的沟通渠道最多,群体成员能平等而广泛地参与内部沟通,因此,在决策时,人人都有机会表达自己的意见,民主程度也很高,但由于意见过于分散,缺乏核心人物,因此该群体的凝聚力也最低。环型沟通网络可以看成是全通道型的一种简化形式,其沟通的通道、成员地位的平等及内部民主程度都较全通道型低,而对应的则是群体凝聚力的稍高。这两种又被统

---

① 参见[美]唐·赫尔雷格尔、小约翰·瓦·斯洛克姆:《组织行为学》,中国社会科学出版社 1988 年版,第 290 页。

称为分散型沟通方式,而星型和Y型则被称为集中型沟通方式。在星型沟通网络中,可以明显看出,该群体有个显著的核心人物,群体内部所有的交流都是通过他来进行沟通,因此,这种沟通模式的沟通渠道可能最低,成员的地位不平等明显,民主程度也最低,但该群体却能紧密围绕在此核心人物周围,所以,它的凝聚力最强。在Y型沟通模式中,虽然也有一个核心人物,但并非所有的信息交流都是通过该人物进行沟通,其次,在前三项指标方面,它都要稍高于星型模式,但在群体凝聚力方面则稍弱。而链型可以说是一种中间形态,其各项指标居于五种沟通模式的中列。

从以上分析中看到,每种沟通模式都有弊有利,群体到底应该采取哪种形式最好,应根据群体成员的结构以及群体的性质和目标而定。

从群体内部动态的角度来看,群体关系可分为平衡的群体关系和冲突的群体关系。如何保持群体内成员关系的平衡,对于群体的维系和运作至关重要。当然,对于一个人数较多的群体而言,实现成员间意见的完全一致并非易事,那么如何才算是达到,或者说实现关系的平衡呢?美国社会心理学家海德提出了平衡结构理论(又称"P—O—X"模式理论)。他认为,群体关系的平衡与否,或者说群体内人际关系的好坏并不取决于他们的意愿,而在于他们对某一社会客观事物的看法是否一致。在海德的理论中,P和O代表两个知觉主体,X表示知觉对象,P、O和X的相互作用就组成了一个认知场,对于知觉个体,即群体成员来说,这个认知场有时是平衡的、稳定的,但有时却是不平衡的、不稳定的,这主要表现为以下两种情况见图5-3:

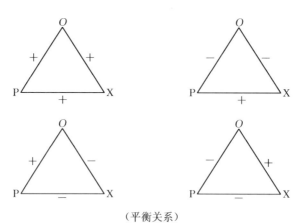

(平衡关系)

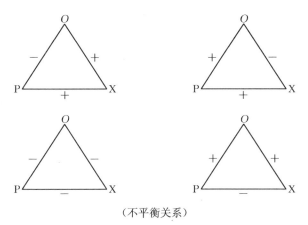

（不平衡关系）

图 5-3　海德平衡理论图示

在图 5-3 中，"＋"表示两者间的关系是肯定的正关系，而"－"表示两者的关系是否定的负关系。前面的 4 个图表示的是平衡人际关系的四种形式，后面的 4 个图体现的是关系失衡的 4 种情况。从中可以看到，恢复平衡的途径之一在于知觉者改变对知觉对象的态度。以上面的第一个图示为例，如果 P 改变了对 O 的看法，即持否定态度，若 X 与 P、O 间的认知态度不变的话，那么平衡关系就会被打破，为恢复平衡，X 与 P 或者 X 与 O 两者之一必须进行调整。

如果说海德的平衡理论的主要切入点是群体内个体的认知结构的话，那么，另一位社会心理学家纽科姆（T. Newcomb）则从人际沟通的角度对此进行了发展，提出了"A—B—X"沟通活动理论。其中 A 和 B 表示两个知觉个体，X 表示与 A、B 都有关的客体。该理论认为，当 A 和 B 对 X 的态度相似时，A、B 间会产生依恋性，反之则是两者的不和谐；另一方面，A 与 B 的持续沟通，也会导致两者对 X 产生近似的态度。

当然，这些理论既适用于对群体内部关系的分析，也适合对多个群体间关系的探讨。

当群体关系的平衡状况严重破裂时，常常表现出群体冲突。群体冲突也包括群体内部的冲突和群体间的冲突。群体内的冲突会降低该群体的凝聚力，使得结构涣散、成员工作效率低下，严重的还会导致群体的解体，具有显著的负功能。而群体间的冲突则兼有正功能和负功能，美国社会学家科塞认为，群体间的冲突会加强群体内部的凝聚力。

三、群体规范

群体成员间之所以能进行有效的持续交往,一个很重要的原因在于这些互动是在群体规范中进行的,同时,他们的互动又进一步型塑着群体规范,它对群体的维持、运作都具有重要的意义。总的来说,群体规范指群体对成员行为的预期,是群体成员共同认同并遵守的行为规则的总和。群体规范的产生方式有两种,一种是在群体成员互动中产生;一种则是在发生群体交往前就已存在,是个体在工作和学习中自然习得的,例如,有一批木工,他们之前从没一起干过活,但应聘到一个工地后,他们一开始就能按照同一规范工作。当然,社会学探讨更多的可能是第一种规范生成机制。

群体规范与组织中的规章制度具有许多不同之处。群体规范可以分为正式规范和非正式规范,后者一般是不成文的,即使是成文的,也必须在为群体成员所认同和执行后才能视为存在;规章制度则不然,它一般是一些比较正式的成文规定,制定出来后也未必能得到成员的普遍认可和遵循。

对于群体规范的研究,始于美国社会心理学家谢里夫(M. Sherif)。为了解群体规范形成的心理机制,谢里夫设计了一个试验:他先让几个被试者各自单独在一间暗室里观察一个固定的光点,由于背景的原因,这个光点看起来似乎发生了微弱的移动。观测完后,主试再问各位被试,他们认为这个光点移动了多少,被试的回答各种各样,有的说移动 2 英寸,有的说移动 3 英寸。随后,谢里夫将他们又重新分组,让他们一起观察,并且彼此可以知道对方的判断。主试者再次分别询问各位被试者上述问题,结果他们的回答大体一致。这个试验表明,当群体成员间进行持续互动时,就会逐渐形成共同的判断标准和行为准则,且这些标准和准则还会趋于稳定,这个过程也即是群体规范的基本形成机制。

由于这种趋同性,群体常常会对个体产生一种压力,其表现形式是当群体规范形成后,群体成员会自觉或不自觉地与群体行为保持一致,而这种压力即是群体压力(group pressure),它是指群体借助规范对成员心理产生的一种强制力量,以达到约束成员的行为,保持群体一致性的作用。

　　莱维特提出了群体压力形成的四个阶段:①辩论阶段,成员各抒己见,由于分歧出现多数派和少数派;劝解说服阶段,多数派由听取意见转为劝解说服,少数派开始感到群体压力,部分人顺从多数派的意见;攻击阶段,对于个别人,多数人开始批评他们过于固执己见;心理隔离阶段,由于少数人仍不顾多数人的劝说和攻击,大家采取断绝与之沟通的方法,使其孤立,这时个体所承受的群体压力达到极点,要么放弃自己的观点,重新融入群体,但这种可行性不大,要么脱离群体。

　　群体压力的存在又直接导致了群体内的从众(conformity)现象。所谓从众是指在群体的压力下,个体改变己见或行动,保持与群体期待一致的行为。几乎与谢里夫在 20 世纪 30 年代做的诱导错觉试验同时,另一位社会心理学家阿希(S. E. Asch)则做了从众行为的试验。与谢里夫不同,阿希设置的是一个高度清晰的刺激物。他先选取 7 名学生,分别指定为 1 号到 7 号,其中有 6 人组成控制组(即阿希的助手),只有 6 号是被试者,但他事先并不知情。试验者先准备有 18 套卡片,每套两张,一张画有线段 x,另一张则画着 3 条不同的线段 a、b、c,其中 c 与 x 是等长的(见图 5-4)。试验要求 7 名学生判断 B 图中的哪条线段与 A 图中的 x 等长。在前 6 次试验中,控制组的 6 人都作出正确回答:c 和 x 等长,6 号学生的回答也一样;但从第 7 张一直到第 18 张卡片,控制组的 6 人都异口同声地作出了错误的回答(假设他们都说 B 图中的 a 与 x 等长),被试的 6 号学生显得无所适从。经过多次挑选被试,测试的结果是被试者中有 33% 人次屈从于群体的压力(即回答 a 和 x 等长),其中有 74% 的被试者至少有一次的回答屈从了群体的压力。

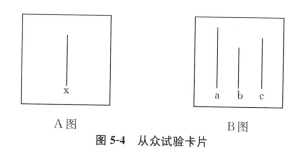

A 图　　　　　　　　　　　　　　B 图

图 5-4　从众试验卡片

---

①　《社会心理学》编写组:《社会心理学》,南开大学出版社 2003 年版,第 328—329 页。

阿希认为,从众的表现形式主要有三种:知觉歪曲,虽然人们常把多数人的意见视为正确,但当刺激物十分鲜明时,发生知觉歪曲的情况很少;判断歪曲,当个体对自己的判断信心不够时,出于多数人的意见更正确的考虑,还是放弃自己的判断,属于这种情况的从众最多;行为歪曲,与前面两种不同,这是从众行为的极端形式,这类人首先明确知道别人的判断是错误的,但不愿意被群体孤独而采取的一种屈从行为,例如我国秦朝赵高的"指鹿为马"就是一个生动的事例。

从众行为是人的一种感性的、直觉的心理反应,也就是说人只要是社会性的动物,那么从众性就不可能消除,所以我们对此应该具体问题具体分析,不能简单地将其与随波逐流、丧失原则等相提并论。不论是对社会还是对群体来说,从众都具有积极意义:首先它能约束成员的个体行为,增强群体的一致性和团结性,因此,从众有助于群体目标的实现,群体的维持和发展;其次,对个体而言,从众有助于增强群体成员的安全感和归属感,成员只有为所属群体接受才可能尽职地扮演自己的角色,提高工作效率。当然,在群体管理时,我们也要防止过分的从众行为,特别是其中的行为歪曲。

四、群体的功能

群体既是个人与社会的纽带,同时也具有自我利益表达的诉求,因此,群体的功能也相应地可分为群体对个体的功能和对社会的功能两方面。

对个体而言,群体主要起到满足成员工具性需要(instrumental needs)和表意性需要(expressive needs)的功能。所谓满足个体工具性需要,一方面指群体,尤其是初级群体作为社会化执行者之一所发挥的功能,人们一般都是通过群体生活来学习和掌握各种知识、技能、规范和行为方式等,从而融入并适应所处社会;另一方面,参与社会生活后,许多事情远非仅凭单个个体之力胜任的,而群体能帮助成员实现个人的许多目标。所谓满足表意性需要是指群体帮助其成员实现情感欲望,提供情感支持和自我表达的机会。一般而言,人类都具有交往需求、安全需求、自尊心需求、自我表现的需求和集体的需求,而这些都可以从群体中获得。当然,这两种分法只是一个理念型的分析,对于大部分社会群体而言,它们都能同时满足个体的这两种需求。

　　群体作为社会结构中的一个组成部分,其存在的合理性基础除了它能满足个体各种需求之外,还具有一系列的社会功能。首先,群体是联结个体与社会的中介,正如前面所述群体满足个体工具性需要一样,它通过社会化机制不断形塑符合社会要求,且掌握一定社会技能的社会人,而个体再在群体中发挥自己的主观能动性,根据社会需求去从事各种社会活动,从而维持群体和社会的持续运行,推动社会的发展。其次,群体又是社会存在的基本单位,群体一旦组织起来后,都有着自己的目标,而群体目标的实现过程也即是其社会功能的实现过程,就此而言,群体的正常运作还是社会结构不断再生产、社会秩序的维持以及社会变迁的前提要素之一。

　　总之,不论是对个人还是对社会而言,没有群体,也就没有个体正常的社会化,没有群体,也就没有社会秩序和变迁。

第三节　群体的运作

　　群体结构和功能仅只是群体机制上的安排,基本上属于一种静态分析。那么群体内部是如何运作的呢? 其运作过程是怎样的呢? 本节则从这些问题出发,主要就群体决策、群体维持和群体内部的互动等几个方面进行动态分析。

一、群体决策

　　群体决策指在群体活动中,群体针对面临的问题而做出决断的过程,它是群体运作的重要组成部分。

　　群体决策一般经历以下四个阶段:

图 5-5　群体的过程

　　定向阶段主要是在收集相关资料的基础上,将群体引导到所需决策的问题上来,并对有关情况进行初步分析;评估阶段则是成员对问题进行充分的评价和估计,并对其他人的观点作出反应;在做出决定阶段,群体成员开始讨论解决问题的办法,在此过程中,根据不同的利益和观点,群体内会出现某些或暂时或持久的派系组合,经过各种意见的争论和比较后,最终作出群体决策;决策做出后,群体试图重新回复到开始的和谐关系,即群体能够通过共同的目的或决定将成员们再次整合在一起,这即是群体决策的最后环节——目标整合阶段。

　　一般而言,群体决策在通常情况下要比个人决策更有效。这是因为:首先,群体决策是成员间利益和意见的冲突与整合的过程,通过讨论可以使大家对问题及其他成员的看法有了较全面的认识,因此,这在一定程度上能够减少偏见;其次,由于有了个体广泛的参与,群体决策还能在一定程度上满足成员的自尊心,增强责任感,提高群体工作效率;最后,由于决策过程的公开化和民主化,因此,群体决策还可以加强成员间的信息沟通,改善内部的人际关系,增强相互的了解和信任,提高群体凝聚力。

　　当然,群体决策并非在所有情况下都优于个人决策,它也有其不足。

　　第一,群体决策虽然能做到集思广益,但从收集资料、组织讨论到最后决策的做出往往需要一段较长的时期,而且还要消耗大量的人力和物力资源,它不利于某些紧急事件的处理,也不适合于某些过于简单问题的决策,否则可能会付出双重代价:浪费个体时间和群体资源;而且一旦成员觉得时间常常这样白白浪费,就会感到厌烦,以致使得整个群体的决策和工作效能下降。

　　第二,群体决策过程中还存在着"风险转移(risky shift)"的可能,在群体决策时,风险承担者不再是个人,而是作出一致决策的群体,这一现象就叫风险转移。[①]对此,责任扩散论认为,在群体决策中,由于决定的责任广泛地落在每个成员身上,相应的每个个体都不必对决策错误承担全部责任,其直接后果就是群体成员间的责任不清和互相推脱。

　　第三,由于群体压力的存在,由此产生的从众行为可能使得群体在决策过程中过分追求观点的统一,以致妨碍了某些成员,特别是居于少数派的成员对问题作出符合实际的评价和分析。

----

① ［美］戴维·波谱诺:《社会学》,李强等译,中国人民大学出版社 1999 年版,第 186 页。

总的来说,群体决策和个人决策孰优孰劣只有在具体情况中才能进行判断,其中一个关键因素在于群体自身的性质及其所面对的问题。具体而言,对于较复杂、多步骤,或者需要提出多种意见和独特主意的问题,群体决策一般要强于个人决策;对于某些需要作出一系列决策才能解决的问题,个人决策似乎要优于群体决策。另外,对于内部分化严重的群体,采取群体的方式通常也难以达到效果。

二、群体维持

任何一个群体除了要实现自己的目标外,还必须通过各种方式保证群体的延续和运作的有效性。而群体对个体的影响主要是通过群体压力形成的,这从客观上起到了一定的群体维持的功能,但就个体层面而言,成员如何从主观上维系群体的正常运作和发展则是群体效力(group amount)和群体凝聚力(group cohesiveness)这两个概念所涉及的内容。

群体效力是衡量群体运作之有效性的一个重要概念,一般包括两个方面的内容:群体任务的完成情况,即群体效率(group effect);群体成员欲望的满足程度,即士气。一个成功的群体,不但有着高水平的生产和工作效率,而且还应有高昂的士气。如图5-2中的星型和Y型群体网络结构中,由于这两种类型的群体信息传递速度快,信息处理有效,因此,其群体效率比较高,但由于成员间的沟通不畅,且过于集中化,彼此缺乏充分的互动,所以,多数成员往往出现对自己地位不满的情绪,相应的,其士气和凝聚力就比较低。从这个意义上讲,效率和士气两者的矛盾是群体和组织运行过程中的首要的,而且又必须解决的难题。

社会心理学家通过一系列研究发现,群体效力与三类变量有关(见图5-6):一类是独立存在的变量——自变量,主要指群体结构因素、工作环境因素等;第二类是中间变量,这类变量既受自变量影响,又影响群体效力的发挥,通常是指人与群体的种种心理过程;第三类为因变量,即群体效力。[1]

---

[1]　《社会心理学》编写组主编:《社会心理学》,南开大学出版社2003年版,第330—331页。

社会学教程

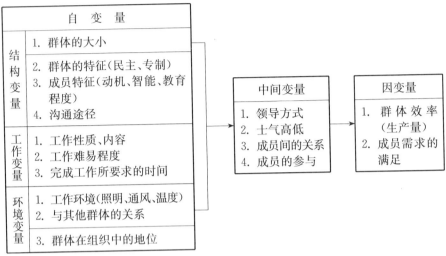

图 5-6 影响群体效力的因素

从图 5-6 中我们可以看到,自变量的诸因素通过中间变量(群体个体的心理和行为)来影响群体效力,三者间相互影响,相互作用:各种群体要素影响成员的士气,而高昂的士气只是提高工作效率的必要的但非充分的条件。

群体凝聚力则是考察群体团结和整合程度的概念,又称群体内聚力。它包含两个方面的内容:一是群体对成员个体的吸引力;二是群体成员间的相互吸引力。

群体凝聚力的发展一般表现为三个层次,这三个层次又体现了群体的三种不同发展水平。第一是以群体成员彼此感情互依为特征的表层,这主要体现为人际吸引。在这个层次,成员还未完全、自觉地接受群体规范,成员间也没有广泛而密切的交往和更多的一致,这是群体凝聚力的最低层次。第二是以价值取向的一致为特征的中间层。在这个层次,群体的凝聚力较强,成员自觉地接受群体规范的约束,并以此衡量一切群体内行为,在此基础上他们与其他成员建立起更为密切、互动频繁的人际关系。第三是以群体活动的目标统一为标志的深层。这个层次的群体凝聚力也最高,成员把群体目标自觉地视为自己的目标,并将此以及群体规范内化为个人的行为准则,群体表现出高度的一致性。

对于任何一个群体来说,群体凝聚力是保证其维系和发展的必要条件,而

且群体凝聚力的高低还会影响群体发展的快慢和目标实现的程度。但群体凝聚力的高低会受到很多因素的影响,其中主要有:

第一,群体目标。个体目标与群体目标是否一致,或者说群体成员是否认同群体目标,会直接影响到群体凝聚力。当两者一致时,成员和群体以及其他成员就有着共同的利益诉求,成员对群体就会产生较强的认同感和依恋感。如果群体目标不能通过利益机制将成员个体目标很好地整合为一体的话,那么群体只是个松散的个体组合,规范难以发挥其应有的约束力,群体凝聚力相应的也就十分低下。

第二,群体成员的构成,这主要包括成员间同质性的程度。同质性指成员在年龄、职业、社会地位、文化背景,尤其是价值观、志向、兴趣和爱好等认知态度方面的相似或相同。一般而言,同质性程度越高,成员间的相互吸引力就越明显,因而群体的凝聚力也越强,反之亦然。但在社会中,绝大多数群体内的成员都具有或多或少的异质性特征,异质性对群体凝聚力也绝非完全发挥负功能的消极影响,我们还得区分看待:如果这类群体的成员在共同行动时能够在某个或某些方面做到互相补充、交融、取长补短,成员间也会通过良性互动结成一个紧密的共同体,从而增强所属群体的凝聚力;当然,如果群体不能通过利益、目标等方式消解内部异质性所造成的人际区隔,特别是当这种异质性严重到成员开始依照自我利益和兴趣结成各种小帮派,并投入大量情感于其中时,群体内部冲突就有可能发生,群体凝聚力也会随之降低,甚至解体。

第三,成员感到自我满足的程度。从某种意义上讲,成员与群体、成员与成员间的关系也必须遵循互惠性原则,在群体的发展和目标实现的同时,还应最大可能地统摄成员个人的目标。如果成员在群体过程中,通过遵循群体规范,在推进群体发展的同时,自我需求也得到了充分的满足,那么就会进一步激发他们的积极性,从而提高群体凝聚力。当然,成员的满足和利益既包括物质方面的刺激,也包括精神需求的实现。

第四,成员与领导的关系。对于任何一个正式群体来说,领导的权威性是增强群体凝聚力的必要条件。与权力不同,权威是合法性的权力,它是建立在成员对领导所行使权力的认同、拥护基础之上的,因此,领导是否具有权威性,成员是否了解和信任领导都会直接影响该群体的凝聚力。

第五,群体与外部环境的关系。如果群体内部不存在分裂性因素,或者说内部的冲突还不至于导致群体的最终解体,当它面临外部因素的威胁和压力时,群体凝聚力会急剧增强。冲突论的代表人物之一,美国社会学家科塞认为,当外部冲突影响到群体每一部分的利益时,群体成员之间在结构和意识形态上的团结感就会急剧加强,即群体凝聚力的增强。

第六,群体的成熟程度。任何一个群体都有其发展和成长的过程,一般来说,群体越成熟,其内部的凝聚力也就越强。因为对于一个群体,特别是正式群体来说,其自身的成熟程度直接影响着群体目标实现的成功率,当成功率过低时,成员的士气和群体的凝聚力自然下降,但随着群体的日益完善,成功率也会相应提高,随之群体的凝聚力也会增强。

值得一提的是,群体凝聚力对群体过程的影响是个比较复杂的议题,对此我们应该具体问题具体分析,理清其中的关系:

首先,群体凝聚力与群体的运行或工作效率的关系。总的来说,群体凝聚力的强弱程度对群体效率具有潜在的影响,但这种影响在不同的环境下也有不同。在一般环境下,特别是对于某些目标和任务有密切联系的群体,群体凝聚力和群体效率两者间具有较强的因果关系。另一方面,如果群体的目标与组织的或行政当局的目标不一致,或者背道而驰的话,那么,高度的群体凝聚力常常会遭到后者的干涉和阻挠,从而造成群体效率的低下。

其次,群体凝聚力与从众的关系。虽然在一般情况下,凝聚力低的群体从众往往也较低,但实际上,这两者之间并不存在完全对应的关系,也就是说,高度的凝聚力并非只在高度从众的群体环境中才有可能。成熟的群体依靠成员高度的忠诚团结在一起,但同时也会尊重个人或少数人言行上的差异,特别是当凝聚力建立在共同忠诚于群体任务目标的基础上的时候,这种情况可能更常见。另外,即使是高度团结的群体在面临复杂的问题时,成员可能不但会容忍,而且在实际上还会鼓励和支持低度和中度的从众行为。

三、群体动力论

社会学对群体的探讨主要集中于对小群体的研究,群体动力论即是小群体理论的一个组成部分,它是作为一门研究群体行为如何产生及其内在规律的理论,其研究的焦点集中在群体内部的互动。

群体动力论最早是由德国心理学家 K. 勒温(K. Lewin)于 20 世纪 30 年代提出,他借用物理学的"力场"理论,提出了"群体动力"这一概念。在物理学中,物质的运动是受多种力场综合作用的结果,勒温及其合作者认为,群体也是一个动力整体,群体动力来源于其内部各人的活动、相互影响和情绪的综合作用。为具体地说明这一现象,他提出了一个群体内个体行为的函数公式:

$$B = f(P \cdot E)$$

(B 表示个体行为的方向和强度;P 表示个体的内部条件;E 表示个体所处的群体环境;f 表示函数)

此公式表明,个体行为的方向和强度,既与个体自身条件和素质有关,还与群体所处的环境相关。而群体首先是由个人构成,每个成员的行为在受到群体环境影响的同时,他们自己也在建构或融入为环境的一部分,影响着其他的成员,而群体与成员之间的这种相互影响,就构成了群体的行为动力。

美国社会学家霍曼斯在勒温的基础上,进一步发展了群体动力论。他首先引进了三个基本概念:活动、互动和感知。活动指涉关于单个个体在特定情景下的行为;互动表示一个活动单位刺激别人做出某一活动单位的过程;感知涉及从事活动与互动的人们用以表示内在心理状态的行动。群体内部系统的运行,就是由群体成员间相互联系的活动、互动及感知所组成,这三者之间相互关联,构成了一个有机整体,一个要素的变化会直接导致另外两个要素的改变。例如当某一成员的活动方式发生变化了的话,那么他与其他成员的互动过程也会相应改变,随之而来的就是心理状态的波动,最后导致群体行为方向和强度的改变;再如一个成员的心理状态的改变首先影响的是本人行动的变化,而其行为的变化也会使得内部互动及其群体行为出现或多或少的改变。①

第四节　初级社会群体

在前面群体分类中曾提及过初级群体,自古以来,它一直是人们生活中最

---

① 　参见刘豪兴主编:《社会学概论》,高等教育出版社 1999 年版,第 215—217 页。

重要的群体形式之一,具有重要的理论意义和现实意义。首先,初级群体是个人与社会之间连接的桥梁和纽带,对初级群体的研究,有助于从一个侧面全面、深入地了解社会过程;其次,初级群体虽然是以情感为纽带,但它却是处于一定的社会环境中,反映了社会的一些基本特征,而且初级群体又便于观察和控制,因此,通过分析初级群体的结构、过程和功能,可以增进我们对社会的认识;再次,由于初级群体在人们的社会生活中占有非常重要的地位,对人们的心理和行为有着重大影响,因此,研究初级群体中人们的心理过程和行为方式,有助于推动社会心理学与行为科学的研究;最后,通过对初级群体产生机制及其功能的研究,可以使我们认识到其存在的必然性,从而有助于在实际工作中,通过对初级群体的改造和引导,发挥其作用,提高组织的工作效率,创造良好的社会环境。

一、初级群体的基本特点

与其他的群体形式相比,初级群体一般具备以下特点:

(一) 成员数目较少

初级群体一般是指 2—30 人间的小群体,因为只有在人数有限的小群体中,成员之间才有可能进行深入的交往,并建立起密切的情感联系。如果人数过多,则会衍生出次级关系,从而失去初级群体的特征。

(二) 成员间有直接的、面对面的互动

由于人数少,人们可以直接的、面对面的交往。正是在这种不需要中间环节的互动中,人们对于彼此的言谈举止、性格特征等都比较熟悉,从而增进相互的感情联系。初级群体的形成和维持有赖于成员互动的经常性和直接性,短暂的或非直接的接触,很难形成初级关系。

(三) 成员间相互扮演多重角色,表现出全部的个性

在初级群体中,由于没有明确的严格分工,因此,成员的角色也是不固定的。一般来说,在初级群体,人们之间的关系由一种角色关系转变为多重角色关系。例如,在家庭这类初级群体中,各家庭成员都不只是扮演社会职业的角

色,夫妻双方都承担着家务,而且既要扮演长辈的角色,还要充当孩子的教师和朋友。这种多角色的扮演,使得其中的成员充分表现出自己的个性,人们之间也可以相互进行更深入的多方面评价。

(四) 成员间交往的情感性

感情交流是初级群体成员间互动的基础。成员之间的交往不只停留在就事论事的表层关系上,还是一种富有情感的交流,每个成员都希望了解对方的内心,期望相互的关心和慰藉,他们有着一种共同的心理维系。

(五) 成员难以替代

与以职业技能为基础的群体同事关系可以不断变更不同,初级群体中成员间的关系是不能随意由另外一个人代替的,因为成员间充满着富有情感色彩的多重角色关系,而非简单的工作或职位关系,因此,初级群体内的关系是特殊性的。群体中任何一个成员的缺失,都会给其他成员产生心理震动,如朋友反目、夫妻离异、亲人病故等。

(六) 群体整合程度高

在初级群体中,由于成员间关系密切且复杂,利益休戚相关,相互依赖程度较高,因而群体意识与群体凝聚力都很强,相应的,群体内部整合程度也很高,他们一般不允许个别成员的偏离和背叛,否则,可能招致严厉的制裁。

(七) 群体控制依靠非正式手段

由于初级群体以情感为纽带,没有明确的正式规章、制度,因此,成员的行为、成员间的关系以及成员与群体的关系,主要依靠习惯、风俗、伦理道德和群体意识等非正式手段来控制。

二、初级群体的形成条件

除了一些诸如家庭之类的因血缘或姻缘而形成的初级群体之外,一般来

说,初级群体的形成通常要具备以下几个方面的必要条件:

(一) 个体间活动空间接近

　　活动空间既包括地理上的区位关系,也包括观念中的区位关系。只有地理上的接近才便于相互接触和了解,彼此才有可能变得熟悉,这是初级群体形成的重要条件。当然,除了地理上接近外,还必须要有观念上的接近,这也有助于人际关系的亲近。例如我们常说的"老乡见老乡,两眼泪汪汪",这里的老乡既有空间的概念,同时更是一种观念的概念。当然,活动空间的接近只是初级群体形成的必要条件,而绝非充分条件,因为交往空间的接近,彼此还可能更容易地发现对方的缺点,发生摩擦的几率也会增加。

(二) 互动持续的时间较长

　　富有情感色彩的初级关系,在一般情况下,只有在长期交往过程中才能建立,因为只有经过一段时间的互动,才能较全面地了解对方。

(三) 互动关系的非限定性

　　这里的非限定性是指人们在交往过程中自由空间比较大,不受过多的拘束。当人们处于具有严格规定、不具感情色彩的角色或地位上时,彼此之间是不可能形成初级关系的,例如警察和罪犯。

(四) 互动各方的角色和地位间的社会差异较小

　　互动各方的角色和地位间的社会差异小,是初级群体形成和维系的重要因素。当人们之间的角色和地位差异太大时,彼此之间往往很难找到共同话题,相互交流的机会也随之减少,即使有机会,双方,特别是地位低的一方难免会有拘束感。[①]
　　当然,以上各个条件只是就一般意义而言,在社会中可能会出现一些特殊的情况,但这并不影响我们对整体社会初级群体的理解。

[①]　郑杭生:《社会学概论新修》,中国人民大学出版社 2002 年版,第 207—211 页。

三、同辈群体(peer group)

　　同辈群体是指由一群年龄、兴趣、爱好、态度、价值观和社会地位等方面彼此相近的人组成的一种非正式初级群体。对于同辈群体的关照最初源自教育心理学。教育心理学家发现,如果在班级里经常出现同辈伙伴间的强烈对抗,那么全班学生的学习成绩就会普遍下降;如果学生之间形成良好的情感支持,相互吸引,那么班级成绩就会上升,这说明班级内的同辈伙伴对于学生成绩具有相当的影响。后来,由课堂内的同辈伙伴这一术语逐步形成了同辈群体的概念。

　　对同辈群体的概念内涵和外延的理解,还应作以下补充性说明:

　　(1)同辈群体比同龄群体所指的范围要小。同辈群体除了强调年龄相似外,还要求彼此在兴趣、爱好、态度、价值观和社会地位等方面相近,而同龄群体则只是强调年龄相仿。

　　(2)同辈群体存在于社会生活的各个层面和个人成长的各个时期。也就是说,不仅儿童、青少年中有同辈群体,而且成年人中也存在着同辈群体。不同的是,前者大多数是偶然形成的,绝大部分成员是邻居或同学,他们在各方面都表现出很强的相似性;而后者则具有更明显的选择性,成年人的交往范围更广,他们考虑的因素也更多。

　　(3)同辈群体并不一定就是亲密朋友。例如,刚刚进入幼儿园小班的小朋友,虽然感情并不亲密,但他们确实组成了一个同辈群体。

　　一般而言,我们在研究时,更多关注的是青少年的同辈群体,这不仅是因为它是影响青少年社会化的重要因素,而且还因为青少年同辈群体是人类同辈群体最典型的表现形式之一,与其他群体相比,青少年同辈群体具备以下特征:

　　(1)具有较强的群体凝聚力。同辈群体是成员基于年龄、兴趣等因素而自愿结成的非正式群体,由于是个体自由选择结合的结果,因此,同辈群体的成员间容易产生较高的心理和价值认同感,不论是群体对成员个体的吸引力还是群体成员间的相互吸引力都比较高,从而形成强大的群体凝聚力。

（2）群体内部有核心人物，但成员间的关系基本上都是平等的。同辈群体往往也有着自己的核心人物，但他不是任命，也不是选举产生的，他完全是在群体活动中凭借自己的知识、能力和品质等因素，在获得其他成员普遍认同的基础上自然而然产生的。核心人物在群体中具有较强的号召力，但他依靠的不是权力，而是权威。虽然有核心人物的存在，但同辈群体内部成员基本上还是维持着平等的关系。群体中的领导和服从，是相互自然协商的结果，是个体自愿接受的，并且这种接受不是以建立等级关系为代价的。

（3）同辈群体具有一定的封闭性。一般而言，同辈群体是提供成员之间交流感情、信息和看法的公共平台，他们交流的内容往往是内部关注的话题，或者是长辈或其他人不允许谈论的话题。同辈群体不对外开放，通常会形成一个排外而内聚的小圈子。

（4）同辈群体有着自己的亚文化。由于同辈群体的相对封闭性，因此，他们往往会形成统一的价值标准和行为方式，即亚文化，这不仅表现为他们的服饰装扮等外显形式，还表现交流方式等内在观念。

随着中国社会的快速变迁，我国青少年同辈群体表现出了一些与以往不同的特点：

首先，交往对象基本上都是家庭以外的群体，而且交往的情感因素弱化。在多子女的时代，家庭中的兄弟姐妹是孩子间接触最多，也是最便于接触的同辈群体。在当代家庭中，由于实行计划生育的政策，独生子女越来越多，他们只有在同学、邻里中寻找自己的小伙伴。与之一致，在原来以兄弟姐妹为人员构成的同辈群体中，他们更容易形成相互关照、宽容忍让、同情等责任感，但今天的青少年同辈群体可能在这方面有所弱化。

其次，同辈群体内的交往时间比以往相对减少。一方面因为没有时刻相伴的家庭伙伴；另一方面由于学业要求和压力的加大；再加上居住环境、生活方式、生活节奏的变化，使得青少年伙伴间相互交往的时间相对来说越来越少，仅限于学校等公共场合，交往的内容也陷入一种模式化，他们更多的是与成年人在一起，因此，这种模式化越来越受成年人影响，并表现出与成人世界的趋同。

最后，同辈群体内的交往方式趋于多样化。以往的青少年群体交往多是面对面的直接交往，交流的对象也相对稳定，随着科技的发展，同辈群体面对面的交往时间虽然越来越少,但他们通过现代交通工具的交往却越来越多,例如电话、网络等,特别是由于网络的匿名性特征,使得青少年不仅具备多种交往方式,而且还大大拓宽了他们的交往范围,他们交往的对象不仅有青少年,而且还有成年人,其交流的内容也更加随意。①

　　这些既是同辈群体出现的新情况,同时也给青少年的健康成长和青少年社会工作提出了许多新的挑战。

---

　　①　赵孟营:《社会学基础》,高等教育出版社 2006 年版,第 172—173 页。

第六章　性别、婚姻与家庭

第一节　性与性别角色

一、性别的自然属性

　　人类是生物进化的产物,人类从动物那里继承了许多生存和发展的基本功能,其中包括性本能。作为性的自然起源而言,人类的性正是从类人猿的性过渡进化而来的,其最原始的作用,就是人类延续种族的本能。因此,性首先具有自然属性。

　　性别不管是作为一种指称还是一种实体,两性的生理基础是性别的自然起源。基于性别的自然起源,两性首先具有生理差异,这突出表现为两性间第一性征与第二性征的差异。第一性征是两性的生殖系统差异,即男性与女性各有自己的性器官;第二性征指除生殖器以外男女在外形(身材、体态、相貌、声音等)上的差异。例如男性骨骼粗大,肌肉发达,有胡须和喉结,嗓音低沉;女子肌肤细腻,体格娇小,体态丰满,乳房隆起,骨盆宽大。第二性征的差异在男女两性青春期后尤为明显。

　　性别,作为生物的构成,指的是生来俱有的男女的生理区别,属自然的生物属性。其差别是多层次的,主要表现为四个方面:首先是遗传学上,即性染色体和性染色质的差异,男性染色体为 XY,女性染色体为 XX,它们决定着男女间一切生理差别;其次是性腺上的差别,男性为睾丸,女性为卵巢,它们决定着男女生殖器上的和第二性征上的差别;再次是性激素上的差别,男性体内雄性激素多,女性体内雌性激素多;最后是生殖系统和第二性征的差别,即生殖器官系统与性器官系统的结构和特征及附属的其他身体特征。

男女两性在生理上的区别可以从生物学上获得证明。两性生殖器官的不同是两性生理区别最为明显的标志。从青春期发育开始,男女两性在生理上的区别更是日渐分明,男子有遗精,女子有经期。至性发育成熟,两性器官的不同构造决定了两性在性生活与生育功能上的分工与合作。女性所具有的怀孕和分娩的独特功能使女性与男性迥异。两性生理上的区别乃自然造化之结果,人类生命也因此而得以生生不息,延绵不断。

二、性别社会化

人类诞生之初,男女两性只有生理性别之分,而无社会性别差异。社会性别是社会文化形成的对男女差异的理解,以及在社会文化中形成的属于女性或男性的群体特征和行为方式。社会性别作为社会的一种构成,是通过社会学习到的与两种生物性别相关的一套规范的期望和行为。社会性别是社会建构的结果。米德在对新几内亚境内三个原始部落的性别角色的考察中发现,虽然这三个原始部落坐落在方圆100英里以内,但相互间的性别角色却迥然不同:阿拉佩什人,无论男女都十分顺从、温柔,攻击性极低;蒙杜古马人,男女都冷酷残忍,带有强烈的攻击性;昌布利人,盛行男主内女主外,女性占统治地位。米德的研究成果有力地证明了性别角色的可塑性,性别气质的可塑性。

社会性别这个概念是在西方第二次女权主义浪潮中出现的一个分析范畴。社会性别是人类组织性活动的一种制度,它和其他经济制度、政治制度一起构成文化制度,将人组织到规范好的"男性"、"女性"的活动中去。社会性别是人类社会的一种基本组织方式,也是人的社会化过程中一个最基本的内容。质言之,人的社会化过程其实就是一个社会性别化的过程。一个社会的社会性别制度是该社会将生物的性转化为人类活动的产品的一整套组织安排,这些转变的性需求在这套组织安排中得到满足。正如法国20世纪最杰出的存在主义女权哲学家西蒙·德·波伏娃所言:"女人不是天生的,而是变成的。"①

---

① 西蒙·德·波伏娃:《第二性》,湖南文艺出版社1986年版,第26页。

　　许多女权主义学者认为,男女两性的实际差别不是源于人的生物性,而是在人的社会化过程中各种社会因素综合影响的结果。正如爱泼斯坦所认为的:"……除了性和生育功能外,男女两性生物上的差别对他/她们的行为和能力几乎没有影响;甚至在早期社会化中所形成的社会性别特征,也可能被成年后的经验所改变。……社会权力的分配对男女所处不同社会状况的影响,要比他/她们与生俱来的生物差异的影响大得多。"①因此,男女两性的生理上的差别在社会化过程中被放大了,以至于生理上的差别成为了政治社会制定法律的性别标准。个中原因自然很难从生物学上去寻找。"男性"和"女性"在身体特征上只有细微差别,他们在政治化过程中才形成了不同的主体身份,这种身份通过劳动的分工、个性的形成、地位的分派、权力的分配不断得以强化,女性地位的非自主性只是不平等的男权社会的政治文化标志。

　　真正从纯社会学角度做出杰出贡献的是美国社会学家帕森斯(T. Parsons,1902—1979),他对性别角色的获得过程作了重要阐述。帕森斯认为,社会化是一个通过社会的相互作用,根据经验形成角色整合的过程。作为获得性别角色的社会化也可以认为是进行相互作用的对方的内化,性别角色的获得实际上是在构成个性角色时内化重要的角色。帕森斯指出,性别角色社会化的过程表现为三阶段:第一阶段,新生儿在确立对母亲的依赖和爱恋过程中,在母亲的照料中被动完成性别角色的内化过程。第二阶段,儿童在把母亲角色内化的同时,也把通过母亲看到的自身形象看到了。第三阶段,孩子一面识别、内化父亲和母亲的各种作用,一面内化性别角色。

　　关于社会性别的理论,有如下几种不同的分析方法:

　　一是强调"性差异"的社会性别观(gender as sex differences)。这种观点受到心理学范例的强烈影响,把社会性别定义为个人的属性,认为这种属性产生于人的生物性和社会化,或者两者之间的某些相互作用。男性的刚毅和女子的柔弱被看做是与生俱有的,而且这些特征奠定了一个人的社会性别身份、人格和自我概念的基础。但是,批评者认为,这一观点基本上把社会性别化的行为特征解释为内在的个人属性,过于倾向于生物决定论,心理学和个人主义

---

① 转引自周颜玲:《有关妇女、性和社会性别的话语》,载王政、杜芳琴主编:《社会性别研究选译》,三联书店 1998 年版,第 383 页。

倾向也过浓。这种思维忽视了社会情况、人际间持续的相互交往以及机制性因素是如何影响社会关系的形成与发展的。

二是强调地位和角色的社会性别观（gender as status and role）。这种分析方法在功能主义的角色理论的影响下，将社会性别看成是已获取的地位。此地位伴随着一系列特别的期望和模式化的行为角色。这种研究方法，性差异被用来把世界划分为男人的和女人的角色，这些角色高度地融会进了社会价值观念、文化实践和结构体系里。但是，批评者认为这种观点不能解释社会学中的权力、冲突和变化等概念。这种功能主义的僵化悄悄地将男人对女人的支配合法化了，并漠视社会结构引起的冲突，而且把社会性别的不平等永久化。其角色概念忽视了社会性别是在日常活动中、不同的场景里、相互交往过程中创造出来的。更有学者认为，角色理论倾向于把社会期望和自我描述固定化，忽略了历史的变化，过分强调共识与社会秩序，把权力结构的政治问题边缘化了。社会性别本身正像种族和阶级的概念一样，不是一个角色（虽然它同其他男女的具体角色相连），离开了具体的场景或组织场景，其概念是空洞的。

三是强调人际关系的社会性别观（gender as a system of relationships）。这种研究方法借鉴社会学所强调的社会结构与个人之间的关系，将社会性别视为一个人际关系的体系，而不是个人的属性。这种研究方法把解释的重点从个人转移到结构，社会性别关系跨越种族、阶级、年龄和体制的界限，这种关系存在于社会生活的各个方面，蕴藏在社会结构中，并通过社会意识形态加以巩固。在性范畴、劳动分工、社会情况和权力与权威等多种因素的影响下，塑造出不平等、不对称的性别关系。更具体地来说，绝大多数男女之间的差异产生于不同的经历、机遇以及所接触的社会网络与交互作用的力量。更有学者认为，社会性别秩序，是支配与被支配、建立霸权与抵制这种做法等关系运作的场所。

四是强调过程的社会性别化观（gendering as a process）。这种研究方法将社会性别重新界定为：在特定场景里通过社会的相互交往塑造成的。一旦差异在创造社会性别时建构起来，这种差异就被用来强化社会性别所谓的本质，在社会行为中进一步表现出来，并合法化地作为社会机制的一定组合。但是，也有学者批评这种方法的理论讨论，趋向于较多地注意作为交往过程的社会性别化,而较少令人信服地论证社会性别化的过程是如何具体而复杂地同社会结构相联系的。①

社会性别是在人类社会进化过程中,各种自然因素与社会因素综合作用的结果,而其中最主要的是男权文化不断诠释与不断塑造的结果。这种性别社会化的过程最初缘于两性的生理差别,通过意识形态的强化,将生理上的差异进行夸大从而以男权文化的性别标准对性别不断地进行界定与评判。因此,社会性别是社会体制化的结果,其原因是多方面的,对社会性别的分析不能只依赖于其中一种分析方法。

三、男性气质与女性气质

性别经过社会历史文化的建构,形成了相对稳定的、固化的和两性对立的性别气质,这种性别气质的刻板印象根深蒂固。人们都努力成为社会所期望的具有男性或女性特有行为模式的人。凡其行为模式与所期望的性别角色一致,便会受到社会的接纳和赞许;否则,会遭到周围人群的冷讽热嘲或排斥。就个体成长而言,性别角色经历了社会化的过程,甚至在孩子出生前,父母对不同性别子女的态度,便已显露出来。怀孕期间,父母常常推测胎儿的性别,对不同性别的孩子,赋予不同的期望。婴儿出生以后,父母通过衣着、环境布置、取名等活动,把男女婴儿区分开来。两三岁的幼儿,观察父母不同的服装和行为,对男性和女性的外表和性别角色开始有所认识。学龄前儿童的父母给不同性别的子女购买不同的服装和玩具,对男孩的顽皮和淘气采取容忍的态度,而对女孩的安静文雅则予以称赞。儿童通过玩具和游戏增强了性别角色的意识,使其行为向相应的性别角色转化。入学以后,图书和电视对儿童性别角色的意识将进一步发挥影响。在儿童的动画世界里,英雄几乎都是男性,是强者;女性往往等待英雄从恶魔身边解救出来,是弱者。青春期男女区别更明显,恰当的性别角色表现比儿童期更为重要。

在我们每个人的成长过程中,都在进行着"性别认同"的社会化过程,都按

---

① 以上分析参见周颜玲:《有关妇女、性和社会性别的话语》,载王政、杜芳琴主编:《社会性别研究选译》,三联书店1998年版,第384—391页。

照基于性别差异的社会期望来履行和实践个体的性别角色。在日常生活中，关于男性气质和女性气质的议论成了热门话题：男人追求真正的"男性气质"，女人追求十足的"女性气质"，男性气质和女性气质之间有时有着不可逾越的距离。那么到底究竟什么是男性气质和女性气质？如何创造并维持性别特质？两性关系的本质又是什么？日本著名学者国分康孝在其代表作《两性的圣坛——现代男女婚恋心理》中，对男性气质与女性气质进行了较为系统的分析。国分康孝从历史的角度论证了两性气质的起源。他认为，社会分工和随之而来的行为方式的差异逐渐发展成为支配和被支配的差异，造就了男性气质和女性气质的显著差异。他总结出传统意义上的男女两性特质各自具有的7个特征：男性：独立性、竞争性、犯罪意识、支配性、优越感、注重大局、对事物的关心；女性：依赖性、接受性、羞耻意识、服从性、自卑感、注意细小的事情，对人的关心。

随着社会发展，男女平等的观念日益深入人心，两性特质的界限也有模糊的迹象和趋势。国分康孝否定了从前的文化酝酿出的男性气质和女性气质的理想性和合理性。他认为，不管是男性还是女性，都应该不要被一种行为模式所束缚，不要勉强地坚持所谓的男性气质或女性气质，而是同时拥有男性气质和女性气质，并自如地、恰如其分地表现出这两个方面来适应周围的千变万化，这样就能时时掌握主动，做自己行为的真正主人，并和作为人的自我实现紧密相关，并由此形成个性。

国分康孝认为，由于女性解放，女性在表现所谓男性气质时，已经没有什么约束和罪恶感了。对男性们也应该适用男性解放，在男性们表现出某些女性气质时，也不要有什么束缚和罪恶感。具体说来，在保持原有的诸如坚强、勇敢等特质的基础上，要敢于反叛传统观念里的男性期望，脱去我是男人的盔甲，抛弃硬撑男子汉气概的装腔作势，从而尊重自己的感觉，敢于表达自己的情感，按照自己的意愿生活。在女性方面，国分康孝针对女性的精神上的依赖和情感上的爱情至上，指出探求人生的目标和追求事业、拥有主见，并保持自我的独立才是女性的幸福王牌。他还指出，在人生中，结婚是件很重要的事情。但重要并不意味着结婚是人生的全部，也不是说只要结婚就万事大吉了。结婚既不是终点站，也不是通往天堂的无所不能的护照。

事实上，性别气质、性别角色并非一成不变，随着女性主义的兴起和性别平等观念的普及,"什么是男人,什么是女人"的自我同一性的问题变得越来越暧昧,传统意义上的两性特质的界定和期望受到前所未有的冲击和挑战。更有研究认为,双性化人格是最佳的人格模式。

第二节 择 偶 与 婚 姻

一、婚姻的意义

婚姻是成年男女双方按照习俗和法律的规定结为夫妻的一种制度,它是限制两性性自由的制度,是为了保障安全的稳定的有利于生育的两性关系。人类总是通过某种特定的婚姻制度来规定两性关系的。无论成文的还是不成文的婚姻制度,都规定了两性共同生活的经济关系和性关系的规则,确定了婚姻内部夫妻之间的经济关系和性关系,同时也明确了婚姻之外的亲属关系。传统婚姻制度主要依靠宗教或宗法以及禁忌的力量来约束婚姻,现代婚姻则主要依靠法律来约束。从人类历史进程来看,人类的两性关系制度经历了多种形式,史前社会主要以杂婚为主,旧石器时代和中石器时代(公元前300万年—公元前1万年)主要是群婚,新石器时代(大约公元前1万年—公元前5000年)开始出现多偶婚,奴隶社会以来出现了以一夫一妻制为主要形式的对偶婚。

那么,人为什么要结婚?婚姻有何意义呢?也许很多人根本没想过这个问题,认为结婚、组成家庭、生育子女等都是自然而然的事情,男大当婚,女大当嫁嘛。在这个社会中,绝大多数人都要通过婚姻的形式建立自己的家庭,生儿育女,然后帮助自己的子女结婚生子,如此不断而延绵不绝。

其实,作为一种社会现象的婚姻制度有丰富的社会意义。我国著名社会学家费孝通曾明确指出,婚姻制度是生育制度的一部分。他说:"我们到处可以看见男女们互相结合成夫妻,生出孩子来,共同把孩子抚育成人。这一套活动我将之称为生育制度。……婚姻的意义,依我以上的说法,是在确立双系抚育。"[1]美

---

① 费孝通:《乡土中国·生育制度》,北京大学出版社1998年版,第99、129页。

国学者 J. 罗斯·埃什尔曼(J. R. Eshleman)总结了不同时代的美国人对婚姻的认识,认为婚姻有三层意义:①

第一,婚姻是神圣的,而且是神秘的。婚姻是神的表现,是一种神圣和至高无上的制度,它不是由凡人而是被上帝耶稣或某些超人建立和保留下来的。总之,可以简单归结为一句话,婚姻是上天决定的。这是 20 世纪以前比较流行的一种传统信条。

第二,婚姻和家庭的意义在于社会责任和义务,这是 20 世纪最初数十年广为流传的看法。这种看法认为婚姻的意义主要在于社会,与其说婚姻的根源在于上帝,不如说婚姻就是为了人类自己而存在,具体说是为了亲属团体和社会而存在。正是婚姻的社会意义使人们认为它是非常重要的。具体表现为在观念和行为上,人们都不赞成离婚、婚前孕、不同人种的通婚,这些行为为社会(朋友、社团、亲属等)所反对。

第三,婚姻和家庭关系的存在是为了某种个性需要,即仅仅是出于自我的需要,与上帝和社会无关。选择婚姻是个人的权利,与个人的民族、宗教、种族团体、社会阶级和教育水平无关。个人不是为家庭、教堂和社会去结婚的。如果自我感觉不愉快,无论是上帝还是社会,都不能强制我结婚,也不能强迫我忍受不愉快的婚姻。正是从这个意义上说婚姻的根源在于人的个性,每个人都对自己的成功或失败负责,而不是决定于团体结构和社会状况或他人的意志。

二、择偶

婚姻的第一步就是选择配偶。择偶行为是千千万万的人时时代代实践的一种行为。人们也许认为,自己的结婚对象应该是按照自己的意志自由决定的。实际上,在配偶的选择问题上,会受到各种各样的社会性制约。择偶是一个很重要的心理的、文化的和社会的现象。作为人一生中最重要的抉择之一,择偶标准及其模式无疑会反映出社会文化的价值及其取向,会受家庭制度、社会价值和风俗习惯的制约。比如,人类社会对婚姻关系首先会有一些基本禁

---

① 　J. 罗斯·埃什尔曼:《家庭导论》,潘允康译,中国社会科学出版社 1991 年版,第 9、10 页。

忌。第一个禁忌就是兄妹婚姻。根据已有的资料,除个别例外,人类历史上几乎没有哪个社会允许兄妹之间发生性关系和建立婚姻关系。第二个禁忌是父母子女婚姻。尽管历史上曾有过儿子继承父亲妻室的现象,但现代社会里,这种婚姻关系是被严格禁止的。甚至长辈与晚辈之间的婚姻关系也受到严格约束。第三个禁忌是表亲婚姻。表亲婚姻曾被认为是维系亲属关系的重要方式,但现在人们都已认识到这样的婚姻会导致严重的遗传疾病,很多社会都以法律的形式禁止表亲婚。

除了这些禁忌外,配偶的选择还受内婚制(endogamy)或外婚制(exogamy)所限制。所谓内婚制就是个人必须从自己所属的集团之内选择配偶的规范,而外婚制则是不能从自己所属的集团之内选择配偶的规范。这里的集团包括种族、民族、国家、阶级、宗教等规模较大的人群。我们可以发现,上流社会存在身份内婚,大多数中国人的配偶都是中国人,这都是内婚制的表现。当然,随着社会的发展,集团之间的交流增加,个人自由权利的强化,内婚制的约束力会减弱。外婚制是在相对较小的集团发挥作用的,上述婚姻禁忌就是外婚制的典型例子。

人们到底在怎样选择自己的配偶呢? J. 罗斯·埃什尔曼在其《家庭导论》一书中介绍了一些择偶的社会文化理论。(1)角色理论。这种理论认为,所有适宜于结婚的人,都有被他们自己及未来配偶所要求的期待。可能结婚的未婚男女是具有相似角色期待的男女。(2)价值理论。当人们具有或他们认为自己具有相似的价值取向时,个人间的吸引会发挥促进作用。具有相似价值的人的互动是有益的,他们能导致有效的沟通和最小限度的紧张。(3)交换理论。交换理论认为人类总是想以最小的代价获取最大的报酬。求婚行为是一种交易或利用行为。例如在解释黑人男性与白人女性的婚姻几率超过白人男性与黑人女性的婚姻几率时,认为这是黑人男性用较高的社会地位去换取白人女性较高的人种地位的结果。(4)过程筛选理论。该理论认为不能用人的个性因素来解释择偶行为,而只能将择偶视之为一个过程,相互产生好感,通过自我启示达到相互了解的依赖,最终满足了各自个性的需要。

此外,学者温奇(R. F. Winch)从心理学角度提出了配偶选择机制的假说。他认为,人类的行为是为了满足自己的欲求,配偶的选择就是一种谋求能够充分满足自己欲求的对象的行为。同时,由于需求的满足是相互的,所以存在一种通过在两人中间进行的某种行为,使两人的不同欲求能够同时得到满足,这就是择偶的欲求互补理论。该理论认为,当择偶表现为心理需求和个人动机时,他势必是互补而非同一的。它强调在择偶时人们的主要考虑是各种需要的相辅相成。温奇通过对 25 对夫妇的详细调查,分析出了两组欲求组合,即支配与服从和照料与受照顾。例如支配欲强的男性往往选择依赖性强的女性为偶,想受人侍候的男性往往选择会侍候人的女性为偶等等。

W. 麦尔顿(W. Melton)等人将择偶标准分为两大类,一类是工具性标准,包括经济和社会地位等因素;另一类是情感性标准,包括情感和谐等因素。他们曾以美国大学生为研究对象进行调查,结果表明:第一,黑人比白人更重视工具性标准;第二,在情感标准上没有性别和人种的区别;第三,男性黑人比男性白人更重视工具性标准;第四,人们对物质性标准的重视程度与社会经济地位成反比,即社会经济地位越低的人越重视物质标准。①

择偶作为一个特定的社会过程,人们还自觉或不自觉地遵循以下几项原则:一是同类婚。每个时期、每个社会都有约定俗成的"相配"界定,人们在择偶过程中首先考虑的是对方的条件是否与自己的条件相当。中国俗话讲门当户对,美国社会学家 W. 古德(W. J. Goode)则明确指出:"一切择偶制度都倾向于'同类联姻',即阶级地位大致相当的人才可结婚,这是讨价还价的产物。"②二是男女有别。男性比女性更强调外表,女性则更注重男方的能力与职业、事业的成功等因素。女性更可能凭借自己的外表追求经济稳定性,男性更可能追求身体吸引力,包括具体的面部和身体特征。一般来说,男性在择偶时有更多的支配动机和成就动机,希望找一个贤妻良母;女性在择偶时有更多的依赖动机,希望对方能给自己以精神上的满足,给自己以力量和保护。不过男性看中女性的外表也许会给女性带来不良的后果,它可能会误导女性更重视外在特征而忽视了行为和成就,从而降低自尊。三是梯度择偶。在追求恋爱和建立亲密的私人关系时,女性更可能寻找地位相当或地位较高的男性,而男性会寻找地位相当或地位较低的女性。我国的研究结果发现,1984 年至

---

① 转引自佟新:《社会性别研究导论》,北京大学出版社 2005 年版,第 126 页。
② W. 古德:《家庭》,社会科学文献出版社 1982 年版,第 75 页。

1994 年 10 年间,男性对女性的学历要求不高,以大专和中专居多,而女性对男性的学历要求较高,以大专和本科居多。①

择偶过程实际上是非常复杂的,婚姻心理学研究发现,对方的外在形象、社会条件,以及自身的需要、兴趣、理想、性格、修养等都影响着配偶的选择。从心理学角度来分析的话,人的潜意识在择偶中起着重要作用。从童年起,我们就开始认识和接触异性,对异性产生好感,并把引起好感的某些异性形象潜藏在潜意识里,形成偶像。但性偶像的集中形成是在青年期。这时随着性意识的发展,性文化的全面输入,产生强烈的性欲求。于是在潜意识里,将日常生活、影视、书报中所认识、接触到的许多零散、多样的异性形象进行综合,形成一个朦朦胧胧的模糊形象,作为性想象的对象,抑压在潜意识里。它往往飘忽不定,只可意会不可言传。正是潜意识里潜藏着的各因素糅合而成的异性形象,使您在茫茫人海中会选择他(她),而不是别人。当遇到某一异性,对方的某一形象突然唤醒潜意识中的偶像,有着似曾相识感,便会马上被吸引,一见钟情,产生爱情。

三、结婚

配偶的选择是从两人见面开始的,经过娱乐、学习、帮助和交换等兼而有之的交往过程,经过选择或拒绝的决策,最终相互确认为结婚对象,通过社会承认的结婚仪式,两人建立了以夫妻相称的新的社会关系和制度。

两人走到结婚这一阶段,要有一系列环节。美国家庭社会学者路易斯(R. A. Lewis)从进行交往的两人关系发展角度,以同类婚或欲求互补原理为基础,提出了"婚前两人关系的形成"的概念,并将之设定为六个阶段,每个阶段都有各自的任务。第一阶段,达到相互类似性的认知。主要包括社会文化背景、价值观、个人兴趣、个性等。第二阶段,达到双方认可的亲密程度。包括交流的方便、相互肯定、关系的美满、相互自我确认等。第三阶段,达到相互展示自我。第四阶段,达到获得正确的责任。第五阶段,达到承担相应的责任。包括个性的类似性、责任互补性、欲求互补性等。第六阶段,达到两人关系的

---

① 徐安琪:《择偶标准:五十年变迁及其原因分析》,《社会学研究》2000 年第 6 期。

升华。包括对两人关系发展的期待、体现两人群体的作用、两人关系与其他关系的分界线的确立、相互誓约、确立两人群体的统一性等。

在许多社会中,结婚活动都有非常严肃的结婚仪式,由合适的人物主持并宣布婚姻成立。结婚不只是两个人的事情,它往往表现为一种家庭活动。在结婚的时候,男女双方的家庭和亲属、朋友都要卷入活动之中。在我国,我们会看到结婚游行的花车,看到各地不同的迎亲活动。不仅如此,有时订婚仪式也非常复杂。我国50年前的汉族地区,通常所见的订婚仪式包括媒人将两个家庭的情况相互通报,将男女两人的生辰八字报告给专门的权威进行论证,在获得双方认可,并经权威认定两人八字相合的前提下,由男方家庭将聘礼和相关文书送给女方家庭,经女方家庭认可,正式确立两人的婚姻关系。

结婚作为婚姻关系的形式化程序,具有满足个人的欲求和响应社会期待等两方面的功能。第一,满足个人的性欲求和形成稳定的性秩序功能。只有夫妻之间的性行为是社会认可的正当的性行为,个人的性欲求可以通过结婚来满足。同时,通过对非夫妻间的性关系的否定,整个社会的性秩序得以维持。第二,满足个人养育子女的欲求和补充社会成员的功能。男女双方的性结合具有合法性,两性关系产生的子女也具有合法性,在个人通过养育子女满足维持血脉的欲求的同时,维持社会延续的社会成员也得到补充。第三,结婚意味着一个人作为一个成年人担负起相应的社会责任,获得成年人的社会地位,同时也使得社会关系扩大和强化,因为结婚都是双方家庭网络的结合(参见表6-1)。

表 6-1　　　　　　　　　　　　**结婚的功能**

对个人的功能	对社会的功能
性欲求的满足 养育子女的欲求满足 社会地位的获得	性秩序的稳定 社会成员的补充 社会关系的扩充

四、婚姻的变异

尽管我们讨论的婚姻主要是一夫一妻制婚姻,但这并不是人类婚姻的唯一形式,一夫多妻制、多夫一妻制都还存在。而且,社会强调夫妻间性关系的正当性,并不意味着社会中不存在婚姻以外的两性或同性关系。事实上,婚前性关系和婚后与配偶以外的人发生的性关系,是一个普遍存在的现象。此外,男女同性恋现象也越来越引人关注。

全国妇联 2002 年在全国范围进行了一次全国家庭道德状况问卷调查。调查显示,婚前性行为、婚外性行为、非婚同居、试婚等在我国被一定程度上接受。婚外恋虽然没有媒体渲染的那么普遍,但也非常严重。对于一些人津津乐道的"试婚"现象,61%的被调查者表示反对,且城乡居民对于试婚的态度大体接近。进一步分析,在总体否定试婚的情况下,教育水平较高者对试婚更能持宽容或接受态度。70%的调查对象否定非婚同居,但有不少比例的人认为"只要当事人自愿,别人就不应该干涉",持这种态度的人在城市达到20.1%,在农村也达到 18.1%。由此可发现,这一现象在当事人自愿的前提下,已经被认可。

调查还显示,我国城乡居民总体上对婚外恋持否定态度,占被调查者的四分之三。尽管如此,仍有部分人认为婚外恋可能是找到了纯真的恋情,不一定危害已婚者的家庭,但更多的人从现实生活中看到了它无节制发展造成对家庭的伤害。但对于婚外恋在多大程度和范围内存在这个问题,有约四分之三的人认为婚外恋并不多见,但也有 9.3%的人认为婚外恋较多和很多,在一向被认为婚外恋多发地带的城市,认为周围婚外恋很多或较多的占 12.2%,认为一般的占 21.4%,有 66.4%的被调查者认为这种现象较少和很少。不过,根据金赛研究所(The Kinsey Institute)的报告,①20 世纪 90年代,女性有婚外性行为的比例约为 30%至 36%,男性婚外性行为的比例约为 40%至 50%。

自 20 世纪 80 年代以后,同性恋越来越成为另一个广受关注的社会现象。医学、社会学、伦理学等专业的学者对同性恋问题的研究日益深入;社会主流文化(包括"官方"的态度)对同性恋"亚文化"也越来越宽容;而同性恋人群的各类活动,也从"地下"逐渐转到"地上"……

现在许多同性恋的男性和女性,都以一种稳定的伴侣关系共同生活。他

---

① 转引自邱泽奇:《社会学是什么?》,北京大学出版社 2002 年版,第 176 页。

（她）们之间的关系更多的是基于个人承诺和相互信任而非法律，因为大多数国家仍然不批准同性恋者之间的婚姻。社会学家开始把同性恋关系视作另一种私密和平等关系，它不同于异性恋夫妻之间的关系，传统性别角色不太适用于同性夫妇，主流婚姻制度也把他（她）们排除在外。

英国社会学家吉登斯（A. Giddens）介绍了西方学者关于同性恋关系的三种主要模式：第一，有更多的机会达成伙伴间的平等，因为他（她）们可以不受传统异性恋文化和社会假设约束，可以避免异性恋夫妻中典型存在的各种形式的不平等。第二，同性恋伙伴可以商定他（她）们关系的影响因素和内部运作方式，较少受到传统性别角色模式的期待，什么事情都好商量，双方能更平等地分担责任。第三，同性恋关系显示了一种缺乏制度支持的特殊的承诺形式。相互间的信任、解决困难的愿望和分担"情绪性劳作"（emotional labour）的责任似乎是同性恋关系的特点。①

五、婚姻的解组

对于任何一个社会来讲，都需要和希望婚姻和家庭的相对稳定，然而，很多家庭都存在潜在的婚姻危机，离婚是婚姻危机的最高表现形式。历史资料表明，几乎在所有的传统社会，无论东方还是西方，离婚都曾受到极其严格的限制。在西方，只有在尚未完婚时才允许解除婚约。在中国，甚至只允许男人休妻，而不准女人休夫。早期的离婚条件也是严格的，一方必须有足够的证据指控对方的极端过失行为才可以离婚。但 20 世纪 60 年代以后，一些已实现工业化的国家率先引入无过失离婚制度，离婚变得越来越容易。当今的世界，离婚是一个十分普遍的现象。

20 世纪 80 年代中期以来，中国的离婚率逐渐上升。1980—1995 年的 15 年间，离婚率上升了 3 倍。90 年代以来，中国部分地区的离婚率上升了 30% 至 80%，全国平均每年增长 10%。②另据中国婚姻法学研究会在婚姻法修改研讨会上披露的资料，1980 年结婚的有 716.6 万对，离婚的有 34.1 万对，大

---

① 参见安东尼·吉登斯《社会学》第 4 版，北京大学出版社 2003 年版，第 242—243 页。
② 刘达临：《中国婚姻家庭变迁》，中国社会出版社 1998 年版，第 216 页。

约为 21：1；1995 年结婚的有 929.7 万对，离婚的有 105.5 万对，大约为
8.8：1。据中国民政部门统计，1980 年中国离婚对数为 34.1 万对，1990 年为
80 万对，2000 年为 121 万对，2003 年为 133.1 万对，2005 年为 161.3 万对。
从绝对离婚对数的数据可以看出，中国离婚人数增加趋势迅速。

　　不仅如此，西方发达国家也大都经历了这样的过程。1960—1970 年，英
国的离婚率以每年 9% 的速度增长，10 年中，离婚率几乎翻了一倍。20 世纪
80 年代初，美国的离婚率达到了历史的高峰，1981 年的离婚率几乎是 1962 年
的 3 倍，有三分之一到二分之一的婚姻最终以离婚为结局。到目前为止，半数
以上建立于 20 世纪 80 年代的家庭已经解体。[1]据联合国统计，近年来，世界
许多国家的离婚率都有迅速上升的趋势。美国和欧洲许多国家的离婚率长期
居高不下，亚洲许多国家的离婚率已有接近美欧国家的趋势，如韩国的离婚率
已经飙升至排名世界第三。

　　其实，离婚是一种正常的社会现象，夫妇关系的合法解除方式就是离婚。
以前，人们常将离婚作为一种病理现象进行研究，但事实上，离婚更应该说是
对处于病理状态的夫妇关系进行救济的一种手段。通过离婚，夫妇双方重新
开始各自新的人生成为可能。当然，从孩子的角度来看，父母的离异只能意味
着安定生活的场所不再存在，其影响是非常巨大的。沃勒斯坦和凯利
(J. Wallerstein and J. Kelly)对美国西海岸 60 对离婚夫妇的子女的跟踪研究
表明，所有受牵连的 131 个孩子，在他们父母离婚的时候，都感受到了强烈的
情绪困扰，年幼的孩子感到困惑和恐惧，并把父母的离异归咎于自己，大一些
的孩子虽然能够理解离异的动机，但仍然感到忧虑，甚至表现出愤怒。里查兹
(M. Richards)则进一步认为，父母分居或离婚的孩子与正常家庭的孩子比
较，自尊心和学业水平相对较低，成年后更换工作的频率更高，而且本人也有
更大的离婚倾向。

　　人们为什么会离婚呢？这可是一个十分复杂的问题。从宏观上看，高离
婚率不仅与国家或民族的传统道德有关，且受到社会经济发展状况的影响。
从微观看，离婚与个体物质条件的好坏及个体的人生观、价值观、婚姻观的变
化有关。通常认为，影响离婚的社会背景包括：第一，产业化的发展。产业化

---

[1]　李银河：《中国人的性爱与婚姻》，中国友谊出版公司 2002 年版，第 176 页。

的发展可能强化了人们的个体利益观念,甚至产生拜金主义,女性经济自立也成为可能。产业化的发展,也可能使家庭成员共同度过的时间逐渐减少,家庭的纽带作用相对减弱。第二,家庭功能的改变。社会变迁不断使得家庭制度发生变化,家庭的许多功能被社会的许多机构所替代,人们对家庭的依赖程度受到削弱。第三,城市化发展导致社区联系崩溃,家庭陷于孤立,家庭出现的危机无法得到来自社区的帮助,家庭应对危机的能力减弱。第四,法律放宽了对离婚的限制。现代各国法律普遍采用无过错离婚制度,强调婚姻自由,结婚自由,离婚也自由,简化了离婚的法律程序,降低了离婚成本,离婚特别是冲动离婚更容易了。

至于诱发离婚的具体原因,美国社会心理学家纽科姆和本特勒作了非常详细的分析,主要因素有:(1)过早结婚。十几岁结婚的人比年龄大一些结婚的人容易离婚。(2)因怀孕结婚。因女方怀孕而结婚往往容易离婚。(3)短期相识的结婚。婚前彼此不十分了解,婚后发现双方共同点很少。(4)有离婚的父母。离婚的父母提供了离婚的榜样。(5)与不像自己的人结婚。人们喜欢与自己相似的人,双方很不相似,容易导致离婚。(6)婚前有性生活经验的人容易离婚,因为这类人倾向于寻求婚外性生活。(7)性生活不满意的婚姻,容易离异。(8)男女角色不平等,容易造成离婚。[1]

第三节 家 庭

家庭是一个典型的首属群体,它是社会细胞,也是亲属关系的总体系。家庭是人类生活中最基本、最重要的群体。个人生存、种族繁衍、国家建立、民族兴衰、社会秩序稳定、经济繁荣都是以家庭为基础的。

从家庭成员结合来看,家庭是人类生活中最基本的群体;从家庭成员结合的法则来看,它又是一种社会制度——是人类自身生产和再生产的生育制度。

无论从群体或制度角度上看,家庭是建立在以血缘关系为基础,姻缘或收

---

[1] 转引自周运清主编:《性与社会》,武汉大学出版社 2005 年版,第 452 页。

养关系为纽带的直接的、面对面的互动方式的基本初级群体。

一、家庭的含义

从字面讲家庭中"家"是关系共同体,"庭"是地域共同体(关系共同体在地域上的投影,说得确切一些是婚姻关系、血缘关系在地域上的投影)。不言而喻,一个完整意义上的家庭应该是婚姻、血缘关系的共同体和地域共同体的统一体。上面意义还可再引申出:家庭是爱情关系的体制化,即家庭是婚姻、血缘、经济、法律、心理等方面的共同体。

《说文解字》指出:"家,居也,从宀,豭省声。"宀,为交覆深屋,豭为牡豕。这种屋下覆豕为家的说法,则与家庭、国家和私有制同时产生的说法是一致的。由于生产力发展,从游牧到农业耕稼,生产有剩余,产生私有财产和阶级,定居筑屋,以养家畜(私有财产),从事生产和生育,认定血缘关系,把私有财产传下去,于是家庭、私有制、国家同时产生了。

西方社会最早的比较完善的家庭概念是罗马的家庭,拉丁文 Famlia,它原意是指一人统治之下的全体奴隶,后转意为家庭即遗产,成为典型的私有制的夫权家庭。

(一) 定义

关于家庭的定义,现已有三十多种,并且争论不休。我国早期社会学家孙本文说:"所谓家庭,是指夫妇、子女等亲属所结合之团体而言。"费孝通认为,父、母、子三角结构是抚育孩子的基本团体。他又说:"二性是关系,夫妻是制度,婚姻是文化。"家庭社会学奠基人、美国社会学家伯吉斯则提出:"家庭是相互影响的人格统一体。"美国社会学家古德指出:"(1)至少有两个不同性别的成年人居住在一起。(2)他们之间存在某种劳动分工,即他们并不都干同样的事。(3)他们进行许多种经济交换与社会交换,即他们相互为对方办事。(4)他们共享许多事物,如吃饭、性生活、居住,既包括物质生活也包括物质活动和社会活动。(5)成年人与其子女之间有亲子关系,父母对孩子拥有某种权威,但同时也对孩子承担保护、合作与抚育的义务;父母与子女相依为命。(6)孩子们之间存在着兄弟姐妹关系,共同分担义务,相互保护,相互帮助。"①

美国社会学家荷顿(Horton)说:"家庭是一种亲属团体,其目的在于养育儿女和满足人类需要。"另一位美国社会学家雷斯(Rais)也说:"家庭制度是一种亲属团体,主要功能在培育新生婴儿的社会化。"

从以上几条代表性定义,我们不难看出,有的是列举一些家庭形成条件或从功能或从文化角度来概括家庭意义。

家庭是两性关系的一种组合形式。男女结亲,社会通过社会规范(习俗、道德等)力量加以承认;现代社会则要经过法律认可后才形成家庭的机制。社会对于两性关系的正式确认,即是婚姻。婚姻是家庭的基础,两性的姻缘关系是家庭的本质特征,血缘关系是婚姻关系派生出来的,是婚姻关系的必然延续。婚姻关系与血缘关系是形成家庭的两种基本关系。"每日都在重新生产自己生命的人们开始生产另外一些人,即增殖。这就是夫妻之间的关系,父母与子女之间的关系,也就是家庭。"②所以我们根据马克思主义观点,简单地说,家庭就是指以血缘关系(包括收养关系)为基础,婚姻关系为纽带,以人口生产为特征的,共同生活、共同消费的社会基本生活单位。

(二) 研究家庭的重要性

1. 家庭是社会生活的细胞

有无家庭文明,直接关系到整个社会的安定和文明。中国的古话说得好:"安居才能乐业","家和万事兴","欲治国、先齐家","修身、齐家、治国、平天下"。家庭生活是人类生活的重要组成部分,家庭生活是否稳定,直接影响人们的欢乐和忧愁,影响社会的安定和团结及发展。

2. 每个人都不能超脱家庭

家庭是社会中最普遍,也是最基本的群体。家庭最具普遍意义,社会中每个人都不可能与家庭无关。家庭也是人们生活过程中最早加入的社会群体。就一般而言,人的一生都会有着自己的两个家庭。一个就是你的出生家庭(也称为定位家庭),另一个是你长大后,自己营造结婚生子的家庭(又

---

① 古德:《家庭》,社会科学文献出版社 1982 年版,第 11—12 页。

② 《马克思恩格斯选集》第一卷,人民出版社 1972 年版,第 33 页。

称为生育家庭)。家庭是与个人相伴时间最长的群体。我们每个人都在父母的生育家庭(本人的出生家庭)里出生,又在特定的家庭(本人的生育家庭)里死亡。我们都在家庭中从小到老,并都有着家庭关系派生出来的亲属关系。家庭将伴随你一生,时间之长,感情之深,作用之大,是任何群体所不能比拟的。

3. 家庭是成员关系极为密切的群体

家庭成员间的两性关系、道德关系、法律关系、经济关系、血缘关系、思想关系及社会责任千丝万缕地将成员联系成一个极其亲密的基本群体。他们相亲相爱,互相帮助,同荣共辱,休戚与共;共享天伦之乐趣,共尝生活之艰辛。人们常把家庭看成既是"避风港"又是"出气筒",都把家庭视为幸福象征,是上帝的伊甸园。中国有句俗话:"老婆、孩子、热炕头。"就是最好写照。

同时家庭又是唯一"两种社会生产"都可进行的社会群体。家庭不仅具有其他社会群体的物质资料生产的职能,而且还具备人的自身生产和再生产的职能。这一职能是其他任何群体都不能替代的。当然家庭还有人的社会化和社会控制职能。

4. 必须重视家庭问题的研究

家庭是社会细胞,也是最古老、最重要的组织形态。历史上封建家庭作为阶级社会的基本结构单位,始终是一种异常坚固的、违反人性的社会关系。它不仅意味着女性的被奴役和个性的被压制;而且是一切旧制度、旧传统最保守、最顽固的维护者。鲁迅先生曾明确地概括为"吃人"二字。

由于这些旧家庭观念的影响,形成了众多社会问题。在婚姻家庭方面,许多人在婚恋观、生育观、贞操观、性道德离异观等家庭观念上还存在封建的、资本主义的影响和残余,新型的社会主义家庭没有得到充分巩固和发展,并在一定程度上影响了社会主义建设发展。特别由于我国缺少对当前我国婚姻家庭的系统调查和科学研究,因此没能使我国家庭在社会主义物质文明和精神文明建设中发挥更大作用。

有人曾调查了 51 例凶杀案。其中家庭纠纷导致凶杀 18 例,恋爱纠葛导致凶杀 14 例,因婚姻家庭问题造成凶杀共 32 例,占全部 51 个案例中的 63.1%。足见开展婚姻家庭问题研究的重要性和必要性。

二、研究家庭问题的理论框架

恩格斯在《家庭、私有制和国家的起源》一书中深刻地论述了家庭的起源、本质和演变过程,成为我们研究家庭问题的指南。

首先,家庭是一个不断变化的历史范畴。它的发展是与社会历史发展平行不悖的。人们的婚姻家庭关系受其经济关系的制约,家庭的职能、性质、形式、结构以及和它相联系的道德观念都随生产方式的变革而变革。历史上的家庭不是从来就有的也不是永恒不变的,而是与生产方式发展的一定阶段相联系,同时受生产方式的发展制约的。

其次,家庭是一个能动因素,它是以缩影的形式,反映着社会矛盾和斗争;并对社会起着促进和延缓作用。

三、家庭的本质

(一) 家庭的自然属性和社会属性

家庭是一种生命生产的特殊的社会生活组织形式。家庭的自然属性在于它是以两性结合和血缘联系为其自然条件的。男女两性的差别和人类固有的性的本能,构成了婚姻与家庭的生理基础。家庭主要依靠婚姻血缘关系,担负其他社会组织所不可能具有的职能,主要是繁衍后代,进行人口的再生产。

家庭的社会属性在于一定生产形态,总是同社会发展的一定阶段相适应,只有通过一定社会历史的发展阶段,才能科学地认识家庭制度的本质和发展规律。

家庭是在人类自身生产中形成的自然关系和社会关系的矛盾统一体,在现代社会中,家庭也是法律认可的形态,在一定的社会中夫妻之间在发生了两性关系的同时,也发生了经济关系、思想关系、道德关系等社会关系。由于生育孩子,又产生了不可推卸的社会责任。家庭本质不在于自然属性,而是它的社会属性,而这种社会属性又是人的社会本质所决定的。前面我们早就说过,按照历史唯物主义的基本原理,任何超越社会的家庭是不存在的。当然,自然关系也不是消极被动的,它以两性关系和血缘关系为基础把家庭成员紧紧地联系在一起,巩固和加强他们的社会关系,这就是家庭本质的辩证法。家庭关系的实质是一种由自然关系凝结起来的特殊的社会关系。明确了家庭本质,对于讨论其他家庭问题是至关重要的。

(二) 有关家庭本质的争论

我国关于家庭本质的争论。我国关于家庭本质的争论,是由邓伟志所著《家庭问题种种》一书引起的,邓伟志在该书中对家庭定义的表达是:按血缘和婚姻关系建立起来的经济组织。简单地讲:血缘+经济=家庭。他认为,在血缘(姻缘)和经济两大因素中,经济更为重要。在阶级社会中,不仅姻缘要服从经济,连血缘关系也要受经济关系的制约。因此家庭的本质是一种经济关系。

黄友林曾认为上述定义只说明了家庭的表面现象,未能说明家庭的实质,他认为家庭的本质是人们进行人口生产和再生产的一种社会组织形式。简单地说是:生育+经济=家庭。

何道宏等则认为,在社会主义中国现阶段,家庭是以一定感情为基础的生活组织。简单地说是:感情+生活=家庭。他认为人口生产和增殖只是家庭的一项功能,甚至可以说孩子是感情的"副产品"。社会主义的婚姻以爱情为基础,以互爱为前提,有无感情是家庭的本质,随着社会主义两个文明的发展,经济作用越来越小,感情对家庭的决定作用越来越大。

何胜全提出的不同见解可代替总结性的看法。他认为事物通常不只有一个本质,而具有多种本质,家庭的本质也是多层次的。它一般包括三个层次:第一是社会关系而不是自然关系;第二是物质关系而不是思想的社会关系;第三是人本身生产的生产关系而不是物质资料生产的生产关系。无论从哪个层次去认识家庭本质,都不能割裂其他层次的联系,否则就难以得到全面的认识。

四、家庭的起源和历史沿革

家庭的起源和历史沿革,这一向是人类学、历史学、社会学等探求的重要课题之一。家庭是人类姻缘和血缘关系长期演化的产物。人类曾经有过一个漫长的历史时期不知家庭是何物。美国人类学家摩尔根(L. H. Morgan,

1818—1881)孜孜不倦地研究了 40 年,写成一本不朽著作——《古代社会》,对人类原始社会和古代婚姻家庭发展规律作了精辟的科学分析。恩格斯曾对这一本书给予高度评价,称这本书像达尔文学说对于生物学那样具有决定意义。

从历史过程看,人类由原始群发展为氏族,氏族的演化直至解体才产生了家庭。现代意义上的家庭,是指由群婚中产生,并以母权制为基础发展而来的一夫一妻制家庭,它是"文明时代"开始的标志。在家庭产生后一个相当长时期内,家庭关系是唯一的社会关系;以后随着生产力的提高,人口生产的增长和经济生产的迅速发展,家庭关系才退居为从属的关系。

(一)血婚制阶段

原始社会初期原始人群由于生产力低下,人们只能过着低下的、简单的群居生活。人们之间的性关系,不受任何限制,处于血婚杂交状态。后来,人类原始群在进化与自然选择规律的作用下,先排除了上下辈不同辈分的性关系,通行血缘家族内部同辈男女互相集体通婚,即同胞兄弟姐妹之间的性关系是十分自然的。这是群婚制低级形式。

(二)伙婚制阶段

伙婚又称普那路家庭。在夏威夷语中是"愉快的伙伴"的意思。它的特点是不仅排除了父母与子女的性关系,又进一步排除了兄弟姐妹之间的性关系;由族内群婚转向族外群婚,即一群男子与另一氏族的女子集体通婚,其每一个男子是每一个女子的丈夫,每一个女子也是每一个男子的妻子。这是群婚的高级形式,也是自然选择的胜利。这时社会仍处于蒙昧时期,是以采集、捕鱼和狩猎为生时期。这时的人只知其母不知其父,是属母系社会。

(三)偶婚制阶段

对偶婚制即一男一女结成配偶,把通婚的人数减少至二人;但有几对配偶一起共同生活,财产共有。这时一个男子在几个女子中有一个主妻,同样一个女子在几个男子中有一个主夫,但也不排除男女双方和自己主妻或主夫之外的人发生性关系,当然也谈不上家庭经济而且极易离散。这是群婚向对偶婚制的过渡形式,产生于蒙昧时期与野蛮时代交替的时期,这时因弓箭的发明能远距离捕猎,不仅安全且捕获量大增。同时人学会了制陶、饲养家畜、种植庄稼。所以这一阶段进化的动力,除了自然选择外,还有社会生产力选择的结果。

(四) 专偶制阶段

专偶制即一夫一妻制的婚姻家庭,开始于野蛮阶段的晚期。这一时期进化动力仍是两个因素:一个是人种进化过程中的自然选择,另一个是起决定作用的私有制的出现。

铁器作用使土地由个人家庭为单位进行耕作有了可能,男子在家庭经济中开始跃居主导地位。随着生产力的变化,社会形态也发生了质的飞跃,私有制出现了。一夫一妻制确立的唯一目的是确立亲子关系,以便继承其父亲财产。一夫一妻制的建立标志着人类文明时代的开始。

通过上述对人类家庭形态历史沿革的分析,我们不难看出:家庭演化发展史实质是人类男女两性关系的发展史也是两性间一场“战争”。这场“战争”是世上为时最久的一场“争斗”。人类家庭形态从野蛮向文明发展,是通过对两性关系的不断限制来实现的。每一次限制都伴随着人类社会的新进步。因此,西方社会流行的所谓不受任何限制的性自由“性解放”并不是进步文明象征,更不是历史发展的必然趋势,而是人类性生活的一种“返祖”现象,是资本主义社会堕落和腐朽的标志。

五、家庭的结构

(一) 家庭结构分析

家庭结构是指家庭成员的代际与亲缘关系的组合状况。家庭是通过婚姻和血缘建立起来的社会关系,因此家庭结构实质上是家庭关系。它包括:(1)人口(数量表现);(2)层次(代际关系);(3)层次分明的关系网,其纽结是夫妇或亲子。有人认为中国家庭的关系网纽结是亲子。当然家庭关系和家庭结构还是有区别的。前者偏重两者关系,后者偏重整体模式。家庭结构主要有:自然结构和经济结构两大结构。自然结构——实际上是家庭组成人员的结合方式。这是自然形成的。经济结构——家庭成员之间的经济生活的组成方式。家庭结构不同,家庭的生活情况亦不同,代际关系也不同。但重视代际关系是社会文明的标志之一。

　研究者按照不同需要和采取不同标准可以将家庭分成若干个不同类型。如按家庭权力结构划分为：父权制家庭、母权制家庭、夫妻平权制家庭；按家庭所在社区特点划分为：农村家庭、城市家庭；按家庭的阶级属性划分为：工人家庭、农民家庭、资产阶级家庭等；按家庭生育功能划分为：生育家庭、非生育家庭；按子女多少划分为：多子女家庭、无子女家庭、独生子女家庭；按家庭人口规模划分为：大家庭、小家庭；按家庭关系是否和睦划分为：和睦家庭、不和睦家庭（不幸家庭）、解组家庭；按婚姻状况划分为：一夫一妻家庭、一夫多妻家庭、一妻多夫家庭。

　社会学要研究的不是家庭生活的某一特殊方面，而是研究家庭总体上的结构和功能。所以我们应以家庭的综合关系作为家庭分类标准。依照这个标准，我们可以把家庭划分为四种类型：核心家庭、直系家庭（扩大的核心家庭）、联合家庭（大家庭）、其他类型的家庭。

　（1）核心家庭。顾名思义，这种家庭只有一个核心，即夫妻关系。由一对夫妻及其未成年的或未婚的子女组成的家庭，都是核心家庭。这类家庭中只有父母子女关系和夫妻关系，并由夫妻和子女组成的三角关系支撑。这种结构简单、规模不大、人口少的家庭，是一切家庭中最稳的形式。

　（2）直系家庭。直系家庭亦称主干家庭，或直系双偶家庭。是由父母和一个已婚子女共居组成的家庭。此种家庭中有老少两对夫妻，出现了两个中心：主中心和副中心，并出现第三代，与核心家庭相比，增加了婆媳关系或岳婿关系、祖孙关系等，家庭关系趋于复杂。在我国农村（以及老年群体）中，这类家庭仍占很大比例，治家权发展趋势向年轻人一代转移。

　（3）大家庭。大家庭又称联合家庭，也称多代多偶家庭。它是父母和几个已婚子女甚至包括已婚的孙子女组成的家庭。这是一个多代多偶家庭，实际上是一种联合家庭。这种家庭，权力主要集中在第一代或第二代的一对配偶中，但每一对配偶都是一个次级的情感和利益中心，都希望享有一定的权力。次级中心越多，离心倾向越大，整体性越差，矛盾就越大。一旦丧失它的经济基础，这种家庭就会迅速解体。

　（4）其他家庭。主要包括诸如家庭结构不健全的残缺家庭，由老年夫妻组成的空巢家庭，由不愿生育的年轻夫妻组成的丁克家庭，以及由同性夫妻组成的同性恋家庭等。

(二) 家庭关系分析

家庭关系可以分成三大类:第一类是姻缘关系。这是由夫妻结合而形成的,他们之间没有血缘关系,通过婚姻建立了新的男女两性关系。夫妻关系在家庭中处于核心中轴位置。夫妻关系派生出亲子关系,然后产生家庭其他关系。夫妻间在任何一个方面的不和谐都会累及整个家庭生活。第二类是血缘关系。这是一种以血缘为依据而结成的亲属关系。其中包括父母与子女的关系,兄弟姐妹关系,祖孙或外祖孙关系等。一个家庭中血缘关系层次越多,同堂生活的代系也就越多,家庭成员关系就越复杂。第三类是姻亲关系。这是非姻缘非血缘关系的亲属关系,是因特定婚姻而产生的关系,包括婆媳关系、岳婿关系、妯娌关系、叔嫂关系等。这种准血缘关系会形成协作关系、竞争关系、供养关系等。它靠风俗、习惯、道德和家庭伦理以及法律来维持。由于没有天然感情联系,它们也最容易产生矛盾和冲突。创建和睦家庭,婆媳关系的调适是十分重要的。

六、家庭的居制和代际关系类型

(一) 家庭的居制分析

婚居的形式——青年夫妇婚后的居住地——在各个社会中不尽相同。家庭的居制主要有四种:从夫居、从妻居、新居制、网络家庭。

1. 从夫居

从夫居是中国传统的家庭居制。

一般都是女方结婚时到男方家里去落户,与男方父母(公婆)一起生活,家庭类型成了直系双偶制。

2. 从妻居

从妻居一般在中国习俗中较少见。结婚时男方上女方家去入赘当上门女婿,在过去有点让人瞧不起。与从夫居相比,家庭气氛较融洽和睦。

3. 新居制

新居制又称单独居或分居制。这是世界潮流,也是家庭结构变化的主要趋势。由于文化和生活方式的差异,年轻一代不太愿意由父母安排一生,总愿在结婚时单独居住。核心家庭化是家庭结构变化的主要趋势。

4. 网络家庭

网络家庭也称家庭网,是指直系亲属关系的家庭之间所组成的社会网络,具有特殊的结构和功能。它在两个主要方面适应现代社会需要:(1)它符合现代家庭分解的趋势,不同家庭之间相互独立,可以保持各自生活方式,既符合青年人的志趣,也符合老年人的愿望。(2)它又能实现家庭之间的相互联系,继续代际的感情交流和日常生活的相互支持,既符合社会需要,又符合家庭和人的需要,具有生命力。

这种网络家庭分而不离,子女与父母分开居住和各自生活,但又相互帮助,频繁地交往。台湾的青年把这种家庭模式概括为"保持着端一碗汤也不冷的距离"。意指两代人家庭分开住,但住得很近。网络家庭将随着现代科技发展成为代替传统的世代同堂家庭的新模式。

(二) 代际关系分析

西方家庭中,代际关系是一种"接力型"模式:只有上一代对下一代的抚养,没有下一代对上一代赡养的责任。父母把子女抚养成人,以后双方就没责任关系了,犹如接力赛。

$$F_1 \rightarrow F_2 \rightarrow F_3 \rightarrow F_n \quad （F 代表世系,\rightarrow代表抚育）$$

这种模式下,老年人和空巢家庭成为一个严重社会问题。老年人赡养只能靠自己,靠社会解决,但是能培养青年人的独立精神和自主精神。

我国传统家庭的代际关系是除了把子女抚育成人,还要帮助成家立业,有的还要尽抚育第三代义务。父母晚年,子女和孙子女都要尽心赡养他们。这种模式为"反哺型"。

$$F_1 \rightleftharpoons F_2 \rightleftharpoons F_3 \quad （\leftarrow代表赡养;\rightarrow代表抚养）$$

这种反哺型的隔代抚育形成一种独特的天然家庭保险制度。不难看出,反哺型代际关系较亲密,但对培养青年人独立精神不利。随着时代进步,隔代抚育受到冲击,反哺型的基础势必受到动摇,代际关系已呈现向两方接力型演变。也有些学者认为,我国的家庭结构类型始终是核心家庭和主干家庭两大类型;即使在现代化进程中,随着老龄化的高速发展,主干家庭仍有很大生命力。总之,传统家庭面临的新问题是值得重视和研究的。我们应该大力提倡建设和睦家庭,广泛开展五好家庭活动,发扬光大尊老爱幼的优良传统。

七、家庭的功能

所谓家庭功能,就是家庭所具有的满足人类生存各种需要,以及适应和改变社会环境的功用和效能。简单的说,就是家庭对于人类生存和社会发展起到哪些作用。

家庭的功能具有多面性和多变性的特征。对家庭的功能有不同的概括分类,但总的来说,有以下几大方面:

(一) 生产功能

生产功能,是指家庭具有物质生产的功能和效用,并作为一个生产单位对社会发生作用。家庭中的物质生产具有两种形式:一种是在家庭中进行的社会生产,即面向社会,为社会的存在和发展而进行的生产,即广义的家庭生产;另一种是面向家庭,为家庭成员的消费需要而进行的生产,即狭义的家庭生产。这两种形式的物质生产随着社会的变化而不断变化,在不同历史时期,有不同内容。

人类自第一种家庭形式——血缘家庭开始,物质生产就存在于家庭之中。那时,家庭主要是作为一个经济单位而存在的。那时家庭的物质生产主要是为了满足家庭成员消费,即首先满足家庭成员生活资料的消费。

人类由原始社会进入文明社会之后,在自给自足的农业自然经济时代,个体家庭成独立的经济单位,不仅生产资料由家庭占有和继承,社会生产也在家庭中进行。社会生产、分配、交换、消费,基本上以家庭为单位进行,所生产的产品除一部分作为赋税上交国家或拿到市场出卖以外,大部分则留在家庭中,供家庭成员消费。

因此,家庭作为生产资料占有单位,主要劳动的组成单位,劳动产品的分配和交换单位,以及消费单位,生产功能十分发达,对社会发展起着主要作用。

随着人类社会经济的发展,家庭的物质生产功能不断弱化。

（二）生育功能

生育功能，又称人类自身的生产功能，是人类自身的繁衍功能，是家庭的两大主要功能之一。自人类进入个体婚制以来，家庭一直是生儿育女、繁衍后代的基本合法单位。男女两性通过婚姻组成家庭，承担着生育并抚育子女的职能。

随着人们的价值观念、生育观念的变化，计划生育政策的实施，生物医学技术的发展进步，婚后自愿不育的丁克家庭出现，以及遗传工程学、无性繁殖方法的创造，都使家庭的生育功能受到挑战。家庭的生育功能弱化，但并不会消亡，因为生育后代仍然是大多数家庭的主要功能。

（三）性生活功能

性生活功能，是指家庭具有满足人的性欲需求，使人在社会法律和道德认可的范围内过两性生活的功能。

夫妻之间的性生活，一方面满足和实现着人类生育、繁衍的功能，同时又具有满足和实现性需求的功能。由于社会的法律和道德要求人的性行为要通过婚姻和家庭的形式来实现，因而家庭成为为人们提供法律和道德所认可的性生活场所。尽管观念的变化，影响着人们的婚恋观、性观念和性行为，对家庭的性功能产生着冲击，但家庭作为满足和实现性生活的功能不会改变。由于家庭这一功能的存在，特别是一夫一妻的婚姻关系为男女的性生活提供了最健康、最安全、最合法、最自由的空间，成为男女结合婚姻组成家庭的一个强烈的心理动因。随着家庭生育功能的弱化，夫妻间性的满足、性的和谐越来越重要，性生活在夫妻关系中的亲和力将越来越被人们重视。科学、健康、高质量的性生活将成为婚姻生活的重要指标。而夫妻性生活中的不和谐，则成为许多夫妻离异的重要理由。因此，家庭的这一功能应当得到强化和重视。

（四）抚育、扶养、赡养功能

1. 抚育功能

抚育功能指父母对未成年子女，包括婴幼儿、儿童、少年、未自立的青年人的养育功能。父母生育子女以后,把它们抚育成人,这是人的天性,也是应尽的社会义务。

父母对子女的抚育不仅是物质经济上的供养,还包括对子女的教育、培养,使他们成为合格的社会成员。

2. 扶养功能

扶养功能指同代人之间,主要是夫妻之间互尽供养的责任和义务。男女双方结为夫妻,组成家庭,便有了互相扶养的责任:在生活中相互照料,物质上相互扶持,精神上相互支撑,特别是在其中一方生病、伤残、失业的时候,另一方要给予经济上的供给和精神上的支持,这也体现了家庭的人伦本质。

3. 赡养功能

赡养功能指下代人对上代人尽供养的责任和义务,包括子女对父母的赡养,孙子女对祖父母、外祖父母的赡养。人到老年之后丧失了劳动能力,丧失了生活的自理能力,所以要靠家庭、子女的侍奉赡养。离开了这种赡养,人类对抚育子女的义务也会逐渐淡漠,从而影响到人类的繁衍和社会的发展。

在农业社会,赡养是家庭的重要功能,赡养的责任完全由家庭承担着。到了现代工业社会,由于社会保障制度和福利事业的发展,对老人的经济供给逐步由家庭转向社会,但家庭仍是养老的主要承担者,特别是家庭中亲情对老年人的抚慰、精神赡养,仍然需要家庭来承担,并且是不可替代的。

随着世界人口的老龄化趋势,家庭养老遇到新的问题,家庭养老模式发生了很大变化;但家庭的养老功能仍然不能解除,在经济不发达地区,特别是在广大农村,更是如此。

(五) 教育功能

教育功能,指家庭对其成员所起的教育作用。家庭是对人进行教育的最基本场所。家庭是一个人来到世间所置身的第一个群体;家庭环境,是所面临的第一个社会环境;最早接触的关系是家庭关系;最初扮演的社会角色是家庭角色。家庭教育是一种基础教育,人的最初的启蒙教育,都是通过家庭特别是父母完成的,它往往对人的一生产生重要影响。家庭教育又是并列教育,人在接受学校和社会正规教育的同时,家庭教育并未中断。家庭教育是终身教育,相对于学校和社会教育而言,家庭教育是一种长期的连续不断的过程,家庭成员之间,特别是父母与子女之间,直接地面对面地接触,潜移默化,耳濡目染,有极强的教化作用,家庭给予人的影响教育终其一生。

自家庭产生以来,家庭便是对子女进行教育的基本场所。首先,是对婴幼儿进行基本教育的场所。新生儿来到世间后,从具有简单的衣食能力,到成为一名合格的社会成员,都需在家庭中完成。同时,家庭是对青少年进行生活和职业教育的主要场所。在生产力低下的自然经济社会,每个家庭是一个生产单位,分散的小农经济决定了家庭教育成为对青少年进行生活教育和职业教育的主要形式。到现代工业社会,社会教育的发达,使家庭的教育功能相对减弱,但家庭教育仍有不可替代的作用,特别是对人的道德培养和人的社会化所起的作用。

日本学者把家庭社会化的过程分为四类:教养、模仿、感化、熏陶(见图 6-1)。

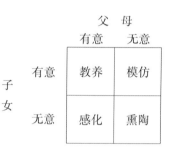

子女	父母	
	有意	无意
有意	教养	模仿
无意	感化	熏陶

图 6-1　家庭社会化的过程

(六) 消费功能

家庭自产生以来,一直作为物质消费单位对社会发挥着作用。家庭不仅是社会的一个生产单位,也是最基本的消费单位。家庭消费包括生产消费和生活消费两部分。在农业自然经济时代,生产消费和生活消费并存于家庭中,家庭在从事生产过程中,既要消费满足生产需要的生产资料,也要消费满足日常生活需要的生活资料。那时家庭成员通常把自己的劳动收入汇集起来,统一计划,统一使用。个人的消费行为,也经常受到家庭的影响和制约。因此,那时家庭消费具有社会消费的性质,社会消费也主要以家庭消费的形式出现。

在现代经济时代,社会生产与家庭生产日趋分离,社会消费也同家庭消费分离开来,家庭生产功能弱化。在城市家庭中,家庭消费主要表现在生活消费,而在生活消费中,用于子女教育费、房屋消费、人际交往费用、休闲费用比例日趋上升。其中,教育支出成为市民家庭支出的重头。家庭生活方式的改变,消费结构发生了很大变化,家庭作为一个生活消费单位,对社会经济发展、社会消费结构的改变发挥着至关重要的作用。

（七）情感娱乐场所

1. 情感功能

情感功能指家庭成员通过感情交流和心理沟通,满足彼此的情感需求,获得精神支持和慰藉。人们对家有许多美好的比喻,说家是温馨的港湾,家是一条船,家是温暖的窝,家是心理和情感的寄托和归宿……。因为家庭中拥有着爱情和亲情。

家庭,由于婚姻和血缘的特殊构成,成为人类情感最密集的场所,充满着亲密、信赖、安全、休戚相关和彼此关怀。生活中的喜怒哀乐,挫折和忧伤,成功和失败,隐秘和过失,都可在家庭中得到充分的表达和宣泄,抚慰和宽容,分担和共享。特别在现代社会,生活节奏的加快,竞争压力的加大,人际关系的疏淡,人们对家庭中的感情依赖越来越重。夫妻之间的爱情指数升高,使家庭的情感功能变得越加重要。因而在现代家庭中,感情功能成为主要的和基本的功能。

2. 休闲娱乐功能

休闲娱乐功能指组织安排家庭成员闲暇时间的文化娱乐和外出旅游活动,以满足人们的精神文化和休闲生活需要。家庭是人们8小时之外,休息文化娱乐的主要场所,随着社会的发展变化,人们生活水平的提高,精神需求的增加,特别是节假日和旅游黄金周的增加,家庭的休闲娱乐时间增多,功能变得突出和重要。

另外,家庭还具有政治功能、文化功能、宗教功能等多种功能。家庭功能,不是凝固不变的,始终处于发展变化之中。特别由于社会和时代的变迁,家庭模式的变化,家庭功能处于变化之中。同时,因为家庭的不同,家庭功能所起的作用又有所不同。有的家庭有这些具体功能,有的家庭又可能有那些具体功能,家庭以其众多的功能,表现出对人类生存和发展上的特殊价值和作用。

（八）其他功能

家庭的其他功能有宗教功能、社会治安功能等。家庭是人类最初的教堂。有的民族因全民信教,家庭至今仍是宗教活动的单位。有些社会还非常重视家庭的治安功能,如我国目前仍然把家庭和户籍管理紧密联系在一起就是一例。

我们可以用表 6-2 对家庭功能作一个简单归纳：

表 6-2　　　　　　　　　　　　家庭功能一览

功能类别	对内功能	对外功能
固有功能	性爱功能 生殖、养育功能	性爱控制 人口再生产
基本功能	居住功能 经济功能	生活保障 劳动力再生产
附属功能	教育功能	文化传播
	保护功能、休息功能	心理、生理的稳定
	娱乐功能、宗教功能	精神、文化的稳定
	地位获得功能	地位获得功能

家庭的功能是家庭存在的社会根据。家庭功能并不是固定不变的，随着社会发展、家庭的变化，家庭类型不同，家庭的功能也在变化。有些功能淡化，而有些功能则可能强化。我们要研究家庭功能的变迁，更要研究家庭部分功能的外移，移向社会，以及部分功能的增强和降低的两种趋势及我们应采取什么样的对策。

八、家庭的变迁与走向

家庭不是一成不变的，其结构和功能一直在发生着变化。在西方，家庭正发生如下变化：家庭人口规模不断缩小；单身家庭大量增加，倾向于过单身生活而不愿结婚的人越来越多；离婚率升高，不完整家庭大量出现；家庭类型多样化，包括不局限于单婚的夫妇关系（容忍婚外性关系或是群婚）、男女同性恋关系等家庭替代物。家庭生产功能基本消失，消费功能增加，家庭保障功能减少，生育和抚育功能减弱。在中国，家庭也正发生着很多变化，如家庭规模逐渐缩小，核心家庭大量出现，家庭关系由父子关系向夫妻关系转移，家庭的消费功能逐渐加强等。

对于家庭未来的发展趋势，美国学者阿尔温·托夫勒在《未来的冲击》一书中介绍了几种关于家庭前景的不同观点。其一是家庭消亡论。他们认为，随着个人主义、平均主义和世俗化的不断发展,婚姻和家庭将消失。机械化、工业化、科层化正同化着包括家庭在内的各种社会结构,由于大规模有效率的托儿所、幼儿园、寄宿学校培养和教育儿童比单个家庭更出色,家庭功能就只剩下生儿育女了,夫妇可以自由解散家庭。家庭将随着功能的不断削弱而自然消亡。其二是家庭回归论。持此观点的学者认为,家庭观念的剧烈变化和家庭的动荡不安,给人们的生活带来了无尽的烦恼,相比之下,稳定的传统家庭生活给人们带来的是和谐与安定,人们的生活是美好的。因此,在家庭未来的发展过程中,家庭必定出现向传统的复归。而且正是因为家庭危机的存在,使得人们重新思考家庭的意义,调整自身对社会变迁和家庭变迁的适应能力。同时由于新技术的发展和应用,家庭生活将越来越科技化、人性化,在社会发展的一定阶段,人们将重新回归家庭,在家庭中工作和生活,甚至组成电子大家庭。在这两种主要观点之外,托夫勒自己认为,未来的家庭很可能以不可思议的新方式出现。第一,家庭关系新。由于科学技术的发展,家庭中的生育关系以及生殖方式,传统的父母、父子概念以及家庭的职能都将受到极大的影响和冲击,未来将出现全新的亲属关系。第二,家庭形式多样化。包括简化家庭、公共家庭、独居家庭等。第三,家庭观念新。爱情的含义将发生变化,它不再追求天长地久、白头偕老,爱情被理解为夫妇双方齐头并进。但由于现实的阻碍,夫妇不能平衡发展。这样,夫妇终生在一起于是变得不可能。

　　家庭未来的趋势和走向虽然见仁见智,都各有一定道理,但由于家庭作为一种人类初级群体,在人类种的繁衍和人类共同情感的培养方面发挥着至关重要的作用,从现有的认识能力而言,人类的发展将离不开家庭。

第七章 社会组织

　　社会组织又称为次级群体,它是高度制度化和正规化了的群体,是现代社会最普遍的社会设置和社会现象之一。现代社会就是一个高度组织化的社会,企业、政府、军队及社会团体等都具有各自的组织形态,从这种意义上讲,在现代人类社会,组织已经成为在社会生活领域中占主导地位的群体形式。如果说家庭是社会的细胞,那么,社会组织则是构成现代社会的基础结构。

　　社会学对组织的研究,一方面是社会群体研究的深入,另一方面也是我们了解所处社会特征及其变迁过程的一个有效的切入点,因而,众多学者对组织展开了广泛的探讨,并由此形成社会学的一个分支学科——组织社会学。关于组织研究的内容颇为繁多,本章主要就社会组织的涵义、特征、类型、组织目标、组织结构、组织过程以及我国当前的某些组织现状作概述性的介绍和分析。

第一节　社会组织概述

一、社会组织与现代社会

　　组织能通过内部相对稳定的结构关系实现成员间的分工合作,并借助这种结构化的形式整合个体的力量,实现个体成员单独所难以实现的目标,而这也正是社会组织产生和存在的基石。

　　社会组织是一个历史的概念,它是社会发展到一定阶段的产物。虽然组织在人类社会历史上很早就已经存在,但组织在社会中的功能却有着一个逐步增强的过程。在近代以前的传统社会,由于整个社会的经济结构基本以农业为主,对社会分工的要求也比较低,中国古代男耕女织的分工模式即是如此,因此,社会组织的功能在民间社会表现得并不十分明显,多体现在政治、军事和宗教等社会领域。当人类进入近代,特别是工业革命以后,一方面由于分工的日趋复杂,生产联系的日益紧密,另一方面,出于对组织效率与合理化的追求,更普遍、更复杂的组织形式开始出现,其功能也不断得到强化,社会组织普遍存在于各个社会领域。

现代社会更是如此,从某种意义上讲,现代社会就是一个组织化的社会,而组织化程度的高低也是衡量社会复杂性和现代化的重要标志之一。在这样的社会中,绝大多数人彼此陌生,这会导致这样一个问题:面对着高度复杂的社会及其项目,初级群体的功能已经远远不能满足社会的需要,那么,人类如此才能从容应对呢?为达到这一目的,现代社会依靠的是各种组织,现代社会需要将不同的个体依照不同的标准、规则和制度组织起来,组成各种相关的社会组织,而组织则利用社会制度提供的空间获取资源,从而实现依靠个体或初级群体无法达到的目标。根据有关资料统计,在现代社会,90%以上的人都在各种社会组织中工作、学习,我们每天的日常生活和活动也都在与各种各样的社会组织打交道,以至于普遍到我们对此熟视无睹。

例如,就对人类意义而言,哥伦布发现新大陆与美国人阿姆斯特朗踏上月球具有同等重要的地位,但他们行动的背后采取的却是两种完全不同的方式。20世纪60年代的阿姆斯特朗踏上月球的土地时说:"这是一个人迈出的一小步,却是人类迈出的一大步。"这一大步之所以是人类的,其原因之一在于这一步依靠的是人类庞大社会组织的支持。在他们出发之前,美国宇航局的科学家们就为他们可能会遇到的各种情况及其大部分行动都做了周密的安排,因此,他们在宇宙航行时几乎没有遇到什么特殊的未知情况,也没单独做过决定。虽然在当时至少有10位以上的宇航员也能完成阿姆斯特朗的工作,但不论是谁,离开了美国宇航局,离开了飞船的制造部门、零配件提供部门等相关的组织系统,恐怕任何一个人都寸步难行。而15世纪的哥伦布更多的只有依靠自己,他得自己去请求西班牙国王的资助,亲自招募船员,亲自指挥航行,他要去的只是一个凭着想象可能存在的地方。如果是现代,哥伦布即使仍凭着自己的勇气和胆识去探险,也必须依靠某个或某些组织的支持和许可,否则连最起码的护照都拿不到，更谈不上去招募具有航海技术证书的船员，也就是说，不依靠组织，今天的哥伦布甚至离不开码头。

从这个事例我们可以看到，现代社会是一个高度分化的社会，现代化程度越高，其组织化和分工程度也越高。

二、社会组织的涵义和基本要素

在我国古汉语中，"组织"的原意是纺织的意思，指将丝麻织成布帛。在唐朝时，孔颖达首次将"组织"一词引申到行政管理领域中，他说："又有文德能治民，如御马之执矣，使之有文章如组织矣。"在此，他将组织指将不同部分组合为整体。现今中文组织一词对应的英语是"organization"，该词来源于希腊语"organon"，原意是"工具"、"手段"。自孔德创立社会学这门学科之始起，社会学将组织纳入自己的研究领域，但对组织概念的理解，却存在着许多不同的观点。

孔德认为，社会组织就是"普通的社会同意"；斯宾塞则将社会组织界定为社会的经济、政治和其他部门的相互整合与分化的关系，是一个已经组合的系统或社会。大体来说，此两人基本上都是将组织视为一种社会关系的抽象。在随后的社会学研究中，组织开始具体指涉具体的有规模的社会群体。德国社会学家马克斯·韦伯认为，社会组织就是法人团体，是一个用规章制度限制外人进入的封闭型团体。沿着这个思路，澳大利亚社会学家布鲁姆（Broom）认为社会组织就是社团，是一个有特别目的的社会群体。库利在其名著《社会组织》一书中，将社会群体分为初级群体和次级群体，而社会组织即是次级群体。帕森斯在《社会学的一般理论》中提出，所有的人类群体或社会体系都是有一定结构的，因此，它们都可纳入社会组织的范畴，社会组织是社会结构的一个重要组成部分。凯普劳（Caplow）则明确指出，社会组织是一种社会体系，在这种社会体系中，有明显的团体认同，有正式的成员名单、活动计划以及成员更替程序。依佐尼（A. Etzionni）认为，社会组织是人们为追求特定目标而有意建立或重建起来的社会单元；巴纳德认为，组织是一种有意识的、审慎的、有意图的人们之间的合作。马奇（J. G. March）和西蒙（H. A. Simon）认为组织是互动人群的集合体，是社会中任何类似于集中合作体系中最庞大的集合体……与组织之间和无组织的个体之间的分散变化关系形成对比,在组织中,高度专门化的结构与协作使得单个组织单元成为社会学上的个体,可以和生物学意义上的个体有机体相比。布劳和斯格特(W. R. Scott)的定义是,组织是因其欲达到特定的目标而被正式建立起来的社会群体。[1]

在以上诸多定义中,我们可以发现,各位具有不同学科背景学者在对组织进行概念界定时,他们所强调的组织的外延范围和内在运作方式等都有所不同。综合来看,在相关的组织研究中,社会组织的概念存在着广义和狭义两种理解。广义的社会组织泛指一切依据一定互动原则组成的社会共同体,它不仅包括社会群体中的初级群体和次级群体,而且还涵盖一切具有社会结构特征的社会体系;狭义的社会组织则专指相对初级群体的正式社会组织,即次级群体。在社会学及一般的组织研究中,我们更多的是取其狭义的理解。

组织研究是一个综合社会学、管理学、政治学和经济学等多学科知识的研究体系,社会学的探讨对其他学科的相关研究的深入做出了大量的贡献,而社会学也从这种交叉研究中不断丰富对组织的理解。综合而言,目前对组织的理解大致有三种颇具影响力的视角:

(1)理性系统视角。该视角认为,"组织是指意图寻求具体目标并且结构形式化程度较高的社会结构的集合体"。

(2)自然系统视角。该视角认为,"组织是一个集合体,参与者寻求着多种利益,无论是不同的还是相同的"。

(3)开放系统视角。该视角认为,"组织是参与者之间不断变化的关系相互联系、相互依赖的活动体系;该体系根植于其运作的环境之中,既依赖于与环境之间的交换,同时又由环境建构"。[2]

当前组织研究中的这三种视角分别从不同层面对组织的概念进行了归纳。大体来说,第一种理性系统视角将组织视为寻求特定目标的、高度形式化的集合体,凸现其理性特征;第二种自然系统视角把组织视为由一致或冲突而

---

[1] 参见易益典、周拱熹主编:《社会学教程》,上海人民出版社 2001 年版,第 144—145 页;童星主编:《现代社会学理论新编》,南京大学出版社 2003 年版,第 152 页;W. 理查德·斯格特:《组织理论:理性、自然和开放系统》,华夏出版社 2001 年版,第 24—27 页。

[2] W. 理查德·斯格特:《组织理论:理性、自然和开放系统》,华夏出版社 2001 年版,第 24—27 页。

产生的,但始终寻求生存的社会体系;第三种则强调组织与环境的关系,认为组织是在环境的影响下,有着不同利益关系的参与者的联合。

综合以上观点,可以认为,社会组织是个体或团体为实现特定目标,在与周边环境的互动过程中,形成的具有相对稳定的关系和结构模式的社会实体。

虽然在组织研究中,各种组织界定的方式和视角不同,但不论何种定义,作为一个组织,它一般都由以下要素构成:

第一,组织成员。成员即是组织的参与者,是组织存在的必要条件,任何组织都是由一定数量和质量的成员构成。首先,一个组织是由一群人组成,成员的数量直接影响着组织的复杂程度及结构设计,一般而言,成员越少的组织结构越简单,成员越多的组织结构越复杂。其次,并非任何社会行动者都可以随意加入一个社会组织,每个组织根据自身的性质和目标,对其成员吸收还会有一定的准入要求,这些条件就构成了成员质量的内涵,它主要包括个体的基本特征(如性别、年龄等)、身体素质、知识技能以及性格特征等。

第二,目标体系。社会组织的目标体系既包括整体组织确定的特定的组织目标,也包括组织内每个成员各自的个人目标,对任何一个组织来说,这两者不是二选一的问题,而且相辅相成,互相支持的。一般而言,只有当个体能借助组织实现自我目标,且从组织中得到的利益与成员的贡献相匹配时,个体才会留在组织内部,这也是个人之所以加入组织的社会原因之一,只有这样,组织才可能维系和生存,组织目标才会有实现的可能。

第三,社会结构。每个组织都具有一定的社会结构,既包括制约参与者的规范结构,也包括与共同的活动、互动和感知网络与模式相关联的行动结构。组织的规范结构通常由规范、职位、角色和权威构成。

(1)规范。规范是组织内成员互动的基础,是用来维系组织活动统一性的工具。在正式组织中,一般来说,规范都是通过规章制度的形式体现出来的,它规定着组织成员"应该怎么做","应该做什么"等问题。

(2)职位。与初级群体不同,组织一般都按照不同的功能和任务划分为不同的部门,即部门分工结构体系,在不同的部门内部,组织一般还会以制度化的形式设立不同的职位,各职位或相互隶属,或相互支持,而这种关系是通过对不同职位进行明确而清楚的职责和权限规定实现的。因此,职位不仅意味着权力,更意味着职责。

（3）角色。角色就是按照一定的规范体现组织中社会地位的行为模式，规范和职位的存在使得不同的组织成员在组织活动中扮演起各自应该扮演的角色，每位组织成员必须严格按照与其职位相符的角色规范进行活动，否则，就会出现权力的越界，组织内部的规范会受到破坏，组织的正常互动也会受到影响。

（4）权威。权威和权力是两个不同的概念。权力是指 A 对 B 的支配，且不论这种支配是否得到 B 的同意。而权威则不同，权威是一种合法化的权力，它是建立在被支配者认可的基础上的支配关系。权威是维持一个组织正常运行的必要条件，对于一个正式组织来说，权威是其组织结构主要的特性之一。组织是通过权威，并以职位和角色等形式实现一体化的，权威依附于职位。在现代正式组织中，个人权威的获得一般来说是通过职位来体现的，一个人离开了职位，他的权威作用也就停止，但权威本身依然存在；同时权威也只有存在于群体和组织之中，不存在没有群体或组织形式的权威，它只有在双方至少暂时归于一个有组织的整体里才可能被建立起来，也就是说，是群体或组织使得权威合理化。

综上所述，规范结构涉及的是组织内部的价值观、规章制度和角色期待等规范体系，它是有组织地建构起来的一系列相对持久的信条和规范，并指导着组织成员的行为，它体现的是"组织应该是怎样"的规定性要求。

与规范结构强调规定性要素相比，行动结构的组成部分则是组织内的实际行为，而非行为规范，它对应的是组织"实际是怎么"的问题，涉及的是组织中实际的人际关系结构和权威结构等。对于任何一个正常的社会组织来说，"这两种秩序不可能完全一致，也不可能彻底的背离"。①规范结构为组织内的行动结构预设了一些原则性的制约因素，决定和引导着成员的行为；而行动结构则通过成员实际的互动和感知模式，进而反作用于规范结构，并且这也是引起规范结构变化的重要缘由之一。

第四，组织技术。每个社会组织都拥有一定的技术。组织技术比我们通常所说的科学技术的内涵要广泛得多，它既依赖于特定的机器和设备，又包括成员的知识、技能以及本组织的组织原则、运作逻辑等等。为实现组织目标，

---

① Davis Kingsley, *Human Society*, New York: Macmillan, 1949, p. 52.

在运作过程中,组织首先需要通过一定的技术从外界环境中汲取资源和能量,然后再利用设备、成员技能和组织动员方式等技术将资源转变为组织产品或服务,最后组织仍需要以技术实现顺畅的产品和服务输出。

第五,组织环境。与前面的构成要素相比,环境虽然是组织的基本要素之一,但它是外在于组织的。任何一个组织都不可能脱离社会环境独立存在,它必须从外界环境中吸取资源和人员,而且社会环境会时刻影响着组织的实际运作过程,当组织生产出产品和服务后,组织还得经受环境的检验。故此,当前的组织研究越来越注意到组织的环境因素。

三、社会组织的特征

从以上介绍来看,组织作为一种典型的人类次级群体,它是人类出于某种目的而结成的人类共同体单位,随着社会的发展,社会组织在内部结构、运作方式等方面将更加精细化、合理化,但不论如何复杂,相对于整体社会,特别是相对初级群体来说,社会组织一般都具备以下主要特征:

(一) 组织目标的特定性和明确性

任何一个组织的存在和发展都需要有一个明确的目标,从这个意义上讲,目标是组织的灵魂,它是组织成立、运作的基础。人们因为有着共同的目标才结成一个组织,一个组织也因共同的目标而进行各项活动,如果一个组织失去目标,它也就没有存在的价值。

(二) 组织成员的角色化

与初级群体因着情感为纽带聚集在一起的特殊关系不同,组织中的人与人之间是一种契约性关系。人们一般是基于共同的利益而加入其中,成员与成员间的关系不是基于亲属或朋友维系,而是依靠利益和规范等要素维持,这种固定化了的利益关系使得组织成员行动更多的是一种基于契约之上的角色化过程,而不是以个人的特性出现在组织中。每个人都处于组织内的特定位置,都依照与所处的正式地位相一致的角色去行动,组织成员必须符合一系列的角色要求。

(三) 具有稳定的、明确的正式规章制度

为了更有效地实现组织目标,规范成员的行为,组织一般都制定有稳定而明确的规章制度。这些规章制度规定着组织的性质、目标、结构、纪律、管理形式、成员资格和权利义务等,同时还为成员的角色化规定了各职位的行为准则及相互关系,并通过奖惩等方式使成员个体的行为能够符合组织的要求,以全面而有效地实现组织目标。

(四) 权威体系和科层化管理体系

为保障组织的顺利运作,在正式组织内部,一般都实行明确的分工和权力分配原则,这使得组织各部分能各司其职、协调一致,从而更有效地实现组织目标。同时,组织的分工体系往往会有一个领导中心,即权力中心。组织领导者掌握权力,通过权力来控制组织过程;另外,权力中心还常常根据需要将权力划分成不同的层次和部分,并通过规章制度配置给组织内的各职能部门,从而形成一种分层网络的权威体系。现代组织一般都是根据此种权威体系实行科层化的管理体系,以此来协调和控制由于专业分工和权力分配而处于不同职位的成员的活动。

当然,除了以上特征外,社会组织还具有其他的一些特征,例如,社会组织也有一定的心理结构,还必须具备一定的技术条件等等。

四、社会组织的分类

在现实社会中,组织的种类繁多,依据不同的标准可以有不同的类别划分。在社会学领域,根据不同的研究目的和划分标准,常将社会组织作以下分类:

(一) 根据组织的社会功能分类

美国社会学家、结构功能论的代表人物帕森斯据此将社会组织分为四类:政治组织、经济组织、整合组织和模式维持组织。政治组织是为保证作为整体的社会实现其目标,并进行权力分配和使用的组织,如政府机构等;经济组织

包括从事物品制造的生产性企业以及为社会提供经济功能的服务性组织,如实业公司等;整合组织是指那些调整整个社会的内部关系,处理社会冲突和解决问题,使社会各个部分彼此配合,以维护整体社会秩序的组织,如司法系统等;模式维持组织主要是指通过教育和文化活动,以维护一定的社会和文化持续性的组织,如学校、教会等。

(二) 根据组织的目标分类

美国社会学家、交换理论的代表人物彼特·布劳与斯格特在他们合著的《正式组织》一书中,依照社会组织的目标,将其分为互惠组织、营利组织、服务组织和公益组织四类。互惠组织的目标是使所有的组织成员相互受益,如俱乐部、工会等;营利组织是指那些目的在于经营获利,且受益者是实业所有者的社会组织,这包括各种公司企业;服务组织的目的是以社会服务为主,为某些特定的人群提供专门服务,如医院、学校;公益组织的目标则是为社会和一般公众增进福利,这类组织如图书馆、博物馆等。

(三) 根据组织对成员的控制方式分类

美国社会学家依佐尼在其著作《复杂组织比较分析》中将组织分为强制组织、功利组织和规范组织三类。强制组织是指组织和成员的关系是强制和被强制关系的组织,这种组织用强迫甚至武力的方式控制其成员,如监狱、精神病医院等;功利组织又称实用性组织,是指以报酬形式作为手段控制成员的组织,成员和组织是一种劳务和报酬的交换关系,如各类工业组织和商业组织等;规范组织又称志愿组织,是指靠伦理、道德、观念、信仰等社会规范作为控制成员的主要手段的组织,如教会等。

(四) 根据组织的结构分类

著名组织学家梅约(E. Mayo)根据社会组织的内部结构将组织分为正式组织和非正式组织两类。正式组织目标及成员间关系明确,并由正式的规章制度予以详细的规定,如学校、军队等。而非正式组织成员间的关系是一种自发关系,没有成文的规章制度,其内部也没有正式组织那样严密的权力和权威结构。非正式组织还可能存在于正式组织中,成员在共同工作过程中因着共同的爱好、趋向和情感而自然形成,如组织内的小帮派等。

(五) 根据组织的规模分类

美国社会学家凯普劳依照组织内部成员的数量将组织分为小型、中型、大型和巨型四大类。小型组织一般指成员人数在 3 人到 30 人间的组织,这种组织的互动通常是面对面的交流,能够给予组织成员以情感上的满足;中型组织的规模在 30 人到 1 000 人之间,成员间的互动虽然不能像小型组织那样的成对关系,但他们在一定程度上还是能做到直接交往;大型组织的人数众多,大致在 1 000 人到 5 万人之间,相比小型和中型组织,其内部关系更为复杂;巨型组织则指人数在 5 万以上的组织,而且它们还具有跨地区性,甚至跨国性,在巨型组织中,任何成员都无法与其他所有成员进行直接交往。

(六) 根据组织的活动领域分类

这种划分方法将组织分为政治组织、市场组织和非营利组织(non-profit organization)三类,他们分别是政治领域(政府)、经济领域(市场)和社会领域(非营利组织等)的主要组织形式。

(七) 根据组织技术分类

据此,社会组织可分为长链组织、媒介组织和集约组织三类。长链组织需要在一个时间序列中,由不同部门执行相互不同但彼此相关的功能,如汽车工业,生产一辆汽车需要产品设计、钢铁生产、轮胎制造、组装等部门,这些部门构成一个整体,即长链组织;媒介组织是指那些将希望保持相互依赖的人群结合在一起的组织,如校友会等;集约组织指将各种异质性的工艺技术或方法结合在一起以改变人或对象的组织,如完成航天空间计划之类的组织等。

此外,在实际研究过程中,还存在着形形色色的组织分类,对此,应注意的是:第一,不论何种分类,都是出于某种研究目的的需要,只是研究的工具性手段而已,因此,各种分类间不存在对错、高低之分;第二,在现实生活中,许多组织的性质是多方面的,同一个组织可能同时属于多种类型的组织,如政府机构,它可能同时属于政治组织、正式组织和大型组织,同时,有些组织还包括许多从属性的其他类型组织,再如一家企业可能属于经济组织,但其中还包括党、团和工会等政治组织,因此,在对待组织分类时,应保持多元的视角,以变动的眼光来对待。

第二节　韦伯的科层制及其理论批判

一、韦伯的科层制

科层制(bureaucracy)现象是德国社会学家韦伯提出的一个理想类型(ideal type)的概念,并被认为是组织社会学研究中的经典问题,社会学中几乎所有的组织理论都是关于以科层制为特征的正式组织的分析。马克斯·韦伯在研究社会组织科层现象时,首先着重分析了组织内的权威问题,他将权威分为三类:

第一类是传统权威(traditional authority)。它是以传统的不可侵犯性和执行权力者的地位的正统性为依据,即组织权力合法性来源于历史和文化传统。在以传统权威为主要形式的组织内,最高权威一般集中于一人,领导者与被领导者的关系是人身依附关系、主仆关系。

第二类是个人感召权威(charismatic authority),又称为魅力权威。它是以对个别人特殊的神圣、英雄或模范品德的崇拜为依据,即组织权力合法性来自个人魅力,人们对权威的服从是由于追随者对领袖人物的权力或启示的信仰。一般来说,这种崇拜主要针对领导者的个人素质、才能,因此,其组织的内在基础并不巩固,如果领导者失去这些魅力,或者领导者死去后无人取代,都有可能因为失去原来的崇拜对象而导致组织的危机或瓦解。

第三类是法理权威(rational-legal authority)。它是以各种组织规范作为领导权威的基础,即组织权力合法性来源于法规。在法理权威的组织里,权力与职位密切联系在一起,组织中的权威既不是某个特殊的人物,也不是传统,而是制度和规范。同时,这些制度、规范又是通过职业得以体现。

马克斯·韦伯认为,现代社会组织更多的是基于法理权威组建的。据此,

他采用理想类型的方法,提出了科层制组织理论。[1]在韦伯看来,科层制组织大致具备以下特征:

(1)基本职能的专业化和劳动分工。科层制中的组织成员都有负责一项工作的专长,同时组织会以正式规定的职责形式固定落实到人,明确的分工规定着每个成员的权力和责任,并把这些权力和责任作为正式职责,使之合法化。

(2)明确规定的职权等级。科层制是一种金字塔式的组织结构,组织中的职务遵循程序的原则,下级职务接受上一级职务的管理和监督,推行大规模的责任制和协作。

(3)稳定的规章制度。组织的规章制度已经制定,在任何情况下,所有组织成员都要遵循,这既有助于各部门之间的协调一致,也有利于公平合理地对待组织内的一切人和事。

(4)管理者的非人格化。组织的各级管理者在办事时,应从理性的角度出发,严格依照相关的权责和规章制度,不掺杂个人喜好和情感,以超脱的态度对人对事。

(5)量才取用。科层组织招聘人员是按照才能、程序录用,并且不得随意解雇。同时,组织内部还有一套按年资、工作表现或两者兼顾的原则提薪晋升制度。

(6)行政效率。韦伯认为科层制是理想的高效率体制,它是已知的对人类进行必要管理的最合理方法,具有准确性、稳定性、严格纪律性和可靠性等特征,而这些则是整个组织高效率运作的必要条件。

韦伯认为,科层制适用于教会、国家、军队、政党、企业和俱乐部等诸多组织,包括日常生活的全部形态都将适合于这种框架。虽然韦伯后来也看到了科层制的一些负面影响,例如科层制倾向于垄断信息,使外人不可能知道决策的基础;科层制一旦建立,就成为社会结构中最难摧毁的部分;已经建立的科层制,对待民主的心理是矛盾的,等等。[2]但从总体来看,韦伯基本上是强调科层制的正功能。

---

① 所谓理想类型,只是最能反映事物本质的哪些属性的集合,更多表现的是一种分析工具,而不是对现实社会现象的描述性特征,因此,科层制也只是社会中各类组织形态的理想表现形式。

② 彼得·布劳、马歇尔·梅耶:《现代社会中的科层制》,学林出版社2001年版,第21页。

二、对科层制的批判

从韦伯的理论描述来看,科层制似乎是一种完美的高效率体制,适用于一切社会形态和一切社会领域的组织;但如果以实证的精神看待当前的科层制问题时,就会发现情况可能更复杂,这主要表现为以下两个方面:

第一,当代社会各种各样的组织管理体制并存。以前我们一直认为,在现今社会,一个成功的组织最终必然要选择科层制,但随着 20 世纪 90 年代的高科技飞速发展,很多小型的高科技企业采用的却并非是严格的科层制,例如其中的人员可能既是科技人员,又是管理人员,甚至还是销售人员;他们可能也并非是以法理权威为基础,常常是通过朋友合作,以约定和信任等原则创立公司,这些都是有悖科层制原则的松散的组织形态。

第二,科层制在具体实施过程中,越来越多的学者注意到了科层制的反功能。不论采取什么样的组织管理体制,现代社会组织的目标无非是效用、效率和效益。但在现实生活中,韦伯所提出的科层制这一理想类型不仅很难找到一一对应的组织,通常也难以达到以上的理想状态。而且科层制在组织运作过程中还存在着诸多的弊端,也遭到众多学者的批判。[①]

(一) 形式主义(ritualism)

美国社会学家默顿(R. K. Merton,1910—)在其论文《科层结构与人格》(1957)中,重点探讨了科层制对组织成员人格的影响。他发现,严格的规章制度未必就能促发合理的决策,也未必能提高组织效率。当科层制通过规则固定化为组织结构时,人们关注的是各种具体的规章和程序,而将当初建立这些规章程序的初衷搁置一边,这就使得组织成员为遵守规则而遵守规则,将遵守规定变成目的,成员也就成了缺乏主动性与创造力、谨小慎微、墨守成规的"组织人",从而使得组织失去弹性,难以及时了解和应付新的环境变化,并进而影响着组织效率和目标,而组织设立规章制度的初衷是为了提高效率,更

---

① 参见朱力:《社会学原理》,社会科学文献出版社 2003 年版,第 181—187 页;周雪光:《组织社会学十讲》,社会科学文献出版社 2003 年版,第 13 页。

好地实现组织目标。默顿将这种现象称为"目标置换":在科层制下,组织成员把手段型的目标或低层次的目标误作为组织系统的目标,发生目标置换的"组织人"往往辛辛苦苦地做着降低组织效率的事情,却还以为在尽职尽责。①

(二) 保护不称职者(protection of the inept)

美国社会学家威廉·古德在 1967 年发表了一篇题为"保护不称职者"②的论文,他通过实证研究发现,科层制并非如韦伯所说的那样能人尽所用、人尽其才,现实组织运作的结果恰恰相反,科层制也会起到保护不称职者的效果。

造成这个情况的原因很多,首先,在正式组织中,虽然按照科层制的原则,管理者根据任人唯贤的原则,有权调动或解雇下属员工,但就一般情况而言,组织成员对自己的不足多采取保密和不公开的策略,以保证自己的职位,而且上级管理人员也不愿意承认自己的能力难以胜任当前职位的事实,在这种相对保密以及由此形成的组织文化氛围中,就有可能导致一种与科层制本意截然相反的情况,那些不称职或不符合企业要求的人即使最终为管理者觉察,他们也可能采取明升暗降的方式加以处理,这些人或者被调职到一个责任较少,但仍有着诸多好处的职位去继续工作,或者被解雇却能获得一份服务绩效甚佳的推荐书,这又可能帮助他找到相当或更好的工作职位。其次,科层制对职位的要求注定加入组织需要一定的准入门槛,而现代社会通常以学历和文凭作为最初的进入机制,这种过度的重视学历与文凭的现象,在实际组织运作中,也会在一定程度上限制竞争,在客观上保护了那些凭借此种方式获取职位的不称职者。不论是哪种方式,其最终的结果肯定会影响组织的运作和效率。

(三) 彼得原理(Peter principle)

美国社会学家劳伦斯·彼得(Laurence Peter)在其著作《彼得原理》中提出了科层体制中的另一种悖论现象:在正式组织中,按绩晋升的结果是使得员

---

① Robert Merton, 1957, "Bureaucratic Structure and Personality", *Social Theory and Social Structure*, Ilencoe, Ill. : Free Press.

② William J. Goode, "The Protection of the Incept", *American Sociological Review*, 1967:32 (February).

工提拔到一个他不太胜任的职位为止。由于实行考核聘任制,当某个组织成员能胜任本职工作,且表现优异,那么他可能就会得到晋升的机会,如果在新的职位上还能胜任,他可能继续得到提升,只有在他不能胜任的时候才能停止升迁的机会,这种规则的结果则是使得组织内各个职位都被不能胜任者所占有。这会对组织目标的实现及效率的发挥产生何种影响呢? 当一个员工还胜任其工作,还存在上升空间的时候,他关注的是效率,关心的是"产出";当他已经升至不能胜任的工作时,他关注更多的是下属对上级的尊重形式,并且极力维护既定的行为和权力规则,关心的是下级的"投入"。

同时,彼得认为,当前科层体制仍具有相当活力的原因在于还有许多人被大材小用,没有晋升到按科层原则应该上升的位置,也就是说,许多职位被不胜任者所占有。

(四) 帕金森定律(Parkinson's law)

英国学者帕金森(Cyril Northcote Parkinson)在其 1957 年出版的著作《帕金森定律》中提出了一个经典的科层组织管理命题:任何科层组织都会导致机构臃肿。他发现,在正式组织中,为显示自己的价值,官员们一般都倾向于显得很繁忙,于是他们便"无事生非",制造出许多任务,但当事务多至他们无法亲自处理时,就有可能变成一个"不称职"的官员,而对此可能有三条解决方法:第一是申请退职,把职位让给能干的人;第二是让一位能干的人来协助自己工作;第三是任用两个水平比自己更低的人当助手。通常他们更愿意选择第三条路径,为自己配备下属成员。但是,当官员们增加助手,他们又必须监督和指导助手们的工作,而为表示自己在尽职高效地工作,助手们也经常要向上司报告事务,这样官员们的大部分时间可能花费在听取助手们的报告上;同时,由于有了助手,官员们还在不断地"无事生非",为此他们进一步成倍地增加下属人员。帕金森认为,造成官员们这种恶性循环行为的重要动机就是提高自己的威望,最终使得官僚们的利益和权力欲得到满足,但与此同时却使得组织为此浪费掉大量的人力和物力,组织成员的大量时间和精力被用来填表、检查表格、写备忘录和保留档案等许多实质不必要的事务。另外,这种行为还会随着科层制的科层逐级效仿,如官员的助手也可能上行下效,再为自己找两个下属,如此类推,就形成了一个机构臃肿、人浮于事、相互扯皮、效率低下的领导体系。

(五) 寡头铁律(the iron law of oligarchy)

德裔意大利籍著名政治社会学家罗伯特·米歇尔(R. Michelle，1876—1936)在其名著《寡头统治铁律》中，通过对政党的组织分析，指出任何现代正式科层组织都将趋于集权化、官僚化和寡头化，最后为少数大众的"公仆"所控制。米歇尔认为，任何正式组织都需要解决管理问题，这些问题通常诉诸创建一个科层制结构来解决，而科层制又必须是依照等级的原则来组织，而要使组织高效运作，就需保证信息传递的畅通和及时，这就必须将权力集中在少数人手中，而这些组织精英和一般成员的特点又强化了这一趋势。首先，他们利用一般成员不具备的知识和设施，"应"提高组织运作效率的需要，合法地获取组织中的领导职位，这使得这些精英的权力和声望进一步增加；其次，他们为维护自己的地位，常常倾向于晋升那些和自己观点一致的下属，而不是科层制强调的唯才是举，这样就会使得精英的寡头同时变成一种稳定而持久的政治形式；再次，基于组织科层结构的职权原则，一般成员总是主动地承认领导者的权威，倾向敬佩和羡慕他们，领导者的权力不仅由于他们的个人品质，而且还由于他所处的职位而得到加强；最后，由于一般成员在资源和信息拥有等方面不如领导者，这使得他们难以就重要的问题进行正确的决策和判断，因此，为降低独立决策所带来的风险，他们一般都期待组织领导者给予行动指示。因此，米歇尔认为，在正式组织中，科层制的等级制特征及其不同组织成员的特性必然导致权力集中于少数组织精英手中。

(六) 社会的麦当劳化(the McDonaldization of society)

美国理论社会学和组织与职业分会的主席乔治·里茨尔在《社会的麦当劳化——对变化中的当代社会生活特征的研究》一书中，从全社会的高度对科层制进行了反思。他认为，麦当劳快餐连锁店在全球成功的原因就在于其经营方式体现了马克斯·韦伯所言的现代社会的合理化、科层化进程。在里茨尔看来，麦当劳首先提供了效率，消费者可以在很短的时间里得到食物，并解决了饥饿问题；其次，麦当劳提供了可计算性，它不仅强调了销售产品的成本和销量，而且还特别注意到提供服务的量(得到食物的时间等)，使得质和量对等起来;再次,麦当劳还体现了可预测性,保证他们的产品在不同的地方和时间,在质和量等方面都是一样的;最后,麦当劳还提供了可控制性,这尤其是指用非人技术来替代人的技术,将这种控制加于每一个进入麦当劳世界的人身上。麦当劳体现出的原则不仅影响到餐饮业,而且渗透到社会组织的方方面面,以至于里茨尔称之为"社会的麦当劳化"。

　　麦当劳的成功魅力在于它在科层制基础上表现出来的工具理性,具体来说,就是对效率、专业化、非人格化等的追求,但这种工具理性仅只是一种表面的合理,其背后是深刻的实际上的不合理,并非符合实质理性的原则,也不符合人类的生存理性:当人类社会麦当劳化后,人类情感、个性化的事物何以存在?

第三节　组　织　结　构

　　所谓组织结构是指一个组织系统内部各构成部分或各部分之间正式规定的、比较稳定的相互关系形式。如同人的骨架,结构是组织的框架体系。它包括分化和整合两方面的内容,分化指的是将组织工作分解成各个任务,或交由不同部分完成,或分批逐次完成;整合则是将这些任务协调起来。不论是分化还是整合,都是组织结构合理与否的重要体现,一个合理的组织结构,对于组织顺利运作,充分发挥其功能,提高效率等方面都是至关重要的。但合理的组织结构是怎样的呢? 是否必须有着完备而严密的成文规章制度、条例文件? 这就是我们下面要探讨的问题,对此,我们首先可以通过两方面来了解:正式结构与非正式结构。

一、正式结构

　　组织的正式结构是指按照一套严格的规章制度而形成的,在组织内部各职位、各部门之间正式确定的、较稳定的关系模式。目的性、正规性和稳定性是其基本特征,它包括分工(division of work)、部门划分(departmentalization)、等级(hierarchy)和协调(coordination)四大结构块。

　　分工也叫工作专门化,目的是为了最大限度地提高生产力,但是,过于简单机械的工作容易使组织成员产生工作疏离感。而部门划分则是组织实行工作划分后,决定将哪些工作归入"类似"小组的结果,通常组织按照业务活动的相似性和逻辑关系进行部门划分。在部门划分过程中,组织会形成决策的多层模式,这种以级别形式进行划分的安排就是等级。分工和部门划分不可避免地导致专门化、等级化,而协调则是使组织目标与专门化、组织成员之间取得平衡的过程。

　　这四大结构块集中体现于组织内的职位和部门两大要素。职位是组织通过制度规定并设立的,从事某种特定活动的组织位置。它体现的是组织需要的规范和行为模式。组织中的科层等级通常依附于职位之上,个人只有拥有一定的职位才能成为组织成员,才会拥有组织所赋予的权责。职位的数量、类别以及职位对能力的要求等都是影响组织结构设计的重要因素。部门则是组织内部以若干个相关的职位连接而成的稳固的组合,它通常表现为组织内的机构。部门使职位间的互动经常化、程序化和制度化。①

　　根据不同的组织规模、目标性质、运作模式、历史传统以及外界环境,组织对职位和部门有着不同的要求,而它们的不同组合则形成了组织正式结构的不同类型。一般来说,组织结构分为两类不同的模式:机械式组织和有机式组织。

　　机械式组织也称科层行政组织,它是按照传统管理思想(即高度复杂化、高度正式化和高度集权化)设计的结果。该组织结构模式支持统一的指挥原则,每个组织成员只是接受一个上级的控制和监督,这就形成了一种垂直式的组织结构。另外,由于社会分工越来越细致,工作变得越来越简单化、标准化和程序化,这使得组织内的活动通过部门化使得专业化进一步加强,高层和低层的管理跨度也日趋扩大,高层管理者无法对低层的活动进行直接的监管和控制,只能借助各种规章制度来控制各管理层,按标准的要求进行作业行为,同时,在这种部门化过程中,组织内活动的非人格化特征也越来越明显。这种组织结构如同时刻追求高效运作的机器一样,以规则、条例和正规化操作作为润滑剂,而人性和人的随机判断被减少到最低限度,因为这样会降低效率,而只有标准化的规则,才会使得组织运作基本按计划进行,这也是机械式组织的

---

① 周运清等:《新编社会学大纲》,武汉大学出版社 2004 年版,第 154 页。

共同特征。①

该模式组织结构大致包括以下几种具体的类型：

1. 直线型结构

直线型结构是一种最古老的组织形式，最初广泛应用于军事系统，后来推广到其他社会组织领域。这种组织结构的特点在于，一切组织活动都由组织的各级主管人员直接进行控制和决策。它的优点在于结构简单，管理费用低，职权明确，决策统一迅捷，纪律和秩序维护较为容易。直线型结构的缺点在于它对组织的管理工作没进行必要的专业化分工，因此，在这种组织中，对领导者的要求比较高，要具备多种管理知识和专业技能知识，但在实践中，每个组织成员的精力都有限。因此，这种组织形态通常只适用于规模小、运作过程简单的组织。

2. 职能型结构

职能型结构是在"科学管理之父"泰勒提出的"职能工长制"基础上演化而来的一种组织结构形态。针对直线型结构对组织主管者要求不切实际的弊端，这种组织模式增设了由专家组成的专业的职能部门，并由他们在各自负责的业务范围内沿垂直系统直接下达指令，也就是说，各部门负责人除了服从上级行政领导的指挥外，还要服从上级职能部门在其专业领域的指挥。职能型结构组织的优点在于它的专业化分工，将主管领导从专业事务中解脱出来，交由专家管理，而自己则专注于行政事务。但其缺点在于"上头千根线，下头一根针"，容易导致下级要接受多头领导而难以协调一致。

3. 直线参谋型结构

直线参谋型结构是在上述直线型和职能型的基础上，将职能部门变成参谋部门，收回其指挥权，只是给主管领导充当业务参谋。

4. 直线职能参谋型结构

直线职能参谋型结构是在直线参谋型基础之上，授予参谋部门一定程度的决策指挥权，使得以前仅是参谋作用的参谋部成为职能参谋部。它的优点和直线参谋型结构一样，既避免了直线型的粗放管理，又有利于集中统一领导，还可发挥各类专家的专业管理作用，不必事事由主管领导决策指挥，提高

---

① 王俊柳、邓二林：《管理学教程》，清华大学出版社 2004 年版，第 142 页。

了组织的应变能力。但直线职能参谋型结构的缺点在于,各职能参谋部门自成体系,往往不重视横向的信息沟通;同时还可能因为本位主义思想而引发组织运行中的矛盾或不协调的现象。

5. 事业部型结构

事业部结构的组织形式又称"斯隆模型"或"联邦分权制",它是在 20 世纪 70 年代由通用汽车公司和杜邦公司首创的组织结构形式。其特点在于"集中政策下的分散经营",即在最高领导层集权的基础上,把组织的生产经营活动按照产品种类和地区分成若干个事业部,各事业部在最高领导层和有关职能部门的总体决策下,分别实行相对独立的领导和管理。一个标准的事业部型组织通常由最高领导层、职能参谋部门和事业部门组成,并由此形成了决策中心(最高领导层)、利润中心(事务部)和成本中心(基层生产单位),从而将政策集中化和经营的分散化有机地结合起来。但事业部组织的主要缺陷在于活动和资源的重复配置。这种组织结构比较适用于规模庞大、产品种类众多、各类产品之间的工艺差别较大、市场条件变化也较快的大型企业。目前,事务部型结构在欧美和日本大型企业中被广泛采用。

有机式组织结构也称适应性组织结构,与机械式组织不同,它具有低复杂化、非正规化和分权化的特征,它是一种松散的结构形式,可根据需要和任务的性质,迅速做出调整。有机式结构虽然也强调分工,但组织成员的工作不是标准化的工作,不具备标准化的操作程序和规章条例。为此,这种组织结构对成员的要求较高,成员都是职业化的,经过训练,他们能将职业行为的标准融入于日常的行动中,能随机应变地处理各类问题。

这种模式的组织结构主要包括以下类型:

1. 简单结构

简单结构主要见于某些小型组织。所谓简单,是指它是低复杂性、低正规化,而且职权集中在一个人手中。与复杂的科层行政组织相比,简单结构的组织是一种"扁平"组织,通常只有两三个纵向层次。其优点在于运营成本低,反应迅速灵活,责任明确。但它的缺点也很明显,只对小型组织适用,并且具有极大的风险,因为所有决策都在一个人手中。

2. 矩阵型结构

矩阵型结构在直线职能型的基础上,增加了横向的领导系统,从而形成纵向按"指挥职能"的领导关系和横向按"计划—目标"的指挥关系相互交叉的矩阵。这种结构的管理部门分为传统的职能部门以及为专项任务而组成的联合专门任务小组。根据任务小组的性质不同,矩阵型结构又分为临时性矩阵和永久性矩阵两类。在临时性矩阵型组织中,当任务完成后,小组成员就各回各的部门;在永久性矩阵中,任务小组相对来说会存在相当长一段时间。总的来说,矩阵型结构在很大程度上避免了事务部型结构中活动和资源的重复配置的缺陷,它能促进一系列复杂而独立项目的完成;但其缺点在于难以协调各职能专家,同时还可能造成混乱,特别是职能负责人和项目负责人之间的矛盾,从而影响专项任务等组织目标的完成。

3. 网络结构

网络结构是目前正在流行的一种组织设计形式,它是一种只有很小的中心组织,依靠其他组织以合同为基础进行生产、销售或其他关键业务的经营活动的结构,具有更强的适应性和应变能力。这种结构形式既见之于小型组织,也可为大型组织采用,例如耐克公司等;同时还有些传统的组织发展了网络结构的变种,例如美国电话电报公司将信用卡事务外包,美孚石油公司将其炼油厂的维修业务外包。

此外,在当今,有机式组织还包括集团控股型结构、委员会结构等形式,同时,随着社会的发展,技术的进步,未来在组织结构方面肯定还会出现更多的模式。

二、非正式结构

非正式结构是指未经明确规定而从组织成员的活动及相互作用中自发产生的一种群体结构,又称非正式群体、非正式组织。非正式结构问题最先是梅约等人于1924—1932年,在美国芝加哥附近的西方电气公司霍桑工厂进行实验研究中发现并提出的,这就是著名的"霍桑实验"。梅约他们在实验的最后阶段对14名工人组成的绕线圈实验组的产量进行观察,实验实行计件工资。研究人员事先假设,工人会为了获取更多的报酬而更积极的工作,从而大大提高劳动生产率,提高产量。但实验结果却发现,工人的日产量在经过一个上升时期后,只是保持在一个中等的水平,而不是高水平。为什么呢? 研究人员发现,工人之间的人际关系,特别是由此形成的一种不公开的、不成文的规则约束着他们的超产行为。这一发现使得人们开始关注正式组织内的人际关系和非正式结构问题。

与正式结构相比,非正式结构一般都具备以下特征:

(1)非正式结构的情感性。它是以个人情感为基础,而不是基于角色、职位和部门等之上形成的人际关系;与正式组织成员间的关系相比,在非正式结构中,成员间的交往领域和方式更为广泛与投入。

(2)目标的不固定性。在非正式结构中,他们有着各自的目标,但这种目标可能与正式结构的组织目标有关,也可能只是与内部的情感有关;有可能和正式组织目标相吻合,但也有可能相抵触。

(3)规范的非正规性。非正式结构也有内部规范,但它的这种规范更多表现为内部成员之间自然形成的不成文规定,是一种非正式约定,没有程序性的要求。

(4)组织领袖的非职位性。非正式组织也可能形成自己的领袖,但与正式组织不同,他们的这种领袖没有相对应的正式职位,也就不具备科层体制中的职权,因为他不是组织任命的,但他却是凭借自己的个人才能、经验、品质和威望等因素获得内部成员认可的,具有相当的权威。

(5)非正式结构的小群体性。非正式组织一般都是正式结构中规模不大的初级群体,他们依照共同的情感、兴趣或爱好等因素形成一个群体,因此,在这种组织结构中,群体意识也相对来说更为强烈。

从现实来看,非正式结构普遍存在于各种正式组织当中,这是为什么呢?正式组织能够完全杜绝非正式结构的存在吗? 在现行的组织结构中,非正式结构的出现是不可避免的,这是由非正式结构和正式结构的性质决定的。

从非正式结构的角度来看,它的下述特征决定了其在正式组织中存在的必然性:[①]

第一,人具有情感性。组织成员绝对不是“经济人”,不完全只是受经济利益的驱使而行动的机器,人具有多方面的需求,而职位规范要求的活动必须围绕组织目标,依照规定的标准化程序进行,且具有鲜明的非人格化特征,职位目标仅符合组织成员需要的一部分,而人的情感交流需要则被正式组织的规

---

① 参见郑杭生主编:《社会学概论新修》,中国人民大学出版社 2002 年版,第 272 页。

范排除在外,因此,组织成员为追求情感需要不可避免地会超出组织职位规范的要求,发展出非正式结构。

第二,相同性和相似性。由于正式组织对成员准入条件要求的一致性,因此,在同一组织工作的人们往往都具有相似的技能与知识水平,在较长期的共同工作和沟通过程中,为了完成具体任务或解决具体问题,需要进行经常性的业务接触。这种经常性的互动容易发展出共同的兴趣、爱好,形成共同利益,由此人们会渐渐地归属于同一非正式结构。

从正式组织的角度来看,它的一些不足也是促成非正式组织产生的重要原因:

第一,正式结构的欠灵活性在一定程度上也需要非正式组织的补充。从组织结构自身发挥功能的角度来看,正式结构往往只适合于稳定的社会环境,应付环境变化的能力较差,当环境发生变化,原有正式结构无法发挥功能时,非正式结构的灵活性则会在一定程度上弥补正式结构的不足。

第二,当正式组织的目标与成员的基本需求不一致时,也容易产生非正式组织。由于正式组织通常关注的是结果、效率,因此,正式结构常常会以组织的名义牺牲或忽视成员的某些要求,当组织成员无法从正式组织那里得到满足时,他们通常倾向于在科层体制之外形成非正式结构来实现。

第三,当正式结构中缺乏合理的或有效的领导权威时,非正式结构也较易产生。在正式组织中,职位和权力是密不可分的,但权力与权威却是两个不同的概念,拥有权力者不一定拥有权威,没有权威也就无法有效地指挥和监控下级人员的工作过程,而权威通常是以个人的魅力、能力和人格等为基石的,当组织中拥有职位者不具备这样的条件时,常常会形成一个以不拥有职位,却拥有权威的人为核心的非正式结构。

从以上分析可以看到,无论在什么地方都有可能存在着与正式结构有关的非正式结构。正式结构是以组织目标为基础,通过专业化和制度化等合理化方式建立起来的,依照的是效率的原则,其缺陷在于容易忽视成员的多元需求;而非正式结构则是以共同的价值观为基础建立起来的,强调的是情感关系,因此,两者既密切相关,同时又具有显著的差别。那么,在日常生活中,通常称为"小帮派"的非正式结构对正式结构具有哪些功能呢?研究表明,非正式结构和正式结构在组织中相互作用,各自发挥不同的功能,非正式结构在一定条件下可以弥补正式结构的不足,但在其他情况下,它也会干扰正式结构的正常运作,妨碍组织目标的实现。

当非正式结构与正式结构的目标一致或不相抵触时,它可能会发挥正功能,对组织运作及其目标的实现起到促进作用:

(1)非正式结构能为组织成员提供满足感。如前所述,正式结构依照严格的规范和科层体制,追求的是效率,组织成员的确可以通过工作来获取满足,但他们还有情感和心理上的需求,非正式组织就是一个能提供这些满足的群体。

(2)非正式结构可以缓冲正式结构给成员带来的压力。在科层体制下,由于以效率和等级规范为行动原则,组织成员为了按时、按质和按量完成任务,常常处于目标压力之下,这既影响到群体的士气和工作效率,还可能造成人际关系的紧张。而非正式组织的特征使得成员能在很大程度上缓解这种压力,有利于正式组织的运作。

(3)非正式结构为某些组织成员提供获取地位的机会。在正式组织中,由于科层制职位的稀缺性,有些成员渴望的地位需求可能得不到满足,非正式结构则为他们提供了这样的机会,在这里,他们可以按照自己的意愿,根据小群体内的特性,自主改变科层制对"地位"的解释,从而减少组织成员因为职位争夺造成的紧张,释放部分的不满。

(4)非正式结构有助于工作任务的完成。这主要表现为:一方面,当成员属于某一非正式组织时,就会产生一种强烈的归属和认同感,这种归属和认同感会给正式组织的工作产生良好的作用,反之则是离心力的加强和对正式组织的破坏;另一方面,非正式结构还可以利用其灵活性在正式结构中发挥作用,许多工作如果按照组织的"正式渠道",可能会花费大量的时间、人力和物力,而非正式组织则可以通过人际关系直接找当事人办理,从而提高工作效率。

(5)非正式结构能起到增进信息沟通的作用。利用非正式结构作为信息沟通的渠道已经成为当代组织心理学研究的一个重要课题。由于非正式结构对信息的传递速度较科层体制更快,并且不会因担心上级的态度而改变自己的观点,因此,它有利于管理者了解组织内各部分的真实情况,获取通过正式组织结构无法获得的信息资料。

(6)非正式结构还有助于正式组织的管理者弥补成员间的能力和成就的差异。非正式结构具有控制内部成员顺从的力量,它通常是具有相似背景成员的集合。如果正式组织的管理者运用得当,他可以借助非正式结构进行组织控制和监管,减少由于成员间因为能力和成就的高低而造成的关系紧张等情况的发生。

但当非正式结构与正式结构的目标相互抵触时,它可能会发挥负功能,对组织运作及其目标的实现起到消极作用,这主要表现为以下四个方面。

(1)遵从行为的问题。如果非正式结构过分整合,使得内部成员对正式组织的认同过于弱化,这就会削弱正式组织权威系统的有效性,从而造成组织内部管理秩序的紊乱,影响任务和目标的实现;另外,如果在正式组织中,某些人有意利用非正式结构,拉帮结派,这会给正式组织的协调造成更大的麻烦,甚至会导致组织的分裂。

(2)抵制变革,发展组织的惰性。组织研究表明,这并不是因为非正式组织中的成员不希望变革,而是其中大部分人害怕组织变革会改变非正式结构赖以生存的正式结构,从而危及非正式组织的存在,因而对改革采取消极或抵制的态度。

(3)目标冲突。非正式组织的目标不可能时刻都与正式组织的目标相一致,当两者相抵触时,此中的成员很难同时完成两个相互矛盾的目标,对此要么进行二取一的选择,要么分散精力两者兼顾,因此,作为管理者应该尽量地缩小或弥合这种差别,使其减少到双方都能接受的程度。

(4)谣言问题。非正式结构在增进信息沟通的同时,也存在着许多风险。在有些时候,当组织的正式渠道发生问题时,由于人们对某类事件感兴趣,但又不能了解到全部的信息,因此,人们会人为地进行信息再加工,然后通过非正式结构进行传播,从而形成谣言和小道消息,造成人心涣散。

因此,对于一个正式组织来说,首先应该承认非正式结构的存在,既不能采取行政方式取缔或者干涉其活动,也不能任其自由发展,应该采取适当的方式来影响和引导。实践证明,借助组织文化的力量进行引导、影响其内部行为规范是一种有效的途径。

三、现代组织中的权力结构

只要是有组织存在的地方,就会存在着权力,任何正式组织都有一套相对稳定的权力体系。而组织权力的分配方式,不仅直接反映该组织的内部结构特征,而且也影响着组织效率和功能的发挥。一般来讲,最基本的组织权力结构有两种形态:集权和分权。

在集权的权力结构中,组织的主管者将内部所有的权力都集中在个人或极少数高层人士手中,实行权力独揽;而在分权的权力结构中,组织的一般权力都被下放到组织的各级部门,各部门依照自己的职责和水平层次分享相对应的职权,而且上级部门拥有职权要多于下级组织。这两种不同的权力结构分别催生出两种不同的组织结构形态:集权制对应的是家长制,分权制对应的是科层制。

在传统社会中,由于社会分工有限,组织规模一般都不大,多具有家庭或家族色彩,因此多采用家长制。这种管理方式类似家庭管理性质,是一种以人为管理主体的管理方式,领导者的权力既高度集中,同时也不作划分和限制,一切组织和成员活动都由领导者一人决定,其他成员与其的关系更多的仅是依附关系。

现代社会更为复杂,分工精细,与现代市场联系密切,组织规模更大,对效率的要求更高,因此多采用分权式的科层制,这种管理方式是组织管理正规化、科学化的表现,同时它也是社会发展的结果;从某种意义上讲,分权制既是历史的必然,也是现代社会区别于传统社会的标志之一。

表 7-1　　　　　　　　　　　　　家长制与科层制特点的对比①

	家　长　制	科　层　制
决　策	凭家长(长官)意志一言堂	经组织集体讨论决定,行政部分执行
制　度	没有制度或制度形同虚设,只依据个人直觉、经验、惯例,具有很大的随意性	有一套严格的规章制度,规章治事,事本主义,公事公办
权　威	传统权威(世袭制、终身制)	法理权威(分层负责,分科执掌,权力依附职位)
人员选拔	个人委任制(建立在成员对家长效忠、服从之上,任人唯亲,因人设位)	按绩晋升(考核聘任制,任人唯贤)
职位分层	分层不明或简单化,分工不明,责任不清,推诿,扯皮	有严格的分层原则和标准,职、权、利益三者统一,分工协作,各司其职,各负其责

---

① 参见易益典、周拱熹主编:《社会学教程》,上海人民出版社 2001 年版,第 155 页。

在当今社会,科层制具有明显的优势。首先,科层制能够通过组织一群普通人完成不平常的目标,科层制将职位、技能都依照工作性质划分为小任务,并根据标准程序来进行人员训练,例如仅靠一个天才单枪匹马肯定不能制造出航天飞机,但靠着无数个普通的工人却最终能完成这项任务;其次,科层制中事本主义的原则使得在组织中,凡事都按照规章制度办事,把组织和个人事务分开,从而使得组织的职位不受担任者私人特质,如性格、相貌、气质等因素的干扰,从而保证组织内的关系具有相对的稳定性,在一定限度内不受人员变动、个人偏好的改变而发生变化;再次,严格的分工以及事本主义使得科层制中的管理者能够更公正地对待和评价成员,他们的评价标准是基于职位本身,更具客观性,体现的是法治而非人治原则;最后,严格的规章制度和按绩晋升原则使得组织内的人员可以预测工作的成绩和报酬,这既能使组织通过薪金和职业保障安定人心,而且还可以极大调动员工的积极性,奋发工作。

然而,不论是家长制还是科层制,都会产生官僚主义问题。从管理学的角度来看,凡是由于管理不善而造成的组织活动偏离目标的现象都属于官僚主义的范畴,它不仅仅是组织管理者个人的问题,而且从根本上讲是一个管理制度问题。

由家长制产生的官僚主义主要表现为:遇事推诿、相互扯皮、敷衍塞责、热衷于谋取私利,不关心群众痛痒、一言堂、命令主义等。①

由科层制产生的官僚主义除了前文诸多学者的理论批判外,在实践中还表现为以下几个方面:

第一,浮夸习气,信息失真。由于实行金字塔式的权力结构,下级呈报上级的信息,由于层次过多,又不能越级汇报,而上级的管理跨度又过大,所以信息失真程度可能会逐级增加。

第二,墨守成规、缺乏灵活性。科层体制要求成员严格按规范办事,以保证组织效率。但长期受规则的限制,则会泯灭人的主动性和革新精神,管理人员容易变得墨守成规、目光短浅、不近人情、打官腔、缺少生气。

第三,例行公事、文牍主义。在科层体制下,文件和会议所制定或通过的

---

① 参见郑杭生主编:《社会学概论新修》,中国人民大学出版社 2002 年版,第 282 页。

规定是重要的管理手段,但任何规则都有例外,为了处理例外情况,需要制定新的文件,召开新的会议,制定新的规则,新规则还会有例外,仍需制定规则,如此下去,规则越来越多,这使得许多管理部门陷入繁杂的日常事务而不能自拔,只能例行公事。

第四,因循守旧,压制创造。科层制中严格的职权观念使得在组织中很容易形成"服从规章比服从规章的理由更重要",因为遵守规章就不会惹麻烦,意味着依靠资历就有晋升的保障,如果这种保守主义的观念主导组织文化,那么组织中许多富有创造力、不因循守旧的成员就会遭到排斥。

第五,相互推诿,死板僵化。由于科层制强调职权、程序,而许多事务会涉及众多部门,为恪守所谓的规则,相关部门之间常常会出现相互推诿、不负责任的情况。

第四节　组织过程

组织结构是对组织的静态研究,而组织过程则是对组织的动态研究。当组织成立及确定目标后,组织就进入了运作状态,这就是组织过程,一般来说,决策、沟通和控制是组织过程最主要的构成要素。

一、决策

决策是组织运作必不可少的一个环节,但关于决策的定义,不同的专家学者有着不同的认识。简单的说,决策就是对各种可能的解决方案进行选择的过程;具体的说,决策是指组织或个人为了实现某种目标而对未来一定时期内有关活动的方向、内容及方式的选择或调整过程。不论何种界定,决策的概念都具备以下几方面的内容:

首先,决策的主体是管理者,既可以是单个的管理者,也可以是多个管理者组成的集体;其次,决策具有明确的目标,一个组织只有先有了目标,才可能谈得上决策问题;再次,决策是一种选择,决策活动的本质就是要对两个或两个以上的方案进行抉择,它是一种在现实性和可行性之间的选择;最后,决策是一个过程,它是由多个步骤组成的阶段性工作。

随着组织理论的深入,现代越来越多的人认识到决策遵循的是满意原则,而不是最优原则,因为在现实工作中,我们不可能完全获得与决策有关的所有信息,也没法准确预期到每个方案在未来的效果,因此,现实情况决定了决策者只能作出相对比较满意的决策。一般来说,组织决策大致分为识别机会或诊断问题、识别目标、收集和处理有关信息、拟定备选方案、评估备选方案、作出决策、选择实施战略和监督评估等程序。

二、沟通

沟通就是信息的交流和意义的传递。对于组织来说,沟通是协调组织内各位成员、各要素,并且使组织成为一个整体的凝聚剂;是领导者激励下属,实现领导职能的基本途径;也是企业与外部环境之间建立联系的桥梁。总之,沟通是组织合理决策的基本前提。

组织沟通过程一般要经过信息发送、编码过程、传递渠道、信息接收过程、解释和译码过程、接收者的反应过程等步骤,详见图 7-1:[①]

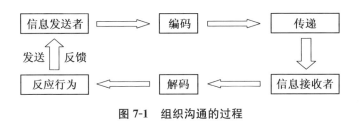

图 7-1　组织沟通的过程

在正式组织内,信息发送所传递的指令是一种正式且完整的信息,是根据组织运转需要而形成的信息,信息的不完整会导致谣言等沟通障碍,从而影响到组织其他方面的工作。编码过程就是信息发送者把发送的信息指令通过文件、会议、语言或动作等方式表达出来。信息的传递渠道通常有两种:一是向下传递信息,这种信息通常是指令或计划,常见的传递形式有文件或会议等,

---

① 于显洋:《组织社会学》,中国人民大学出版社 2001 年版,第 275 页。

逐级下传;当然也可以采取直接见面的方式,通过语言进行传递。二是向上传递信息,这种信息通常是建议和牢骚,可以逐级向上反映,也可以越级反映。至于信息发送者采取何种途径,完全取决于它对这种途径的看法。但是,无论采取何种渠道,都会带来信息的量的损失,而且渠道越多,环节越多,损失量就越大。信息传递到接收者手中后,他会对信息进行解释和翻译。从理论上讲,信息的理解应符合发送者的本意,但由于编码、接收环节以及接收者解码等问题,两者常常难以完全一致。接收者会根据信息内容进行判断,并采取相应的行动。信息发送者就可通过反应者的行为表现,来确定自己的信息是否完全为对方准确理解,这即是信息的反馈过程。而且这种反馈对于信息接收者来说,也相当于发送了一个信息。

三、控制

控制指监控组织各方面的活动,保证组织实际运行状态与组织计划保持动态适应的一项管理职能。为保证组织运作的有序性,任何组织都需要控制,控制为组织提供适应环境变化,限制偏差累积,处理内部复杂局面和降低成本等有效的途径。一般来说,组织控制的目标相当广泛,包括人员、财务、信息和组织绩效等方方面面。在具体操作时,控制工作的主要内容包括确定控制标准、衡量实际工作的绩效和鉴定偏差并采取矫正措施等三个环节。

以上组织的三大过程并非是彼此分离和先后发生的,它们是彼此统一和有机联系的,并且经常同时发生:组织决策过程始终伴随着组织运行过程,同时影响着组织的沟通和控制过程;而沟通则随时为决策和控制提供信息和渠道;控制过程则具体地贯彻着组织的决策,并不断强化和改善着组织内的沟通。

第五节　中国当代的组织现象

一、我国的组织分类

与西方社会学通行的组织划分不同,我国对组织的习惯划分方法有三种:

（一）根据社会组织的性质和职能划分

根据社会组织的性质和职能,将社会组织划分为以下五种类型:

第一,政治组织。政治组织是专门处理社会各种不同阶级、阶层和其他利益集团之间利益关系的社会组织,包括政党组织与政权组织。我国的政党组织包括中国共产党和八个民主党派(中国国民党革命委员会、中国民主同盟、中国民主建国会、中国民主促进会、中国农工民主党、中国致公党、九三学社和台湾民主自治同盟)。我国的政权组织包括人民代表大会、人民政府、人民法院、人民检察院和人民军队等。

第二,经济组织。经济组织指社会中以从事物质资料生产、交换、分配和消费为其主要活动的社会组织。现代经济组织是工业化以后出现的专业化的社会组织,它是一个庞大而复杂的系统。我国把经济组织分为15大类,涉及生产机构、商业机构和服务机构:

(1)农业,包括种植、畜牧、水产、农村工副、水利、气象;(2)林业,包括造林、采伐运输、林产加工;(3)消费品工业,包括轻工、纺织、造纸、食品、医药、日用化工;(4)能源工业,包括煤炭、石油、电力;(5)冶金工业,包括钢铁、有色金属;(6)化学工业,包括化肥、农药、石油化工、精细化工;(7)建材工业;(8)地质勘探;(9)机械电子工业;(10)建筑工业;(11)交通运输邮电业;(12)国内商业;(13)外贸,包括进出口贸易、旅游、海关、商检;(14)手工业;(15)金融业。

第三,文化组织。文化组织是指从事传播人类文化成果、科学研究、保障社会成员文明健康生活的内容广泛的多层次、多种类社会组织,包括社会各级各类文艺组织、教育组织、科学技术组织、医疗卫生组织、体育组织和大众传媒组织。它们发挥着传播、弘扬人类文化,宣传各种社会思想以及满足人们的精神需要等社会功能。

第四,群众组织。群众组织包括基层群众自治组织和群众团体。我国的基层群众自治组织主要指城市居民委员会和农村村民自治委员会。在法律上,他们与政府之间不存在行政隶属关系,但在实际运作过程中,他们长期扮演着准政府的角色,目前这一情况正在发生改变。群众团体是指人民群众为特定目的自愿组织的,并经民政部门批准,不以营利为目的的社会组织,大体包括文教体卫类、学术类、工商行业类和社会公益类等,如律师协会、社会学学会、个体工商户协会等等。

　　第五,宗教组织。宗教组织在人类社会中发挥着重要的作用。我国是一个多教并存的国家,主要宗教有佛教、道教、基督教、天主教、伊斯兰教。我国现有八个全国性宗教组织,即中国佛教协会、中国道教协会、中国天主教协会、中国天主教教务委员会、中国天主教主教团、中国基督教"三自"爱国运动委员会、中国基督教协会和中国伊斯兰教协会。

(二) 根据产业类型划分

　　根据产业类型,将组织分为三类:

　　第一产业组织,主要包括农林牧副渔业和采掘自然资源的组织;第二产业组织,包括工业和建筑业;第三产业组织,包括生产和生活服务部门、科教文卫部门和社会公共服务部门。

(三) 根据单位功能划分

　　根据我国曾大量存在的单位的功能,组织可分为:机关(政治组织)、企业(经济组织)和事业单位(社会组织),在农村则主要是政、经、社合一的人民公社。由于社会情况发生了变化,因此,这种分类,特别是农村的情况也已发生改变。

二、单位制

　　单位(unit)制度是中国特有的一种社会组织现象,不了解单位就无法真正了解中国社会。与西方的组织不同,单位既是一种组织形态,也是一种社会制度。在这种制度中,大多数社会成员都被安排在一个个具体的单位中,由单位给予他们社会行为的权利、身份和合法性,满足他们的各种需求,代表他们的利益,并控制他们的行为。[1]也就是说,单位制度是国家通过具有特殊功能的科层组织对各种社会、经济资源进行再分配,并通过这种再分配实行有效的政治控制的一种体制。单位即是这种再分配体制下的制度化组织。

　　在中国的单位制度下,单位被分为三大类型:第一类是机关单位,主要由

---

　　①　参见李路路、王奋宁:《中国单位现象与体制改革》,《中国社会科学季刊》(香港)1994 年春季卷。

党政系统和群团系统的各级机关构成,包括党委系统、政府机构、工会、妇联和共青团等;第二类是企业单位,包括国营企业和城市集体所有制企业;第三类是事业单位,包括那些以非物质产品为产出物的组织,例如科技系统、教育系统、文化系统和卫生系统的各种组织。不论是何种单位,都要接受党和国家的管理与控制,其内部则按照科层制原则进行设计。

(一) 单位的特征①

由于中国单位的特殊性,使得在中国形成了一种"政府—单位的管理模式",这不仅表现在宏观社会结构方面,也体现在单位组织内部的微观特征方面。

1. 组织形式的行政性特征

单位组织形式的行政性特征主要表现为:从产权的角度来说,企业和事业单位的产权所有者都是国家,因此,其资产的最终处置权为国家所有;从法律的角度来看,我国通过法律赋予党对国家的领导权,从而实现对国有企业单位和事业单位的人事支配权;对于集体企业,国家虽然从名义上不能直接支配其资产,但却可以通过人事支配权来实现对集体企业的可能控制。

2. 资源配置的非市场性特征

单位的行政性特征排除了他们参加市场竞争的可能性,单位的一切都依照国家计划进行。国家根据一定时间内的政治、经济和社会发展需要,把由国家支配的资源按照计划配置到各个不同的单位,各单位然后按照国家计划进行生产。在这种制度下,单位对已有资源的使用就不是根据效率原则进行组织,只要完成了国家计划就是有效益的单位。在这种非市场性的资源配置过程中,由于计划部门与众多单位之间存在着严重的信息不对称,各单位为自身利益及单位成员利益,都倾向于争取国家把更多的资源配置到本单位来。

3. 制度性依附

从单位的外部关系来看,由于国家按计划进行资源配置,单位既与市场缺乏有机的联系,也与横向的其他单位缺乏有效的沟通。尽管单位与国家之间可能存在着讨价还价的关系,但这种关系的基础在于国家对资源垄断性的配

---

① 参见童星:《现代社会学理论新编》,南京大学出版社 2003 年版,第 169—170 页;孙立平:《转型与断裂》,清华大学出版社 2004 年版;李汉林:《中国单位社会》,上海人民出版社 2004 年版。

置和单位对国家的全面依附。

从单位的内部关系来看,单位既要负责成员的永久性就业,而且还要承担一系列的福利,而单位成员也不能轻易改变自己的组织归属,这就造成单位成员对单位的社会和经济依附。此外,由于单位内部实行金字塔式的科层体制,领导几乎掌握着一个单位内部全部资源的配置,因此,这又造成了单位成员对单位领导的政治依附和对直接领导的人身依附。在这三重依附关系的基础上,进一步形成了独特的单位制度文化。

4. 社会行为的身份性特征

由于国家政权对社会生活的全面渗透和控制,单位身份也不可避免地外延为一种社会身份,整个社会可以分为两大身份集团:"单位人(城市人)"和"非单位人(农村人)";依照单位的性质,单位人又分为干部和工人两大身份群体。不论是单位人与城市人之间,还是干部和工人之间的界限都非常清晰,角色间的社会流动也相当困难。

(二) 单位制度的变迁

单位制度是历史的产物,是在特定时期在我国实行的一种社会建制,它既是一种高效的社会资源动员、配置和社会控制制度,同时也是一种高能耗、低效率的生产制度。改革开放以后,尤其是 20 世纪 90 年代实行市场经济体制改革以来,单位制度开始发生了许多重大的变化,这主要表现在以下几个方面:①

1. 单位与成员的经济关系发生了变化

在计划体制下,单位对其成员是一种全面的承包关系,为本单位的所有成员提供几乎所有的经济所需,而单位成员则将个人的权利让渡给单位,对单位及其领导进行政治依附和人身依附。市场转型后,国家已不再是所有资源的配置者,在单位之外出现越来越多自由流动的资源,单位亦不再是成员所有经济所需的提供者,单位内部成员的自由流动空间也越来越大。

2. 由全方位控制转变为职业活动控制

在计划体制下,单位不仅是人们的职业场所,还是人们政治生活、社会生活和文化生活的场所,人们的一切生产、工作和生活都与单位密切相关,单位

---

① 参见孙立平主编:《社会学导论》,首都经济贸易大学出版社 2004 年版,第 229 页。

则借此对成员实行全方位的控制。市场转型后,单位逐步回归为工作场所,仅是人们从事职业活动的地方,而与成员的其他活动无关。

3. 单位不再具有身份性特征

原来的单位人就是城市人,大部分城市人都分布在各种单位之中。市场转型后,一批原来的单位人由于下岗、事业或下海等原因而脱离出去,使得单位只是部分城市人的工作场所。当然,作为中国独特的组织制度,单位制虽然出现了各种变化,但并不会马上解体。单位不断弱化的过程,也是单位的社会功能不断为其他社会组织替代的过程,这势必导致大量的非单位社会组织的产生,在诸多的社会组织中,非营利组织就是目前国内外相关学界重点关注的组织现象之一。

三、我国当前的非营利组织(Non-Profit Organization, NPO)

(一)非营利组织的界定及特征

在我们的日常生活中,常常见到诸如某某学会、某某协会、基金会、慈善会等类的组织,它们不是政府机关,也不是为了赚钱的企业,我们常常把这类非政府、非市场,且以服务大众为宗旨的组织称为非营利组织。

对于非营利组织的概念,不论是在我国,还是在国际学术界,都没有一个统一的界定。就其原意来看,非营利组织最初是指由私人为实现自己的某种非经济性愿望或目标而发起的各种各样的社会机构和组织,不仅包括基金会、慈善筹款协会等公益类组织,也包括私人创设的学校、医院、社会福利服务机构、艺术团体、研究机构等服务类组织。随着对这类组织的关注,特别是自20世纪70年代以来,广大非营利组织在国内及其国际上的作用日趋突出,有的学者甚至认为发起了一场范围广泛的"结社革命",学术界才对非营利组织投入了大量的研究。基于强调的角度和重点不同,对非营利组织的界定也众说纷纭。他们的分歧可以通过该类组织的不同名称反映出来。有的学者将这类组织又称为非政府组织(non-government organization,NGO)、第三部门(the third sector)、慈善组织、志愿者组织、免税组织、社会经济、公民社会组织等。但不论何种称谓,一般认为,与其他组织相比,这类组织具备以下特征:①

---

① 参见王名、刘培峰等:《民间组织通论》,时事出版社2004年版,第7—13页。

1. 组织性

非营利组织的组织性包括两层意思:第一,必须是正式组织,有常规的组织机构和管理体制,要有团体的章程,相对稳定的组织结构、组织目标和组织活动等;第二,必须具备合法性,它应该具有正式注册的合法身份,因为只有具备法人资格才能使非营利组织对外以法人的身份订立合同。

2. 民间性(非政府性)

民间性特征主要强调的是非营利组织的本质是民间性团体而非官方机构。非营利组织完全由民间力量来组建及运作,是分立于政府之外的,不属于政府的组成部分,也不受政府管辖,但可以接受政府的支援。这包括三层含义:

第一,民间组织的产生是应社会的要求而非以国家职能为基础。政府是国家意志的体现,它按照国家制度的需要确定自己的职能,而这些职能又是通过各级、各类国家机关、政府机构及其国有事业单位得以实现的。非营利组织的存在基础不同于政府,它不是履行国家意志的机构,而是生活在社会中的某些人依据他们共同的兴趣、意志、利益和愿望等自发组建的社会组织。也就是说,它赖以产生、存在和发展的基础不是国家职能,而是一定的社会需求。

第二,非营利组织在体制和组织上独立于政府,不隶属于国家的政治和行政体系。非营利组织的重要特性之一是它在制度上与国家的政治体系和行政体系相分离,它既不是党政机关,也不是党政机关的附属机构。组织内的工作人员及领导不是国家干部,非营利组织是一个独立自治的社会组织。简单地说,国家机构是以国家暴力为后盾的,而非营利组织则是以民众的自愿合作为基础的,没有太大的强制力。

第三,非营利组织在提供公共服务和承担公共责任上也区别于政府。政府主要是为本国的公民提供服务,承担责任;而非营利组织则不一定,它的服务范围可能是一类民众,也可以是一个地区的民众,甚至还可以是超越国界的对象。例如"绿色之友"就是一个国际性的非营利组织,它在许多国家都设有分支机构。

3. 非营利性

非营利性是非营利组织最核心的特征之一。所谓非营利组织的非营利性,并不是说非营利组织就不能获取利润,相反,非营利组织也可以赚取利润,但这些利润主要不是用于分配给机构的所有者或工作人员,它必须将这些利润服务于大众。

4. 自治性

自治性主要是指非营利组织能够自主地控制自己的活动,不受外界的控制。也就是说,在非营利组织的活动不违背法律的情况下,不论是政府机关还是企业组织,都无权随意干涉非营利组织的内部事务。非营利组织必须拥有相应的自治权,以保证组织目标的实现。

5. 志愿性

志愿性也可以称为自愿性,志愿精神是非营利组织极其重要的精神资源,它包括三方面的内容:第一,组织的志愿性。这表现在非营利组织的成立、成员参与、资金来源等方面都是基于自愿,而不是依靠强迫、强制或行政指令。第二,服务的志愿性。非营利组织与政府一样,都是提供公共服务,但非营利组织服务的动力是志愿精神,而不是行政权力。第三,活动的志愿性。非营利组织不是自上而下的行政机关,没有等级森严的科层结构,而是开放式的公民志愿组织,其公益活动的开展完全依靠志愿者的自愿奉献。

6. 公益性

公益性指非营利组织不是为特定对象或个人服务,而是为公共利益服务,既包括为社会公众服务,也包括为社会中特定的群体,特别是弱势群体服务。

7. 中立性

中立性主要是就其政治立场而言的。根据以上对非营利组织的定义和特征概括,政党和相关的政治组织也可以归属于非营利组织之列,但目前从研究来看,很少有学者将政党、政治组织视为非营利组织来研究。因此,在特征限定方面,非营利组织还必须排除政党和政治性组织,但这不是说非营利组织就不能有自己的政治主张,而是指它在政治上应保持中立的立场,既不与特定的政党或政治组织结盟,也不卷入党派斗争。

8. 灵活性

在面对新出现的社会问题时,非营利组织由于不必受僵化体制和繁文缛节的束缚,因此,它们的反应较政府组织、市场组织更为迅速,善于灵活地调整自己的工作方向和运作方式,以适应时代或事件的需要。

(二) 非营利组织产生和发展的原因

作为现代社会常见的组织形式之一,非营利组织的产生并非是偶然的,它的存在大致有四方面的原因:

1. 历史原因

从历史角度来看,非营利组织的历史渊源可以追溯到自由结社和慈善事业的传统。

通过对历史资料的分析,我们发现,类似于今天非营利组织的民间组织在奴隶社会末期就已经出现,当时许多民间组织就是基于自由结社基础上的学者、商人以及手工业者等的联合体。到封建社会,非营利组织的形式则集中体现为行会组织、宗教性的民间组织等等。资产阶级推翻封建社会后,更是以法律的形式承认了自由结社、法律面前人人平等等原则,而 1948 年在旧金山国际会议上通过的《世界人权宣言》则使得包括结社自由在内的人权问题纳入国际社会关注的视野,并成为联合国宪章的主要精神之一。此后,这一原则迅速为各国普遍接受。正因为有着这样的历史传统,被誉为现代社会"结社革命"成果的非营利组织才可能得以产生和发展。

此外,古代社会某些致力于慈善的历史也为现今非营利组织的兴起提供了传统支持,这主要表现为官办慈善事业、宗教慈善事业和民办慈善事业三方面,其中又以后两者最为重要。不论是佛教、道教、基督教、天主教还是伊斯兰教等宗教,其教义都有行善的要求,他们不仅要求信徒如此,而且还以组织的形式开展救灾济贫、施医助药等慈善活动。民间的一些有识之士也自发举办各种慈善活动,例如中世纪德国出现的手工业互助基金会——"基尔特";18世纪英国的"友谊会";1657 年波士顿成立的由苏格兰人组成的慈善协会;我国宋代范仲淹的"义田"、朱熹的"社仓"、刘宰的"粥局",近代熊希龄的"慈幼局"等都是民间慈善事业的典型代表。这对现代非营利组织的影响非常之大,以至于慈善类的团体在非营利组织中占了相当大的比重。

2. 市场失灵

从经济学的角度来说,完全的市场竞争能够使得资源的配置达到最有效率的状态,但这通常只是一种理论上的理想状态,在现实生活中往往会出现市场失灵的情况。所谓市场失灵,是指由于市场机制本身的内在缺陷造成的在实现资源配置的效率方面出现的运转失效的现象。这些失灵之处往往是非营利组织发挥作用的地方。

第一,信息不对称与非营利组织的产生。在市场领域,由于产品和服务的提供者掌握了比消费者更多的信息,因此,它可以利用自己在信息不对称关系所占据的有利地位欺骗消费者,谋取自己利润的最大化。与市场组织的运作动机不同,非营利组织的特性决定他们无需在质量上做手脚,它是以服务会员或社会大众为目的,不追求投入的物质回报。因此,非营利组织往往能够提供营利组织在数量和质量上无法满足人们需求的产品。

第二,公共物品提供中的"搭便车"行为与非营利组织的产生。所谓公共物品是任何一个主体都可以消费的物品,这种物品与私人物品相比,具有非竞争性和非排他性的特征。这样就会产生一个问题,即市场失灵的"搭便车"现象:因为一旦这些物品生产出来,当每个人都能从中获益并无需支付任何成本时,就会出现从事生产的人日趋减少,不劳而获者就会增多,从而导致整个组织发展的停滞或瓦解。非营利组织则可以很好地克服这一点,它的志愿性保证人们参与组织行动完全出于个人的自愿,并不以获取物质报酬为前提,因此,"搭便车"的现象可以得到遏制。

第三,"供需矛盾"与非营利组织的产生。这里的供需矛盾特指在市场条件下,为追求利润的最大化,市场组织往往忽视穷人的需求,因为他们的购买能力有限。这就使得市场在保证社会公正性方面出现失灵,而这也为致力于以救助穷人为目的的非营利组织的产生提供了需求前提。

3. 政府失灵及"政府—市场"的双重失灵

在主流经济学理论中,政府是弥补"市场失灵"的关键因素。但在有些情况下,政府并不能起到这种效果,而是出现政府与市场的双重失灵。

第一,政府部门的效率与非营利组织的优势。公共选择理论认为,政府作为公共物品与服务垄断性的生产和分配者,由于缺乏竞争而效率低下;政府的科层体制、例行公事的官僚作风也影响着效率的发挥;同时,政府也是一个利益主体,也时刻谋取自己利益的最大化,如为工作人员提供高薪和高福利,而且缺乏减少成本与预算的激励和奖罚机制。这些也正是非营利组织可以发挥补充作用之处。

第二,政府—市场双重失灵与非营利组织的作用。政府在提供公共产品和服务时,通常是按照中间需求来进行操作,而人们需求的差异是非常大的,这会使得一部分人的过度需求得不到满足,另一部分人的特殊需求也得不到满足。出现政府失灵后,有部分需求可以由市场私营部分替代,但他们可以提供的物品是那些能够私有化的物品,对于不能私有化物品的配置市场也不能发挥效用,这就导致"政府—市场双重失灵"的现象。而非营利组织此时可以作为一个政府之外的公共物品的提供者出现,补充政府和市场的不足。

4. 内在动机

上述要素是非营利组织产生的外在促进因素,而内在动机则是其产生的内部促动力。一般来说,参与和组织非营利事业的团体或个人的动机主要有三类:第一类是通过非营利组织活动牟取个人或团体的私利,如金钱、地位、荣誉和权力等;第二类动机带有利他主义色彩,但也期望获得某种回报,包括精神上的快慰;第三类是纯粹的利他主义,这些组织或个人往往把事业当做一种使命。

综上所述,我们可以从政府(公营部门)、市场(私营部门)和非营利组织(第三部门)的优劣对比中,了解非营利组织产生的原因及其相应可能发挥的作用(见表 7-2)。

表 7-2   **三部门的优势和劣势**[①]

每一部门最适合的任务 (E=有效果　I=无效果　D=取决于环境)			
	公营部门	私营部门	第三部门
最适合公营部分			
政策管理	E	I	D
管理实施	E	I	D
实行公平	E	I	E
防止歧视	E	D	D
防止剥削	E	I	E
提高社会凝聚力	E	I	E
最适合私营部门			
经济任务	I	E	D
投资任务	I	E	D
产生利润	I	E	I

---

① 参见戴维·奥斯本等:《改革政府:企业精神如何改革着公营部门》,上海译文出版社 1996 年版。

(续表)

	公营部门	私营部门	第三部门
提高自足的能力	I	E	D
最适合第三部门			
社会的任务	D	I	E
需要志愿劳动的任务	D	I	E
产生微利的任务	D	I	E
提高个人的责任心	I	D	E
加强社区	D	I	E
提高对他人福利的责任心	D	I	E

(三) 我国非营利组织的类型及特征

在我国,完全符合西方标准的非营利组织几乎不存在,我们也没有一个明确的非营利组织分类标准,在现行法规体系中,最接近这一概念的是"社会团体"和"民办非企业单位"。[1]定义中国非营利组织时,我们可以结合中国的国情,选择其中某些基本条件作为标准:不以营利为目的,且具有正式的组织形式、属于非政府体系的社会组织,它们具有一定的自治性、志愿性、公益性或互益性。中国现阶段的非营利组织可分为会员制互益型组织、会员制公益型组织、运作型组织和实体型服务组织等,人民团体和部分正在向民间团体转型的国有事业单位也可归入此中,详细分类见图 7-2 。[2]

会员制互益型组织的目标是通过促进群体共同利益来促进会员利益。这类组织是相关利益者的聚合体,组织提供给成员的产品是一种利益聚合机制。会员制公益型组织则是以促进全社会的利益为目标的组织。运作型组织一般没有固定的组织成员,其目标是通过各种项目或者活动促进社会公益,这些活动承载着一定的价值观,通过向社会传达其价值观后获得那些认同该价值观的个人或机构的资助。

随着我国政府改革和市场经济的推进,非营利组织越来越成为解决许多

---

[1]　按照我国《民办非企业单位登记管理暂行条例》,民办非企业单位是指企业事业单位、社会团体和其他社会力量以及公民个人利用非国有资产举办的,从事非营利性社会服务活动的社会组织。

[2]　参见王名、刘培峰等:《民间组织通论》,时事出版社 2004 年版。

社会问题时必不可少的组织机制。在改革开放以后发展起来的中国非营利组织中,主要有两种组织建构的类型:一种是被称为自上而下的非营利组织,它们与政府改革相关联,在相当程度上是政府改革和政府职能社会化的产物;另一种是被称为自下而上的非营利组织,他们与市场经济的发展以及与之相关联的经济、社会民主化进程有关,是公民有组织地参与经济过程、社会过程乃至政治过程的产物。

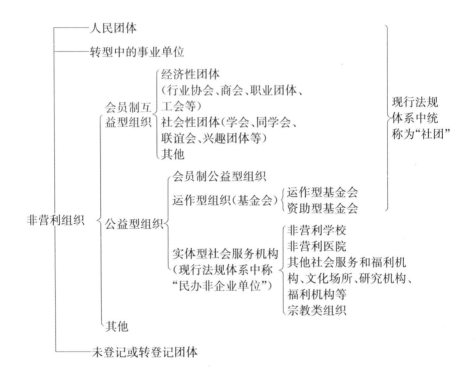

图 7-2　中国非营利组织分类①

　　第一条道路可称之为"自上而下的自治化道路",其基础在于政府改革和由此带来的政府职能的社会化,他们的主要的社会资源包括人、财、物、信息、管理和相应的组织资源等,主要来自党和政府的相关机构等受权力控制的垄

---

① 王名、贾西津:《中国非营利组织:定义、发展与政策建议》,载范丽珠主编:《全球化下的社会变迁与非政府组织》,上海人民出版社 2003 年版,第 266 页。

断领域,这表现为:在政府周延出现了一大批不以党政面目出现的机构,它们通常登记为独立的法人,往往行使着原由党政机构承担的职能。主要包括三种形式:

一是补充形式,即在外交、农业、环保等一些政策领域,主要作为相关公共政策的补充形式发挥作用;

二是协调形式,即在如冶金、纺织等一些行业管理领域,主要作为政府对相关行业进行管理的协调形式发挥作用;

三是执行形式,即在如妇女、劳工、残疾人等一些社会政策和福利领域,主要作为政府特定方针和政策的执行形式发挥作用。

这条道路的基本特征是:具有转型时期典型的"半官半民"双重属性:一方面具有模拟政府的行政性或自上而下的官僚性;另一方面又具有逐步增强的自治性,以及基于不同利益形成的面向市场和社会的不断增长的自我意识、自我利益维护、自我主张和自主决策的冲动。这样双重属性形成两种相互对立的力量:回归政府的行政化倾向和走向民间的自治化倾向。前者表现为这类组织对于自上而下的各种资源,包括编制、预算、职能、地位等,有着依然强烈的要求,会在各种适当的场合努力靠近党政机关并积极谋求来自上面的庇护和特权;后者则表现为随着这类组织的成长,他们越来越感受到来自政府的过多干预及其严重的束缚,会积极谋求在资源配置上的自主权,并努力争取来自政府之外的各种有利的资源。

第二条道路可称之为"自下而上的自主化道路",其基础在于经济改革和对外开放所带来的民主化和广泛的公民参与,它的社会资源包括人、财、物、信息、管理和相应的组织资源等,主要来自市场、社会和海外等开放的竞争世界。表现为:在党政权力不及、政策失灵或者默许的边缘地带,往往依靠精英人物发起成立一定的组织(正式的或非正式的),他们动员媒体和各种社会力量,利用来自民间的各种资源,瞄准一定的社会问题开展积极的活动。具体形式体现为八个方面:

(1) 出现一批拥有广泛群众基础的精英组织,如地球村、自然之友等;

(2) 出现如天则研究所、天恒可持续发展研究所、深圳综合开发研究院等独立的思想库;

(3) 出现一批依托城市社区的志愿者组织;

（4）出现一批依托大学、开展公益咨询的专家组织；

（5）出现一批主要面向残疾人等特殊人群的福利组织；

（6）出现以大学为背景、面向社会的大学生组织；

（7）出现市场经济孕育的自发性行业组织；

（8）出现深入农村基层的民众组织。

这条道路的基本特征是：具有转型时期典型的多样性、自发性和随意性。具体表现为：活动领域及方式的多样性，组织管理及运作的自发性，制度设计及约束的随意性。这些特征既有其长处，同时也制约着此类组织的发展，使其在组织的规模、绩效、影响、社会公信度等许多方面受到限制。更应强调的，在当前我国社会团体登记制度和管理体制下，这类草根性的组织绝大多数难以在民政部门登记，获得合法的地位①。

上述两种类型的组织和相应的两条道路，其实衬托出中国非营利组织的艰难处境及其还处在发展起步阶段的过渡性或转型期的特征：一方面，大量的非营利组织还很难真正成为独立于政府的自治组织，尤其进入法律登记体系的非营利组织，许多还保留着政府或事业单位的色彩；而一些具有独立性的社会自发组织，被排除在法律体系之外，生存空间受限。另一方面，管理和社会监督机制很不健全，存在较严重的非营利组织的营利行为，影响了非营利组织的社会公信度。②

---

① 不过近年来，特别是自 2011 年后，广东、北京和上海等省市开始推行社会团体登记制度的改革，行业协会商会类、科技类、公益慈善类和城乡社区服务类在注册登记前不再需要找业务主管单位，可直接到相应的民政部门申请登记。

② 王名、贾西津：《中国非营利组织：定义、发展与政策建议》，载范丽珠主编：《全球化下的社会变迁与非政府组织》，上海人民出版社 2003 年版。

第八章 社 区

第一节 社 区 概 述

一、社区的含义

"社区"是社会学的基本概念之一,是从英文 community 翻译过来,其含义本是指共同体和亲密的伙伴的意思。中文的"社区"一词是 20 世纪 30 年代初以费孝通为首的一些燕京大学社会学系学生翻译过来的,此后,他们在吴文藻先生的指导下,与其他学者一起致力于我国本土的社区研究,确立了社区研究在中国社会学的重要地位。

一般认为,"社区"这个概念最早是由德国社会学家滕尼斯(F. Tonnies, 1855—1936)提出来的,他于 1887 年出版的《社区和社会》(又译《礼俗社会和法理社会》)一书中第一次提出了社区的概念,在这本书中,滕尼斯把人类社会的结合方式分为两类,第一类是富有情感色彩的关系,第二类是为了达到某种目的而建立在交换基础上的关系。滕尼斯称第一类传统的、富有人情味的、有着共同价值观念、关系亲密的社会生活共同体为"社区"。第二类就是"社会",近似于都市和工业化的资本主义社会,这是一种具有不同价值观念的异质人口组成的,在这个群体中,人们的关系是由分工和契约决定的,重理性而不重人情,其特征是:人们没有或很少有认同感,情感中立,成员之间的交往是片面的。因此,在最早提出"社区"概念的滕尼斯看来,社区与社会是一组对立物。

美国芝加哥大学的帕克(R. E. Park, 1860—1944)是最早对社区下定义的社会学家之一。他指出,社区的基本特点可以概括为:(1)它有一群按地域组织起来的人群;(2)这些人口程度不同地深深扎根在他们所生息的那块土地上;(3)社区中的每一个人都生活在一种相互依赖的关系之中。

继帕克之后,不少社会学家对社区提出了各自的理解,以至于社区的定义越来越多,到1981年,杨庆堃教授统计社区定义共计140多种。在这些定义中,社区被界定为群体、过程、社会系统、地理区划、归属感和生活方式等等。虽然社区的定义如此众多,但它们都涉及了三个因素,即地域、共同联系和社会互动。

因此,综合不同学者对社区所下的定义,社区就是一定地域范围中的具有共同联系和社会互动的人们组成的生活共同体。

为了更好地理解社区,我们将社区和相近的其他概念作一下区分。

1. 社区与行政区

社区是具有一定地域范围的人群的组合体,行政区也是具有一定的地域范围的。但两者是既有联系又有区别的,两者的联系表现在:有的行政区与社区在地域上可能是重合的,如某个城市,某个街道或某个镇,它既是一个行政区,由于它的主要社会生活是同类型的,所以又是一个社区。两者的区别表现在:行政区是为了实施社会管理,依据政治、经济、历史文化等因素,人为划定的,它的边界线一般是清楚的;社区是人们在长期共同社会生产和生活中自然形成的,边界比较模糊。另外,同一社区可能被划入不同的行政区,而同一行政区内却可能包含着不同的社区。

2. 社区与社会

滕尼斯曾对社区与社会做了比较,我们进一步对这两个经常在社会学中要使用到的概念做出区分。社区与社会,是两个既有联系又有区别的概念。从社区定义的外延看,社区可被看作地域社会,因此,一般说来,社区是作为社会的一个部分而存在的。这是社区与社会相联系的地方。不过,从社区概念的内涵看,两者有明显的区别:

(1)社会中的各种关系尽管纷繁复杂,都并不强调"共同",而社区则十分强调共同的亚文化和共同的社区意识。

(2)社会不注重地域的概念。社会强调人们活动的社会空间,即在一定范围内人们相互交往、相互影响而形成各种社会关系。社会空间在地域分布上可以非常松散,也可以非常紧密。而社区则不同,它首先要有一定的地域条件,在此基础上,聚居在该地的人们通过直接或间接的交往形成不同于其他社区的人际关系。因此,地域是社区存在和发展的条件,是构建社区人际关系的基础。社区在地域上表现出相对的独立性,与邻近的其他社区存在明显的区别。

(3) 社区中的各种关系比社会的关系更紧密。与社会相比,同一社区内的人们交往频率更高些,而且,人们之间的婚姻和亲属关系、朋友关系、分工关系等通常是建立在"共同生活"基础上的。在此意义上,"共生"的程度的差异可以说是社区联系较社会更紧密的重要原因之一。

(4) 社区的功能与社会相比具有更为明确和专门化的特征。如城市社区通常是社会中的一个经济、政治、文化中心,它向社会提供大量工业产品,而农村社区则主要为社会提供副产品。从社会结构上看,社区总是作为社会的一个组成部分而存在的,社会中的人总是生活在一种甚至几种相互交织的社区内。人类在创造历史的同时也创造了他们的社区生活。

(5) 社区对社会成员的控制多采用非强制性手段。在对社会成员的控制手段方面,社区与社会具有各自的特点。在社区中既可以借助法律、纪律等强制手段,也可以使用风俗、道德、宗教等非强制控制手段。在社区中,非强制手段是社会控制的主要形式,因为社区成员具有共同的文化观念和心理上的依赖感,风俗、道德等非强制手段能够有效地影响和约束社区成员的行为。在社会范围内,成员之间的联系是间接的、抽象的,需要通过法律、纪律等强制性手段才能有效地控制社会成员的行为。另外,社区的社会控制目标主要是通过舆论等非强制性手段监督社区成员的社会行为,而社会则强调维护正常的社会秩序。

二、社区的构成要素

所谓社区的构成要素,也就是构成社区的主要因素。理解这个问题,对于理解社区的含义、把握社区的内容具有重要的意义。社区的构成要素有:

(一) 人口要素

社区要具有一定数量的人口,人口要素是构成社区的主要要素之一。人是社会存在的前提,也是社区存在的前提。社区既然是人们生活的共同体,首先,具有一定数量的人口就是社区存在的首要前提。人口规模决定着社区的规模。作为社区主体的人口有两方面的规定性:量的规定性,即人口的规模。一个社区的人口如果太少,就不能构成一个完整的社区;质的规定性,即人口的素质,如身体素质、文化素质、思想素质。同时,社区中的人口是有一定结构的,即人口的社会构成,如民族构成、宗教信仰构成、文化构成、职业构成、阶层构成等。其次,作为构成社区的一个要素中的人不是孤立存在的,而是相互间存在各种各样的社会关系,并且在社会关系中进行劳动等社会活动。人是社区的主体,社区居民是社会生活的创造者,是社区物质要素的创造者和使用者,是社区社会关系的承担者。

(二) 地域要素

社区是一定地域范围内的人组成的生活共同体。因此,社区是有一定边界的,它作为人类社会地域生活共同体,是区域性的社会实体。那么,一定的地域自然是社区的构成要素之一。一定范围的地域是社区存在的基本的自然环境条件,是相对独立的地区社会的活动空间和生存的资源。它制约着生活在这个地域内的人们的社会生产和生活。人们总是在一个特定的地域环境中生活。

(三) 一定的生活服务体系

一定的生活服务体系是社区成员的生产与生活所必需的物质条件。它包括商业服务业系统、文化教育卫生系统、交通通讯系统以及其他社会福利设施等。这些设施不仅可以为社区成员现实的社会活动服务,而且还为社区的发展提供着物质基础。生活服务设施的缺乏或者不完备,不仅会影响社区居民的生活,还会影响社区的稳定和发展。目前,社区设施的完善程度往往是一个社区发达程度的物质标尺。

(四) 独特的生活方式和文化体系

社区文化和生活方式是一个社区得以存在和发展的内在要素。它是人们在社区这个特定的地域性社会生活共同体中长期从事物质与精神活动的结晶；它渗入到社区生活的各个方面，不仅体现在人们的物质生活中，更深入地反映在人们的精神生活中。一个社区的风土人情、风俗习惯、管理方式、社区成员的心理特质、行为模式、价值观念等无不体现着社区文化。不同特征的社区文化和生活方式，是一个社区与另一个社区相区别的主要特征之一，也是一个社区内在凝聚力和认同感的基础。

（五）制度和组织管理系统

社区作为具有多重功能的地域性社会生活共同体，是一个有组织、有秩序的社会实体，需有健全的制度和完善的管理系统。社区中存在的公共事务，从而使得或大或小、或多或少的社区组织成为不可或缺的重要因素。社区组织是把个人组合起来的手段，是个体进行社会化的重要形式。

（六）一定的地缘认同感

社区居民具有一定的地缘认同感。即有一定的社区意识，对自己所属的社区有认同、喜爱和依恋的心理归属感。这种归属感是社区生活对其成员的心理长期影响的结果。有无地缘认同感，是衡量社区是否成熟的标准。因为，如果一个地方的居民毫无社区意识，缺少对该社区的地缘认同感，相互之间因缺少凝聚力而很难共同生活，就形不成一个社会共同体。

三、社区研究的理论和方法

可以说，社区是人们凭感官能感觉到的具体化了的社会。社区研究就是社会研究的具体化和深化，它把社会学一般理论中在高度抽象层面上讨论的问题，放到社区这个比较具体的层面上加以探讨。如在社会学一般理论中，探讨一般的社会制度的功能，在社区研究中，则是探讨各种不同社区中种种具体的社会制度的功能；在社会学的一般理论中，探讨一般的社会冲突，在社区研究中，探讨的则是发生在不同社区的、具有各自特点的冲突形式。费孝通认为，社会学研究可以分为两个部分，一个是从高度抽象的角度去研究各种社会制度之间的相互关系，这叫做"纯粹社会学"理论；另一个是把这种关系放到一定的时空中去探讨，这就是社区研究。因此，社区研究是应用社会学的一般理论和社会研究方法,深入一个特定的社区内对其结构性质和问题进行的分析研究,它是社会学中重要的组成部分。

(一) 社区研究的理论

社区研究的理论,是指社会学家在进行社区研究时所采用的理论模型。由于不同的社会学家的研究侧重点和对社区所下的定义不同,他们在研究中所遵循的理论路线也有不同。目前,在西方的社区研究中比较有影响的,主要是类型学理论和区位学理论。

1. 类型学理论

类型学既是一种理论,也是一种分类方法。在社区研究中运用类型学理论和方法,就是对现实的社会关系进行高度抽象,制定出两个极端的类型,然后将现实的关系与这两个极端类型进行对照和比较,从而达到对现实关系的科学认识。类型学是社区研究中重要的和最基本的理论。

(1) 古典类型学。

古典类型学的主要代表人物有社区概念的最早提出者滕尼斯、韦伯、迪尔凯姆、齐美尔(G. Simmel,1858—1918),以及沃思(L. Wirth,1897—1952)和莱德菲尔德(R. Redfield,1897—1958)等人。

我们之前已经提到,滕尼斯在《社区与社会》一书中最早提出了社区的概念。同时,他在观察和分析工业革命对欧洲传统社会的影响的基础上,提出了传统社区向现代社会发展的思想,为其后的社区研究中的类型学理论和方法奠定了基础。他对于社区研究的最大贡献也就在于他对于"社区—社会"这两个理想类型的运用。

韦伯和滕尼斯一样,也对传统社区的欧洲向现代化欧洲转变的过程进行了深入的研究,他认为,传统社区之所以向现代社会转变,原因在于理性化程度的不断提高。韦伯区分了两类人类行为,一类他称之为理性行为,一类则是传统社区型的行为,前者是以功效和回报量为基础,后者则以价值观、感情和传统为基础。韦伯对于人类行为的分类是一种理想类型,他运用这种理想类型去同人类的现实行为相对照,和滕尼斯一样,他发现他那个时代的欧洲越来越趋向于理性化。例如,在宗教生活中,人们认为宗教不再是一种魔法无边的东西,而不过是书本上的教义而已。在法律上,由传统社区中的感召领袖所进行的富有人情味的审判,为不讲情面的现代化了的法律体系所取代。他还比较了亚洲和非洲的基于感情自然流露的传统音乐同欧洲的程式化的交响乐之间的巨大差别。

法国社会学家迪尔凯姆对类型学理论的最大贡献,是他提出的基于传统社区的机械团结和基于现代社会的有机团结这两个概念。在他的一部社会学著作《社会分工论》中,他描述了以相似性为特征的封建社会关系的解体过程。他认为,这种封建社会是由机械团结整合在一起的。而英国的工业革命和法国的政治革命破坏了这种机械团结,社会出现了多种多样的政治、经济和宗教思想,也出现了基于劳动分工的多样化而形成的生活方式。在迪尔凯姆看来,这种社会靠的是一种以互相依赖为基础的有机团结。也就是说,一个个的个体为了彼此的共同利益必须结合在一起进行工作。

齐美尔从分析都市生活的角度,阐述了现代社会与传统社区这两种类型之间存在巨大差别的原因。在《大都会与精神生活》一书中,他探讨了都市居民独有的经历、态度和行为,以及都市环境与人们精神体验之间的关系。他所归纳的现代社会中人们的心理特点包括:理性、极强的时间观念、崇尚因果关系、个性化和漠然的态度等。齐美尔认为,理解现代大都会中人们的那种与传统社区不同的心理状态的关键,是要考虑到货币经济的作用。货币经济决定了大都会中的一切都要讲交换,而这在传统社区中是不存在的。

和齐美尔不同,芝加哥学派的沃思则用人口的数量、居住密度和异质性这三个变量来解释现代社会与传统社区以及不同类型的都市社区之间的区别。沃思认为,人口的大量增加,必然导致出现许多现代社会的特点,如更为专门化的劳动分工,人与人之间的关系更加疏远,更加没有人情味。城市中人口居住密度的增大,一方面要求居民对不同的个体差异具有更强的容忍力,另一方面也导致了更多的竞争、剥削和混乱,这些又反过来引起对个人行为更多的形式上的控制。人口的异质性则导致了城市中出现更复杂的分层系统、货币经济和城市居民的更加刻板和武断的思维方式。

芝加哥学派的另一位学者莱德菲尔德用自己的实证研究补充了沃思的观点。通过对四个墨西哥移民社区的研究,他发现,社区越小,越是与外界隔绝,越是具有同质性,它的生活方式就越是具有传统的色彩。他所提出的传统社区的理想类型是这样的:小而与外界缺少联系的、没有文字的、同质性的、社区成员具有很强的归属感,没有多少劳动分工,主要依靠性别角色的分化和共同享有生产资料。在经济上它是自给自足的,并不依赖外部大社会,在文化上它是传统的无批判力的,文化基础是宗教和亲属关系。

(2) 新类型学。

20 世纪 50 年代,贝克(H. Becker,1899—1960)和帕森斯等人在古典类型学的基础上,对此进行修正,提出了新的类型学理论。

贝克在社区与社会这一组理想概念的基础上,提出了神圣社会与世俗社会这一组理想概念,两者的本质区别在于对待变化的态度上,前者反对变化,而后者则拥护变化。所有的现实社会都处于神圣和世俗这两个极端之间,并且都不同程度地兼具这两个极端的成分。贝克对传统类型学的修正在于,传统的类型学理论所持的进化论观点,认为发展总是循序渐进地向前的,总是由传统社区向现代社会的发展。贝克则不同,他认为发展可以是跳跃式的,也可以是反方向的。当一个社会在世俗化方向发展到极端的时候,感召领袖有可能突然把这种发展拉回到极端神圣化方向上去。贝克对类型学的修正,使这个理论能与历史事件更相一致,如德国的魏玛共和国(世俗社会)倒退到纳粹独裁统治(神圣社会)就是这种逆向运动的反映,但这同时也削弱了这个理论的预测和解释力。根据贝克的模型,很难对传统社区—现代社会的发展进行预测,对于社会的变迁,也很难做出进化论的解释。

帕森斯以滕尼斯的理论为基础,提出了解释人类社会行为的四对模式变量。这就是:(1)感情—感情无涉。这是指一个人是追求眼前的满足,还是为了某种长期的目标而推迟这种满足。(2)扩散—专一。这是指人与人之间的关系是全面的,如母亲和子女的关系,还是只限于某一狭窄的范围,如职员与客户的关系。(3)特殊—普通。这是指特殊标准是适用于特殊群体,如邻里、亲属和陌生人等,还是适用于每一个人,如每个公民,或者说,一个人在行动时是遵循一般规则,还是根据不同对象而遵循特殊的原则。(4)先赋—后致。这是指判断一个人是根据他的先赋条件,如性别、出生背景等,还是他的实际表现。帕森斯认为,尽管社会结构(如社会、社区和人际关系等)在理论上可以划分为传统社区和现代社会两种类型,在实际上却是变化于上述四对模式变量之间的混合物。

2. 区位学理论

人文区位学是社区研究中另一个很有影响的理论。它的抽象程度没有类

型学理论那么高,研究对象也比较具体,主要是研究都市社区中人类活动的空间分布。人文区位学主要的流派有:

(1)古典区位学。

古典区位学理论是由芝加哥大学的帕克等人借用生物学概念而创立的。帕克认为,全部人类组织可以分为两个部分,一个部分被称为社区,另一个部分被称为社会。社区的形成体现人的竞争本性,而社会则是一种集体现象,它体现了人类的共同目标。社会是人类文化和共识的反映,而社区则是人类生物因素的表现。古典区位学研究正是这样一种社区。帕克在进行社区研究时,使用了两个很重要的概念,一个是竞争,一个是自然区域。

受达尔文的启发,帕克非常强调都市环境中各个部分之间的相互关系,而决定这种关系的主要过程就是竞争。例如在一个城市社区中,竞争往往是围绕着争夺最有利用价值的土地而展开的。由于商业界能最有效地利用土地来获取利润,因此往往在竞争中占上风,并在城市的空间和功能发展方面取得支配地位。对土地的竞争,使不同的人口分布在不同的区域里,这就形成了自然区域。自然区域是竞争的产物。在一个城市社区中,不同的区域,具有不同的功能,能满足人们不同活动的需要。例如,市中心对于零售商业和办公机构最有用处,而靠近港口和铁路的土地则对发展工业有利,于是就形成了如中心商业区、贫民区、犹太人区、仓库区、郊区、红灯区和移民区等自然区域。

(2)社会文化区位学。

古典区位学受到批评较多的地方就是它忽视了文化因素对城市区位的影响。社会文化区位学弥补了这方面的不足,认为只有把文化和价值作为区位学理论的核心,都市的结构和发展才能得到解释。例如社会文化区位学的代表范里(W. Firey)曾在20世纪40年代中期对波士顿进行过实地调查,发现波士顿山的居民不愿意把他们的居住区出卖给商业界,因为人们一向认为住在这里是地位高的象征,他又发现,居民们在波士顿市中心商业区仍坚持保留一个公园,是因为他们对这个公园有一种特殊的感情。在范里之前,有一个叫西门(A. Seeman)的学者就曾研究过宗教是如何影响盐湖城及其他一些犹他州城市的空间布局的。这些研究者的研究都是探讨文化因素是如何影响城市区位的,因而被称为社会文化区位学,由于这为人们理解都市社区的发展提供了新的角度,具有一定的启发性,但由于它在研究社区的空间布局时过分地强调了文化的变量,因此有些人认为它已经不是原来意义上的区位学了。

（3）新正统区位学。

古典区位学受到了社会文化区位学的批评,但后者在解释社区的空间现象时也很不完备,并且有偏离区位学方向之嫌。因此,哈雷(A. Hawley)在对古典区位学进行修正的基础之上,提出了他的新正统区位学。他认为,传统区位学研究的空间分布与其说是区位学问题,不如说是地理学问题。因此,他对空间分布不感兴趣,而是把注意力转向人类是如何通过功能分化去适应环境的这一问题。他认为,技术、文化和社会组织是人类三个主要的适应手段。他不同意帕克的生物社区—文化社会的划分,认为既然文化是环境适应中的一种手段,就应该将它包括到区位学的研究中来。

新正统区位学中还有一位很有影响的人物,叫邓肯(O. D. Duncan)。邓肯为新正统区位学增加了四个相关的变量:人口、组织、环境和技术。人口指对社区人口的测量;组织指为了生存适应而产生的组织类型;环境指社区外部的各种变量;技术指有助于适应的各种技巧和工具的发展。这四个变量的架构包容了广泛的社区现象和所有的重要的区位学变量,目前欧美的大部分社区研究都是在这个架构中进行的。

(二) 社区研究的方法

严格的说来,社区研究的方法是一个多层次的方法论体系,包括了社区研究方法论、社区研究实证方法和社区研究具体技巧等。社区研究的方法论,是贯穿于整个社区研究过程的指导思想,是具有普遍意义的理论。社区研究实证方法及具体技巧,则是联结理论与经验事实的媒介,它主要是在经验层次上,规定如何收集、整理和分析资料,并提供一套相应的研究程序。通常所说的社区研究法,大多是在这一意义上使用的。

社区研究中使用较多的实证方法和技巧主要包括如下几种:

1. 社区调查法

社区调查法是一种在自然情景下有系统地收集和研究有关社区事实的数量性资料的方法。

社区调查可以展开全面调查,更多的是使用抽样调查的方法,其特点是,从研究总体中,按照一定的方法抽取样本进行调查,并试图用样本资料来推断全体情况。社区调查可以是描述性的,只描述某变项或变项与变项之间的关系,也可以是解释性的——验证假设、建立理论,解释变项与变项之间的关系。根据调查对象的特征,社区调查又可以分为两种类型,即访谈法和问卷法。

（1）访谈法。

访谈法大致分为两类,结构性访谈和非结构性访谈。比较正式的访谈法,或称结构性访谈,一般是在面对面的场合下,由研究者把预先设计好的一组问题读给被调查者听,要求被调查者对所询问题做出回答,由研究者将回答内容以及问答时所观察到的一些行为和印象进行记录。而非正式的访谈法,没有预先准备的调查表可循,调查者只是围绕调查主题提一些问题,所以也叫非结构性访谈。

（2）问卷法。

问卷法通常以邮寄或分发的方式,将预先设计好的调查表,也称问卷,送到调查者的手里,并由被调查者按照问卷所问自填自答。问卷法可以在优缺点上,与访谈法互补。

2. 实地研究法

实地研究法,也称为田野研究法,是一种在自然情境下,通过耳闻目睹的方式,实地收集和研究有关价值、行为或社会过程的定性资料的方法。依研究者介入观察客体的程度不同,实地研究法又可分为参与观察法和局外观察法两种。

参与观察法是研究者加入被观察者的组织或群体,成为被观察者的活动中的一个正规的参与者,其双重身份一般不为其他参与者所知。局外观察法是研究者不参加被观察者的组织或群体,不以一个成员的身份出现,研究对象可能知道,也可能不知道研究者的目的。这两种方法的分类是一种理想型的分类,实际上,研究者在研究过程中所扮演的角色往往是混合的,只是参与观察的程度在社区研究中大约更多些而已。

实地研究法最适于做以下几种研究。一是比较适合于对感性事件及其内含意义的描述性研究。因而通常被用来研究各种大小不等的群体或机构的社会状况,比如,研究各种群体是怎样形成、运转的;群体成员又如何学会扮演角色的等等。二是比较适宜用作个案研究。实地研究法以其深入见长,却以其囿于个人感知、时空局限而见短。因此它一般不宜用来做推论性或大规模的社区研究。但是,实地研究法所处理的每一个情境及研究对象都是事实本身,因而在一定程度上又可以反映与其同类的其他研究对象,可以用来作为发现重要变项以及为形成假设提供有用范畴的探索性的研究;还可以用来印证或丰富、充实其他研究方法所收集的资料。总之,实地研究法对理论的发展有贡献,但不能用来检验理论。第三,就空间地域而言,实地研究法可用于城市社区,也可用于农村社区;但在一些文化程度较低或文化较落后的社区,实地研究法更有用武之地。

3. 文献分析法

文献分析法是通过收集分析各种文献档案、统计资料,从中引证对研究对象的看法或找出其真相的一种研究方法。与前两种研究方法不同,它是通过收集和分析各种文献档案或统计资料进行社区研究。根据文献的性质,还可以把文献分析法分为非结构性的个案研究法和结构性的内容分析法两类。

非结构性的个案分析法主要用于分析个人文献,其优缺点类似于参与观察法。一方面,它所处理的材料,具有第一人称叙述的主观性、很深的亲密程度以及内心(甚至下意识)的感觉;另一方面,它提供的样本数据少,所研究的个案,即用于说明问题的例子,也大多是根据研究者个人的兴趣主观地选定的,而不是随机选择确定。所以,个人文献一般只适合于定性而不是定量的分析。

结构性的内容分析法主要用于分析结构性较强的文献。其特点是将用语言表示的文献转变为用数量表示的资料,从而便于使用正式的假设、科学地抽取大型样本以及运用计算机和现代统计技术作数量化的分析。从这一角度来看,它和社区调查法很相似。

四、社区的分类

社区分类可以有多种标准,它们是由不同的研究目的决定的。常见的分类方法有:

(一) 按社区的功能分类

根据社区对社会发展所发挥的功能不同,可以把社区分为经济社区、政治社区、文化社区、军事社区和特殊社区以及不同群体的社区,在经济社区中又可以根据功能不同分为工业社区、农业社区和林业社区,等等。

(二) 按社区规模大小分类

社区规模主要表现为人口数量的多少、地域面积的大小等等。在划分社区规模时,一般把人口数量作为最主要的测量指标。据此,可以把社区划分为巨型社区、大型社区、中型社区、小型社区和微型社区,等等。

(三) 按社区内部组织形式分类

尽管社区是一个地域性的社会共同体,具有多重功能。但有些社区的构成要素比较全、功能比较完整,有些社区却构成要素比较少、功能比较单一。据此,可以把社区划分为整体性社区和局部性社区。

(四) 按社区的形成方式分类

社区的形成方式是不同的。有的是自然形成的,有的是出于社会管理的需要而设置的。自然形成的社区常常以河流、湖泊、空地、山林等作为自然性边界的标志,这类社区可以称为自然性社区。其最典型的形式是自然村。根据社会管理的需要而设置的社区为法定社区,如城市中的区政府辖区共同体、农村中的"行政村"等等。这类社区的边界虽然主要是根据行政管理的需要而划定的,但通常以自然性社区为基础,因此出现自然性社区和法定社区相重合的现象,如农村中的许多自然村同时也是行政村。

(五) 按综合标准分类

对社区按综合标准进行分类,是指同时按照经济结构、人口密度、规模大小、组织特征、文化模式等标准进行分类,将社区划分成农村社区和城市社区两大类型。城市社区也可以叫做都市社区,即人口密度大、大多数人从事工、商业生产活动的区域社会;农村社区则是人口分散、大多数人从事农业生产活动的区域社会。

这种按综合标准对社区进行分类的方法在中国是一种最基本、最主要的分类的方法。这种分类能够比较深刻而且全面地反映出社区之间的差异性,从而体现社区的本质特征。社会学研究中最常见的分类形式是把社区分为农村社区和城市社区这两种主要类型。

第二节 农村社区

一、农村的定义

在人类生活的历史中,农业社会的历史悠久而漫长,因此,农村社区是人类社区生活的主要形式。直到今天,在全世界范围内,仍有半数以上的人口居住在农村社区,而在我国,更有多达70％的人生活在农村,农村社区的状况与发展对整个社会的发展具有重要意义。因此,农村社区成为许多社会学家长期研究的重点课题。

农村社区又称农村共同体。学术界对"农村"一词的定义一直是不够明确的。《现代汉语辞典》对"农村"的解释是"以从事农业生产为主的劳动人民聚居的地方",《中国大百科全书》中认为"农村是区别于城镇的一类居民点的总称";农村社会学家杨开道在《农村社会学》一书中写道:"农村"是一种以农业作为主要职业的地方共同社会,它有四种要素:第一是农民,第二是共同生活,第三是在同一区域里面,第四是农业为主要职业。一般说来,农村一词指的是人口密度较低,绝对面积不大,比较封闭,以农业生产为主要经济基础,人民生活基本相似,而与社会的其他部分,特别是城市有明显不同的区域。可见,"农村"至少有三个方面的含义:(1)人文生态学的;(2)行业方面的;(3)社会文化方面的。这三方面的含义既是相互独立的又是相互关联的;既可以在不同的学科中(如人文生态学、经济学和社会学)进行研究,又可以在统一的学科中(如农村社会学)进行研究。如果知道某人从事农业,那么在大多数情况下他就会居住在农村,并且很可能具有某些文化素质方面的特征。反之也可以作同样的推测,下面从这三方面来分析一下农村。

首先,把"农村"作为一种人文生态构成,即把某种形态的人口空间分布——人口密度相对低的地方称之为农村,这是较为常见的一种分类方式,而且和人们对该词的常识理解也较为接近。

其次,把"农村"看作是一种行业构成,即把农村看作一种行业——农业。

在过去一个相当长的时期里,我们是这样理解农村的,把农村等同于农业,它区别于其他行业的特点是直接和自然的物理要素打交道,是一种初级的经济转换功能的行业,农村中的其他行业被压缩成副业,在这种情况下,农村社区的研究就被理解为农业经济的研究。

最后,把"农村"作为一种社会文化构成,即把农村描述为和谐的、劳动分工不显著的、相互间主要为初级的、面对面的关系等;而把农村文化形容为传统的、难以变迁的、地方性的和宿命论的,这种理解合乎于社会学家所谓的"社会学的意义",但也仅是对所认定的"农村"的描述,而不是对农村的界定。

可见,我们通常所说的农村是在自然与人类及它们之间的关系这个高度对社会所作的一种划分,它是与城市相比较而存在的。在人文生态意义上划分了农村地区和城市地区,在经济意义上划分了农业与非农业,在社会文化意义上划分了"农村的"(或传统的)与"城市的"(或现代的)。这表明对农村的界定不可能是从某一角度观察的结果,而应该是对农村的全面的认识。

二、农村社区的特征

农村社区在自然环境、产业构成、社会及文化方面具有自身的特征。

(一) 地域特征或地缘关系

农村社区不能脱离一定的地域,其特点是自然环境的直接支配作用较强。农村聚落点要受社会生活的基本要素,主要是土地和人口的支配,总是限定在一定规模或空间的范围之中,不仅农作物的种植带有地域性,而且人与人之间的关系也带有地缘的色彩。此外,山川形势、交通条件、内部市场等因素限制了社区的规模,造成一个个狭小的村落社区,所谓"30 分钟共同地域社会"就是指 30 分钟可以从社区中心走到边缘。在现阶段,村落仍是我国农村社区的基本单位,村落社区的形态与规模受到自然环境因素的影响,如黄土高原的窑洞村落,青藏高原的帐篷村落,平原地区的普通农村村落等,显示了不同自然环境条件下社区的地缘特征;又如我国南方由于地势起伏、丘陵绵延、河湖交错、道路狭窄、人多地少等原因,村落的规模一般都较小;而北方则土地平坦、畜力丰富,村落的规模都比较大。

(二) 人口特征

人口特征与地域特征相互联系,相互作用,构成农村社区区别于城市社区的主要特征。农村人口散居在广大的地域上,人口密度相对较低,人口的流动率小。如果人口密度提高,其职业必然会出现分化,形成集镇或城镇,从而失去农村的意义。在农村中的主要职业是务农。交通不便,信息难达,文化知识不易传播,农村人口的移动范围小和频率低,人们在世代定居的社区中度过一生。在这种社区中社会生活比较定型,人口的同质性较高。

(三) 经济特征

农业是农村中的基本产业,它是一种历史最悠久的产业,大约在公元七八千年前,农业已经遍布全球。农业经济的特点是有机性,人们借以获取衣食的劳动对象是自然环境,土地的性质,气候的寒热,季节的变化,雨量的多寡,都支配着农作物的生长;同时农业生产在很长时期内依赖再生能力,主要是人力,其次是畜力,即使广泛采用机械化生产也不能改变农业经济生活的有机性。而在中国,由于耕地缺乏,人口众多,农业机械化程度低,故而农业生产、农村社区生活对自然的依赖程度很高。

(四) 文化特征

农业经济的特点决定了农村文化的特点,这里主要表现在农村社会组织系统和农村社会规范系统。从组织方面来看,农业经济生活的有机性,具体表现为劳动力的季节性要求,提供和培养这种劳动的场合自然是家庭。因此,家庭是农村社区组织的中心。当农村社区各种正式组织尚不发达的时候,农村家庭不仅是经济生活(生产和消费)的中心,而且是社会交往、教育和娱乐的中心。从社会规范方面来看,传统农业生产是一种低层次经验型的生产方式,人们凭借传统经验就可以维持社会生活,社会规范的功能就是要延续已经取得的传统经验。不仅生产经验要在社会规范中得以延续,社会的其他方面经验也要在社会规范中得以延续,因此,农村的社会规范是传统取向的。

（五）心理特征

由于上述诸种特征的影响,农村居民的心理趋于保守型和情感型,地方观念重,乡土观念浓,家庭至上及祖先崇拜,重视风水,具有浓厚的迷信色彩。虽然这些特征在城市居民中也有所反映,但农村社区的自然环境和社会环境更易保存和传播这种传统的社会心理,并因此影响农村社会的发展。随着科学技术水平的提高,农业的生产方式有了较大进步。但由于农业生产的有机性和家庭性,相对来说,农村社区的文化取向仍然倾向于传统性。

三、农村社区的类型

农村的基本特征表现了农村社区的一般性和共同性。但在具体的社会生活中,农村发展的不平衡性使农村社区表现出差异性或特殊性,对此可以根据不同的目的,从不同的角度对农村进行分类。最主要的分类标准是按农村社区的功能来分类,功能相同的社区尽管规模有大小,形态有差异,但其起源、特点、内部结构及今后的发展方向是类似的。此外,按社区的规模、聚落形态来分类也有重要意义,它们体现出周围环境多种因素的综合反映,分析其间的共同规律,可以为农村社区的改造和建设工作服务。最后,以"农村—城市"模型为标准进行分类,是把农村社区视为一个有机体,反映了农村社区社会经济和文化等方面的综合发展水平及发展趋势,从而为改善农村居民的生活质量,提高他们的满意度提供科学的依据。

具体来说,农村社区可以按照不同的标准进行如下的分类:

（一）按照经济活动的性质分类

1. 农业社区

（1）农村。是以从事耕作业为主业的居民点,此外也兼营动物饲养、果树栽培和其他家庭副业。世界上和我国大多数的乡间村落都属于这一类。这种村落大多分布在平原与河谷地带,它们的规模与形态都相差极大。

（2）牧村。在广大的干旱与半干旱地区普遍存在,包括流动的、半固定的和固定的居民点,由于牧业生产的特点,单位面积土地上的经济收入一般低于耕作业,草原的载畜量有一定的限制,因而牧村都较小而分散,间距大。

（3）渔村。世界各地沿海有许多专以捕捞业为主的渔业村落,它们的生产地区是广阔的海洋,在优良的避风港内可以形成规模很大的社区。浙、闽、粤诸省的渔业村镇人口常达数千人以至上万人。在江河下游的平原低洼地区,不但有以捕鱼为业的村落,而且有专以养鱼为生的渔村。我国是世界淡水养殖渔业最发达的国家之一,产量占世界十分之一,在珠江三角洲、长江中下游平原等地都有这种专营淡水养殖的村落。

（4）林果业村落。以经营林业和果业为主业的居民点,在世界上,森林地带、玫瑰之乡、柑橘、葡萄、香蕉产区并不鲜见,在我国,即有许多经营竹、木等用材林和桑、茶、果、油桐、油茶等经济林的专业村落。

（5）狩猎业村落。以狩猎为业的民族中存在着这种村落,如我国的鄂伦春人,现在已定居并在村落中建立商店、学校和卫生站,但仍以狩猎为主业。

2. 非农业社区

这类社区位于农村,但不以经营农业（大农业）生产为主,它是介于农村和小城镇之间的类型。农村中非农业社区的种类主要有:

（1）集镇社区。我国除了建制镇外,还广泛存在着许多自然的集市和集镇,这些集镇的特点是:第一,有较多的人口,人口中大部分仍是农业人口。他们居住在这些镇上,从事农业劳动。但亦有一定数量的工、商、文教和行政等非农业人口,一般是乡政府或村民委员会驻地。第二,这些镇都有一段街道,两旁有若干商店。与本村落的房屋道路布局格式不同,这段街道往往处于社区的中心位置。第三,大都有一个集市。我国传统的集镇都有一个"市",有些省份干脆把这种集镇称为"市"。"市"的形式多样,各地称呼不同;有每天上午设市的大集,也有几天一市的小集,有的"市"仅是定期贸易集散地,很少居民。它们或逢三、六、九,或逢五、十不等,各镇赶集日期互相错开。在这种经营性的集市之外,还存在着一年一次的大集,大多在春季。

（2）工业村和矿业区。由于开发某些特有的自然资源,如矿产、森林、水力和经济作物等,使一些偏远的农村地区出现了农产品加工厂、小矿山、水电站和林木加工厂等,这类聚落一般远离城镇,居民较少,与当地农村联系密切,但又不同于农业社区而自成一个独立的社区。

（3）旅游社区和宗教社区。因名胜古迹和宗教庙宇而建立,并从而出现膳宿、生活用品供应而形成的社区,不但存在于世界各地,我国少数民族地区也广泛存在,在汉族地区的佛、道教圣地和名山大川也有这种社区。

严格说来,非农业社区不能划入农村社区,因为它缺少农村社区的基本经济特征——农业,但在我们的分类体系中(农村社区、城镇社区和城市社区)这些社区无法归入任何类型。他们位于城市范围以外,在地理位置、经济生活和社会生活方面和农村关系密切,所以作为农村社区的一种特殊类型。

(二) 按社区的规模与聚落形态分类

1. 按社区的规模分类

我国农村社区的规模相差极大,有多至数千人的村,有少至一二十人的村,一般来说,200 人以下为小村,200—1 000 人为中等村庄,1 000 人以上为大村。

大村内的服务设施较多,功能较齐全,有一定数量的供销商店和文化教育生活服务单位。这种村落大多分布在耕地密集、地少人多的平原地区,华北、东北较多,长江中下游、东南沿海的河口冲积平原等地亦有大村存在。

中等村庄是我国最常见的一种村落,广泛分布在全国各地,在地少人多地区这类村落更多一些。这种中等规模的村庄一般由几个村落组成一个大村,其中较大的一个村常成为中心村落,服务设施有代销点、理发店、小学校等。中等村落的存在有着它的基础,村庄过大则离耕地太远,于生产不利;村庄过小则不利于安排生活服务设施和占地较多。近年来许多按照规划兴建的村庄,其规模以中等村庄为多。

小村在数量上占有优势,但由于每个村的人口很少,因此在农村总人口中占的比例并不算大。这种小村,没有街道、商店和学校,住宅布局散漫,聚落占地面积较大。小村的分布,以山区和丘陵地区最为普遍。山丘地区耕地常零星分布于河谷坡麓,面积较小,加上地形复杂,不宜建造大村。在有些平原地区,也多有这种小村,这种村多与作物种类、地形、历史习惯有关。

2. 按社区的聚落形态分类

(1) 团聚状。呈现圆形或近于不规则的多边形,其南北轴与东西轴基本相等,或大致呈长方形。这种村落一般位于耕作区的中心或近于中心。位于平原地和盆地的村落,多属这一类型。

(2) 条带状。位于平原地区的村落,有因靠近水源而沿河道或避免洪水浸淹而沿山地呈条带状延展的。在山谷有沿河谷阶地伸展而建造聚落的,或若干村落首尾相连而成串珠状的。在公路交通线上,有沿公路两旁作长条式发展的村落。

（3）环状。山区的环山村落及河、湖、荡、塘畔的环水村落即是,它也可同属于串珠状及条带状,有的村落环山分布。

(三) 按社区的发展水平分类

1. 初级社区

初级社区是指那些社会分化不明显,主要从事农业和家庭手工业生产的农村。一般说来,这类农村地处偏远地区,交通不便,与外界交流极为有限,社区生活相对封闭;自然资源比较贫乏,社区深层开发潜力有限,自然经济是社区的主要经济形态;社区成员的社会需求少,社区服务设施也相应较少,而且功能综合;社区内无明确的社会组织,家庭是社区生活的中心;社区规模一般不大,血缘关系重要,社区的社会结构与家庭结构基本吻合。

2. 次级社区

次级社区一般有一定程度的社会分化,农业仍是社区的经济基础,但第二、第三产业已初步从家庭工业中分离出来;这类社区有较好的土地资源和气候资源,土地载容量大,而且社区的地理位置好,接近社会发展水平高的城市中心,交通便利,易受城市文化的影响,社区生活呈开放型,社区内有为本社区居民提供服务的基本生活设施;家庭仍是社区生活的基本单位,但也有一些地域联合体和产业联合体;社区组织有一定的规模,社会结构日趋复杂,社区生活较为丰富;社区的人口规模和聚落规模一般较大。

第三节　城 市 社 区

一、城市社区的产生

城市社区是人类社会另一大基本的社区类型。城市社区是指以从事工商业及其他非农业社会活动的居民所组成的,有一定人口规模的地区性社会生活共同体。城市是社会经济、政治发展的产物。它产生的直接原因,一是社会分工,二是私有制。生产力的发展,造成工商业活动与农业活动的分离。由于工商业活动相对于农业活动来说,是比较集中的活动,因而在工商业活动集中的地方,便逐步形成了人口密集的居民点。生产力的发展又使人类社会产生了剩余产品并导致私有制的形成。为了保护私有制,统治者也自然选择上述那样的居民点,作为某个地区范围内统治活动的主要场所或中心,当那里的工商业经济机构和国家机器所需要的物质设施、建筑群落,以及成片的居民住宅已经出现,尤其是作为古代城市的客观标志和象征的城郭耸立起来,城市便诞生了。

城市的出现,使社会大系统的区位结构发生根本性的变化:人类社会从本来只由混沌一体的社区即原始的农村社区构成,产生和构建了城乡两大相互对立又紧密联系的社区。使社会大系统的运行状况由此多了一系列新的制约因素,尤其是城乡之间是否协调发展,成为社会学研究的一个重要课题。

二、城市社区的类型

城市依据不同的标准可分为不同的类型。

(一) 依据城市的规模分类

根据城市居住人口的多少来区分城市的规模等级是当今世界各国通行的一种做法,即把城市社区分为特大型城市、大型城市、中型城市、小型城市四类。城市社区的大中小之别,世界上并没有统一的规定,而且在不同的历史时期,各个概念的具体涵义也不一样。如德国最早规定 10 万人口以上的为大城市,2 万至 10 万人口的为中等城市,1 万至 2 万人口的为小城市。目前我国划分城市规模的具体标准是,市区常住人口 50 万以下的为小城市,50 万—100万人口的为中等城市,100 万—300 万人口的为大城市,300 万—1 000 万人口的为特大城市,1 000 万以上的为巨大型城市。

(二) 依据城市的功能分类

按照城市发挥的主要功能,可以把城市社区分为政治城市、经济城市、文化城市、旅游城市四类。在经济城市中,又可分为工业城市和商业城市两小类。

政治城市是一个地区或一个国家的政治中心,它一般处在地理位置适中或地势重要的地方,以便于政治信息的均匀传播,便于控制整个地区或全国。在政治城市生活的人们,政治意识比较浓,权力欲望比较强烈,也更多地关心政治事务,具有更多的"宏观思维"。经济城市是以经济活动为社会生活的中心,多处于物产丰富、交通便利的地方。物产丰富往往发展为特种工业城市,如煤城大同、钢城鞍山、石油城大庆等。交通便利则更可能成为经济中心,如上海、广州等,它们有利于物资集散和人员往来。生活在经济城市,特别是商业城市中的人们较为精明,善于计算成本与利润,多关心经济事务和物质生活水平的提高。文化城市则是大学、科研机构和文化艺术团体集中的地方,它以精神建设为中心,具有较为悠久的历史,或非常讲究某一艺术,或大学、研究机构众多,如六朝古都南京、音乐城维也纳、大学城普林斯顿等。旅游城市则是由于风景优美、气候宜人等自然、人文条件而吸引外地人前来游览休息,并以此作为城市活动的中心,如我国的桂林、苏州、杭州等。

目前,现代城市功能的发展趋势是综合性、多功能。特别是大中城市,一般都具有综合性的多种功能。单一功能的城市比较少了。

(三) 依据城市的作用分类

按照城市在某一城市网络中所起的作用不同,可以把城市社区划分为中心城市和卫星城市两类。中心城市是在地理位置相近的两个或两个以上的城市网络中占主导地位、起决定作用的城市,受支配的城市则属于卫星城。中心城市有自主发展的能力,有强烈的辐射力、影响力,能够影响和决定该城市网络的发展方向和发展水平。卫星城市对中心城市在资金、技术、市场、管理等方面,都有一定的依附性,是中心城市的一种自然延伸。

三、城市社区的区位结构

(一) 城市区位结构的含义

从城市地图或城区航空照片中,可以看到住宅、工厂、商店、街道不是杂乱无章的随意分布的,而是依据某种规则来布局和集中的。城市社区的这些地理布局,社区居民、群体以及组织的空间分布及其地位和角色,就是城市区位结构。因此,所谓的区位结构,就是指一个社区整体及其内部各构成系统在空间上的分布状况。这里的区位一词,是城市社会学从生物学上借用来的,有两种含义,一是指地理上的区域或位置;二是经久形成的生活网络中或生活系统中,每一种生物所占的不同地位及所扮演的不同角色。区位学作为生物学的一个分支,就是研究生物和环境的关系的一门学科,社会科学家把这一学科的方法运用到社会现象的研究上,从而形成了人文区位学。

区位结构是否合理,直接影响到社区的正常发展。以一个城市为例,如果它的住宅区、商业区、文化行政区位置不当,城市道路、输电网络、地下管线布置紊乱,就会造成"城市病",就会严重地削弱城市功能的发挥,阻碍社区的发展。在农村,如我国的农村社区,就由于分布过于分散,不利于生产和生活,特别是给交通的发展造成了很大的困难。结果这些社区往往就处于一种相对封闭、落后的状况中。所以,无论是建设一个新社区,还是改造一个老社区,优化社区的区位结构,使之布局科学合理,是首先应该考虑的一个问题。区位结构的合理科学是平衡人与自然环境、人与人文环境关系的重要条件,是提高社区居住效率和自然生态效率的重要环节。

社区的区位结构要达到合理、科学,关键在于规划。规划依循有利生产、方便生活并符合生态平衡要求的基本原则。这是因为一定的区位结构,总是围绕着最大限度地满足社区最基本的两种活动——社区成员各类生产活动和生活活动的需要而形成和发展的。符合生态平衡要求的原则,则是由于保持生态平衡,已经越来越成为社区存在和正常发展以及满足上述社区两种活动需要的决定性因素。

(二) 城市区位结构的三种理论模式

最早研究城市区位结构的是美国芝加哥学派的以帕克和伯吉斯(E. W. Burgess)等人为首的一些社会学家,他们建立了关于城市区位结构的三种主要的理论模式。

第一种是同心圆区域理论。伯吉斯以芝加哥城市社区的区位研究为基础,提出了第一个城市发展和空间组织方式的模型——同心圆区域理论。在这个理论中,伯吉斯把城市划分为 5 个同心圆区域。第一环是中心商业区,这是由于商业的利润率较高,用地紧凑而且有较强的竞争能力才能占据社区中心土地需求量最大的区域。由于中心商业区竞争力强,容易扩张,对边缘地带具有入侵趋势。紧邻商业区的第二环,聚集了贫民窟、妓院、赌场等不稳定的低级机构,以及利用运输成本低的工厂和仓库等,称为过渡带。第三环是工人住宅带,这里的居民多数从过渡带迁来,因顾及上班距离而聚居于此。第四环是高级住宅区,中高阶层人士在这里居住,独户建筑及高级公寓多分布于此区域。第五环为往返区,分布着一些中上阶层的郊区住宅和小卫星城,居民一般在市中心工作,上下班往返于两地之间。在这五环中,从中心到边缘,其居住密度递减,而交通费用递增。中心区从内向外扩散,各种职能机构及居民住宅依据自身的竞争条件来选择位置。同心圆理论是一种典型的生活和商业城市模型。

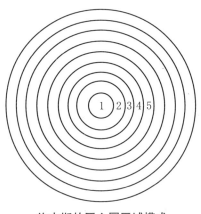

伯吉斯的同心圆区域模式

1. 中心商业区　2. 过渡带　3. 工人住宅带　4. 高级住宅区　5. 往返区

　　第二种是扇形理论。继伯吉斯之后,霍伊特(H. Hoyt)提出了城市区位的扇形理论。他强调,运输动脉(主要街道、铁路航道)是决定城市空间组织及成长的重要因素。根据霍伊特的观点,在城里,工厂一般位于水源附近并沿铁路线分布,近年来则趋于建在城外。一般来说,工厂区的分布是从城市中心向外放射出去,形成一个扇形。低收入居民的住房一般位于邻近工厂的贫民窟,城市边缘的"茅舍区"以及富人们搬走后留下的旧城区。富人们则往往住在城市的边缘,特别是在地价较高或地势较高、远离扇形工业区的地方。霍伊特认为,城市居民流动和搬迁的过程,使城市呈现一种类似章鱼的形状,从市中心向外散射出许多触须。

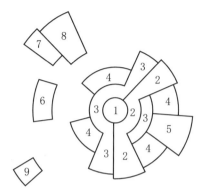

霍伊特的扇形模式

1. 中心商业区　2. 轻工业区　3. 下层阶级住宅区　4. 中产阶级住宅区　5. 上层阶级住宅区　6. 重工业区　7. 外围商业区　8. 住宅郊区　9. 工业郊区

第三种是多核心理论。哈里斯(C. D. Harris)、厄尔曼(E. L. Ullman)等人在批评伯吉斯的理论后,以波士顿为例,提出了一种多核心模式,这是城市区位的另一种模式。他们在研究了各种类型城市的地域情况后,提出决定城市核心的分化和城市地域的分异的四个过程分别是,一是各种行业以自身利益为前提的区位形成过程;二是产生集聚效益的过程;三是相互间因利益得失而产生的离异过程;四是地价房租影响某些行业区位处于理想位置上的过程。这四个过程的相互作用、历史原因的影响以及局部地区的特殊性使城市区位

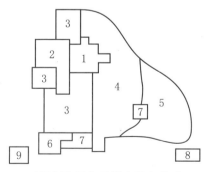

哈里斯和厄尔曼的多核心模式

1. 中心商业区　2. 轻工业区　3. 下层阶级住宅区　4. 中产阶级住宅区　5. 上层阶级住宅区　6. 重工业区　7. 外围商业区　8. 住宅郊区　9. 工业郊区

呈现多核心状态。多核心状态通常是在工商业大城市中表现出来,大城市依
工商业的分布形成了多个中心。

芝加哥学派对城市区位的研究是开创性的,对城市区位理论有深远的影
响。后来的社会学者对城市区位的研究,都是在此基础上进行的。

四、城市社区的特点

(一) 城市社区的人口密度高,人口聚集规模大

人口密度高、聚集规模大是城市人口区别于农村人口的最显著的特点。
城市本身就是人口密集的结果,它的非农性质的社会特点、工商业为主体的经
济结构,使城市既需要也能够容纳高密度、大规模的人口。许多研究也发现,
城市规模大,有利于提高城市的经济效益和社会效益,有利于提高城市对周边
地区的辐射力和吸引力。但是人口过分集中的城市,也会导致住宅紧张、活动
空间狭小、交通拥挤以及犯罪和精神失常等社会病态现象的出现。

(二) 城市居民以工商服务业为主,职业众多,组织结构复杂

城市经济的主体是工商服务业,它的运作过程和组织体系比农业生产要
复杂许多。整个生产流通、分配、消费过程,都需要复杂的决策、管理、实施及
反馈修正等,都需要对人、财、物进行复杂的配置与协调。进入经济活动过程
的人力资源与物力资源,经济活动中所产生的矛盾与问题,都显得十分的集中
与复杂,且变化多端。

另外,城市社区的社会分工明确而精细,组织的数量多,结构复杂,一般以
正式组织为主。与农村社区相比,城市社区的组织比较专业化,通常一种组织
只具备一种专门的社会功能。组织之间具有较强的依赖性,各种组织相互分
工合作,形成一种“链型”,共同实现城市社区的社会功能。

(三) 生活方式多样化,生活节奏快

城市居民在职业、收入、教育水平和文化背景上的差异较大,具有多元化
的特点。新思想、新观念、新时尚传播速度快,途径多,使他们在价值观念上有
较大的差异;城市中传统观念和行为规范对居民的约束相对较小,使城市居民

有较强的求新心理,比较容易接受新鲜事物;城市中各类物质和文化消费设施比较齐全;城市居民的高密度聚集使模仿、示范、感染等心理效应得以增强。这些因素使城市的生活方式丰富多彩。

城市的经济、社会活动的特点决定了城市生活的快节奏。城市工商业经济活动、社会文化活动都是效率高、节奏快,是新的生活方式的策源地。城市生活具有异变性,新的时尚容易流行,新的思想文化观念容易产生、传播。城市居民的生活节奏快,其紧张程度要高于农村居民。

(四) 城市家庭规模缩小,职能减少

目前,城市家庭规模缩小,职能也在减少。近年来的一些社会调查表明,我国城市社区的家庭规模比农村社区的家庭规模要小,以夫妇与未婚子女组成的核心家庭是城市家庭的主体结构。在城市家庭规模缩小的同时,城市家庭的职能也在发生变化,最突出的一点是城市家庭生产职能的削弱,家庭作为一个生产单位在城市家庭中不再存在,少数的家庭企业在城市家庭中比例甚微,而且也与传统的家庭生产单位不同。生产已越过了家庭的藩篱而成为社会的生产。此外,家庭的一些其他职能,如教育职能、赡养老人的职能、生育的职能也都不同程度地发生了变化。而这些变化的总趋势是,家庭的一些传统职能弱化,正在逐步为社会所取代。

(五) 强调角色交往而淡化情感交往

第一,城市中人际关系以业缘为主,人际交往以"感情片面投入"的经济活动为主。城市居民人际交往较多,而大量交往属于"片面角色交往"。例如,商店售货员同顾客的交往,医生和病人的交往,生产单位与客户、消费者的交往等。另外,城市社会组织具有较明显的科层制特点,同时也要求人们的行为具有较浓的"事本主义"的色彩,即重理性而轻感情、循规蹈矩而不讲人情、信契约而不信口头承诺。

第二,城市人口具有异质性和高度流动性等特点,使城市社区的社会关系具有非个性化即非人格化特征。城市人口众多,流动性大,交往频率高,同时社会关系很不固定,社会交往表面化。同时,城市社区的社会分工程度高,使人与人之间产生各种需求和依赖,因此,人们在日常交往中容易采取对事不对

人的态度,对一件事的态度和处理方式,仅仅限于程式化的过程而没有任何感情的投入,社会交往中的人的个性被忽略。城市居民在这种异质性很高的社会环境中,逐渐地产生较为宽容、接纳的态度,一切都可理解,都很正常,"见怪不怪",这种求同存异的心态使新生事物甚至稀奇古怪的东西都能够在城市立足,这种宽容性使城市居民能够多元化地发展。

第四节　城乡关系和我国城市化道路

一、城乡关系

城市与农村这两大类社区的产生是人类社会一定历史阶段的产物,这两大类社区的关系,也一直受到特定的社会历史阶段的制约。

(一) 城乡的相互依存相互关联

如前所述,城市社区是工商经济、工业城市文明的产物,它的产生晚于农村,它的出现是与农村社区分不开的,城市与农村有着天然密切的联系并相互影响、相互依存。城市需要农村为它提供衣食生存资料和劳动力的补充,农村则接受着城市作为政治、经济、文化中心的辐射作用,随着生产力的发展,在现代社会中城市与农村的相互依存关系更加紧密了。

(二) 城乡之间的分离和对立

城市从它诞生起,就是社会统治集团的聚居地和工商业中心。在阶级社会和私有制的条件下,城市就其发挥的作用而言,又是与农村相分离、相对立的。在政治上它服务于统治阶级压迫着农村;在经济上它通过不等价交换,甚至超经济的强制剥削掠夺农村;在文化上则控制和支配着农村。城乡的这种对立和分离,其实质并不是人类基本聚居形式的对立,而是阶级的压迫与对立关系在社区关系上的表现。

几千年来城乡之间的分离与对立,是人类社区发展史上迄今为止最为重要的一个历史现象。在不同的国家和时期,这种对立的表现是不同的。

社会主义制度的建立,为消除几千年来的城乡对立奠定了历史的基础。在我国现阶段,解决城乡关系的着眼点,应当如何在大力实现工农业生产现代化的基础上,尽快缩小城乡之间存在的物质文明与精神文明的差距,积极探索出一条有中国特色的城乡社区协调发展、共同繁荣的新路子。

二、城市化的含义

学术界对城市化的研究已有几十年的历史,但城市化的定义还是一个有争议的问题,缺乏一个统一完整的解释。人们研究的领域不同、角度不同,给城市化的界定也五花八门。大体上,城市化可以从人口学、经济学、地理学和社会学等四个方面去理解。人口学意义上的城市化是指农村人口变成城市人口,即人口由农村向城市集中的过程;地理学意义上的城市化是指农村地域向城市地域的变化,即地域中城市性因素逐渐扩大的过程;经济学意义上的城市化强调农村经济向城市经济转化的过程和结果;社会学对城市化的研究,不仅仅从人口角度、经济角度,也不仅仅从地域景观角度,而是从城市与社会的相互作用中探讨人口集中、地域转化的深层社会原因。一般来说,城市化过程包含相互联系、相互作用的四个方面:

(一) 人口集中

城市化首先表现为人口由农村向城市集中的过程。人口城市化按两种方式进行,一是人口集中场所的扩大,二是每个场所人口集中过程的强化。城市化作为一种人口集中的空间过程,包含两个方面的内容:一是农村人口向城市集中,导致城市人口数量增加,城市人口占总人口的比例不断上升;二是城市人口的自然增长与机械增长。作为城市化的表征,人口集中的速度与比例从数量上反映了城市化的水平。

(二) 地域转化

城市化最直观的表现就是地域的变化。城市内高楼林立、工厂密布、人口稠密。我们可以轻而易举地从地域外貌上判断出哪是城市,哪是农村。城市化使地域景观出现了差异,使地域性质发生了变化。城市化是一个地域转化的过程。作为城市化过程的结果,地域转化的速度和规模从形态、景观上表达了城市化的水平。

(三) 产业转型

从经济地理的角度看,城市是第二、第三产业构成的特有经济空间,城市化是第二、第三产业生成、集聚和发展的过程。第二、第三产业的发展带来了人口的聚集,加强了生产的社会化和专业化,改变了地域景观,造就出城市性聚落的面貌。在城市内部(市区),经济区位的空间配置不断向更高效率的形态发展;在它的外围(郊区),农业区位或者被取代,或者向更集约化的方向发展。因此,产业转型从经济角度反映了城市化的水平。

(四) 生活方式变革

从社会发展的角度看,城市化的过程是新的生产方式和生活方式产生、聚集、扩散的过程。城市是先进的生产方式和生活方式的发源地。随着社会的发展,人们产生了向城市集聚的观念和行为。受城市内在拉力和农村外在推力的双重影响,人口不断地向城市集中,由此产生了新的社会结构、社会关系,产生了新的社会观念和社会行为,形成了与农村相对应的城市社会。同时,城市生活方式扩展到农村,导致农村生产方式和生活方式变质,社会生活向城市性状态转变。

综上所述,城市化是人口、地域、社会经济关系、生活方式由农村型向城市型转化的自然历史过程。

这里特别强调城市化是一个自然历史过程,有两个方面的意义。首先,强调城市化是一个复杂的、动态的社会过程。有人认为,城市化是人口数量达到某些城市性指标的一种状态,也有人认为,城市化是地域景观达到某些城市性指标的状态。这就是说,城市化只是一种结果。如果城市化只是一种结果,那么,城市本身的发展、城市现代化以及城市内部一般地域向更繁华地域的转化就不能纳入城市化的范畴。

首先,城市化是一个过程。城市处于不断地运动变化之中,城市化的过程本身就包含着这个过程所达到的全部结果。事实上,城市化是农村性状态向城市性状态转变的过程。城市本身的发展与现代化从属于农村性向城市性转化的总过程。这是因为,城市与农村在时间上和空间上是衔接的、渐变的、连续的,即使进入了城市性状态,城市也在不断地发展变化。而且,城市是先进的生产方式和生活方式的发源地,先进的生产方式和生活方式总是从城市产生,然后逐渐向周围地域辐射、扩展和推移。从这个意义上讲,城市化不仅仅是对城市性状态的静态描述,也是对城市发展的动态考察。城市化是一个不断运动、变化的过程,城市本身的发展以及城市的现代化属于城市化的总过程,而且是城市化过程的扩展源。

其次,城市化是社会发展的必然趋势,城市化有自身的规律。人们既不能阻挡城市的发展,也不能人为地使城市超越某个必经的发展阶段。认识城市发展的规律,就能避免或减少主观随意性,把握城市发展的本质,并在此基础上发挥人的主观能动性,更好地规划、建设城市。

三、我国城市化的道路

(一) 我国城市的发展历史

我国是世界上最早出现城市的国家之一。据传距今 4 000 年前夏朝曾在嵩山之阳建立城池作为都城。无论在上古还是漫长的封建时代,城市的发展始终没有间断过。11—15 世纪期间,开封城市的人口曾达 150—170 万,成为世界上最大的城市。

到了近代,由于帝国主义列强的入侵,打断了我国社会发展的原有轨迹,中国逐渐沦为半殖民地、半封建社会。我国的城市也因此步入了一个畸形发展的格局。它没有像欧美那样出现以工业化为基础的现代城市化进程。在外国资本和封建主义的双重压迫下,大批原来的名城古都,日益衰败。东南沿海一些通商口岸却畸形膨胀起来,它们成了帝国主义、买办势力和官僚资本的聚集地。这些口岸城市一方面是中国近代工业的摇篮,另一方面又是外国资本倾销商品和掠夺我国资源的据点。它们的出现并不能导致中国城市整体的健康发展。直到 1949 年解放前夕,我国近代城市的发展是缓慢艰难的,城市人口不足 5 000 万。

解放以后,我国城市的发展进入了新的历史时期。城市的性质发生了根本的变化。在城市社区内部,生产得到了巨大发展,消费性的旧城市被改造成生产性的新城市,城市面貌日新月异,人民生活不断提高。大批新兴城市拔地而起,城市人口的比重逐渐增加。截至2000年,中国城市数已达到663座,其中人口在200万以上的城市达到13个,人口在100—200万的城市达到27个,人口在50—100万的城市有53个,人口在20—50万的中小城市有218个,人口在20万以下的城市有352个。其实,解放后四十多年来我国城市的发展并不是一帆风顺的,由于"左"的错误影响,城镇发展上出现过大起大落甚至停滞不前的局面。中共十一届三中全会以后,改革开放促进了城市化的进程。城市化水平由1979年的13.2%上升到2006年的40%强,开始进入城市化加速发展时期。国家提出我国城市化的基本方针:"控制大城市规模,合理发展中等城市,积极发展小城市。"这个方针的提出,为中国的城市化指明了基本方向。

(二) 我国城市化的进程

从1949年中华人民共和国成立至今,中国城市化已有五十多年的历史。纵观中国城市化的进程,大致可以分为五个阶段。

1. 城市化起步阶段(1949—1957年)

1949年中国的城市人口为5 765万,城市化率为10.6%,到1957年城市人口达到9 949万人,城市化率为15.4%,平均每年增长7%。这一时期城市人口的迅速增长是机械增长和自然增长共同作用的结果。新中国成立初期,中国进行大规模的经济建设,大批劳动力进城,城市人口机械增长很快,约占城市人口增长总数的56%。随着城市生活水平和医疗保健水平的提高,城市人口出生率上升,死亡率下降,城市人口自然增长加快,约占城市人口增长总数的44%。

2. 爆发性的工业化引起的超高速城市化阶段(1958—1960年)

在"以钢为纲"、"全面跃进"、"全民大办工业"的影响下,农村劳动力爆发性地涌进城市,使城市超高速发展。三年内中国新设城市33座,城市人口以每年9.53%的增长率增长,由1958年的15.4%猛升到1960年的19.7%。

3. 工业调整时期的第一次逆城市化阶段(1961—1965年)

为了扭转"大跃进"造成的失误,国家对工业进行调整,紧缩城市经济,大量精简城市人口,动员了2 000多万城市人口返回农村。同时提高建镇标准,把城市数量由1961年的208座压缩到1965年的171座,城市化率由19.7%下降到16.8%。

4. 工业化停滞时期的第二次逆城市化阶段(1966—1976 年)

"十年动乱"使中国经济文化教育事业遭受浩劫,国家无力解决 20 世纪 50 年代初期生育高峰时出生的大批青年的就业问题,上千万知识分子和机关干部及其家庭被下放到农村,大量知识青年被动员到农村插队落户,为了备战进行三线建设,等等。这一切都加速了城市人口向农村的逆向运动,城市人口的机械迁出量大增,累计达 3 000 多万。这一时期城市人口增长全部是自然增长。

5. 改革开放之后的高速城市化阶段(1977 年至今)

随着改革开放的进行,中国经济开始复苏并走上健康发展的轨道,中国的城市人口及其比重迅速增加。这主要表现在:(1)降低了城镇建制标准,使城镇数量迅猛上升。(2)随着各种城市政策的调整,城市数量增加导致城市人口及其比重上升。许多前期下放到农村的人员回到城市,同时放宽了农民进城经营工商业的限制,城乡壁垒有所削弱,致使城市人口的机械增长较高。(3)经济体制改革使中国工业、农业经济都有了长足的发展,工业的发展使城市吸收劳动力的能力大大加强,农业的发展又为城市化提供了强大的推力,这两种力量合并,成为城市化的动力。在经济发展的东部沿海地区,城市化已达到相当高的水平,它代表了中国城市化的方向。

(三) 中国城市化的基本特征

与世界其他国家和地区相比,中国城市化主要有以下几个特点:

1. 动力特点——政府发动

中国城市化的突出特点是城市化及其基础——工业化是由政府发动的。这使得城市化的动力主要是政治性和社会性的,而非经济性。这主要表现在以下几个方面:

(1) 城镇的建立和发展受政府支配,形成了政治中心和经济中心两位一体的城镇网络。中央政府以直辖市为依托,省政府重点发展省会城市,县政府重点发展县城,乡政府把企业集中在乡政府所在地……这样形成政治中心与经济中心高度合一的城市体系。这种城市体系的优点是可以通过非经济力量将分散的、有限的生产要素予以集中,形成集聚经济效益,但缺点是容易造成政府对经济的行政干预。

（2）由于政府是城市化的主体，政府能够通过各种强有力的措施限制农村人口流往城市。政府通过户口、就业、商品粮、住房等管制措施严格限制农村人口进入城市，其结果是造成了事实上的"城乡壁垒"，造成了城镇居民的"世袭制"。整个社会形成一种二元社会的体系：一方面是世袭的城市居民身份，另一方面则是无法改变的农民角色。这种二元社会体系不利于城市与农村的发展，不利于建立协调的城乡关系。

（3）这种由政府发动的城市化可以使政府采取强有力的方式从农村中积累城市化、工业化所需的建设资金。我国城市化初级阶段的资金主要来源于农业，但积累的方式不是通过个人储蓄，不是通过税收，而主要是通过工农业产品的"剪刀差"进行的隐性积累。

但是这种城市化动力上的非经济性，导致了我国城市发展过程中走了一些弯路，例如，在指导思想上只算政治账，不算经济账；不按经济规律办事，政府既可以根据需要进行爆发式城市化，使城市人口数量激增，也可以采取人为措施让城市化迅速减速，等等。

2. 体制特点——城乡双重性

中国在城市化过程中实行的是城乡有别的双重体制，这种体制造成了"城市—农村"二元社会体制，形成了严重的城乡壁垒，实质上使城乡居民身份的不平等固定化，使城乡经济的分割获得了制度上的保障。

首先是城乡双重居民身份体制。中国的城市居民与农村居民，实际上是地位、权利不平等的两个社会阶层。改革开放之前，中国城市的生产、消费都是通过国家计划进行直接和间接的分配。生产资料采用计划调拨的方式，基本消费资料采取定量供应的方式。政府通过行政强制手段从农民手中低价购进农副产品，然后低价卖给城市居民；或者高价购买农副产品，通过财政补贴的方式低价卖给城市居民，使城乡居民的消费水平呈现不断拉大的趋势。

其次表现为城乡双重交换体制。改革开放以前，中国城乡之间是一种不平等的商品交换体制，是依据非经济的强制手段建立起来，并通过工农业产品"剪刀差"的途径来实现的。这大大挫伤了农民的积极性，使城市化的外部推力不足，阻碍了城市化的正常进程。

3. 结构特点——不协调

这里所说的结构主要是指全国城市数量与全国总人口之间的比例结构、

城市系统中不同规模城市之间的结构、城市地域分布结构以及城市内部的功能结构。中国城市结构的不协调主要表现在以下几个方面：

首先，城市数量较少。根据 2008 年国家统计局发布的数据，我国城市数量已达 655 个，这与我国目前已达 13.7 亿的总人口数相比，在绝对数上还是显得比较少。

其次，城市规模结构"头重脚轻"，大城市比重过高，小城市发展不足。中国小城市的增长速度太低，与世界城市发展的一般趋势相反。

再次，中国城市地域分布不平衡，具有东密西疏的特点，与中国人口的地区分布呈正相关关系。几十年来，虽然政府加速开发西部和内地地区，但并没有从根本上改变城市分布的不平衡。在长江三角洲、珠江三角洲、辽中平原和京津唐地区，城市密集，经济发达，而西部地区城市发展的基础薄弱，城市发展的绝对水平不高，城市经济效益较低。

最后，从城市的功能结构看，中国城市化具有明显的"工业型城市化"的特点，加之中国长期形成的"变消费城市为工业城市"的指导思想，使中国城市功能偏重于工业，城市多为工矿城市，商业城市、金融城市、旅游城市、科技城市、教育城市发展严重不足。

4. 进程特点——波浪形

中国城市化进程具有起步晚、起点低、波动性大的特点。中国的城市化从 1949 年算起，比美国晚 160 年，比俄罗斯晚 32 年。中国城市化的起点低，1949 年城市化水平仅为 10.6%，低于一般国家城市发展水平。由于中国城市化的动力机制是政府发动型，因此，政治的动荡和政策的变化直接影响城市的发展状况，与其他国家相比，中国城市化波动性大。

(四) 中国城市化的基本道路

城市化或城镇化道路是对实现城市化的动力、机制、原则和方式的统称，它所要解决的是怎样实现城市化的问题。具体来讲，城市化道路的内容主要包括以下几个方面的选择。

1. 城市化发展模式的选择

我国研究城市化问题的学者广泛使用的与城市化道路有关的几个概念主要有城市化模式、城市化类型、城市化发展模式、自上而下的城市化、自下而上的城市化,等等。

城市化模式,严格地说是指城市化发展的状况和道路的总和,是一个总体概念。不同的城市化模式,应该具有不同的发展状况,不同的实现城市化的动力、机制、原则和方式。

城市化类型则是从不同角度,依据不同的标准,按照城市化各个方面的各种不同的特征来划分的城市化种类与形式。将城市化发展模式区分为过度城市化、滞后城市化、适度同步城市化三种类型。

城市化与工业化同经济发展三者之间关系密切,既互为因果又相互制约。如何处理三者的关系是选择城市化道路的首要问题。从国际经验来看,城市化与工业化同经济发展之间的相互关系一般存在三种情况,由此形成三种不同的城市化发展模式:

一是适度同步城市化,是指城市化的进程与工业化和经济发展的水平趋于一致的城市化发展模式。所谓"适度同步"主要是指城市化、工业化和经济发展三者呈合理的正相关关系,城市化率与工业化率互相协调,城市人口的增长与人均国民收入的增长趋于一致,农村人口城市化的数量与经济发展提供的城市就业量大体平衡,城市化的发展与农业提供的剩余农产品基本适应。这是一种经济发展推动型的比较合理的城市化发展模式,它能够使城市化与工业化相辅相成,实现城市化与工业化和社会经济的健康协调发展。

二是过度城市化,又称超前城市化,是指城市化水平超过工业化和经济发展水平的城市化发展模式。所谓"过度"或"超前"是指城市化的速度大大超过工业化的速度,城市化不是建立在工业化和农业发展的基础上,而是主要依靠传统的第三产业(传统的商业性服务)来推动,甚至是"缺乏工业化的城市化"。在这一模式中,城市人口过度增长,城市建设的步伐赶不上人口向城市流动的速度,城市不能为居民提供必要的就业机会和生活条件,这是一种以牺牲农业发展为代价,造成严重的"城市病",不利于经济和社会健康发展的畸形城市化。

三是滞后城市化,是指城市化水平落后于工业化的城市化发展模式。城市化滞后产生的主要原因,是政府在推进工业化的过程中,为了避免城乡对立和"城市病"的发生,采取种种措施限制城市化的发展,使城市的集聚效益和规模效益都不能很好地发挥,其结果是,严重地阻碍了工业化和农业现代化的进程及城市文明的普及,这是一种同工业化和现代化发展的必然趋势相违背的不合理的城市化发展模式。

2. 选择城市化道路的基本原则

城乡社区协调发展是城市化道路的基本原则。城乡协调发展,对于中国这样一个统一的多民族大国来说,是社会发展的重要基础。城乡协调发展,从根本上说就是不断缩小直到完全消灭城乡对立的过程。城乡对立一方面表现为发展水平的差距,另一方面表现为地区之间发展的不平衡。恩格斯曾指出:"城市和乡村对立的消灭不仅是可能的,它已经成为工业生产本身的直接需要……"从我国目前情况看,社会主义制度的建立为消灭城乡对立奠定了良好的社会基础,但社会生产力发展水平低下,尤其是大部分乡村贫困落后,是消除城乡对立的根本障碍。关于城乡社区协调发展,应当坚持如下原则:

第一,优势发展的原则。中国地大物博,一个地区总有自己的自然资源、人文地理、经济和技术等方面的优势。只有寻求优势、因地制宜地发展城乡社区,这种发展才能持久。

第二,整体发展的原则。即对城乡发展通盘规划,使城乡社区有机地匹配组合,发挥出比它们各自简单地相加更高的社会效益。

第三,互益发展的原则。即一个城乡社区的发展一般应以增益其他社区为前提。如一个新城市的建立,就要考虑它对于周围乡村发展的利弊。

第四,地区平衡发展的原则。即城乡发展应当在不同地区的经济、政治、文化、环境与人口等方面力求平衡和协调。此问题与城市布局理论密切相关。

3. 我国目前城市化的具体方针

"控制大城市规模、合理发展中等城市、积极发展小城市"是我国城市发展的基本方针。这一基本方针既表述了我国城市发展总的战略思想,又为现在大、中、小城市规定了不同的发展原则,指明了我国城市化方向。它是总结了建国以来我国城市建设经验、研究了世界经济发达国家城市发展情况以后,针对我国国情和社会主义现代化建设的需要而制定的。自1980年10月全国城市规划会议提出并经国务院批准实施以来,在理论上不断进行深入的研究,在实践中贯彻执行。这一方针具有深远的战略意义和重大的现实意义。

第一,坚决控制大城市规模。建国以来,在城市,尤其是特大城市的成长和发展较快,规模仍在不断扩大。20世纪60年代开始严格限制人口迁入大城市、特大城市,然而由于60年代中期以前人口自然增长率比较高,因此人口

规模仍不断膨胀,从 1950 年到 1988 年,天津、上海总人口约增长一倍,其中
85％以上为人口自然增长。大城市、特大城市中,人口过度拥挤主要发生在市
区,尤其是市中心区。一般说来,大城市市中心区人口密度每平方公里超过 1
万人,沿海特大城市,如天津市和平区清河街区超过 10 万人,上海浦西吉安街
区竟超过 16 万人! 大城市的市中心区,已不是要严格限制人口规模的问题,
人口密度过高带来了交通拥挤堵塞、环境问题等市区独有的社会病态现象,有
必要严格控制大城市规模。控制不是绝对不发展,控制是相对于"失控"而言,
切忌贪大求全、自我膨胀,其发展途径主要是通过内涵型的扩大再生产,以发
展高、精、尖产品为方向,调整产业结构,控制市区"膨胀病",逐步向郊区扩展。

　　第二,合理发展中等城市。中等城市是处于大城市和小城市之间的中间
层次,是联系两头的中间环节和桥梁。目前,我国中等城市数量约占城市总数
的三分之一,分布均匀,几乎每省都有。合理发展中等城市有重大的战略意
义:其一,这些城市在物资技术、基础设施、生产经营、市场网络、交通运输、智
力发展、市政工程、公用事业上都优于小城镇和小城市,有能力实现设备大型
化、生产过程自动化、市场专业化和经营网络化,从而有较高的规模经济效益;
其二,这些城市都能够吸引大城市先进技术和产业转移,与大城市企业协作,
为发展大城市经济和外向型经济当好"二传手",同时,又可以不断地向小城镇
扩散物资、技术、半成品及提供服务,带动小城市发展,形成一个地区经济、政
治、文化教育的中心;其三,与大城市相比易于避免由扩大城市规模所带来的
规模不经济和其他"城市病",可沿城市化的合理发展方向使中等城市逐渐扩
展为大城市,在一个相当长的时间内保持较高的综合效益。一是经济建设与
城市各项基础设施建设必须协调发展,不能重复过去只顾发展经济而在城市
建设方面大量欠账的教训;二是城市人口和用地规模不能无限制地膨胀,除极
少数确有必要者外,一般不要发展为新的大城市,尤其不要膨胀为特大城市;
三是就全国来说,今后若干年内,可以有计划地把若干条件好的小城市发展为
中等城市。鉴于中等城市的现状和特点,如果把城市化发展战略重点放在中
等城市,并加以科学的合理的规划,必将在今后一个时期内吸引大量农村剩余
劳动力,沿着乡镇企业——城镇——小城市——中等城市的链条梯次地转移。
发展中等城市是今后工业化和经济发展最为有效的发展途径。

　　第三,积极发展小城市。目前我国有 3 200 多个县城、18 316 个建制镇,

这是城镇体系的基础环节,城乡的结合部是乡村城市化的第一站。"积极发展小城市"就是在城市化、工业化的主导作用下,实现乡村自身的城市化。具体途径是在继续推进工业化又不放松对传统农业改造的同时,把重点放在中间层次的生产方式上,构筑起城市与乡村、工业与农业的结合部和提高生产力水平的台阶,这个中间层次就是小城市。城市化过程,一般有两种形式:一是"集中型"城市化,是指一部分农村人口脱离农村流向已有的城市,从事非农业劳动成为城市人口。二是"分散型"城市化,包括城市和乡村的相向运动,一头是城市的扩散,城市企业、事业和人口转移腹地,衍生出新兴城市;另一头是乡村城市化,发展集镇、乡镇和小城镇或新建城市居民点,吸纳农村人口转移,向城市生产方式、生活方式过渡,沿着集镇、乡镇、县城、小城市的方向发展,走向适度集中。一般是通过两者合力来完成的。

积极发展小城市包括四个内容:一是随着全国经济的发展,逐步把现有小城镇建设好,特别是要加强小城镇的基础设施建设,以适应进一步发展的需要。二是在大城市周围建设卫星城,以分担大城市的压力。三是条件好的小城市可根据城市需要与可能,向中等城市发展,但主要是应在提高城市设施水平和功能与作用方面下工夫,而不要追求人口和用地面积的增长。四是在今后若干年内可逐步多发展(设置)一些小城镇,具备设市条件的镇,可以升级设市,具备设镇条件的农村集镇也可以升级为小城镇。但这要从实际出发,因势利导,不要拔苗助长。

第五节　虚　拟　社　区

虚拟社区是随着互联网技术的发达出现的新事物。虚拟社区与传统的社区有相同之处,也有自身的特殊性。

一、虚拟社区的定义

随着国际互联网的迅速扩展和普及,越来越多的人倾向于在网上寻求生存和发展的空间。虚拟社区就是这样的空间之一。

虚拟,在《现代汉语词典》中是指"不符合或不一定符合事实的,假设的"。"虚拟"的英文 virtual 一词,其本意却是指"实质上的、实际上的、事实上的"。狭义的虚拟,是一套利用电脑和传感器模拟现实情景,从而使人体验到与现实无异的感觉并做出真切反应的系统。像美国的许多科幻影片经常使人能体验到虚拟技术的惊人效果。在未来社会,生活中许多事情都可能将由虚拟现实代替,如教育、飞行模拟、军事演习等,同样,人们可在电脑和网络中虚拟出一个现实世界,诸如虚拟的商店、医院、学校、邮局、会议厅,等等,生存在其中的是"虚拟居民"。电脑游戏也是虚拟现实的一类,吸引了很多玩家沉溺于此。有专家称,虚拟技术将是 21 世纪信息技术的代表。它的发展不仅从根本上改变人们的工作方式和生活方式,而且虚拟技术与美术、音乐等文化艺术结合,将诞生人类的第九艺术。

所谓虚拟社区(virtual community),就是人们在互联网上体验虚拟生存的空间或场所。它并非是一种物理空间的组织形态,而是由具有共同兴趣及需要的人们组成,成员可能散布于各地,以兴趣认同、在线聚合的形式存在的网络共同体。虚拟社区所包含的核心功能一般主要有公告栏、群组讨论、社区通讯、社区成员列表、在线聊天等,虚拟社区的出现,提供给人们以信息、物质、情感等多方位互动的平台,被许多人视之为互联网发展的一次飞跃。

二、虚拟社区的特点

(一) 多元性

虚拟社区不同于普通的生活社区,它由于思想文化的广泛交流,以及冲突与融合的频繁发生,导致多元化和多层次,因而在虚拟社区里多种思潮并存的现象非常普遍。

(二) 多样性

不同性别、不同性格和不同文化背景的人,都能够在虚拟社区中找到自己的栖身之处,并且还能够找到志同道合的人,不论是 BBS 公告牌,还是聊天室,都为不同的网民量身订做了适合自己的空间,使得网民们乐于前往。这种多样性表现使网民有同等机会表达心声。网络社区中底层或边缘的人,与网络中其他位置上的人一样,拥有同等的机会陈述自己的意见。网络社区的存在,意味着一种崭新的、可能的人类社会的组织或结构方式,已存在于当代的人类社会中。

(三) 广域性

无论何时、何地,足不出户,只要登录因特网,就能在那里找到其他人,哪怕是深夜或凌晨,哪怕相隔万里,也一样可以和素不相识的人聊天、游戏,甚至逐渐发展出"友谊"、"伙伴"等等原本只有在真实社区中,凭借面对面的互动与沟通才能建立起来的默契或亲密关系。通过这样的默契和亲密关系,陌生的网民之间不但可以交换信息,互通有无,也能从中获取"社会支持"与"归属感",从中获取"自我认同"。

(四) 虚拟性

在现实生活中,标识一个人的有其相貌、声音、衣着、身份等诸多特征,而在网络虚拟社区中,唯一存在的是数字、图标和符号,鲜活的人在网络上转换成代码。人们的网络行为必须依赖于网络图标或象征符号,这些抽象的图标和符号需要借助于人们的想象力才能在头脑中转换为生动鲜活的场景。这种虚拟性在一定程度上避免了因相貌、身份、等级、利益等诸多因素导致的交往的局限。虽然在虚拟社区中,人与人之间的关系是以数字化方式呈现出来的,但这种虚拟性是以现实社区的实在性为基础的。虚拟不等于虚无或虚幻。离开了现实社区,虚拟社区就会成为无源之水,无本之木。

(五) 隐秘性

虚拟社区的交流只有一个网名标志某人的存在,只有对方打出来的文字让你去想象。虚拟社区中相互沟通缺乏身体语言和辅助语言的一些要素,比如沟通参与者言语的音色、腔调、音量和非言语化的信息,如:瞪眼、扬眉、撇嘴、耸肩等肢体语言,以及沟通环境。虚拟社区的人际互动可以使网民轻而易举地把自己呈现在公众面前,扮演众人期待的角色,同时又可以隐匿自己的真实身份,维持数个不同身份。网民往往不需要暴露太多的自我真实面貌,即能在虚拟社区中进行"社交活动"。这种网络传达的沟通方式常被网民们巧妙地用来与他人保持社会距离以取得更大的隐私空间。

（六）开放性

开放性可以说是一个虚拟社区存在的基础。虚拟社区没有明确的国界或地界,人们既不受自然的物理时空的限制,也没有现实社会里的各种约束,它没有中心,没有等级,没有严密的管理机构和繁杂的规章制度,只有作用十分有限的管理员和版主。如此松散的网络社会给人们前所未有的自由感和轻松感,畅所欲言,无所顾忌成为虚拟社区中成员交流的最突出表现。随意表达自己的观点是每一个网民都不愿意放弃的权利。因为有了虚拟社区这个可以在公告牌上尽情发泄,同时又可以方便地到聊天室里交友的地方,网民找到了"家"的感觉,因此愿意将自己长期落户在社区中,成为别人熟悉的一员。但一个完善的虚拟社区,其社会文化里面应该有道德和法律的成分,这样才能在具有鲜明文化特征的同时具有长久发展的保证。

（七）脆弱性

虚拟社区中的人际关系较为脆弱。通过网名代号来隐匿部分的身份,虚拟社区的成员每个人都可以自由选择自己的身份、立场、交流方法,并伴随着明确的隐秘性。经由虚拟社区建立的关系可能会维持,也可能会消失,在线的朋友也可能很快成为离线的陌生人。

（八）复杂性

虚拟社区的种种特征,给人性的复杂性、丰富性表达留下了空间。在虚拟社区这种特殊的生活空间,积极的和消极的、正功能和负功能同时并存,甚至正效应有多大,潜在的负效应也就相应的有多大。面对虚拟社区的复杂性,和现实社区一样,虚拟社区要最大限度地防范、抑制负面作用的发生。要正确分析虚拟社区的两面性,真正理解虚拟社区的特性,保证虚拟社区生活的安全。

三、虚拟社区与现实社区的关系

（一）虚拟社区突破了现实社区对地域性的要求

传统社会学意义上的"社区",一般是指聚集在一定地域范围内的社会群体和社会组织根据一套规范和制度结合而成的社会实体,是一个具有地域性特点的社会生活共同体。这样的社会生活共同体,相对于我们这里所说的虚拟社区,可以称之为现实社区。很明显,现实社区是比较强调地域性的,因为现实社区中人们相互之间的关系具有密切性、经常性,与地域性往往联系在一起,如果不是聚居在同一地域的人们,就会因为客观条件的限制,难以形成联系密切的生活共同体。

但是,随着互联网技术的发展出现的虚拟社区,由于其可以最大限度地跨越人与人之间在地理上的距离,从而使得不同地域的人们也可以发生经常性的联系,形成了突破现实社区地域界限的跨地域的生活共同体。

(二) 现实社区中的各种观念、规范也会渗透进虚拟社区

尽管虚拟社区的社会结构模式和管理模式与现实社会有本质的不同,但虚拟社区内的生存模式和交流模式与现实社区却存在着许多类似的地方。比如人们在虚拟社区中的发言和在现实社区中一样,也需要合乎时宜才行。

现实社区对虚拟社区的最强大的渗透,是现实社区中的权力力量对虚拟社区的控制,其中之一,就是现实政府对虚拟社区实行的政治控制。比如,通过对网络信息的垄断和筛选,对虚拟社区中的舆论导向进行引导和监控。除政府以外的其他一些权威,也可以把现实社区中的权力转化为虚拟社区中的权力。如像版主有权规定论坛的性质、有权删除网民的言论和帖子,某些老资格网虫拥有高于一般网民的威信或地位,等等,这都可能在虚拟社区中形成不平等交流的局面。

(三) 虚拟社区会对现实社区构成一定的冲击

当虚拟社区成为许多人生活中的一个重要部分的时候,虚拟社区必定会对现实社区带来影响。首先,是虚拟社区对现实社区的各种资源加以攫取。在虚拟社区拥有了庞大数量的网民后,就会进一步将虚拟社区的精神、准则、规范,网民生存观念和方式渗透到现实世界中,甚至消解和颠覆现实世界既有的观念和规范,影响现实社区的发展和运行。从民主意识、参与意识、新闻自由、言论自由、公民知情权,到工作、通讯、教育、购物、娱乐等生活方式,甚至人际交往、情感交流、婚姻模式等方面都将对现实社会构成不同程度的冲击。

　　其次,虚拟社区在网民的民主意识、社区的权力布局和公众的参与行为等方面,对现实社会的冲击和解构最具威胁性。因为,虚拟社区能为公众的政治参与提供极大便利,为网民参与行为提供可行的技术保证。一方面,由于人们可以在网上遭遇各类主张和观点,这样,平等和兼容的精神将日益深入人心,各种价值观、信仰可以在网上不断的辩驳争论,这就可能使人们在经过一定时期的碰撞之后,就平等共处的规则达成共识。另一方面,网络无限扩张和个人电脑的加速普及,使互联网上具有表达功能的节点和渠道极度多元化,任何组织都难以真正有效控制这些节点和渠道,因此,虚拟社区将成为各类小众社群和个体公众接收和传播其观点的途径和场所。

第九章　社　会　分　层

　　什么是社会分层？社会分层是一个社会学术语，它主要是对社会不平等状态的一种静态描述。在现实世界中，随处都可以看到社会不平等的现象，有的人富有，有的人贫穷；有的人地位高，有的人地位低；有的人声望高，有的人声望低等等，从中可以发现许多社会问题。而这些则从一个层面折射出现今的社会会依照个体的社会身份、地位、职业和收入等要素而分化成不同层次的社会群体，这种基于社会不平等之上的层次划分就是社会分层要探讨的问题。

第一节　社会分层概述

一、社会分层的定义

　　分层（stratification）原是地质学用语，是地质学家在分析地质结构时用来指地质构造不同层面的专用名词。在人类社会中，由于种种社会差别及社会分化等导致的社会不平等，使得人们总是生活在不同的社会层次，从而构成了人们在社会中的上下位置，为此，社会学家借用分层这一概念，来指涉存在于人类社会的个人和群体之间的结构性不平等。它是按照一定的标准，将社会中的人们划分成高低有序的不同等级、层次的过程和现象。

　　具体来讲，我们对社会分层概念的了解可以从以下几个方面进行：

（一）社会差别、社会地位与社会分层

　　社会地位是构成社会分层的重要标准，也是导致社会结构性不平等的重

要原因。社会地位既反映社会差别,同时,差别又有可能导致社会地位的不同。但需要强调的是,社会分层是反映社会纵向结构的概念,它更多的是与结构性因素有关,也就是说,并不是一切差别都是社会分层关注的范畴。

我们常说,人是千差万别的,我们可以简单地把社会中人与人之间的这种差别分为自然差别和社会差别两种。自然差别是指根据某些自然属性,社会成员间形成的类别差异,这种划分标准主要基于先赋性因素,例如性别、肤色、年龄和血型等;而社会差别则是指根据某些社会属性划分,各类社会成员在社会境况等方面的差异,其划分标准更多的是基于后致性因素,例如职业、文化和收入等。

一般来说,社会分层更多的研究的是社会差别,因为社会差别直接影响到人们社会地位的差异。社会地位是指在社会关系空间中的相对位置,以及围绕这一位置所形成的权利义务关系。在现实的社会交往中,社会地位既是人们相互识别的标志,也是人们互动影响力的主要源泉。

社会地位通常表现为正式和非正式两种情况。正式社会地位是指已经被制度化了,在一定时期内相对稳定的社会位置或属性,例如职业等;非正式社会地位是指非制度化的社会位置和属性,例如个性特征等。由于正式社会地位体现的是宏观社会的结构要素,所以,我们更多关注的是正式地位,但这并不意味着社会分层忽视了其他方面因素。

现代社会是个高度复杂的人类共同体,社会成员每天都在扮演着各种不同的角色,形成一个角色丛,与之相关,个人的社会地位也通常不是唯一的,而是多重的,个人在不同的社会境况下可能占有不同的社会地位,因此,社会分层中的正式地位更确切地说是个人地位的多重性。

综上所述,人们表现的社会差别在很大程度上是社会地位的性质、多重地位间的关系等综合影响的结果。社会分层就是以社会地位为研究出发点,以此为最重要的分类标准之一,探讨由此形成的社会差别和由此形成的层次划分,从而把握社会基本结构的特征。

(二) 社会分化与社会分层

社会差别形成社会地位,社会地位又强化这种差别,那么社会差别最初是如何形成的? 形成社会差别的原因众多,其中最根本、最基础的历史动因是社会分化。社会分化是社会发展的一种方式,它是指社会系统中原来承担多种社会功能的某一社会结构的要素逐渐发展为承担单一社会功能的多个社会结构要素的过程。社会分化发生在社会生活的各个领域,其直接后果就是使社会形成功能专一化和地位多样化的总体格局,而地位多样化直接反映了社会发展过程中社会地位差别的扩大趋势。由此还可以看出,并不是所有的社会分化都能导致地位的差别,从而形成社会分层。

社会分化可以从两个角度来划分:水平分化和垂直分化。水平分化是根据一定的社会属性或特征,将社会成员划分为不同类型的地位群体。例如依照工龄、性别等标准进行的群体分化,处于水平分化中的各群体成员在社会地位等级上没有本质的差别,因此这种分化不会直接产生社会不平等。造成社会成员本质差别的原因在于社会的垂直分化,它是根据一定的社会属性或特征,将社会成员分为不同层次的地位群体,这些群体从公认的社会价值序列看存在着本质的高低差异。例如依照收入、声望等标准所进行的群体分类。

社会垂直分化有多种表现形式,既表现为政治、经济和声望等方面的差异,也可表现为居住区域、生活品位等方面的不同,而一个社会的实际分层空间也正是有这些不同形式的垂直分化共同构成的。

(三) 社会分层是一种客观存在的社会现象

对于社会分层,常常会有这样的争议:社会分层是客观存在的还是社会学家主观判断的结果呢? 社会分层是基于人们的主观感受而进行的客观分析,也就是说,社会分层是社会学家基于客观存在而进行的主观建构。这就涉及两个问题:

首先,社会分层是一种客观存在的社会事实。在我们现今的社会生活中,由于差别和分化等原因,社会本来就是一个客观的不平等体系,在这个体系中,社会成员都能从现实生活中感受到这种不平等,因此,人们经常用"穷人"与"富人"、"上层人士"与"下层民众"等概念进行表达,而这即是社会分层的意识,只不过这种意识是模糊的、不明确的。

其次,社会分层的确是社会学家主观建构的结果。但这种建构并非是天马行空地想当然,而是基于社会现实,按照一定的理论指导和分层标准进行的。一方面,它是社会学家努力用社会学知识揭示社会客观现象的体现,以便使我们的认识更接近社会事实;另一方面,正是由于在揭示过程中无不打上相关社会学家主观认识的烙印,因此,才会出现我们后面要讲的丰富多彩的社会分层理论。

(四) 稳定的社会分层体系是由信仰来支持的

在任何社会中,一种稳定的社会分层体系只有在大多数人都认可的情况下才能维持下去。那么,这种不平等的社会分化体系是如何得到大多数人认同的呢? 一般来说,只有那些拥有社会特权者,或者说现行分层体系的既得利益者才会竭力维护既存的分层现状。那么,他们如何来平息其他民众对这种社会资源分配体系的不满的呢? 从人类历史来看,这就需要给全社会创造一套信仰体系,这种信仰体系可以是宗教,也可以是其他的意识形态,其目的就是用信仰来论证和维护这种不平等分配体系的合法性。

二、社会分层的历史发展

在不同的历史时期,不同的政治经济结构的社会中,社会分层制度的表现形式也是不同的。西方社会学界一般认为在历史上,人类社会存在过四种基本的分层制度:奴隶制度、种姓制度、等级制度和阶级制度。

(一) 奴隶制度

奴隶制度是不平等的一种极端形式。以社会分层的视角来看,奴隶制的本质就是某些人将另外一些人作为财产绝对占有。在这个分层体系中,大致可分为奴隶主、平民和奴隶三个地位群体,其中奴隶毫无权利可言,奴隶主是这个社会中的特权群体,平民则次之。在这种制度下,获得社会地位更多地依靠的是继承和出身。

(二) 种姓制度

种姓制度是人类社会另一种分层体系,地位是由出身决定的,人们不能改变自身的社会地位,不同种姓间的交往被严格限制。这种分层体系在印度表现得尤为明显，它与印度次大陆特殊的文化和印度教的轮回信仰观念密切联系在一起的，当然，种姓制度也存在于许多传统文明中。

在这种制度下，整个印度社会被分成四个种姓——婆罗门、刹帝利、吠舍和首陀罗。婆罗门由僧侣和知识分子构成；刹帝利由武士阶层组成，这两大种姓是社会中的特权群体。吠舍则包括农民、手工业者和商人；首陀罗由佣人和工匠构成；在首陀罗之下还有不被列入种姓制度之内的"不可接触的贱民"阶层，他们地位最卑贱，其他种姓成员严禁与他们进行任何形式的接触。即使是在这四个种姓之内，又细分成一千多个亚类，每个亚类都对应着各自的职业种类、居住地域和交往规则。种姓制度在今天的印度社会中还具有相当大的影响。

(三) 等级制度

等级制度是与封建制度联系在一起的。中世纪欧洲的农业社会就是这种分层体系的典型代表。在这种社会中，教职人员是第一等级社会成员，贵族其次，包括农民在内的其他社会成员则属于第三等级，他们没什么权利，通常依附于贵族，并为其提供劳动和军事服务，作为回报，贵族给他们提供保护和物质支持。

在等级制度下，社会成员的身份地位主要由家庭出身、社会位置和权力等先赋性因素决定，由于这种社会地位的不平等安排得到了天主教会和国家法律的认可，因此，其中的社会成员由一个等级向另一个等级的流动机会非常有限，基本实行着"门当户对"式的婚姻制度，不同等级之间很少通婚。

(四) 阶级制度

西方学者将现代社会的分层类型称为阶级制度，它是一种主要以经济地位为基础的分层形式。英国社会学家吉登斯认为，与以前的社会分层形式不同，阶级制度具有以下几个方面的特征：

第一，与其他类型的分层不同，阶级并非由法律或宗教信条确定。成员资格不以法律或习俗所确定的世袭地位为基础。阶级制度比其他类型的分层制度更具流动性，而且阶级之间的界限从来没有明确的划分。没有成文规定来限制不同阶级的人之间的通婚。

第二,个体的阶级地位至少在某种程度上是赢得的,而不像其他类型的分层制度,在出生时就已"注定"。社会流动性,即阶级结构中的上下流动,比其他类型要普遍得多。而在种姓制度中,个体根本不可能由一个等级流向另一个等级。

第三,阶级的构成取决于个体所属的不同群体间的经济差异,即拥有和控制物质资源方面的不平等。在其他类型的分层制度中,非经济因素(如印度种姓制度中宗教因素的影响)一般是最为重要的因素。

第四,在其他类型分层制度中,不平等性基本表现为自耕农和地主、奴隶和主人或种姓低和种姓高的人之间的责任和义务关系。相反,阶级制度则是通过非个人式的、大规模的联系来运行的。例如,阶级差别存在的一个主要基础在于工作条件和报酬的不平等。这些因素影响了具体职业类别中的所有人,结果在总体上形成经济领域的主导的经济环境。①

另外,支持现代阶级制度的意识形态完全是世俗的,这种意识形态认为上层人士的特权是正当合理的,因为他们的成功是通过自身的努力和功绩而向上流动的结果。

三、测量社会不平等、社会地位的方法

在社会研究中,测量社会不平等,并由此反映社会地位差异和社会阶层分布有很多方法,大致来说,我们可以将这些方法归为两类:定量和定性。定量方法主要是通过数字来反映阶层分布及社会差别,而定性研究主要是通过理论分析来达到这一目的。当然,这种分类也仅是相对性的,当代的研究基本上采取的都是定量和定性的综合趋向。在此,主要介绍目前常见的几种测量方法。

(一) 不平等指数

所谓不平等指数,是用最高收入者占总人口的比例加上最低收入者占总人口的比例,即用两者的百分比之和的办法来表示社会的不平等程度。在计

---

① 安东尼·吉登斯:《社会学》,北京大学出版社 2003 年版,第 357—358 页。

算过程中,一般将贫困线以下的人视为最低收入者,而将收入高于平均收入 2倍及 2 倍以上的人视为最高收入者。

不平等指数实质反映的是社会两极人口与中等收入人口的比率关系,而通过比较某一特定国家或地区的不平等指数就可以测算出不平等程度的变化情况。两极大则显示社会贫富分化程度高,中间层大则显示社会分化程度低。这个指标的优点是能够同时反映社会两极以及社会中间层的变化。

由于我国对贫困线划分与国外及联合国的标准还存在着一定的分歧,因此我们以英国 1949—1963 年的数据为例,见表 9-1。

表 9-1　　　　　　　　1949—1963 年英国不平等指数演变表[①]

年代	最低收入全体占人口比例(%)	最高收入全体占人口比例(%)	不平等指数
1949	4.05	0.59	4.64
1950	3.31	0.44	3.75
1951	4.50	0.37	4.87
1952	2.78	0.32	3.10

由表 9-1 可以看出,在这个时间段,1951 年的英国不平等指数最高,也就是说此时的贫富分化程度最严重,社会不平等程度也最高;而 1952 年的不平等指数则最低。

(二) 库兹涅茨比率(Kuznets Ratio)

这是美国经济学家库兹涅茨(S. Smith Kuznets 1901—　)提出来的,它使用一个综合值来反映社会各阶层收入差别的状况,将各阶层的收入比重与人口比重的差额的绝对值加总即是,其公式为:

$$R = \sum |Y_i - P_i|, \ (i = 1, 2, 3 \cdots n)$$

(R 为库兹涅茨比率;Y_i 为各阶层在总收入中所占比重;P_i 为各阶层人口比重)

库兹涅茨比率的优点是易于计算,并能反映出社会总体的收入差距与不平等程度。

---

① 李强主编:《应用社会学》,中国人民大学出版社 2002 年版,第 374 页。

(三) 五等份法

五等份法最早是由佩什(F. W. Parish)在一篇题为"真实的个人课税率"的论文中提出来的。这种方法是按人均收入的高低将人口分为五等份,然后测量各 1/5 人口的收入在总收入中所占的比例。

根据表 9-2 可以看到,我国城乡合计的居民家庭的收入差距基本上呈现加大的趋势,据 1996 年的数据显示,我国城乡合计的居民家庭的收入差距是相当大的,最贫穷的 20%家庭仅占有全部收入的 4.06%,最富有的 20%家庭占有全部收入的 51.4%。而根据美国 1990 年的数据,美国最贫穷的 20%家庭占有全部收入的 4.6%,最富有的 20%家庭占有全部收入的 44.3%。可见,中国现行的财富和收入分配体制还存在着一定的问题。

表 9-2　　　　　　　　我国部分年份各居民家庭组占有收入的比例[①]

按家庭人均收入高低分为五组	1965 年各组占有全部收入的比例(%)	1975 年各组占有全部收入的比例(%)	1986 年各组占有全部收入的比例(%)	1996 年各组占有全部收入的比例(%)
最低的 1/5	8.65	9.52	7.26	4.06
次低的 1/5	14.18	13.85	11.14	8.63
中间的 1/5	18.21	16.66	15.24	14.14
次高的 1/5	23.95	22.29	20.18	21.77
最高的 1/5	35.02	37.68	46.19	51.40

(四) 基尼系数

基尼系数(Gini Coefficient)本是经济学概念与测量方法,它是意大利统计学家基尼(C. Gini,1884—1965)根据洛伦茨曲线(Lorenz Curve)图而建立的测量分配不平等程度的指标。由于它能较全面、准确且直观地反映出财产、收入等分配的不平等程度,因而在社会分层研究中也被广泛应用。基尼系数的理论公式是:

$$G = \frac{A}{A + B}$$

---

① 相关数据来源参见李强:《转型时期中国社会分层》,辽宁教育出版社 2004 年版。

　　其中 G 为基尼系数，A 为实际收入分配线（弧线）与绝对平均线（对角线）之间的面积，B 表示实际收入分配线（弧线）与绝对不平均线（坐标线）之间的面积（详见图 9-1）：

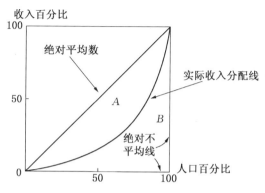

图 9-1　洛伦茨曲线与基尼系数

　　基尼系数的值在 0—1 之间。如果 A 为 0，则基尼系数为 0，表示收入分配完全平等；如果 B 为 0，则基尼系数为 1，表示收入分配绝对不平等。基尼系数可在 0 和 1 之间取任何值。收入分配越是趋向平等，洛伦茨曲线的弧度越小，基尼系数也越小；反之，收入分配越是趋向不平等，洛伦茨曲线的弧度越大，基尼系数也越大，图 9-1 中的实际收入分配曲线（弧线）又称作洛伦茨曲线。

　　一般认为，基尼系数在 0.3—0.4 之间时为中等不平等程度，超过 0.4 就出现了比较严重的不平等。就我国情况来看，由于各方统计口径不一，因此，对中国当前具体的基尼系数的数据还存在着争议。根据国家统计局 2013 年公布的数据，我国 2003 年的基尼系数为 0.479，2006 年为 0.487，2008 年为 0.491，2009 年为 0.490，2012 年为 0.474。根据学者的研究，某些地区的基尼系数甚至超过了 0.5。如李强教授在对北京的基尼系数研究时发现，进入 20 世纪 90 年代以后，北京市的基尼系数就一直在 0.5 以上[①]。

（五）恩格尔系数

　　恩格尔系数（Engle Coefficient）指食物支出额与全部生活消费支出额的

---

　　① 参见李强：《转型时期中国社会分层》，辽宁教育出版社 2004 年版，第 122 页。

比率。它是德国统计学家恩格尔(E. Engel，1821—1896)提出的测量方法。恩格尔在对德国工人生活状况的研究中发现，在其他条件相同的情况下，工人家庭收入中的食物支出额，可以用来作为衡量生活、福利水平的指数，即家庭的收入越低，食物支出的比重就越高。

恩格尔系数不仅可用来测量总体的生活水平，也可在社会分层研究中用来测量和比较各分层群体的生活水平状况。一般认为，恩格尔系数达到 58% 以上者为赤贫，51%—58%者为温饱或勉强度日，41%—50%者为小康，31%—40%者为富裕，30%以下者为极富裕。

中国学者在使用恩格尔系数分析中国的消费阶层时，努力使得上述划分更加细化。例如李培林等曾依据北京商情调查公司对重庆市的入户抽样调查数据，划分出七个消费阶层：

表 9-3　　　以恩格尔系数分类的各消费阶层占调查户数的百分比[①]

恩格尔系数	消费类型	占家庭百分比	累积百分比
0.29 及其以下	最富裕阶层	7.2	7.2
0.30—0.39	富裕阶层	10.6	17.8
0.40—0.49	中上阶层	17.7	35.5
0.50—0.59	中间阶层	22.0	57.5
0.60—0.69	中下阶层	19.7	77.2
0.70—0.79	贫困阶层	12.9	90.1
0.80 以上	最贫困阶层	9.9	100

注：由于中国正处于体制转轨过程中，消费中的许多项目尚未完全实现市场化和货币化，如消费开支中的大项——住房，很大一部分还具有福利的性质，这就会使消费支出中食品支出的相对比例提高，从而增大家庭消费的恩格尔系数。

(六) 社会综合地位量表(SES)

对于社会地位的综合性测量，在西方比较通用的还有"社会经济地位量表"(socioeconomic score，SES)。它通过测量收入地位、教育地位、职业地位，并计算其综合值，以此反映一个人的综合社会地位的高低。这种方法最初是由美国社会学家邓肯(O. D. Duncan)提出来的。该量表首先测量人们的收

① 转引自童星：《现代社会学理论新编》，南京大学出版社 2003 年版，第 216 页。

入地位、教育地位和职业地位,并予以打分,然后综合计算其分值。对于收入和教育程度都可以直接量化,收入可以按货币数量的多少来分级,教育程度也可按照受教育的层次分级,职业地位的等级划分则要复杂些,通常的分类依据是职业声望地位。

(七) 国际职业社会经济地位指数(ISEI)

社会学家甘泽布姆(H. B. G. Ganzeboom)、格拉夫(P. M. De Graaf)及特雷曼(D. J. Treiman)尝试在"社会综合地位量表"的基础上,建立一套国际通用的测量人们社会经济地位的指数,这就是国际职业社会经济地位指数(international socioeconomic index of occupational status, ISEI)。在建立该指数时,他们使用了 16 个国家的 31 套数据,这些国家包括从最不发达的到最发达的国家,他们采用国际标准化职业分类体系,同时将教育和收入指标也进行了国际标准化处理,从而解决了国别差异问题。

表 9-4　　　　　　　　　　国际职业社会经济地位指数

职　业　大　类	ISEI
专业、技术和相关人员	67
管理人员、企业经理	67
销售人员	51
事务型工作者	49
服务人员	38
生产工人、运输工人及体力劳动工人	34
农业、牧业和林业工作者	25

我国社会学家李强曾按照此方法计算出"中国 16—64 岁人口的国际标准职业社会经济地位指数",并由此提出中国的社会不平等及分层现象,认为中国社会阶层结构是"倒丁字形",大部分社会成员处于非常低的分值位置。[1]

当然,除了以上介绍的这些外,测量社会不平等分布的数量方法还有许

---

[1]　参见李强:《转型时期中国社会分层》,辽宁教育出版社 2004 年版,第 86—113 页。

多,例如偏离值法、倒 U 拐点法等等。

(八) 阶级与阶层分析法

社会学家常常通过阶级或阶层这两个概念来描述特定社会中的地位分布状况,当然,其分析的依据可能是通过上述的一种或几种量化方法,但最终的目的还是要进行定性分析。

社会阶级和社会阶层都是分层研究的基本范畴,它们一般都是指社会垂直分化产生的各个社会地位层次以及分处于这些地位层次上的人群。一般而言,西方社会学通常对阶级(class)和阶层(strata)概念不加细致的区分,在很多场合甚至可以相互替代。如果详细地说,英文的 class 一词的涵义较为广泛,包括了中文中的"阶级"与"阶层"这两个词的涵义;而 strata 一词的意思则比较窄,一般指的是由等级分化而造成的连续性的等级排列。[①]但在传统的中文语境中,它们却有着不同的内涵。

我们所说的阶级概念一般特指马克思主义的话语,是指在社会生产资料所有制关系中居于相同地位的人构成的群体,也就是说阶级划分依据的是生产资料。另外,阶级反映的社会关系更多的是一种"零和"关系,即一个阶级的"得"便意味着另一个阶级的"失",这就使得整个社会的阶级之间存在着实际或潜在的,而且是不可调和的矛盾与对抗。例如,封建社会的封建主阶级与农民阶级,资本主义社会中的资产阶级和无产阶级等。

阶层则有三种含义:(1)阶层是一个阶级内部的层次划分,例如在土地革命中,我们曾将农民阶级划分为富农、中农和贫农三个阶层;(2)阶层还可指那些不能用阶级标准去划分的社会群体,如干部、知识分子等;(3)阶层泛指具有不同地位的社会群体。在这三种含义中,前两种是我们的传统理解,第三种最初只是西方社会学的理解,但近年来也已为我国学界所接受。[②]也就是说,我们现在所讲的阶层一般都是采用第三种理解。

---

① 参见陆学艺:《当代中国社会阶层研究报告》,社会科学文献出版社 2002 年版,第 6 页。
② 周运清主编:《新编社会学大纲》,武汉大学出版社 2004 年版,第 192 页。

第二节　西方社会分层的理论

虽然西方社会学将阶级和阶层都视为是社会不同地位的群体划分,但不同的学者,不同的学术派别,对社会分层却有着不同的解释。

一、社会分层研究中的两大理论传统

一般认为,在诸多的社会分层理论中,卡尔·马克思和马克斯·韦伯分别提供了两种不同的理论模式和分析框架,时至今日的分层理论和相关研究基本上都是在这两种模式和框架内的发展。

(一) 马克思的阶级理论

马克思是从阶级角度研究社会分层的。马克思的阶级理论是建立在他关于生产方式的理论基础之上的。生产方式指的是生产力与生产关系的统一体或生产力与生产关系之间的一种矛盾运动。马克思认为,阶级的出现是生产力发展到一定阶段的产物。当生产力不够发达,社会总产品还不能充分满足社会成员的需要,或者社会的剩余产品还只能满足少数人的较高需求时,社会就必然分化为不同的阶级。统治阶级往往通过特权占有生产资料,并按照对自己有利的方式进行资源和产品分配。

马克思还认为,阶级关系不仅仅是社会地位等级,而且还是一种社会关系。他认为这种社会关系主要是生产关系,而非交换关系。在生产关系中,阶级关系的核心问题是占有生产资料以及由此产生的剥削和被剥削,而不是财富、劳动分工、权力等,这些仅是阶级关系的一个侧面表现形式而已。

另外,马克思还认为,生产方式决定着阶级分层模式,不同的生产方式有着不同的分层模式。奴隶社会的生产方式产生的是奴隶主与奴隶对立的阶级模式;封建社会的生产方式产生的是封建主与农民对立的阶级模式;资本主义的生产方式产生的是资产阶级与无产阶级对立的阶级模式。而且,由于生产力与生产关系间关系的变化会引起生产方式的改变,因此阶级模式也会随之变迁,而这一变迁过程是通过阶级之间的一系列活动实现的,即阶级斗争。这种斗争的结果会对社会分层模式产生本质性的影响,随着新的生产方式的建立,新的阶级模式也应运而生。

(二) 韦伯的多元分层理论

韦伯是西方社会学史中另一位最早提出社会分层理论的社会学家。与马克思强调经济因素——生产方式在社会分层中起决定性作用的观点相左,韦伯则认为影响社会分层的因素是多方面的。

韦伯社会分层理论的核心是他所强调的划分基层结构的三维标准:财富——经济标准、权力——政治标准、声望——社会标准,我们有时也称之为三位一体社会分层法(详见图9-2)。

图9-2　马克斯·韦伯的三位一体社会分层法

所谓经济标准,是指社会成员在经济市场中的生活机会(life chance),即个人用其经济收入来交换商品和劳务的能力,包括使自己受到良好教育以获得较好经济地位的能力。简单的说,韦伯是将收入和财富的多少视为社会分层的经济标准。财富差别会产生阶级,他据此将资本主义社会的人群分为四个阶级:工人阶级、小资产阶级、缺乏财产的知识分子与专业人士、凭借教育和财产获得优势的阶级;而且韦伯还认为,这四大阶级这样互相流动的机会很少,基本上是封闭的。

政治标准即是权力。权力是一种控制和强制他人的能力,是一种无形的"货币",是"处于社会关系中的行动者即使在遭到反对的情况下也能实现自己意志的可能性"。在韦伯看来,权力不仅取决于个人和群体对于财产的所有关系及多少,而且也取决于个人和群体在科层体制中的位置。韦伯认为,权力差别产生政党,也就是说,依照权力进行社会分层的话,其划分的结果就是不同的政党。

　　社会标准即声望,声望是一个人得自他人的肯定的评价和社会的承认,它决定于个人身份、教育水平和生活方式等。地位差别产生身份群体。而所谓身份群体,就是由那些有着相同或相似的生活方式,并能从他人那里得到等量的身份尊敬的人所组成的群体。

　　从以上分层标准可以看出,韦伯认为,因为经济不是社会分层的唯一标准,而应用综合的标准,即财富、地位声望、权力三位一体作为社会分层的尺度。他认为,虽然地位的原始根源是经济,但地位一旦确立就不依赖于经济。在现代社会里,权力最关键的来源不是生产资料的所有权,而是来自日益发展的科层化组织管理(所有权和经营权可以分离)。因此,他用自己三位一体社会分层理论来补充马克思的分层理论。

　　同时,韦伯还认为这三个标准之间是相互联系,密不可分的;而三者之中,任何一种都可转化成为其余两种,且这三者之间都可独自成为划分社会层次的一个尺度,但三者之间又是不完全等同,也不能相互取代的。

　　韦伯的财富、地位、权力三位一体社会分层模式对西方社会分层研究产生深远影响,他的多元综合划分标准已成为西方社会分层理论的一个基本特征,成为此类理论的一个重要源头。但对于在如何使用这三位一体综合分层标准,以及这三个标准在社会地位评定中各自所占的比重等问题,韦伯均未作出详细的和可行的说明。即便如此,他的三位一体综合分层法为我们研究社会结构和量变过程以及社会分层提供了一个新视角、新方法,还是有一定启发作用和参考借鉴价值的①。

二、二战后社会学理论关照下的分层研究

　　第二次世界大战后,社会学的发展进入了一个新的时期,首先是以帕森斯等代表的结构功能主义在 20 世纪五六十年代的盛行,然后是社会冲突论、符号互动论以及社会交换论等多种理论的百花齐放,各种不同的理论基于自己的视角对社会分层进行了各自的研究。

---

　　①　参见易益典、周拱熹:《社会学教程》,上海人民出版社 2003 年版,第 176—177 页。

(一) 功能主义对社会分层的解释

功能主义的分层理论认为,既然社会上的地位差别、收入差别和贫富差距等是一种长期存在的普遍现象,那么,社会分成不同的地位等级就是合理的,而且它作为社会的一个构成部分还必然对社会发挥着某种功能,满足着社会的某种需要。该理论认为,在社会所必须进行的全部活动中,由于社会分工,有些活动要求从事者具备特殊的品质、才能或具备专业知识,而有些活动则没有什么特别的要求,任何人都可以做。同时,对于不同的技术水平、能力和担负不同责任的人,社会给予的劳动报酬也是不一样的,每种报酬都是与其地位、贡献及能力等成正比的,这就必然会产生社会差别,从而导致社会的分层现象。此外,功能主义还认为,这种分层对整个社会的发展是具有正功能的,它会激励人们积极向上,提高自己,从而促进社会的整体进步。在这一总的原则下,不同的功能主义学者对社会分层现象进行了不同的解释。

帕森斯强调社会分层标准中的价值观的作用。他虽然承认人们在财富、权力等方面的差别,但他认为,这些只是次要的差异,财富并不是第一级标准,财富的首要意义只是作为一种成就的象征而已。帕森斯认为,一个人在社会上的地位高低,是由社会上的人们,根据这个人所能做到的与社会上占统治地位的价值观念相一致的程度决定的。

帕森斯的两个学生,戴维斯和莫尔(W. Moore)则更详尽地说明了社会分层必要性的一些细节问题。他们指出,任何一个社会中都有一些工作比另外一些工作重要。某些社会角色需要有特别的天赋或者是训练有素的人才能承担。不是每一个人都能成为内科医生、原子能物理学家或者军事战略家。如果社会要发挥有效的功能,就必须以某种方式吸引有某种天赋或某种专业技术的人来承担这些角色,因为需要特别天赋或者长期训练的角色通常是工作压力大、责任重、作出的牺牲也多的角色,那么如何促使这些人自愿地从事这些职业并作出必要的牺牲呢? 他们认为,可以通过给这些占据社会最关键的能人提供更多的实质性的刺激,这些刺激包括高薪、权力和声望等。而且他们还认为,这样做既保证了此类重要的工作是由最优秀、最聪明的人来完成,而且,在报酬上对这些人倾斜还会使得整个社会受益,因为,如果占据这些位置的人能力不足,其社会后果将是灾难性的。因此,社会分层不仅是不可避免的,而且事实上对于社会的正常运作还是必要的。

这一理论在美国的社会学家中曾流行多年,也许是因为它非常适合强调个人成功的美国人的文化价值观。但是,有些批评家论证说,功能主义的这种分析存在严重的缺陷,其中"脱离现实"是批判的主要焦点之一。

首先,社会分层实际上并没有像戴维斯和莫尔在理论中所提出的那样起作用。有些社会职业报酬很高,虽然它们也可能只有某些有着特殊技能的人才能胜任,但这种职业对整体的社会目标却没起到与其报酬相对应的贡献。如体育运动员和明星、摇滚歌手等,他们获得的财富肯定要多于中小学教师、警察和社会工作者等,后者这类的职业无疑应该由能力较强的人来从事,但他们的工资却要低得多。

其次,功能主义分层理论还忽视了一个重要的社会事实,即社会分层或者说社会等级很大程度上是因先赋或继承原因,而不是因为自致的原因而导致的,这是在所有种姓等级社会中普遍存在,并且在很大程度上也是所有阶级社会形成不平等现实的客观因素之一。例如某些处于社会底层的美国黑人、印度流浪者,他们的境况更多是由于许多基于他们的出身等不合理因素决定的,而由于同样不合理的原因,诸如以前英国的贵族,南非的白人,不论其有无能力,为社会作出何种贡献,他们都能处于社会的上层,享受极高的待遇。

最后,功能主义分层理论还忽视了社会分层功能失调的可能性。实际上,社会分层使人们不可能具有相同的职业机会和生活机遇,因此,它很可能不是完全按才能来分配角色,也就不可能最好地利用人们的才能。如果下层人认为制度不公平,或者认为自己的付出与所得不成比例时,就会产生对社会及其富裕阶层的不满,严重的还可能引发社会冲突。在这种情况下,社会等级对维持社会制度不仅没有什么帮助,而且还可能由于经常引起暴力冲突而导致整个社会制度的崩溃。

(二) 冲突论对社会分层的解释

在实际社会生活中,是否真的如功能主义所认为的那样,社会位置高的人获得巨大的财富、声望和权力是因为这些社会位置对社会有价值? 冲突论对此持否定回答。冲突论者认为,他们的财富、声望和权力的获得是因为他们获得了对稀缺资源的垄断,并且为了自己的利益而不让这些资源广为扩散! 特别是权力在其中起到了决定性的作用。

　　与功能论认为社会不平等是不可避免,是具备相当合理性的不同,冲突论认为不平等并不是社会运行必不可少的,它是强势群体对弱势群体剥削的结果。强势群体决定着哪些人将占据哪个职位以及谁将得到什么样的报酬。因此,冲突理论家完全不认同功能主义论认为职业报酬的不平等既合理,又必要的观点。

　　大多数当代冲突理论家是从马克思的经典理论之中获取灵感。根据马克思的理论,资本主义的特点是两大阶级的冲突。资产阶级是统治阶级,他们拥有并控制生产资料。无产阶级是被统治阶级,他们为了生存向资产阶级出卖劳动力。资本主义社会的需求物品的分配主要是以阶级为基础的权力不平等的结果。马克思认为统治阶级能够保持其权力主要是因为社会设置反映了他们的利益。宗教、教育和政治秩序一般来说都适于维持现状,而不是鼓励通过变迁减少不平等。马克思还认为被压迫的无产阶级常常受到虚假意识的蒙蔽,看不到社会秩序是不公平的,只要资产阶级的统治仍然存在,无产阶级就不可能取得应得的社会报酬。构成资本主义社会阶级不平等的基础就是机会平等,但对机会平等这一虚假意识形态观念的接受,使工人阶级不能组织起来有效地追求他们真正的阶级利益。马克思希望无产阶级能够最终抛弃虚假意识,获得真正的阶级意识,起来对压迫他们的阶级进行暴力革命。

　　为了更好地反映 20 世纪后期的经济、政治和社会现实,诸如达伦多夫(R. Dahrendorf)、米尔斯等现代冲突理论家对马克思的理论作了进一步的发挥。他们的基调都认同马克思关于分层制度的主要观点,但他们还吸取了其他分层理论的可取之处,除了强调经济因素外,还考虑到分层体系中经济以外的因素(例如性别、种族和年龄)。他们虽然有时也承认某种程度的社会不平等是不可避免的,因为事实上人们在才能和技术方面确实有很大差别,但是,所有的冲突理论家都认为,最好把结构性的不平等理解为强者与弱者之间不平等斗争的结果。他们都同意,除了那些想证明自己所占有非分巨额社会需求物品是正当的人之外,谁也不会为不平等辩护,这是现代社会的特点。①

(三) 进化论下"综合理论"的努力:伦斯基对社会分层的解释

　　是功能论还是冲突论关于社会分层现象的解释更合理? 这个问题一直是

---

　　①　戴维·波普诺:《社会学》(第 10 版),中国人民大学出版社 1999 年版,第 257—258 页。

两派学者争论的话题,特别是 20 世纪 60 年代,冲突论与功能论展开了激烈的争论,撇开这场争论的目的,仅从其内容和意义而言,它对于人们全面了解社会分层具有相当的启发意义的,两种学派的视野和观点加深了人们对社会结构尤其是社会分层结构的认识。许多学者开始反思,能不能建构起一种综合此两理论之所长,而寻求一种中间的解释呢? 伦斯基(G. Lenski)的理论代表了这种努力的方向。

伦斯基认为,功能主义和冲突论的观点都有一定经验效度,两者应该结合起来对社会分层进行更准确的分析。一方面,社会的利益与该社会所有成员的利益确实从未协调一致过,因而,冲突论在这方面是正确的;另一方面,任何社会都需要并且也存在着部分的整合一致,都或隐或现地依照某些公认的价值观、规范运作,因此,功能论在这方面也是正确的。两者虽然都有其价值,但又都不充分,都忽视了社会事实的另一半。他还认为,有必要以大历史的眼光来看待分层,因为分层的特点是随着时间变化的。

伦斯基指出,社会分层的核心就是社会资源如何在社会成员中分配的问题。社会资源有两种:一种是社会及其成员赖以生存的基本资源;另一种是剩余资源。在正常的社会中,基本资源基本上是按照需要来进行分配,这点符合功能论的观点;至于剩余资源,其分配的原则不再是需要,权力的作用取代了需要,与此一致,其分配的过程是通过不同群体间的竞争和冲突来实现的。以历史的观点来看,在小型的前现代社会里,因为生产力水平较低,社会资源匮乏,物品和服务主要是根据需要分配给其成员的,权力几乎与社会报酬没有关系。然而,当人类社会的生产已经远远超过人们生存的基本所需时,为获得更多的利益,强者就会为他们自己安排获得更多的一份,而他们实现这一目的的工具就是权力,由于人们在竞争中拥有的条件不同,因此,社会不平等就难以避免。权力最初可能表现为诸如体力等身体素质的优越,以后逐渐制度化,转化为制度化了的权力,这在农业社会和工业社会普遍存在。

与许多冲突理论家相反,伦斯基认为有些不平等实际上可能促进了社会的功能,但多数社会中的分层都大大超过了它们所需要达到的程度,分层形式往往在它们已经变得毫无益处的情况下依然存在。不过,他认为在比较发达的工业社会,一方面由于工业化会提供更多的社会资源,另一方面社会成员间的流动更为容易,此外还由于一系列社会福利措施的推行,社会不平等的程度会得到很大程度的缓解。但是,他对一个没有阶级的社会并不抱有很大的希望,这些观点又使他与功能主义思想的主要命题一致。

由于伦斯基的分层理论是与社会发展联系在一起的,因此,也常被称为进化论的观点。综合以上分层理论,我们会发现这些理论在解释现实社会问题时各有所长,各有所短。对此,我们可以通过表9-5来进行全面的了解。

表9-5　　　　　　　　　　　三种社会分层理论的比较[①]

功能主义理论的观点	冲突理论的观点	进化论的观点
分层是必然的和不可避免的	分层不是必然的或不可避免的	有些分层可能是必然和不可避免的,但许多都不是
社会需要造成了分层制度	有权势者的利益造成了分层制度	社会的生存方针造就了分层制度
分层的出现是由于需要让难得的天才充当应当由他们去扮演的角色	分层的出现是由于群体的征服、竞争和冲突	分层的出现一方面是有必要鼓励难得的天才,一方面是由于竞争和冲突
分层是共同的社会价值标准的一种表现	分层是有权势的集团的价值标准的一种表现	分层的基础是在价值标准上有某些一致之处,但它主要表现有权势者的价值标准
任务和报酬是公平分配的	任务和报酬是不公平分配的	有些任务和报酬是公平分配的,但许多都不是公平分配的
分层促使社会最理想地发挥其功能	分层妨碍社会最理想地发挥其功能	有些分层促使社会最理想地发挥其功能,但许多是妨碍它发挥功能的

三、当代的理论发展[②]

在马克思和韦伯的分层理论影响下,当代西方社会学的分层理论不仅分别发展出两种不同的研究取向:新马克思主义和新韦伯主义;而且还根据新的社会现实,提出了诸如社会网络理论、市场转型理论和历史因素分析等研究取向。

[①] 参见冯刚:《社会学》,浙江大学出版社2004年版,第232页。
[②] 参见李路路:《论社会分层研究》,《社会学研究》1999年第1期;李春玲:《断裂与碎片:当代中国社会阶层分化实证分析》,社会科学文献出版社2005年版;周运清:《新编社会学大纲》,武汉大学出版社2004年版,第195—199页。

(一) 新马克思主义

新马克思主义的主要代表人物有普兰查斯(N. Poulantzas)和赖特(E. Wright)等。他们基于马克思的关系论视角,同时认为传统马克思主义的阶级理论必须发展以适应解释新的社会状况,否则如果将它们用于现今社会,将会出现许多概念标准的混乱。其中争议最大的一个问题就是对于当代资本主义社会中间阶层的解释,他们认为,这些中间阶层不是一个稳定的阶层,不能武断地定义他们的阶级地位。因此,应该将传统马克思阶级理论进行一些修正,以使之符合当前社会分层的现实。

普兰查斯肯定马克思关于阶级划分的两分模式:“生产资料所有权”和“劳动过程”。他将所有权具体规定为实际的经济所有权,也就是说,不单是从法律意义上拥有生产资料,而且还应是事实上占有、并有能力控制生产资料。据此,在资本主义社会,剥削阶级也就不包括公司的所有股东,只包括那些享有控股权益的管理者。普兰查斯还强调,纯粹的经济标准还不足以进行阶级定位,还需考虑其在政治关系和意识形态关系中的地位。

普兰查斯的阶级理论中还有“阶层”和“集团”的位置。他认为,社会虽然分成剥削阶级和被剥削阶级这两大支配性的“经济”阶级,但阶级内部也会分化成一些阶层和集团。阶层是具有分化的意识形态立场的群体,如资产阶级中的激进派和保守派阶层;而集团则是剥削体系中进一步分化出来的位置,例如剥削阶级中的金融资本家和工业资本家集团,被剥削阶级中的手工业者和农民集团,等等。

赖特并不认为社会一定必然出现剥削阶级和被剥削阶级的两极分化,他扩展了诸如“剥削”、“占有”等概念。在他看来,阶级不能被简化地定义为某种职业分类,而应是一种社会关系,是指一种控制资本、决策、他人工作和自己工作的社会关系。赖特认为,剥削并不仅仅指经济方面,还包括各种与生产资料的运作方式相类似的资源,例如组织资产(organizational assets)与资格认定性技能(credentialized skills)等,它们也具有占用和调配剩余价值的能力,因此,在划分阶级时,应综合考虑财产所有制、组织资产和资格认定性技能这三个标准。对于“占有”,赖特指出,在现实生活中,许多情况是某些人对生产资料不具有事实上的所有权,但也有可能通过控制组织资产和资格认定性技能而实际控制他们。

（二）新韦伯主义

韦伯在进行社会分层分析时，认为阶级和阶层具有一定的封闭性。所谓"封闭"就是指他们对于市场某些领域实施垄断，从而限制其他阶级或阶层成员流入的状态。新韦伯主义者主要基于此，集中探讨了市场通过哪些方式，将客观的潜在可能转变为实际的不平等模式。其代表人物有英国社会学家吉登斯、帕金（F. Parkin）、戈德索普（J. Goldthrope）和美国社会学家皮奥里（M. Peore）等。

吉登斯认为，个人的生活机会是由个人的"市场力量"（market power）决定的，后来吉登斯把这一概念加以发展，并称之为"市场能力"（market capacities）。在吉登斯看来，阶级是由享有同样的市场能力的个人所组成的，而市场能力包括：（1）生产资料的占有状况；（2）教育和技能资历的拥有状况；（3）体力劳动能力。这三个划分阶级的标准也都继承了韦伯的传统看法。这些限制性条件导致上层阶级、中层阶级和工人阶级之间的流动非常困难（出现分化的只是各个阶级内部的变动），以至于此种分层体系被制度化、结构化，因此，吉登斯又将这一过程称为"阶级结构化"。

帕金则强调了财产制度和资格证书在封闭过程结构化中的重要性，并提出了"社会封闭（social closure）"的分层概念。他认为，支配阶级或阶层不断利用这两种手段来排斥其他居于从属地位的阶级或阶层，而且财产和资格证书还可以相互交换，是彼此等价的资产，这就更强化了分层的封闭性。

戈德索普是位特殊的分层理论家，尽管他发展出的代表新韦伯派阶级理论的阶级分类框架图具有很大的影响并被广泛加以采用，但他本人并未对这一阶级分类框架图进行理论解释，他只是把韦伯派阶级理论的一些原则运用于这一框架图。考虑到当代资本主义社会的变化趋势，即职业的分类及差异在人们的社会性分割中具有越来越重要的意义，他对韦伯和吉登斯的阶级划分标准进行修正。同时戈德索普还吸收了另一位新韦伯主义分层理论家戴维·洛克伍德的分类标准，认为人们的阶级位置是由三方面的因素来决定的：市场状态、工作状态和身份状态。市场状态是通过人们在劳动力市场中获得的收入、就业保障和附加利益等来体现的；工作状态指的是人们工作的自主性、受到监管的程度、是否与老板有直接联系以及日常工作中所需要的技术层次；身份状态是指社会对其的评价。

皮奥里则根据劳动条件、报酬、社会保障及劳动再生产条件的不同,将劳动力市场分为两大部分:主要劳动力市场和次要劳动力市场,并依据这两个部门进行阶层划分。他认为,两者之间的流动是很有限的,从次要劳动力市场很难进入主要劳动力市场。主要劳动力市场是以高生产力、高报酬、高水平的职业保障与晋升机会为特征,包括大多数技术要求较高的行业与经济分支领域,其中也分化为上层和下层,上层是白领阶层,下层则是熟练技术工人和蓝领阶层。次要劳动力市场是由劳动密集型的小企业和常常受到竞争危险的小公司组成。

(三) 社会网络理论

"社会网络"这一概念是美国社会学家诺维特(M. Granovetter)于 20 世纪 70 年代引入社会学的,它最初用于对市场等经济现象的分析,后来扩散到对其他社会问题的探讨,社会网络也开始被视为是社会关系和社会结构的基本要素之一。以此为基础,社会学家将与社会网络相联系的"社会资本"和"社会资源"概念带进到社会分层结构和地位获得的研究之中,并成为研究社会分层的一个新视角。

不论是马克思主义还是韦伯主义,它们对社会分层结构的理解都是建立在这样的基础之上:客观、普遍的社会地位,构成了社会分层结构的基本要素,这些社会地位外在于个人,但决定了个人对社会资源的占有。与此不同,总的来说,社会网络理论的特殊视角在于:它重视人际关系而不重视个人特征;重视人际关系所形成的网络以及人们身处什么网络中,而不是重视类别(例如男女或职业);重视人际间的联系性和资源的嵌入性,不看人的归属感;重视个人能够通过这种人际网络摄取多少资源,而不是人们现实占有多少资源;重视人们在网络中的位置或者网络所能使用的资源,而不重视人们的阶级地位。也就是说,社会网络理论强调的是通过人们的行为来研究人们的社会地位。

具体而言,社会网络理论认为,社会结构实质是人们构成的一个社会网络,人们按照诸如财富、地位或权力等,得以排列在这一网络中及相应的位置上。传统分层理论强调的是"个人资源",包括个人的财富、地位和权力,而社会网络理论强调的是"社会资源",它围绕着两个方面建立起来:社会关系以及经这些社会关系而联结到的"位置"中所嵌入的资源,也就是说,社会资源是嵌入在个人通过其社会网络而联结到他人的位置中的。在这个意义上,社会资源被定义为与个体直接或间接相联的人们所拥有的财富、地位、权力以及社会关系。而且这种网络结构对社会资源的接近与控制呈现出一种金字塔形的结构。越靠近顶部的位置越容易接近和控制更多的社会资源。

在实证研究方面,华人学者林南和边燕杰等发现,人们的社会资源与其获得的地位之间具有显著的联系。当然,个人资源和社会资源间有着错综复杂的相互影响,个人资源(尤其是先赋性资源),至少在最初,在很大程度上影响着他(她)所能获得的社会资源。但随着其积累的增长,社会资源会在将来精心构建社会网络过程中发挥着比个人资源更重要的直接影响。到那时,个人所积累的社会资源则会转化为下一代人的(先赋的)个人资源。

(四) 市场转型理论

不论是马克思的阶级传统,还是韦伯的阶层传统,这些理论对资本主义或者资本主义之前的社会分层进行了深入的探讨,但对于集权体制的社会,包括国家社会主义社会中的社会分层问题则缺乏必要的研究,而市场转型理论即是基于此而提出的,它集中研究了国家社会主义向市场经济的社会转型,社会精英的形成和替代模式,讨论了市场转型对利益关系、社会分层结构和机会结构所造成的影响。其实质是关于社会不平等的制度主义理论。

撒列尼(I. Szelenyi)和倪志伟(V. Nee)是这一理论的代表人物。他们认为,过去相关理论都将社会分层视为某种经济整合机制固有的特定,忽视了这种机制所处的制度环境。为此,他们指出,某种经济整合机制对社会分层和机会结构的影响,必须在特定制度背景和社会关系的基础上才能确定,经济机制是嵌入于制度背景中的,应将社会制度和经济制度结合在一起对社会分层问题进行分析。也就是说,在不同的制度背景下,不同的经济整合机制对于社会不平等形成的作用是不同的。

市场转型理论主要由三个相关的命题构成:

(1) 市场权力论题:如果剩余产品不再由再分配部门垄断,而是由市场交换进行配置和分配,那么控制资源的权力就会更多地存在于市场交易之中,直接生产者对其商品和服务进行交换的权力会扩大,具体来说,市场转型引发有利于生产者而不利于再分配者的权力转移。

（2）市场激励论题：向市场经济的转变意味着对人力资本的更高需求,同时,也需支付相应的高报酬,市场经济比再分配经济更能提供对直接生产者的强有力的激励。

（3）市场机会论题：市场过渡会形成进入市场的新的机会结构,与再分配部门相比,市场将成为社会经济流动的另一条渠道,企业家成为一种类似于官僚的社会成就的标志。

市场转型理论提出以后,迅速引起了国内外学界的对正处于社会转型阶段的社会主义的分层,特别是围绕"社会精英是循环的还是再生产的"等问题的讨论,这些争论促使有关研究者对社会主义国家经济体制改革的复杂情况进行了更为深刻细致的研究。

（五）历史因素分析

历史因素分析是关注诸如国家社会主义之类的集权体制社会的社会分层机制研究的另一种趋向。该理论认为,之前的研究都有一个隐含前提,即工业化市场经济社会自成熟以来,基本上没有发生根本的变化,特别是基本的市场经济制度没有发生根本的变化,而这种政治经济制度决定了特定的社会分层结构和地位获得的模式。从这一角度观察社会分层,研究者们的差别仅在于对决定社会地位和社会流动因素的认识上,因而在实际上是一种静态的研究。如果说以前的研究考虑到时间因素的话,那么其中的多数也只是将时间置于所谓"传统社会"和"现代社会"这样的两分时段中。

鉴于这些缺陷,自 20 世纪 70 年代末起,历史因素的分析被纳入到社会分层结构和社会流动的研究中来。他们认为,在对国家社会主义分层动力机制的研究中,尽管国家社会主义社会独特的制度结构是重要的,不同的政治经济制度决定了不同的分层类型,但仅仅强调结构环境对于理解分层是不全面的。在国家社会主义社会中,社会分层的结构是通过自上而下的过程被建构的。国家通过垄断性权力将绝大部分资源控制在手中,利用政治决策在社会中配置资源,从而影响和决定个人的社会地位和生活机会。在这种社会中,宏观政治过程的特点是明显的政治波动和国家政策变化。因此,国家社会主义社会分层结构不同于市场经济社会之处不仅仅在于制度结构的不同,而且还在于市场经济社会中,资源的初始禀赋因为私人财产权的稳定而对社会地位产生持续的影响,并且使不同群体的相关机会稳定化。在国家社会主义社会中,社会群体、组织的界限和相关位置是基于国家政策的考虑而不是市场交换。国家政策对分层结构具有明显的影响,国家通过改变社会群体的相关资源来改变他们的社会经济地位,并导致社会流动类型的改变。因此,要理解社会结构中与地位相联系的资源,需要考虑到历史因素的变化。国家社会主义的生活机会与已工业化的市场社会相反,不仅受国家再分配体制的不同结构环境的影响,而且更大程度受国家政治动力和伴随的国家政策变化的影响。

　　将历史因素纳入到社会分层研究中的意义不仅仅局限于国家社会主义社会,而是对所有集权主义社会的社会分层研究都有相当意义。推而广之,在基本的制度背景保持稳定的情况下,随着经济社会的发展变化,社会分层类型也会发生变化。这种变化既是社会变迁的结果,又会对未来的社会变迁产生影响。

第三节　社会分层的划分

一、社会分层的标准

　　社会分层的标准首先离不开研究对象所处社会的社会条件和社会状况,这是因为,一方面,并非任何可以对人们进行等级划分的因素都能作为社会分层的标准,一般来说,只有那些对人们的心理和社会表现产生较大或持续影响的因素,才能作为社会分层的标准;另一方面,分层的标准既具有共通性也具有一定的地区性,也就是说,有些标准可能是在所有社会都能适合的,但有些标准很可能仅在某个地区或国家适合。

　　在把握以上原则的基础上,我们可以从两个方面来了解社会分层的标准。总的来说,社会分层的标准有两类:

　　第一是以外显地位为标准。所谓外显地位标准就是不需要深入调查就能反映个体社会地位特征的因素,例如人们从事的正式职业等。这种划分主要是为了描述人口在社会垂直分层中的分布状况以及人们活动的时空范围。

　　第二是以潜在地位为标准。与外显地位标准相对,潜在地位标准就是不能直接反映,需要进一步调查才能了解到的反映个体社会地位特征的因素,例如收入、教育水平和技术水平等。这种划分的目的是为了了解人口内在素质的垂直分布状况及其对人们的影响。

具体来说,目前社会学常用的社会分层标准主要有收入、财产、职业、教育水平、权力和声望等。

1. 收入

收入的差别是重要的社会分层的依据,这不仅因为在劳动作为谋生手段的情况下,收入对其他标准的作用是非常明显的;而且收入还与人们的消费方式、生活习惯、安全感和积极性等都密切相关。

2. 财产

财产是指在一个特定时间里所拥有的财产。财产的主要种类有储蓄存款、房屋、小汽车等个人财产,以及包括房地产、机器设备、库存和证券在内的企业资产。财产可以看成是过去收入的累积。如果财产以某种形式出现,如企业的所有权或者是股票和债券的所有权,则财产即变成资本,成为新的收入来源。在分层研究中,财产可能比收入更重要。

3. 职业

职业地位是人们在现代社会中的主要社会地位,是个人进行社会活动的主要场所,因此,职业是社会分层中最显著的外显地位标准,同时它也能反映出一系列潜在地位标准。

4. 教育水平

教育水平是决定社会地位和职业的重要因素。教育水平一般与个人经济收入相匹配,它直接影响着人的能力、知识、技能、品位和价值观等;同时,对于整体社会的运行而言,教育程度分层也是一个至关重要的分层标准,并且随着社会发展,它在阶层划分中的作用也越来越大。

5. 权力

权力意味着一个人在群体和社会中向别人施加影响的能力,因而,权力的大小不仅决定着资源的分配方式,而且还影响着一个人的态度和行为意向。处于相同权力层的人,对社会政策的评价,对社会现象的看法等方面都具有很大的共同之处。

6. 声望

声望是一个人潜在的社会影响力,与前面的几个标准不同,声望标准可能不是一个独立的标准,它源于教育水平、收入、权力等因素的综合,是许多因素的折射和反映。

此外,像家庭背景、居住区位、消费行为、品位等方面都可以作为社会分层的标准。但在诸多标准中,职业可能是进行现代社会分层最主要的标准,因为职业直接与收入、教育水平、权力和声望等要素相关,是这些潜在地位标准的集中外在体现。

对于我国而言,除了以上分层标准外,还需考虑到所有制、身份和家庭出身等因素。

1. 所有制

在探讨改革开放以前以及改革开放初期的中国社会分层问题时,所有制的影响不能不提,因为在当时,由所有制决定的不同性质的单位直接决定着成员的收入和地位。在研究当前中国阶层分布现状时,我们会发现,所有制因素日趋弱化,无法成为一个稳定的衡量尺度。尽管我国目前还存在着国有经济、集体经济、私营经济以及中外合资经济和股份制、股份合作制、合作制等不同的所有制形式,但所有制并不必然决定成员的收入和社会地位关系。

2. 身份

我国在 1979 年之前,整个社会成员被分为"干部"、"工人"和"农民"三种身份,干部是分层的核心,干部各方面要优于工人,工人要优于农民。身份具有单位制性质,而单位是构成社会的基本细胞,社会资源随之单位化,因而造成社会成员只有进入了一个单位,隶属于某一单位,才能享有社会资源。而身份的行政制又造成了行政关系和行政地位,在相对普遍的社会范围内成为人们社会地位及其关系的结构性基础,最终致使权力成为标志,权力是人们社会地位的重要外显特征之一,个人得到相应行政授权就获取了某种地位。身份的约束受到制度维持,一般人很难逾越。1979 年后,随着社会改革的全面推进以及单位制社会的逐步解体,身份制也已经不再那么重要了。

3. 家庭出身

家庭出身标准对于研究 1979 年前中国的社会分层尤为重要,因为它决定着社会成员的阶级成分,从而影响着成员的收入和社会地位。据此我们可以将社会成员分成三层:阶级成分(或家庭成分)好,阶级成分(或家庭成分)不好以及阶级成分(或家庭成分)一般。阶级成分好的包括家庭出身为工人、贫农、下中农、革命干部、革命军人和革命烈士家属等;不好的包括地主、富农、资本家、反革命分子、"右派"分子等;处于中间状态的包括中农、知识分子、自由职业者、宗教职业者、小手工业者和小商贩等。在"文革"时期则出现所谓的"黑五类"、"红五类"等分层。

此外,在分析中国社会阶层问题时,政治面貌(中共党员、普通群众、有历史问题的人)等也是分层的重要标准。

随着国内外近来研究的深入,越来越多的学者发现,分层标准具有显著的时代特征,随着社会的变迁,社会分层标准也会越来越丰富。例如我国学者李强提出阶层划分依据的 10 种标准:生产资料资源、财产或收入资源、市场资源、职业或就业资源、政治权力资源、文化资源、社会关系资源、主观声望资源、公民权利资源以及人力资源。[①]国外的相关研究也甚是繁多,我们可以借用美国社会学家戴维·格伦斯基绘制的表格来进行全面的概要性了解(见表 9-6):

表 9-6　　　为分层体系提供基础的一些资产、资源和有价事物的类型[②]

资产类别	举　　　例	相关学者
1. 经济类	对土地、农田、工厂、专业工作、商业、流动资产、人(也就是奴隶)、劳动力(也就是农奴)的所有权	马克思; 赖特(E. Wright)
2. 政治类	家庭权威(例如家长);工作权威(例如经理);政党和社会权威(例如议员);宗教领袖	韦伯; 达伦多夫(R. Dahrendorf)
3. 文化类	上层社会的消费行为;"优雅的举止";特权化的生活方式	布迪厄(P. Bourdieu); 蒂马鸠(P. DiMaggio)
4. 社会类	对上层社会网络的进入;社会关系,社团和俱乐部,会员资格	沃纳(W. L. Warner); 科尔曼(J. Coleman)
5. 荣誉类	声望;"好名声";声誉;尊重和诋毁;种族和宗教的优越性	希尔斯(E. Shils); 特雷曼(D. Treiman)
6. 公民类	财产,契约,选举的权利,议员资格;结社和言论自由	马歇尔(T. H. Marshall); 布鲁巴科(R. Brubaker)
7. 个人类	技能;专长;在职培训;经验;正规教育;知识	斯瓦拉斯托加(K. Svalastoga); 贝克尔(G. Becker)

[①] 参见李强:《试析社会分层的十种标准》,《学海》2006 年第 4 期。
[②] 参见戴维·格伦斯基编:《社会分层》,华夏出版社 2006 年版,第 3 页。

二、社会分层的研究方法

社会学家根据一定的理论,采用一定的标准对社会成员进行阶层分析时,通过什么方法能知道研究对象处于哪个阶层呢？ 社会学在社会分层的经验研究中已经形成了一套符合现代人类社会现实情况的多元研究方法体系,其中,采用得最多的有主观法、声望法和客观法三种。

(一) 主观法

主观法(或称自我评定法)是依据研究者所确定或所信奉的社会分层体系,或依据一般人都已熟悉的社会分层体系,由被调查者自己断定他们自己属于哪一个阶层。这是一种直接听取本人意见来确定其阶层归属的一种主观分层方法。

(二) 声望法

声望法(或称他人认定法)指社会学家要求被调查者对另外一个人或群体作阶层地位评估的方法。这种方法是研究者利用人们已经熟知的社会分层体系,由熟悉本社区情况的人按照规定的分层标准,为该地区的研究对象评定所属的阶层,以断定人们的分层归属。它主要依据的是社会声望,也就是依据别人意见相互评价,以确定社会声望分层状况的一种方法。

社会声望(声誉)是一个人从他人那里得到的赞同评价和社会承认,是他人给予自己的尊敬、荣誉和敬意等。声望地位是由社会公认的评价标准确定的,并构成从肯定到否定的高低有序的阶梯。影响声望的因素有:出身门第、知识修养和生活方式等。

(三) 客观法

客观法是研究者运用某些客观的具体数量指标,对社会分层情况进行分析的方法。这种方法首先确定一组可以测量人们各个方面社会地位的指标,如人们经济收入和财产状况、职业威望、权力大小、受教育程度、家庭出身、种族、性别和年龄等,然后以此为标准去衡量被研究对象,综合评定他属于社会分层中的哪一层。

综上所述,我们不难看出,前两种方法即自我评定法和他人认定法均属主观评定法,难免有许多主观臆测成分,因此,社会学在进行社会分层的系统研究时,常常兼顾主观评定和客观评定两种方法。

三、西方社会分层研究

依据不同的理论、标准和方法,诸多社会学家对西方社会的分层结构进行了一系列经验研究,并提出了不同的分层类型,简单点说,大致可将这些研究成果归为两大类:阶级模式和阶层模式。

(一) 阶级模式

依照不同的标准,西方社会学发展出五花八门的阶级分层模式,其中影响比较大的主要有以下几种:

1. 三个阶级理论

这是一种比较通俗的阶级划分模式,它将社会分为上等阶级、中等阶级和下等阶级。这种划分只能说是一种粗线条的划分,因为划分的标准不统一,常常难以形成严谨的结论。例如,按财产来划分,某些人是属于上等阶级,但从政治权力来分,他们却处于下等阶层。

2. 林德的两个阶级模式

美国社会学家 R. 林德(R. Linton)与 H. 林德(H. Linton)在 1929 年出版的《中镇》(*Middle Town*)和 1937 年出版的《过渡中的中镇》两本著作中,提出了"企业家阶级"与"工人阶级"的分层模式,企业家阶级由商业与工业管理者,以及通常被称之为专家的人组成,其他人则属于工人阶级。

3. 米尔斯的阶级模式

美国社会学家 C. W. 米尔斯(C. W. Mills)在其著作《权力精英》(1956)中把工人分成白领和蓝领两个阶级,白领是指技术熟练的工人,其中包括管理者,他们一般从事脑力劳动;而蓝领则是指非熟练的体力劳动工人。

4. 赖特的十二分结构

如前所述,赖特是西方新马克思主义学派的代表人物之一。他认为,如果我们对传统马克思的分层理论进行符合现实社会情况的修正,阶级理论仍是一种有效的社会分层方式。他依据生产资料、组织资产和资格认定性技能三种标准对现代资本主义社会进行了阶级划分,形成了 12 个阶级;而且还指出,无产阶级队伍不是缩小,而是不断增加,几乎占到就业人口的一半,而中产阶级和资产阶级是相对较小的阶级(见表 9-7)。

表 9-7　　　　　　　　赖特的发达资本主义社会阶级结构模式

生产资料所有者		生产资料非所有者(工资劳动者)					
不工作雇工	1. 资产阶级	4. 专家经理人员	7. 半资格认定性经理人员	10. 无资格认定性经理人员	+		组织资产
须工作雇工	2. 小业主	5. 专家管理者	8. 半资格认定性管理者	11. 无资格认定性管理者	0		
须工作无力雇工	3. 小资产阶级	6. 专家(非经管人员)	9. 半资格认定性劳动者	12. 无产阶级	−		
		+	>0	−			
		资格认定性技能					

表 9-7 中 1—2 类是占有生产资料的阶级,赖特最关注的右边 9 个不占有生产资料类别的阶级定位。大体来说,赖特认为,4—8 类可归为现代资本主义社会中的"中产阶级",9—11 类为"边缘性的工人阶级",即他们是接近于中产阶级的工人阶级。

(二) 阶层模式

在新韦伯主义社会学家看来,以上的许多阶级划分可能太过单调,他们依照不同的标准,进行了不同的阶层划分。

1. 沃纳的六阶层划分

20 世纪 40 年代,美国社会学家沃纳(W. L. Warner)等人依据多重标准提出 6 个层次的划分方法。这实际上是把上、中、下三个阶级各分两层,即上上层,由世世代代的富有者组成,这些人既拥有大量的物质财富,又有上流社会特有的生活方式;下上层,他们虽然在财产上并不逊色于上上层,但他们还没有具备上流社会的生活方式,有人称之为"暴发户";上中层,他们是一些成功的企业家和专业技术人员,居住在环境优美的郊区,有自己舒适的住宅;下中层,主要包括一些小店员、神职人员等;上下层,他们的收入并不比上中层和下中层的人少,但他们主要从事体力劳动;下下层,主要是指无固定收入者、失业者以及只能从事一些非熟练劳动的人。

2. 戈德索普的七重阶级图式

戈德索普依据市场状态和工作状态等标准来划分阶级,并提出了现代资本主义社会(以英国为例)的"七重阶级图式":

表 9-8　　　　　　　　　戈德索普的七重阶级图式

全　部　分　类	7 分类阶级
1. 高层专业人员、行政管理人员和政府官员;大企业中的经理;大业主。 2. 较低层专业人员、行政管理人员和政府官员;高级技术人员;小企业中的经理人员;非体力雇员的监管人员。	1+2. 公务人员阶级
3a. 在较高级的(如行政和商贸)机构中的非体力雇佣办事人员。 3b. 在较低级的(如销售和服务业)机构中的雇佣办事人员。	3a+b. 非体力办事人员
4a. 雇佣他人的小业主和手艺人。 4b. 不雇佣他人的小业主和手艺人。	4a+b. 小资产阶级
4c. 农场主;小股东;第一产业中的自我雇佣者。	4c. 农场主
5. 低级技术人员;体力劳动的监管人员。 6. 技术体力工人。	5+6. 技术工人
7a. 非农产业的半技术体力工人。	7a. 非技术工人
7b. 第一产业中的农民和其他雇工。	7b. 农业体力工人

3. 保罗·福塞尔的九阶层划分①

福塞尔(P. Fussell)在其著作《格调》一书中,把美国社会阶层划分为 9 种,生动地描述了美国社会阶层(见表 9-9):

表 9-9　　　　　　　　　保罗·福塞尔对美国社会阶层的描述

上层阶级	看不见的顶层	一个看不见的阶级。他们的钱来源于继承遗产,他们曾经喜欢炫耀和挥霍,后来,他们在媒体、大众的嫉恨、慈善机构募捐者的追逐下销声匿迹了。
	上层	一个既富有又看得见的阶级。可能是大银行的主管,还喜欢参与国会某委员会的事务。他们贪图安逸,有时还很有趣,家中宾客川流不息,但是有一点:他们对思想和精神生活毫不关心。
	中上层	一个有钱、有趣味、喜欢游戏人生的阶级。所有比这个阶层低的阶级,都渴望成为中上层阶级。

---

① 参见朱力:《社会学原理》,社会科学文献出版社 2003 年版,第 338—340 页。

中层阶级	中产阶级	一个最谨小慎微、了无生气的阶层。他们是企业的螺丝钉，"可替换的零件"，他们最惧怕"他人的批评"，因此是为他人而生存。他们是全社会中最势利的一群人。
	上层贫民	一个被称为"蓝领贵族"的阶级。他们靠手艺吃饭，认为自己和律师、医生们一样也算"专业人士"。他们的钱夹总是鼓鼓囊囊的，外面还会勒一根皮筋。
	中层贫民	一个在工作中失去自由的阶层。由于经常受到上级的斥责而对生活心存怨恨，他们生活中唯一的乐趣，也许就是串亲戚。
	下层贫民	一个没有明天的阶级。非法移民的大军，过一天算一天是他们的常态。正是这一阶层，承担了美国社会最低下的工作。
下层阶级	赤贫阶层	一个无家可归流落街头的阶层。懒惰、失望和怨恨压倒了他们的自尊。这是人们看得见的最贫穷的一族。
	看不见的底层	一个在慈善机构和管教所里度过一生的阶级。像看不见的顶层一样，我们看不见这群悲惨可怜的人。

四、续谱研究

续谱（continuum）是指根据人们在职业分工、工资收入和身份声望等方面的具体而细微的差别，把社会成员划分成连续排列的多个小层。与阶级和阶层研究不同，这种分类的理论前提是不承认在社会层次结构的续谱中存在一条客观而明显的分界线，因此，他们认为，将社会划分成若干阶级或阶层也是不可能的。

由于续谱模式所依据的是具体而细小的差别，所划分的层数之多，往往可以达到几十个，甚至上百个。此方面较具权威的是诺斯—海特职业声望表，该表是由诺斯与海特（North and Hatt）两人设计，最先由美国民意调查中心于1947年主持进行。其中比较有代表性的是1964年美国的职业评分，参加评分的职业上至联邦最高法院的大法官、医生，下到清道夫、擦鞋童，共87种，排成40多个层次。

我国学者在北京和深圳等地区也进行类似的职业声望调查。例如李强在北京主持的职业声望调查（1997—1998年）选择了能反映中国职业结构中的100种职业，然后要求受调查者给各个职业打分，调查后，他们采取诺斯—海特计算公式核算分值，最后依照分值次序进行排列，根据结果，声望得分最高的 10 个职业依次是：科学家、大学教授、工程师、物理学家、医生、经济学家、社会学家、法官、飞行员和检察官；得分最后 10 位的是：售货员、乡镇企业干部、进城经商的农民、单位保安人员、进程做工的农民、搬运工、保姆、包工头、废品回收人员、人力车夫和传达室人员。深圳市 2000 年的调查结果显示，前 10 位的依次是：科学家、网络工程师、大学教授、软件开发人员、建筑师、飞行员、中小学教师、翻译、大学一般教师和律师；最后 10 位是：推销员、保安人员、保姆、职业炒股人、美发美容师、出租车司机、服务人员、股评家、铁路乘务员、保险业务员。

第四节　中国当代的社会分层划分

改革开放以来，我国社会阶层状况发生了巨大变化，学者们对此进行了多方面的深入研究，其中，中国社会科学院社会学所陆学艺教授组织的"当代中国社会结构变迁研究"最具全面性和代表性。该课题组于 2002 年发表了《当代中国社会阶层研究报告》，将中国当代社会划分为十大阶层。这一阶层划分模式在当前仍然受到学术界的普遍认可，我们以该研究成果为例，来认识我国当代的社会阶层结构。①

一、社会分层划分标准

陆学艺等人以职业分类为基础，以组织资源、经济资源和文化资源的占有情况为标准对社会成员进行分层。组织资源主要指依据国家政权组织和党组织系统而拥有的支配社会资源（包括人和物）的能力；经济资源主要指对生产资源的所有权、使用权和经营权；文化资源是指对社会（通过证书或资格认定）认可的知识和技能的拥有。他们认为，这三种资源的拥有状况决定了人们在社会分层结构中所处的位置。

---

① 参见陆学艺主编：《当代中国社会阶层研究报告》，社会科学文献出版社 2002 年版。

二、中国当代的十大阶层划分

根据这种分层标准,陆学艺等人划分出 10 个社会阶层:国家与社会管理者阶层;经理人员阶层;私营企业主阶层;专业技术人员阶层;办事人员阶层;个体工商户阶层;商业服务业员工阶层;产业工人阶层;农业劳动者阶层;城乡无业、失业、半失业者阶层。

(一) 国家与社会管理者阶层

国家与社会管理者阶层是指在党政、事业和社会团体机关单位中行使实际的行政管理职权的领导干部,具体包括:中央政府各部委和直辖市中具有实际行政管理职权的处级及以上行政级别的干部;各省、市、地区中具有实际行政管理职权的乡科级及以上行政级别的干部;以及部分拥有实际行政管理权的处科级以下干部和没有实际行政管理权的处科级及以上干部。

国家与社会管理者阶层在社会结构中占有优势地位,他们是体制内核心部门的中高层白领管理者,掌握着当前中国社会的最关键性的资源——组织资源。由于国家组织系统掌握着整个社会的最重要的和最大量的资源,拥有组织资源的国家与社会管理者在资源配置中处于明显优势位置。他们并不是生产资料的所有者,但他们可以控制或支配一部分生产资料,因而,他们实际上也分享部分经济资源。当然,他们同时也享有文化资源。

目前,这一阶层在全国社会阶层结构中所占的比例约为 2.1%,在城镇阶层结构中所占比例为 2.6%,在农村阶层结构中所占比例为 0.2%。就整个人口数量来说,国家与社会管理者阶层成员人数不多,阶层内部也存在一些差异。依据个人享有的组织资源数量和运用组织资源的方式的不同,这一阶层可分为四大类群体:

(1) 高层行政管理者群体。指党政公检法司机关(包括诸如工会、共青团和妇联等隶属于党政系统的群众团体)中拥有实际行政管理权力(管理下属人员在 3 人以上的部门负责人)的县处级及以上级别干部,他们在国家与社会管理者阶层中占 9.4%。

(2) 中层行政管理者群体,指党政公检法司机关中拥有实际行政管理权

力(管理下属人员在 3 人以上的部门负责人)的乡科级干部,他们在国家与社
会管理者阶层中占 17％。

(3) 低层行政管理者群体,指党政公检法司机关中拥有实际行政管理权
力(管理下属人员在 3 人以上的科室负责人)的乡科级干部、拥有实际行政管
理权力(管理下属人员在 3 人以上的部门负责人)的科级以下干部和无实际行
政管理权力(无下属管理人员)的科级以上级别干部,他们在国家与社会管理
者阶层中占 57.9％。

(4) 中高层事业单位负责人,即各类公有制事业单位的主要负责人,如医
院院长和书记、学校校长和书记、电台台长和书记、出版社社长和书记、研究所
(院)所(院)长和书记等,他们所占比例为 15.7％。

(二) 经理人员阶层

经理人员阶层是指企业中非业主身份的高中层管理人员及部分作为部门
负责人的基层管理人员。这一阶层的成员是处于体制内的边缘部门或体制外
的中高层白领管理者。经理人员不占有生产资料,但实际上控制和管理着生
产资料,因此,他们拥有经济资源。同时,他们中的大多数人都有较高的学历
和专业知识水平,因而,也享有文化资源。

经理人员阶层在全国社会阶层结构中所占的比例约为 1.6％,在城镇阶
层结构中所占的比例为 3.4％,在农村阶层结构中所占的比例为 0.4％,其成
员在地区之间的分布极不平衡。这一阶层的成员多数集中在大中城市,特别
是经济发达的城市。经理人员阶层是近几年新出现而且正在形成中的一个阶
层。这一阶层同国家与社会管理者(干部)阶层和私营企业主阶层之间的区分
界线还没有完全明晰化,其阶层内部的不同来源的成员,在社会政治态度和利
益认同方面还有明显差异。这一阶层的社会来源主要是三部分人。第一部分
是原来的国有和集体企业干部。随着现代企业制度的发展,这一部分企业干
部逐渐从行政干部系列中脱离出来,成为职业经理人。第二部分来自较大规
模的私营企业或高新科技产业领域中的私营企业,这些企业在 20 世纪 90 年
代后期以来开始出现所有权与管理权分离的趋势,一些企业主聘用职业经理
人来为他们经营管理企业;另一些业主则通过企业股份化而使自己从业主型
的创业者转变为职业经理人。第三部分人是三资企业的中高层管理人员。在

目前的经理人员阶层中,全民所有制企业的经理人员占 37.5%,集体所有制企业经理人员占 31.3%,其他所有制企业经理人员占 31.2%。这就是说,公有制企业的经理人员构成了此阶层的主要部分,2/3 的经理人员就业于全民集体企业,另外的 1/3 来自于私营企业、三资企业和混合所有制企业。

在这一阶层的内部,由于其成员的来源不同,导致了阶层内部的一些差异,也就是说,不同所有制的经理人员的社会经济状态存在明显差异。不过,随着现代企业制度的推广,经理人员的职业化程度的提高和跨所有制流动的增多,不同所有制经理人员之间的差异日益缩小,由于管理等级的高低和控制经济资源数量的多少所导致的差异更加明显。

依据于管理等级和支配经济资源数量的不同,经理人员阶层也可分为三类群体:

(1) 高层经理人员,指大企业的主要负责人,如总经理、书记、厂长等,他们在经理人员阶层中占 12.6%。

(2) 中层经理人员,指大企业的中层管理人员(如部门经理、科长、车间主任、工段长等)和中小企业的主要负责人(如厂长、书记、经理等),他们在经理人员阶层中占 41.4%。

(3) 基层经理人员,指大中企业的白领基层管理人员(下属管理人数在 3 人以上)和半蓝领基层管理人员(下属管理人数在 20 人以上),以及小企业的主要负责人(厂长、书记、经理),他们在经理人员阶层中占 46.0%。

(三) 私营企业主阶层

私营企业主阶层是指拥有一定数量的私人资本或固定资产并进行投资以获取利润,同时雇佣他人劳动的人。其分类指标对私营企业主阶层所确定的社会位置是:体制外拥有生产资料并雇佣他人劳动的白领管理者。这一阶层最重要的特性就是占有生产资料,即拥有经济资源。

私营企业主阶层在全国社会阶层结构中所占比例约为 1%,在城镇社会阶层结构中所占比例为 1.5%,在农村阶层结构中所占比例为 0.7%。其阶层内部因拥有资本规模大小不同,各自的社会经济政治地位的差异极大。依据企业雇佣人员数量可以将此阶层分成三类:

(1) 大企业主,指第一、二产业雇佣人数在 100 人或以上和第三产业雇佣

人数在 50 人或以上的私营企业主,他们在此阶层中所占比例极低,只有
0.5%。

(2)中企业主,指第一、二产业雇佣人数在 30—99 人和第三产业雇佣人
数在 10—49 人的私营企业主,他们在此阶层中所占比例为 27.6%。

(3)小企业主,指第一、二产业雇佣人数在 8—29 人和第三产业雇佣人数
在 4—9 人的私营企业主,他们构成私营企业主阶层的主要部分,所占比例高
达 71.9%。

(四) 专业技术人员阶层

专业技术人员阶层是指在各种经济成分的机构(包括国家机关、党群组
织、全民企事业单位、集体企事业单位和各类非公有制经济企业)中专门从事
各种专业性工作和科学技术工作的人员。他们大多经过中高等专业知识及专
门职业技术培训,并具有适应现代化社会大生产的专业分工要求的专业知识
及专门技术。其阶层划分指标给专业技术人员阶层的定位是:体制内或体制
外不占有生产资料,但具有一定的自主性的中高层白领人员。

专业技术人员在全国阶层结构中所占比例为 4.6%,在城镇阶层结构中
所占比例为 8.6%;在农村阶层结构中占 1.9%。此阶层成员主要集中于城镇
和全民所有制单位。目前,3/4 的专业技术人员(75.8%)就业于城镇,1/4
(24.2%)就业于乡村;2/3 的专业技术人员(65.7%)就业于全民所有制单位,
另外的 1/3 就业于集体所有制单位(15.2%)和其他所有制单位(19.1%)。这
表明,绝大多数专业技术人员就业于体制内的核心部门,他们构成了此阶层的
主要部分。

依据专业领域及其与经济活动联系的密切程度,将此阶层成员分为三
大类:

(1)科教文卫专业人员,他们构成了专业技术人员阶层的主体,所占比例
高达 69.3%,主要集中于国有单位,而且多数为教师。

(2)工程技术专业人员,主要是第二产业(各类制造业企业)中的专业人
员,随着近年来制造业行业的专业化程度和技术含量的提高,工程技术人员的
数量在增加,他们在专业技术人员阶层中所占比例为 22.4%。

(3)商贸服务业专业人员,主要是经济类业务人员,如经济师、会计师、审

计师、证券交易员以及律师、设计师等,这类专业人员近年来增长很快,他们所占比例为 8.3%。

(五) 办事人员阶层

办事人员阶层是指协助单位和部门负责人处理日常行政事务的专职办公人员,主要由党政机关中的中低层公务员、各种所有制企事业单位中的基层管理人员和非专业性文职人员等组成。他们是体制内或体制外不占有生产资料的较低层白领。办事人员阶层是现代社会的社会中间层的重要组成部分,他们在全国社会阶层结构中所占比例大约为 7.2%。此阶层的城乡分布比例差异很大,在城镇阶层结构中的比例为 14.2%,在农村阶层结构中的比例为 3.9%。

这一阶层的成员主要可分为两大类群体:

(1) 党政机关办事人员,主要是国家机关的公务员和事业单位的普通办事人员,他们在这一阶层中所占比例为 62.4%。

(2) 企业办事人员,指各类企业中的行政辅助人员和普通白领业务人员,他们的比例为 37.6%。

从这两类群体所占比例来看,办事人员阶层的主体部分是由国家所雇佣的公务人员及准公务人员所构成。

(六) 个体工商户阶层

个体工商户阶层是指拥有较少量私人资本(包括不动产)并投入生产、流通、服务业等经营活动或金融债券市场而且以此为生的人。如小业主或小雇主(有足够资本雇佣少数他人劳动但自己也直接参与劳动和生产经营的人)和自我雇佣者(有足够资本可以自己开业经营但不雇佣其他劳动者)以及小股民、小股东、出租少量房屋者等。

其阶层分类指标确定的个体工商户阶层的社会位置是,体制外的低层白领或蓝领雇主或自雇者。目前,个体工商户阶层在整个社会阶层结构中所占比例 7.1%,其中,雇佣他人劳动(雇佣 1 人至 7 人)的工商小雇主所占比例为 22.0%,不雇佣他人劳动的自雇工商户所占比例为 78.0%。这一阶层在城镇阶层结构中所占比例为 14.4%,在农村阶层结构中的比例为 6.2%。

（七）商业服务业员工阶层

商业服务业员工阶层是指在商业和服务行业中从事非专业性的、非体力的和体力的工作人员。阶层分类指标确定此阶层的社会位置是,体制内或体制外第三产业中的蓝领受雇者或自雇者。

目前,商业服务业员工阶层在社会阶层结构中所占比例约为 11.2%,此阶层的城乡分布差异很大,在城镇中此阶层的比例为 20.4%,在农村中的比例为 6.2%。在这一阶层成员中,全民所有制单位从业人员占 16.5%,集体所有制单位从业人员占 7.8%,非公有制单位从业人员占 75.7%,而且仅仅在私营个体领域中的就业者就高达 65.2%。同时,商业服务业员工在城镇中就业的占 72.2%,在农村就业的占 27.8%。由此可以看出,商业服务业员工阶层的成员主要集中于城镇中的个体私营经济领域。根据管理等级和技术等级的区分,商业服务业员工阶层内部可区分为三大类群体:

（1）商业服务业基层管理者:指直接管理一线工作人员的领班、组长、柜长等,他们在此阶层中所占比例为 4.4%。

（2）商业服务业准白领员工:指从事需要专门技能工作的人员(如厨师、出租车司机、理发师、美容师等)或在类似白领工作环境中工作的人员(如收银员、推销员、导游、讲解员、空中小姐等),他们在此阶层中所占比例为 17%。

（3）商业服务业蓝领员工:指从事无需专门技能的体力或半体力工作的人员(如营业员、餐厅服务员、保安、清洁工等),他们在此阶层中所占比例为 78.6%。

（八）产业工人阶层

产业工人阶层是指在第二产业中从事体力、半体力劳动的生产工人、建筑业工人及相关人员。阶层分类指标确定此阶层的社会位置是,体制内或体制外第二产业中的蓝领受雇者或自雇者。目前,产业工人阶层在全国社会阶层结构中所占的比例为 17.5%,其中,具有农民身份的工人所占比例已超过半数。产业工人当中,持农业户口的人占 54.9%,持非农户口的人占 45.1%。

根据权威等级和技术等级指标把产业工人阶层划分为三个群体:

（1）第二产业基层管理者:指直接管理一线生产工人的班组长、工长等,他们在此阶层中的比例为 3.3%。

（2）第二产业技术工人，指需要专门技能训练或技术资格认证的工人（如电工、锻工、机修工等），他们所占比例为 33.5%。

（3）第二产业非技术工人，指无需专门训练或技术资格认证的体力、半体力工人（如搬运工、养路工、建筑工等），他们所占比例为 63.2%。

（九）农业劳动者阶层

农业劳动者阶层是指承包集体所有的耕地进行家庭经营，以农（林、牧、渔）业为唯一或主要的职业，并以农（林、牧、渔）业为唯一收入来源或主要收入来源的农民。他们在社会结构中的位置是，体制外第一产业中占有少量生产资料或不占有生产资料的自雇者或受雇者。

农业劳动者阶层是目前中国规模最大的一个阶层，它在全国阶层结构中所占比例为 42.9%。农业劳动者并不完全存在于农村社会，在城镇边缘部分保留着少量的农民。因此，在城镇阶层结构中有 2.7% 是农业劳动者阶层。在农村阶层结构中，农民劳动者所占比例为 70.0%。

根据农业劳动者家庭经营的多元化程度和规模大小，把农业劳动者分为三类群体：

（1）专业农户（农业劳动者），指单项经营或种植规模在 10 亩以上或年收入在 3 000 元以上的农业劳动者，他们所占比例为 12.6%。

（2）兼业农户（农业劳动者），指除了种植粮食、蔬菜或棉花等主要种植品种以外，至少有一项年收入在 1 000 元以上的副业或兼职的农业劳动者，他们在农业劳动者阶层中所占比例为 25%。

（3）普通农户（农业劳动者），指不符合上述条件的农业劳动者，他们所占比例为 62.4%。

（十）城乡无业、失业、半失业者阶层

城乡无业失业半失业者阶层是指无固定职业的劳动年龄人群（不包括在校生、从未就业的家庭妇女）。这一阶层包括：

（1）因体制转轨和产业结构调整而处于失业、半失业状态的工人和商业服务业人员；

（2）因就业机会不足而导致长期待业的新进入劳动力市场的青年劳动力；

（3）城市大批征用农用地，以至于无地可种且在城镇一时还找不到合适职业的农民；

（4）因残障或长期卧病的困扰而不能就业的居民。目前，这几部分人的数量还在继续增加。

失业、半失业人群的这些特征使他们构成一个过渡性的特殊阶层。这一阶层的许多成员处于贫困状态。目前，这一阶层在整个社会阶层结构中所占比例约为 4.8%，在城镇阶层结构中此阶层占 10.3%，在农村阶层结构中占 1.2%。其中，待业青年占 22.8%，国有集体企业下岗职工占 35.3%，其他失业人员占 38.3%，处于半就业状态的人员占 3.6%。

第十章　社　会　流　动

　　社会分层和社会流动(social mobility)都是对社会结构分化这一社会现象的描述。社会分层是从静态描述社会层次结构分化的状态、内容、形式、性质以及各层次间的互动秩序和关系,即分化的质变过程;社会流动研究的则是社会不平等结构的形成过程和结构状态的变化,揭示了社会分层结构形成的机制及变化趋势、方向和速度,即分化的量变过程。社会分层与社会流动之间关系密切,相辅相成,是一对互补的社会学概念:有社会不平等的社会分层现象,才会有社会流动的需要和可能性;而社会流动一旦在分层基础上产生,就会对社会分层产生反作用,促使社会结构的进一步分化或重组。

第一节　社会流动概述

一、社会流动的概念

　　社会学中的社会流动,最先是由美国社会学家索罗金在 1927 年出版的《社会流动》一书中提出的,他将社会流动定义为:"社会流动意味着个人或社会的事物及价值,即由人类活动所创造的或改变的一切事物从一个社会位置向其他的社会位置移动。"索罗金的研究奠定了社会流动概念在社会学中的重要地位,也引起了社会学家的广泛兴趣。现在,社会流动已经成为社会学的核心概念之一。

　　社会流动又被称为"社会位移",它是指社会结构的横向运行,是人们在社会关系空间中从一个地位向另一地位的移动,是个人或群体在社会分层

结构与地理空间结构中所处位置的变化。对此,可以从以下几个层面来进行理解:

(1) 从个人层面来看,社会流动既表现为个人社会地位的变动,也表现为个人社会角色的转换,但其实质是个人社会关系的改变,是一种社会关系的调整和变动。

(2) 从社会层面来看,社会流动表现为人们在不同的职业、地区和组织间的流动,但其实质上是社会结构的变动和社会关系网络层次的变动。

(3) 社会流动不同于人口流动。人口流动是人口学的基本概念,是指人口在地域空间上的移动,这种移动分为永久性的和暂时性的。永久性的人口流动称人口迁移,暂时性人口流动称流动人口。而社会流动则是人们在社会空间上的位移,它包括社会关系的“区位”的移动和社会关系“层次”的移动。只有当人口流动引起人的社会地位和职业角色变化时才具有社会流动的特征,从这个意义上讲,社会流动与人口流动既有区别,也有一定的重合之处。

(4) 社会流动也有别于人才流动。社会流动涵盖所有社会成员的社会流动。人才流动则仅指社会成员中的“人才”的流动,是一种特殊的社会流动,强调的是改变人才隶属关系的流动。但人才流动和社会流动在流动原因、条件和机制等方面有许多相似之处,因此,两者的联系密切。人才流动是社会流动的一种具体或独特的形式,它重点研究一些成员(人才)进行的横向社会流动。

通过以上比较分析,我们可以看出,社会地位的改变是社会流动的核心词。依照对地位的不同理解,社会流动又有广义和狭义之分。广义的社会流动就是个人社会地位结构的改变。但在现代社会中,个人的多重社会地位并不都是同等重要的,一般认为,职业地位无论对社会还是对个人来说都具有非常大的意义,职业地位是个人地位结构中起主要作用的地位,因此狭义的社会流动常常指人的职业地位的改变。

社会流动尽管是个人行为,但它不仅对个人具有意义,而且对整个社会结构也会产生影响。即使社会流动并没有改变整个社会的地位结构配置状况,但社会流动的速度、比率也还是会影响社会结构的性质以及社会运行的状态,因此,社会学非常重视对社会流动的研究。

二、封闭型社会与开放型社会

依据社会流动的限制或开放程度,一般来说,可以将社会分为封闭型社会和开放型社会两类。

所谓封闭型社会,是指社会分层结构划分比较固定,社会流动受到严格限制的社会。在这种社会中,个人的社会地位主要是由先赋性因素决定,不能自由选择。每个人一生下来或者到了一定的年龄就会被划归为某种身份或地位等级,并且这种地位是永远不会改变。而且在封闭型社会中,分层和等级往往是联系在一起的。在社会学看来,分层是一个社会概念,并且首先是一个经济概念;而等级则是一个政治、法律、宗教和种姓概念,它是指依据一定的政治、法律、宗教和种姓制度,将社会成员划分为若干个在权责等方面都不平等的层次,而且这种层次还得到法律条文以及政治制度的保证。最为典型的封闭型社会有奴隶制度、种姓制度等。

所谓开放型社会,是指社会分层结构较富有弹性,社会流动性比较大的社会。在这种社会中,个人的社会地位主要不是由于先赋性条件,而是依靠自致性因素获得。在一个人的一生中,他的地位可以随着个人努力和社会条件的变化而发生变化。现代社会就是一个开放型社会的代表。

需要强调的是,社会流动是人类社会普遍存在的现象,任何社会都有社会流动,完全封闭或完全开放的社会分层从来没有出现过。在封闭型社会中,也存在着或多或少的开放性因素,在开放型社会中,也有着各种封闭性因素,我们进行分类时,主要依据的是该社会占主导地位的社会流动方式。

三、社会流动的前提条件

通过上述问题的探讨,我们发现,并非所有的社会都存在着普遍性的社会流动,社会流动的发生还必须具备一系列条件:

(一)社会结构的开放性是社会流动的前提条件

只有在开放型社会中,社会地位继替规则以及社会职业和职位继替规则才能呈现开放性，"身份社会"才能过渡到"职能社会"，个人与社会位置就会非固定化。只有这样，每个社会阶级或阶层成员的继替才可能面向整个社会，而不是只面向某个阶级或阶层内部进行。

(二) 社会位差的存在是社会流动的动力条件

社会位差是指不同的社会位置之间存在的社会差别。这种社会差别主要是指不同社会地位获取社会资源能力和机遇的不同，或者说在不同社会位置上社会资源配置的不同。

如果说社会差别和社会不平等是社会流动的动力，那么社会结构的开放性则为社会流动提供了可能性。可能性与动力相比，可能性是前提条件，更显重要性，因为在一个封闭型社会中，并非没有社会差别和社会不平等，并非没有社会流动的动力，而是因为社会没有社会流动的机会，缺乏社会流动的可能性。

第二节　社会流动的基本类型

社会流动的类型很多，根据其性质，社会学一般将社会流动分为两大类型：结构性流动和非结构性流动。

一、结构性流动

结构性流动是指由于社会结构变化而引起的大规模的阶级、阶层结构的变动。这里的社会结构变化包括产业结构、所有制结构、城乡结构、职业结构和教育结构等的变化。所以，这种社会流动通常具有大规模和快速等特点，而且各个阶级、阶层之间的关系会发生实质性的变化。例如，当前我国正在进行的所有制结构、产业结构等方面的调整，大批国有企业职工被下岗分流；大批农民退出农业劳动力市场，成为现代企业中的工人等，这些都属于结构性流动。这种社会流动影响的社会层面比较广，涉及的社会成员比较多，合理的结构性流动会给社会带来良好的结果，可以创造出大批新的职业和职位，不合理的结构性流动则会给社会带来不良甚至是灾难性的后果,从而妨碍改革的正常进行。

二、非结构性流动

　　非结构性社会流动又称自由流动,是指在社会基本结构不变的情况下,由于个人原因所造成的社会流动。其研究的重点一般不强调流动的客观条件,主要考察个人的主观条件、流动欲望及社会背景与个人社会流动的相关性。影响非结构性流动的特征有:种族或人种背景、性别、教育、职业、容貌甚至运气等。与结构性流动不同,非结构性流动主要是通过个人努力实现的,因此一般不会对社会整体结构产生直接的影响,也不会导致整个社会阶级或阶层结构的根本性变化。在这种流动中,一些人从较低的层次上升到较高的层次,另一些则由较高层次下降到较低层次,此过程中变化的只是某些层次人数的增减。

　　在社会学研究中,我们常常提及的非结构性流动主要有:垂直流动、水平流动、代内流动和代际流动等。

(一) 垂直流动和水平流动

　　依照社会流动的方向,索罗金将社会流动分为垂直流动(vertical mobility)和水平流动(horizontal mobility)。

　　1. 垂直流动

　　垂直流动是指人们在同一分层结构中不同层次之间的纵向流动,它既可以是朝向更高社会地位等级的移动,也可以是朝向更低等级的移动。向上移动的被称为向上流动(upward mobility),向下移动的被称为向下流动(downward mobility)。例如,一个农民的孩子经过自身的努力,最后成为一家大型跨国公司的首席执行官,这就是向上流动;由于工作不称职,由首席执行官沦落为一般的职员就是向下流动。

　　垂直流动对于任何一个社会来说,都具有十分重要的意义。第一,垂直流动能够调动人们的工作积极性,鼓励人们努力工作,为社会作出更多的贡献,以获得较好的社会奖赏和较高的社会地位。第二,垂直流动有利于维持和提高社会管理层的质量。垂直社会流动机制,既保证社会管理层的人才有更广泛的选择范围,同时也有利于淘汰不合理的社会管理者。第三,垂直流动有利于形成一种开放的社会分层结构,促进社会分层结构的合理化。

2. 水平流动

水平流动是指人们在同一社会层次上的横向流动,主要是指人们在同一层次上职业地位的变动和职业角色的转换。与垂直流动不同,水平流动不涉及社会地位之间的社会流动,对个人的社会地位影响很小。例如某工厂的一名工人为了交通上的便利而到另一家工厂从事相同的工作。一般来说,影响水平流动最重要的社会因素是生产力的发展所导致的职业结构的变化,如电子、信息等新兴产业的发展就吸引了大批社会成员从其他职业流向这些新兴产业。

水平流动虽然对社会分层结构影响不大,但它在现代社会中却有着重要的作用,主动水平流动不仅是现代社会的一个重要特征,而且还有助于使自然资源、物质财富和人才资源得到合理的分配和利用;同时,水平流动还能带来人们之间的交往,打破各自的封闭状态,有利于各地区和群体之间的文化交流,从而有利于开放型社会的形成和发展。

(二) 代内流动和代际流动

依据流动的参照基点,社会学通常还将社会流动划分为代内流动(intragenerational mobility)和代际流动(intergenerational mobility)两类。

1. 代内流动

代内流动是指一个人在一生中所经历的社会地位的变化。它用来记录和研究社会成员社会地位的变化方向和速度等情况,以便考察这些变动的原因和规律。代内流动通常是用职业地位作为分析参照物,以个人最初职业和社会地位为参照基点,以最后的职业地位为参照终点,再比较两个时间点之间职业和社会地位的变动,从中发现隐藏在个人代内流动背后的社会原因。因此,代内流动不仅从正面直接反映了个人社会地位的变化,而且还从侧面反映了社会和时代的变化:通过探明代内流动的方向、速度和比率,反映社会变迁的程度和社会分化的方向、速度和规模。

在现代工业社会,由于社会生产力水平迅速提高,社会的职业结构变化很快,社会成员一生中常常从事几种社会职业,不断变更社会地位,导致了代内流动的加速。具体来说,代内流动既可能是垂直流动,也可能是水平流动。

2. 代际流动

所谓代际流动,是指同一家庭中上下两代人之间在职业、地位、身份和收入等方面的异同和变动。简单来说,代际流动是两代人之间的职业和社会地位的流动,社会学家通过比较父母与其子女的社会地位在同一年龄阶段的差异,研究和分析导致代际流动的原因,从而揭示出社会发展变化的趋势。

相比代内流动,社会学更关注对代际流动的研究。因为代际流动的特征可以直接反映社会发展水平和开放程度,这是因为:(1)代际流动是社会现代化的一个重要指标,它直接反映了社会变迁和社会进步的程度。在封闭型社会,代际流动基本上都表现为"世袭"的特征,也就说,根据其出身,后代的社会地位是通过对父辈的继承而获得的,这不仅说明该社会的实质不平等,而且还能反映出社会变迁非常缓慢的现实。(2)代际流动可以反映出社会分层结构的变动状况,如社会代际流动主要表现为向上流动,这说明社会在发展,社会分层结构的质量在提高和优化;反之,如果社会流动主要表现为向下流动,这说明社会在衰退,社会分层结构质量也在下降。

第三节　影响社会流动的因素

社会流动既与个人因素相关,同时也与一个社会的结构特征密切相关,它通常是多种因素综合影响的结果。大致来说,我们可以将影响社会流动的原因分为个人因素和社会因素两大类。

一、个人因素

一般而言,社会学在分析社会流动时,通常将个人因素分为先赋因素和自致因素两种。先赋因素是指个人生而具有的或自然获得的属性,例如民族、体质、智商、性别、年龄、籍贯、家庭背景和亲属关系等。自致因素是指个人由于自己的行为或经过自己的努力而得到的一些属性。如学历、技术、知识、个人成就和工作经历等。

在传统社会里,先赋因素往往是影响个体社会流动的决定性因素。如皇族或贵族的子弟基于家庭出身,日后一般也是皇族或贵族成员。在现代社会里,在获得某一社会地位过程中,自致因素发挥着主要作用,但这并不是说先赋因素就不起作用。一般来说,可以将影响社会流动的个人因素概括为以下几方面:

(一) 个人的家庭背景

在个人社会化过程中,家庭结构、父母的职业、收入、社会地位和社会资源等对个人成长都起着重要的作用,这在中国社会表现得尤为明显。这不仅表现在家庭对个人教育的各种支持,而且还表现为对个人发展的条件提供,其中既包括经济等物质资源,也包括社会关系等社会资源。

(二) 个人的受教育程度

在现代社会,教育是向上流动的最主要途径,在现实中,这通常表现为文凭的作用。文凭的高低在很大程度上决定着个人进入工作单位的性质和待遇,并进而影响着个体的社会经济和职业地位。

(三) 个人的素质和能力

现代社会是个充满竞争的社会,文凭更多只是充当进入工作单位的"敲门砖",个人日后的发展,还主要看各自的素质和能力,而此种素质和能力有些是属于先赋性,有些则是自致性的。

当然,除了以上方面外,在中国社会,户籍、个人的主观选择等也是影响个人社会流动的重要因素。

二、社会因素

与个人因素相比,社会因素更强调的是社会结构性原因,这主要有以下几个方面:

(一) 社会结构的性质

社会结构的性质主要是指社会结构是开放的还是封闭的。如果一个封闭社会在制度上不鼓励,甚至限制社会成员的流动,那么,社会流动率和多样性肯定会受到限制。这种社会往往注重先赋因素,而遏制各种自致因素可能产生的社会流动,因此,社会成员的社会流动只能局限于同一社会等级内部;反之,在一个开放型的社会中,社会流动就比较普遍。

(二) 经济的发展程度

社会生产力的发展是引起社会流动的根本原因。在一个经济不发达的社会中,由于经济发展缓慢,新的机会和产业结构的分化也难以发生,社会流动也就无从谈起。而在经济迅速发展的社会中,工业化、城市化和市场化催生出许多新的产业结构和职业结构,这不仅可以为社会成员提供大量的新职业和新职位,而且还能增加各产业的劳动力容量,从而大大促进社会流动。

(三) 社会制度和社会政策

在现代社会,社会流动一般都被纳入制度化轨道,因而,各种社会制度和社会政策都会影响与制约社会流动的性质、方向和速度。尤其是现代社会的教育制度、就业制度和劳动人事制度等相关制度与政策,直接或间接地规定着社会流动的途径、界限和方式,影响和制约着人们实现社会流动的可能性。

(四) 社会价值观

除了经济、政治等因素外,文化价值观也是影响社会流动的重要因素,其中最主要的是职业声望观和社会流动观。职业声望观是人们对社会中存在的各种职业的一种比较一致的价值评价体系。职业声望的高低决定着各个职业吸引力的大小,从而在不同程度上引发人们谋求职业的内在欲望。社会流动观是人们对空间迁徙和社会地位变化所持的基本态度。它受社会生活环境和文化传统的强烈影响。在传统社会中,人们一般恪守"安土重迁"等价值观,从主观上就不愿意进行社会流动。

当然,除了以上主要社会因素外,影响社会流动的还有自然环境的变化,战争、民族歧视与民族压迫，社会改革或革命，等等。

第四节　社会流动的功能

作为一个现代社会，社会流动是必不可少的，合理的社会流动不仅对社会成员和群体具有重要意义，而且也对社会具有积极的作用。社会流动既是社会生产力发展促发的社会分化过程，同时又是缓和与消除不同社会阶层之间的隔阂和冲突的重要途径，对于维护社会运行和社会稳定具有非常重要的作用。

具体而言，合理的社会流动具有以下功能：

第一，合理的社会流动有助于取代封闭、固定的分层结构，形成一个开放、动态的分层结构，从而在一定程度上消除人与人之间的不平等。

社会流动的意义不仅在于为社会成员提供改变自己社会地位的机会，更主要的是它能促使社会成员建立平等的关系。这里所说的平等不是指所有的社会成员具有的相同的社会地位，而是指机会的平等，即所有具备一定条件和能力的社会成员都具有相同的改变自己社会地位的机会。社会流动（特别是垂直流动）能够打破社会阶层之间的隔阂，削弱了社会成员与社会地位之间的固有联系，社会地位的变化使社会成员与社会地位之间的联系越来越短暂。社会流动率越高、流动幅度越大、流动速度越快，社会结构就越开放，不同社会地位的社会成员的机会就越趋于平等。同时，社会流动的增加也给同一等级社会地位的社会成员提供了更多的可能性，使更多的社会成员拥有改变自己社会地位的机会。也就是说，合理的社会流动可以缩小人与人之间的差异，缓解因地位差别而产生的隔阂和可能的冲突，从而在一定程度上起到了维护社会稳定的作用。

第二，合理的社会流动能够拓宽社会各层次之间的接触界面，有助于各层次之间的相互了解和相互联系，加强了社会整合程度。

社会整合程度的高低一般取决于各个社会层次之间的关系和反映这类关系的层次之间接触界面的宽窄，而衡量层次间界面宽窄的尺度是现实社会中各层次成员之间的人际交往频率和人际关系性质。一般而言，同一层次的成员之间由于同质性较强而交往频繁,容易形成较为密切、稳定且持久的人际关系;而不同层次的成员之间由于异质性较强,人际接触和联系较少,由此就形成了社会结构中较为脆弱的层次之间的易断带。因此,封闭的社会分层结构可能会降低社会整合度,更易引发社会冲突。另一方面,不论是社会流动中的代内流动还是代际流动,它们都可以有效地拓宽社会各层次之间的接触界面。代内流动意味着个人同原有社会地位相分离,并同新的社会地位相结合,然而,个人的这一地位变化并非必然要切断他与原来同层成员间的一切联系,这样势必就扩展了个人人际的接触界面。由于人际关系网络跨越了分层界限,使得参与流动的个人作为不同层次之间人际关系的交汇点而起到连接各层的纽带作用,从而缓解了因分层带来的关系紧张。代际流动意味着家庭中相邻的异代成员处于不同社会层次,使得家庭内部的血缘关系变为社会层次之间的连接纽带,可以充分利用家庭所特有的凝聚力和整合性来弥合社会层次间的隔阂。此外,大范围内的代际流动还可能促进各家庭之间相对平等的实现,进一步消除因个人之间垂直差异带来的消极影响。

第三,合理的社会流动能有效激发人的积极性和开拓进取精神,给社会系统注入活力。

封闭型的社会分层结构把人们终身乃至世代束缚于某一特定的社会地位层次,人们由于无法通过努力改变自己的地位状况,因此,往往形成安于现状、不思进取和知足常乐等性格,从而造成整个社会缺乏内在活力,缺乏竞争意识。合理的社会流动使得人们有可能通过努力来改变自身地位,因此,在提供平等流动机会的社会,地位分层的差异反而能有效地激发个人的内在潜能,会带来社会成员积极性的普遍高涨,从而推动社会的稳步前进。

第五节　社会流动的理论解释

社会流动是反映社会结构变化的重要指标,在一个社会中,大多数人流动的方向及其流动频率既可以反映社会结构的性质,也能够呈现出社会变迁的方向,就此意义而言,社会流动在一定程度上被人们视为社会变迁的指示器,因此,也引起众多社会学家的关注。依照不同的切入点和方法,社会学发展出许多对社会流动的理论解释。①

一、索罗金的社会流动理论

　　索罗金发表于 1927 年的《社会流动》是第一部用现代观点系统论述社会流动的著作。虽然在索罗金之前意大利社会学家帕雷托等人进行的研究也涉及到社会流动,但严格意义上的社会流动研究还是从索罗金开始。他第一次提出社会流动的概念,并将社会分层和社会流动联系起来,并且对后者尤为重视。

　　索罗金认为,造成社会流动的主要原因有三:第一是人口特质;第二是环境的改变,尤其是技术的变迁;第三是父母与子女之间天生能力的不一致。为此,他将社会流动分为水平流动和垂直流动两种基本类型。

　　在索罗金看来,社会不平等是不可避免的,具有永久性、全球职业性和社会性等特征。与马克思一样,索罗金也认为垂直流动对一个社会的稳定有着积极的影响,它可以给处于较低地位的人提供改变现行制度的动机。高的社会流动率还可以作为一种安全阀,释放较低阶级的不满,从而有利于社会的稳定和发展。

　　对于社会流动的研究方法,索罗金特别强调对流动的数量、方向和地区分布等问题进行定量研究,这就是他著名的社会流动率理论。社会流动率是一个描述社会流动量的指标,用来测量各个社会的流动水平。其计算方法是:

$$社会流动率 = 流动人口 / 全部人口$$

　　他在对 18 世纪以来的流动率进行研究时认为,社会流动和社会发展之间存在着一种正相关关系,社会越发展,社会流动率就越高。同时,他还对传统社会与工业社会的流动进行了比较,认为,根据社会流动的密集性和普遍性的不同,可以将社会系统分为开放型和封闭型两种,在开放型社会,垂直流动较为频繁;而在封闭型社会,各阶层之间的界限比较严格,跨越等级界限的垂直

---

　　① 许欣欣:《当代中国社会结构变迁与流动》,中国社会科学文献出版社 2000 年版,第 52—97 页;范和生编著:《现代社会学》,安徽大学出版社 2005 年版,第 521—526 页。

流动非常困难。

此外,索罗金还对父亲职业地位对儿子职业地位流动的影响进行了研究,并概括出工业社会中社会流动的若干特点:

(1) 在某一特定阶层中,父亲及其子女的职业类型的扩散程度较高,即世袭现象减少了,甚至出身于同一家庭的孩子可能分散于非常不同的职业群体中。

(2) 所有职业群体都是由来自不同社会出身背景的成员所构成。

(3) 不同职业群体之间的差异变得模糊不清。

(4) 在工业社会,父亲的职业地位仍对孩子的职业地位有很大的影响。非技术工人的孩子大多进入非技术的和半技术的职业,只有少数人成功地进入了大企业经营者和上层专业人员的行列;专业人员和成功业主的孩子大部分从事声望较高的职业,几乎没有成为工匠、技术工人和非技术工人的。

(5) 在分层体系中,等级位置相似或接近的职业群体更容易交换其成员。

(6) 流动更可能是短距离的,而不是跨越整个分层等级的流动。

(7) 分层体系中的中间层比两端更稳定。

在索罗金之后,虽然社会学对社会流动的研究有了很大的发展,但他对社会流动的理论解释至今仍是历久弥新,索罗金的理论为后来的研究提供了一个基本的理论架构,同时也引起后来社会学界对这一领域的广泛兴趣。

二、利普赛特和本迪克斯的社会流动研究

第二次世界大战之前,社会流动的研究通常局限于不同职业群体的社会出身、具体工厂的雇员,或某一社区居民的调查。自二战后,方才开始有学者利用全国性的调查资料进行社会流动研究,利普赛特和本迪克斯就是其中的先行者。

沿着索罗金的思路,西摩·马丁·利普赛特(S. M. Lipset,1922——　)和本迪克斯(R. Bendix)继续推动着社会流动的研究。他们在其名著《工业社会的社会流动》中将社会流动定义为:"个人在社会中从一个社会位置向其他社会位置移动的过程,这些社会位置被赋予普遍承认的特殊的等级的价值。"他们把社会流动研究概括为四个分析步骤:

　　首先是个人生涯起点与其目前所达到的地位之间关系的研究。从根本上讲,这是一个人所继承的位置(或其进入劳动市场的地位)与其当前所处位置的比较。不过,他们认为这类数据没有什么分析价值,除非作为一种比较的基础提出来,或涉及某种理想型社会的比较时提出,如一个包含平等机会的社会。第二个主要步骤包括社会继承与流动方式之间的关系。在这一步,他们关心的将是出身对教育水平和技能获得的决定作用以及与社会结构中不同层次人的交往、智力、寻求较高位置的动机等等。第三是流动过程分析。这时,他们不仅要研究个人当前位置与起始位置的关系,而且还要考察个人的全部工作史。最后,是对社会流动的结果分析。

　　对社会流动结果的分析是利普赛特和本迪克斯研究的重点。他们通过父亲职业与本人职业的交互表以及本人初职与现职的交互表分析,对流动过程、流动方向和流动量的大小作出判断,并由此展开其关于工业社会中社会流动资源的决定因素、社会继承以及流动趋势与社会结构特征之间关系等问题的讨论。

　　利普赛特和本迪克斯十分关注社会变迁与社会流动之间的关系,指出社会流动与城市化、工业化以及阶层化等过程密切相关,不可分割,即使在工业化达到一定水平后,社会流动仍将维持在一个较高的水准,因为工业化要求有大量的社会流动以满足众多新增位置对合格任职者的需求。这一规律无论在欧洲还是在美国,只要是相同发展水平的国家,由体力劳动向非体力劳动移动的比例十分接近。对此现象,他们认为,内在于所有社会结构中的五个不同过程对社会流动率具有直接影响:可得到的空间数、不同的出生率、职业等级的变化、可继承的地位—位置数的变化、关于潜在机会的法律限制方面的变化。具体来说:

　　第一,在一个既定阶层中,其空间数通常并不是恒定不变的。在任何工业或工业化国家中,专业人员、办公人员、管理人员及各种白领位置均呈增加趋势,而非技能劳动工作的比重则呈下降趋势。

　　第二,向上流动的一个重要决定因素是人口出生率不同。在他们分析的所有工业国中,人口出生率均与收入呈相反趋势。因此,即使每个高地位出身的子女均保留其地位,仍然有多余的空间留给其他地位出身的人上升。同样,在所有工业城市中经济都在持续增长,需要有移民来填充新的位置或取代那些不能成功地再生产其自身的市民。

第三,在迅速变迁的社会中,有些位置会失去声望,有些位置则会获得声望,因此,一个人有可能在不改变其工作的情况下流动到社会瞩目的地位。不过,有些失去或得到的声望在异代人中很少引起人们的注意。

第四,在现代社会结构中存在着可继承位置数相对下降的趋势。许多靠工资收入的中产阶级父亲已没有多少东西可留给其子女的,除了获得某种高地位的良好教育和动机外。

第五,许多早年限制人们为自己创造新的和较高职业地位的法律被取消。行业体系的废除即是一个典型的例子。许多国家都允许人们自由地选择职业,与之相应的结果是在萧条期出现了向上流动增加的情况。

除了关注经济发展与工业化水平对社会流动的影响外,利普赛特和本迪克斯还探讨了教育与职业获得之间的关系。他们指出,大量证据表明,受教育是人们生涯模型中的一个决定性因素,这一事实对于个人进入劳动市场提供了家庭背景和财产及责任之间的最强与最直接的统计联系。

此外,社会流动与政治稳定之间的关系也是利普赛特与本迪克斯关注的另一个重点问题。他们指出,在一个发展与动荡的社会中,类似继承性等级这样的流动障碍可能会成为导致不稳定的根本原因。由于社会发展在呼唤大量合格的领导者出现,这时,如果统治者是灵活的,那么,它将允许有抱负有能力的人从较低的阶层晋升。然而,常见的趋势总是限制这种个人流动。如果限制过严,就会引起不满,有时甚至会通过斗争取代旧的统治群体。

另外,利普赛特和本迪克斯还指出,伴随城市经济扩张而出现的迅速的向上流动并不必然导致政治稳定。高流动率不是社会稳定的必然因素。因为新来者通常面对统治阶级的社会歧视,因而希望采取革命的教义与方法排除传统的统治方式,这一模式有助于解释法国大革命和后来的一些动荡。在新的工业化国家中还可以观察到一种与之类似的模式,那里日益增多的教育机会似乎已经导致大量受挫群体进入较高位置,他们在革命行动中为自己的挫败找到了一条出路。

总的来讲,利普赛特和本迪克斯认为,流动可以对不同社会群体、不同社会阶级、不同政治制度、不同文化以及不同个人等产生不同的影响。这些影响必须分别进行研究,不能只凭假设一概而论。不仅应研究社会流动与整个社会结构稳定性的关系,而且还应研究社会流动与各种构成群体的关系。

虽然利普赛特和本迪克斯在其社会流动研究中运用了大量经验资料进行统计分析,但其研究方法仅限于社会流动表等描述性统计,无法对社会分层理论进行严格的验证。这种情形直到布劳和邓肯的《美国职业结构》一书于1967年出版之后才开始有了极大的改观。

三、布劳和邓肯的地位实现模型

布劳与邓肯对个人地位实现(status attainment)过程的分析是社会分层和流动研究领域一个具有划时代意义的贡献,他们在1967年出版的《美国的职业结构》一书中,系统探讨了20世纪60年代美国的职业地位和职业流动。

他们认为,了解现代社会阶层的最佳途径是系统地探讨职业地位和职业流动。同时,他们还继承了索罗金的理论,把流动视为社会新陈代谢的过程,他们指出,一个人的成就绝非偶然的,是由个人的天生才能、后天努力和家庭背景等多方面影响的结果,因此,上一代的社会不平等现象可能全部或部分在下一代中再现。为了对个人社会出身的影响作出正确的分析,更好地全面揭示美国职业结构的特征,他们首先按照传统的做法对研究样本进行了代际之间的流动表分析,使用了流出率(outflow percentages)、流入率(inflow percentages)、联系指数(index of association)、社会距离流动比(social distance mobility ratio)等一些参数,描述了职业流动模式。通过分析,布劳和邓肯指出,在美国职业结构的代内和代际流动矩阵中有两条阶级界限被证实,即区分白领和蓝领的界限,以及区分蓝领和农民的界限。也就是说,人员流动并不是均匀分布在不同职业之中的,而是受界限所限的,一般都固定在两条阶级分界线之上的一个邻近职业上,即最低的白领群体和最低的蓝领群体。那个位于分界线之上的群体拥有较高的流入率——尤其是来自较低阶层,同时也有着较高的流出率——尤其是流向较高阶层。

布劳和邓肯的研究并不局限于对职业流动模式的描述,他们关注的是影响这些模式和个人成功机会的因素,即回答"一个人所继承的各种地位如何影响其在职业结构中的自致地位?"为此,他们利用路径分析统计方法建立起了"地位实现基本模型"。

　　布劳与邓肯选择了 5 个变量作为与个人地位实现有关的变量：父亲的教育、父亲的职业、本人的教育、本人的最初职业、本人的目前职业。如图 10-1 所示，影响个人职业选择的模式是：父亲的职业和父亲的教育水平同时影响儿子的教育和儿子的第一个职业，其中尤以父亲的职业对儿子的教育影响最为显著。儿子的第一个职业和他所受的教育同时影响他现在的职业，其中尤以第一个职业影响最大，父亲的职业和教育对儿子现在职业的影响明显减弱。从这个模式中看，家庭的代际流动是受到上一代人的职业和教育水平限制的，即家庭内部条件对代际流动起着制约作用，这是不以他们个人的意志为转移的。若把社会环境的变化因素加以考虑，尤其是在现代社会变迁速度加快的情况下，则有许多外力促进社会的代际流动。

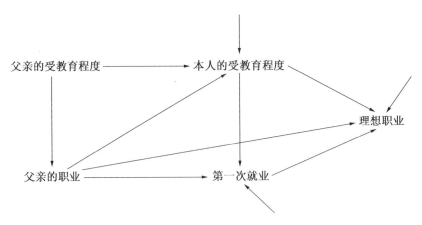

图 10-1　布劳和邓肯的地位实现模型

　　自布劳与邓肯之后不久，很多社会学者从各自不同的理论假设出发，或重复布劳与邓肯的模型，或引入一些新的变量对模型加以修正。地位实现模型在社会流动研究中得到了广泛的应用。

四、特纳的流动过程理论

　　随着地位实现模型在社会流动研究中的广泛应用，对流动过程理论的探讨也引起越来越多社会学家的关注，其中当以乔纳森·特纳（J. H. Turner）的观点最引人注意。

1984 年,特纳在其《社会分层——一个理论分析》一书中从理论角度对流动过程进行了分析。他认为,在任何社会中实际上都存在着两种流动过程:一种是那些使社会成员获得某些属性或拥有某些机会从而使其得以在社会等级制中上升的"地位实现"状况;另一种则是使社会成员拥有流动动机与抱负的"结构性流动"过程。前一种流动已经引起人们的普遍关注,后一种流动则不然,尽管它"可以解释更多的方差",因而需要从理论上进行纠偏。

为此,特纳提出了他的理论构想。他认为流动是许多社会特征共同作用的结果,于是,他从众多社会特征中选出 6 个关键性特征建立起他的流动方程:

$$MO = f(DFHO) \cdot g(RAHO) \cdot h(NP) \cdot i(CP) \cdot j(P) \cdot k(CIR).$$

其中,MO 代表流动(由于社会学中很少有人分析水平流动,特纳的分析也只是就垂直流动而言),其流动程度由社会中个人流动的比例和不同等级群体间流动的比例两方面来界定。方程中 DFHO 表示同质子群体之间的差异程度,RAHO 表示不同子群体间流动的线性等级划分程度,NP 表示一个社会所拥有的生产位置数,CP 表示社会系统中生产位置类型的变化率,P 表示社会中组织资源的集中度(或离散度),CIR 表示社会中个人资源的集中度(或离散度)。

特纳认为,6 个变量对流动的影响各不相同。首先,各同质子群体内的互动率总是大于群体外的互动率,因而导致行为与态度的相似性压力产生。这些相似性对那些试图进入该群体的人设立了一道障碍,除非某种预期的社会化发生,或者个人能够获得迅速进入新群体的必需行为和态度条件,否则,歧视就会接踵而至。此外,子群体的等级划分会加速这些过程。由于占据一个既定等级的人越多,其价值就越小,因此,较高等级群体的成员总是试图动用可观的能量维护其在等级序列中的位置以防止下移,而低层群体成员随着利益意识的增加也会日渐不满那些属于较低等级的属性。在此,等级为流动设置了障碍。可见,当子群体的同质性和不同子群体的等级划分增加时,阻止流动的运作过程就会加大力度,因此,这两个变量与流动之间呈多元相关的负指数曲线关系。

相反,社会中的生产位置数与生产位置的类型变化率对流动的影响则不同。任何社会中,如果生产位置很少,那么流动的机会就很有限。但随着位置数量的增加,进入新位置的机会也将同时增加。当这种增长与生产位置的类型变化相联系时,社会成员就会有更多的新机会。而且,在一定程度上,日益增加的生产位置数和类型变化将突破同质子群体和等级序列造成的压力,导致群体内外互动模式的改变。随着互动模式的改变,群体的原有边界和等级序列会受到破坏并重组。在这一系列变动中,额外的流动机会被创造出来。显然,生产位置数和生产位置类型变化率与流动之间呈正相关关系。

最后,个人或群体是否能获得上述变迁创造出来的机会还将受到他们所拥有的组织资源和个人资源的影响。对资源的占有率与接近资源的距离密切相关。如果组织资源高度集中,那么,居高位者无论在静态还是在动态系统中均可保持其相对优越的地位。但是,如果组织资源广泛分散,那么,变更人们位置的压力就会产生。而且,一旦由这些压力引起的变迁发生,那些拥有组织资源的人在利用这些变迁创造出的机会方面就比别人更有优势。个人资源的分散也会加速变迁过程,因为,它允许更多的人运用他们的技能去创造有效的组织对这些新机会产生压力,同时,它能使更多的人有效地利用各种机会。可见,社会系统中组织资源的集中程度与个人资源的集中程度多元相关。就其对流动的影响而言,由于接近组织资源的不利地位会减少个人资源的获得,而个人资源的低离散度通常会减弱获得或创造组织资源的技能,因此,这两个变量都对流动产生负指数关系。

特纳没有给出 6 变量的确切权数,但他认为前 4 个变量的权数应该大于后两个变量,另外,组织资源集中度(或离散度)的权数应大于个人资源集中度(或离散度)的权数。

五、社会流动研究的结构分析

随着相关研究的深入,许多学者发现,地位实现模型更多关注的是对个人流动过程的分析,而忽略了个人特质之外那些可能影响个人地位实现的结构性因素,或者即使考虑到了,也只是将其作为一个分析常数加以处理,而不是作为一个变量进行分析。由此导致的是地位实现模式分析的重心局限于关于社会阶层化分配方面的描述,而忽视了对阶层与阶层之间关系的分析。针对这一缺陷,自 20 世纪 70 年代末以来,许多学者开始注重社会流动的结构分析。

结构理论对于"结构"的概念和理论并不统一,但概括来讲,他们的研究方向主要有三个:第一是探讨经济、产业部门、劳动力市场结构及其分割情形;第二是探讨这些分割现象对个人收入的影响;第三是探讨不同的产业部门、公司或劳动力市场结构对职业生涯和流动的影响。因此,社会流动研究的结构分析通常又被称之为部门分割理论。

根据不同的研究取向和方法,社会流动的结构分析也主要分为二元劳动力市场理论、二元经济理论、内部劳动力市场理论等。

(一) 二元劳动力市场理论

这一理论的提出者是彼得·多林格尔(P. Doeringer)和迈克尔·皮奥雷(M. Piore)等人。他们认为,许多公司提供的劳动条件、报酬、社会保障及再生产条件是不相同的,与此相应,劳动力市场也分成两个部分:垄断资本主义(主要劳动力市场)和竞争资本主义(次要劳动力市场)。主要劳动力市场的工作往往工资福利高,工作条件良好,就业稳定且晋升机会多,有较多的在职训练机会;次要劳动力市场的工作,往往工资福利低,工作条件差,劳动力流动性大,晋升机会少,在职训练的机会很少或没有。次要劳动力市场与主要劳动力市场之间,只存在着有限的工作流动性。

要言之,该理论认为,这种部门间的差异不是由于个人素质或"人力资本"的不同所导致的,其主要原因在于劳动力市场组织的不同。

(二) 二元经济理论

二元经济理论首先由刘易斯(W. A. Lewis)在《无限劳动供给下的经济发展》中提出,随后由乔根森(D. W. Jorgenson)、费景汉(J. C. Fei)与拉尼斯(G. Ranis)进一步修正发展,最后成型。二元经济理论在劳动力无限供给的假设条件下,将农业剩余劳动力向现代的非农业部门的转移看成是经济发展过程的一个必经阶段。

（三）内部劳动力市场理论

所谓内部劳动力市场，即一个大型企业内部的劳动力市场。内部劳动力市场有三个基本特征：(1)有高度的组织和管理。劳动力的定价和配置受一套管理规则和程序的调节，这些规则和程序代替了供给与需求的力量。(2)把特权地位给予已经聘用的人而不是给外部人。内部人在很大程度上免除了来自外部人的经常性的竞争。外部人只能在有限数目的低级工作位置范围内进入内部劳动力市场，即入港（port of entry）。其他空缺职位通常以提升形式由内部补充，即存在着"工作阶梯"。(3)工资常常制定得高于均衡水平，规则与程序受外部劳动力市场条件的影响相对减少。

当然，社会学关于社会流动的研究绝非仅有以上几种，当代社会学还发展出"代际间可传递资源"、"社会资本"等理论取向。另外，自 20 世纪 60 年代末开始，许多学者开始对社会主义国家的社会流动进行了研究，其代表有帕金和吉登斯等人，他们结合社会主义国家的实际，对社会流动研究提出了一些新的研究路径。

第六节　当代中国的社会流动

当前，我国社会正经历着急剧的社会变革，社会阶层结构及社会流动模式也在发生着变化，面对这种社会现实，我们在研究这种变化的现状和趋势的同时，还应思考我国变化前的社会流动机制是如何形成的，其背后的原因是什么。为此，按照逻辑顺序，首先梳理我国社会流动模式的发展阶段，然后再详细分析我国当前社会阶层流动的特征。

一、当代中国社会流动的阶段分析①

对 1949 年后中国社会流动的研究，社会学界有着不同的阶段划分，总

---

① 参见陆学艺主编：《当代中国社会流动》，社会科学文献出版社 2004 年版，第 33—97 页。

体来说,陆学艺教授等人根据社会流动的模式或格局的变化而提出的"两大阶段,五个时期"论最具代表性。两大阶段以 1977 年为界,1949 年至 1977 年为中国社会流动过程的第一阶段,这一阶段又明显形成了三个不同的历史时期:1949 年至 1956 年(民主改革和社会主义改造运动)、1957 年至 1965 年("大跃进"和"人民公社化"运动及其随后的大规模经济调整)和 1966 年至 1976 年("文化大革命");1978 年以来是第二阶段,这一阶段由两个时期组成:1978 年至 1991 年(计划体制居于主导地位)、1992 年以来(市场体制居主导地位)。

总的来说,当代中国的社会流动深受宏观制度安排、政策规定及其变化的影响,具有明显的结构性流动特征。当然,这也并不意味着个人只能完全被动地接受制度安排和政策规定给予的社会地位,相反,在不同时期和不同政治、经济和社会生活领域,制度和政策在不同程度上为个人地位的获得留下了一些自由的空间和机会,也就是说,个人仍然可以并且必须通过自己的努力,利用各种条件,在国家制度安排和政策规定所设定的社会地位体系中寻找自己所期望的位置。

(一) 中国社会阶级阶层关系的重塑(1949—1956)

这一阶段社会流动的主要推动力是几次重大的政治、经济事件或运动:

一是新的国家政权建立。随着 1949 年 10 月 1 日毛泽东在天安门城楼宣布中央人民政府正式成立,一个新的国家政权诞生了,其权力和权威的科层体系,一直延伸到乡镇。农业合作化完成之初,全国 76 万个合作社成长为基层的政权组织,成为新的国家政权在农村的基础,这一新的国家政权科层体系,成为人们日后实现社会流动的主要阶梯。

二是新的国家政权组织推动的一系列民主改革和社会主义改造运动。其中,最主要的是农村土地改革、没收官僚资本,以及对农业、个体手工业和民族资本主义工商业的利用、限制和改造等。这一系列的运动使原有的社会阶级阶层结构发生了根本性的变革,人们在新的社会阶级阶层框架中重新确定自己的位置,寻找流动的机遇。

三是高度中央集权的计划体制的初步形成。随着一系列的政策推行,到 1956 年底,中国生产要素市场基本消亡,产品市场也在国家的计划控制之下,形成了以指令性计划为主,指导性计划为辅的计划经济体制,国家控制几乎全部社会资源的制度格局基本形成。

在这些宏观的社会、经济、政治结构和制度的基础上,这一时期的中国社会分化和流动主要表现为五个重要特征:

第一,社会阶级阶层位序出现大规模重组,在综合了先赋性规则(如家庭出身等)和自致性规则(如党员身份等)的制度和政策安排的作用下,一些阶级或阶层发生显著的向上或向下流动。原来的中上层尤其是上层阶级或阶层,在经济上失去了赖以居于社会中上层的基础,在政治上向下流动到社会的底层;而原来处于社会下层的阶级或阶层,如工人和农民等,则发生了向上流动。

第二,中国政治与社会的急剧变化形成了一种独特而复杂的社会阶级阶层结构。中国共产党原本希望通过社会主义改造,最终形成较为简单的阶级阶层结构:工人阶级、农民阶级和知识分子。但中国在这一时期实际形成的阶级阶层结构却显得复杂得多。这种阶级阶层结构至少包括两个系列:一是政治意识形态意义上的多阶级体系,包括城市工人阶级、资产阶级、小资产阶级、知识分子和干部阶层,以及乡村的地主阶级、富农阶级、中农阶级、贫雇农阶级和乡村管理者阶层等;二是经济社会生活中的单位——职业体系层级体系,包括城市以职业划分出来的若干阶层,以及城乡隔离状态下农民与市民身份体系等。这一阶级阶层结构随着社会生活的政治化,逐渐走向凝固的趋势,几乎每个阶级阶层都有自己的政治边界和社会经济生活边界,不同阶级和阶层之间的社会流动变得很是困难。

第三,社会流动趋于制度化,开始形成一种以政治—职业为轴心的正式社会分化和流动机制。国家逐步垄断了几乎全部重要的政治、经济和文化资源的分配,市场化流动机制日趋弱化并逐渐被高度集中的再分配体制取代,人们的社会地位获得日益依赖于国家的再分配制度安排和政策规定。

第四,社会成员的社会流动逐渐决定于四个基本要素:(1)宏观的制度安排和政策规定;(2)经济结构变化;(3)作为典型的先赋因素的个人家庭出身;(4)个人后天的努力。在这些因素中,个人的家庭出身在很大程度上限制了相当一部分阶级阶层成员的社会流动,尤其是政治分层体系中的向上流动;而后天的努力,更多地表现为政治忠诚和工作积极。

第五,政治—行政精英主宰整个社会的政治、经济和社会生活。原来多元化的社会流动阶梯(表现为政治、经济和文化三个系列)逐渐向行政—技术系列集中,整个社会的流动渠道变得单一化,只有从政、参军、升学、招工、从事文艺工作,才会有向其他社会地位较高的社会阶层流动的机会。

(二) 多维二元身份体系的建构(1957—1965)

从1957年起,中国社会开始进入了一个新的变动时期。政治上表现为"反右"、"反右倾机会主义"和"四清运动";经济上分别有"人民公社化"、"大跃进"及随后的大灾难、大调整;在社会生活上,一方面,人们的社会关系日益被高度意识形态化,阶级阶层结构、位序关系及其政治含义被凝固化;另一方面,阶级斗争话语在"左"倾意识形态的主导下向纵深即向"人民"内部和思想领域延伸,人们的社会地位仍可能发生跨阶级阶层的流动。

具体来说,在这些社会背景下,此阶段中国社会流动主要表现出以下趋势:

1. 经济波动与大规模的城乡人口流动

与社会主义改造运动的完成紧密相承,1958年在全国范围内开展了"人民公社化"和"大跃进"运动。人民公社化为对农民实行严格管理奠定了制度基础,同时也为大规模动员农民参加农村水利工程和城市工业建设奠定了组织基础。而"大跃进"运动则是政府急于实现重工业优先的工业化尝试,其中,尤其集中发展钢铁工业。由此,引发了建国后第一次大规模的城乡人口流动,农村人口大规模流入到城市,1957—1960年间,由农村迁入城镇的人口约有2 218万人,这导致城镇人口迅速增加,给政府带来一种无法承受的压力。从1960年起,政府开始在城市进行大规模的裁员,动员在"大跃进"中从农村新招的职工以及"盲目"流入到城市的农村人口返回农村,共有2 000万进城农民重新回到农村,还有近400万原城市居民被迫倒流到农村。更严重的是,城乡分治的户籍制度就此建立,限制农村人口进入城市的城乡二元社会结构也开始形成。

2. 多维二元身份等级体系的形成

经过一系列的政治经济运动和国民经济管理体制调整变化,中国高度中央集权的计划经济体制以及城乡分割的二元社会体系,最终在这一时期形成。多维二元身份等级体系包括:

（1）政治意识形态二元身份体系

所谓政治意识形态二元身份体系是指根据无产阶级专政下继续革命的政治理论观点而形成的政治性的阶级阶层结构安排。按照一系列基本政治主张，这一时期的社会成员被划为两大集团，可以分别把他们称为"人民"和"非人民"（包括一些政治上的敌人以及一部分暂非敌人也不属于人民的人），这是两种迥然不同的政治身份，分别享有不同的政治地位和政治权利。一般而言，政治地位和所享有的政治权利的不同，意味着经济地位和所享有的经济利益也不同。更为重要的是，这种政治性阶级身份在绝大多数情况下是因先赋原因而获得的，且具有代际传承性。

享有人民身份的主要有工人阶级（包括革命干部和革命知识分子）、贫下中农、中农和富裕中农。其中，工人和贫下中农身份是与生俱来并可传承的，他们及其子女的政治地位通常不会发生向下流动，尽管向上流动的机会也不多；革命干部和革命知识分子的身份一般不具可继承性，也不是与生俱来的。

属于"非人民"的地主、富农和资本家的身份在土地改革及私营工商业社会主义改造过程中就被确定了，他们的身份不仅是具有先赋性，而且也不享有宪法规定的向上流动的权利。资产阶级知识分子、反革命分子、坏分子和右派分子等政治性身份，一般不是依据先赋性因素制定，而是根据他们的言行表现以及对社会主义制度和中国共产党的领导地位的政治态度来指定的，当国家和党认为在政治上需要，他们中的一部分人的政治身份可以改变。但即使"帽子"被摘掉，他们在政治社会生活中仍要受到种种限制。"非人民"集团的子女虽然在这一时期不再被贴上父辈的政治标签，但一般也不属于革命人民的范畴，往往归为可以改造好的分子。因此，他们的政治地位变动，尤其是向上流动的机会，取决于他们改造的程度。在这一时期的初期阶段，他们仍可通过上学等途径实现向上流动，但在中后期，这条途径基本被堵死了，同时，他们也基本丧失了通过参军、招工等路径实现向上流动的机会。

（2）城乡二元户籍身份等级体系

经过一系列的经济波动和政治运动，我国最终确定了严格的城乡二元的户籍制度，不同户籍身份享有不同的政治和经济权利。在二元户籍身份制度的强制约束下，城乡两大身份群体之间的相对流动非常困难。农民除了通过上学、参军以及城市招工等极为有限的机会外，从 20 世纪 60 年代开始已经很少有流动到城市的可能。市民一般天生就拥有在城市居住、生活和就业的权利，只是在某些特定的政治经济背景下，他们中的一部分才会被"下放"到农村居住，而且，即使"下放"农村的市民，也保留他们返回城市的资格。

（3）干部—非干部二元档案身份等级体系

这一时期还逐步形成了国家劳动人事制度，所有在劳动年龄以上的人口都被编制为干部与非干部（或群众）两种基本档案身份。凡在党政机关、企事业单位和社会团体从事管理工作的从业人员，以及各种专业技术人员，都具有干部身份；此外的所有其他从业人员，都不具有干部身份。一个人一旦在档案编制体系中拥有某种身份，他基本上就终身保持这种身份，即使离退休，也仍然保持这种身份。这两种身份享有不同的权利、权力和利益。

同时，非干部身份的人也可以通过三种途径向上流动到干部编制：一是教育。按照有关规定，凡是具有国家正式承认的中专以上学历，并且能够按照国家计划接受工作分配的，都自动取得干部身份。二是提干。国家通常会给党政机关、企事业单位和社会团体分配一定的干部编制和指标，如果没有相应的编制和指标，机关或单位又想提拔某个不具干部身份的人，那么可以实行"以工代干"，但仍不属于正式国家工作人员，属于临时干部，而从临时干部转为正式干部的过程往往十分漫长。三是军队转业。凡是在军队中担任了连长及以上军官的，转业到地方后，自动拥有干部身份。

（4）单位所有制二元身份等级体系

根据单位所有制等级以及它们对国家工业化战略的重要性，国家将所有的单位和部门分为城镇集体与全民两种，由此在全体从业人员尤其是城镇从业人员中形成两种相应的身份：城镇集体工和全民工，相对而言，全民所有制单位和员工获得的资源要多于城镇集体所有制，因而，从集体工身份向全民工身份的转变，也就成了一种向上流动，一般而言，这种流动非常困难，而由全民工向集体工的向下流动则比较容易。

综上所述，从社会流动的角度看，政治性阶级身份是相对封闭的，一般情况下，一个人的阶级身份一旦被确定下来，他个人是不可能轻易改变的，向上流动的可能性非常小，只有在发生政治运动、并在政治运动中受到挫折或打击时，才会出现向下流动的情况。而在其他三个维度的身份等级体系中，则多少还存在着一些流动的空间。

3. 政治运动及大规模的向下流动

1957—1965 年,中国社会发生了三次大规模的群众性政治运动:1957 年的"反右派"运动、1959 年的"反右倾"运动和 1964 年开始的"四清"运动。这些群众性的阶级斗争运动,使得大批社会成员遭受向下流动的苦难,而且这种流动是不正常的,是最高决策层的判断和决策偏差的产物。

(三) 社会流动的失序(1966—1977)

从 1966 年开始,中国社会进入政治狂热、经济波动的十年动乱时期。在此阶段,社会生活被进一步高度政治化;上层思想斗争演变为几乎触及全社会残酷的政治斗争;经济生活处于不稳定状态;城乡关系中的单向封闭格局更为严厉,农民很少有机会进入城市,城市居民则大规模向农村倒流。总之,这一时期的社会流动在某种意义上也是大规模的,但却是无序的。

这一时期的中国社会流动主要表现为以下特征:

第一,以"文化大革命"为主题的全民性政治运动造成了大量的向下流动与向上流动。一些人在运动中被打倒,向下流入社会底层;一些人在运动中发迹,从而流入到社会的上层。

第二,"上山下乡":第二次大规模城乡人口流动。"文化大革命"对经济的破坏是空前严重的,工业停顿、大学关门,大批青年学生就业无门、升学无望,以至城市积压了大量等待就业安排的劳动力。1966—1968 年三届高初中毕业生滞留在学校和积压在社会上的,已经多达 1 000 万人。面对如此严重的就业问题,毛泽东提出,中学生分配应该面向农村、边疆、工矿、基层,即"四个面向",随后从 1968 年又开始了"上山下乡"运动。到 1978 年,全国下乡知识青年总数达到 1 623 人,相当于当时城镇就业人口的 13% 左右,波及 1/3 以上的城镇家庭。在城镇知识青年被大批安置到农村就业的同时,还有相当多的城镇职工、干部或主动下乡,或被动员下乡。总的来说,10 年间,中国城市人口逆向流入农村的总数达 3 000 万人。

第三,工业化仍在推进,尤其是所谓的"三线建设"的进行和农村工业化的复兴,推动了就业结构的初步转变,农民有了在不改变身份的条件下改变职业的机会。"大跃进"是农村社队企业发展的第一个高潮时期,但由于"三年困难"时期过后的调整,社队企业受到极大压缩。1966 年,毛泽东在著名的《五七指示》中指出,农村人民公社"在有条件的时候,也要集体办一些小工厂",从而推动了社队企业的恢复发展。1970 年,国务院召开了北方农业工作会议,提出 10 年后实行农业机械化的设想,推动中国农村工业化进入第二个高潮时期。许多社队企业从业人员短期内实现了职业身份的转换,从农业从业者变成工业从业者。虽然他们没有实现城乡户籍身份的转换,但毕竟实现了职业上的社会流动。

第四,教育流动机制的阻断和扭曲。古今中外,教育一直是人们实现向上流动的重要自致性因素。在《五七指示》中,毛泽东提出:学生"要以学为主,兼学别样,即不但学文,也要学工、学农、学军,也要批判资产阶级。学制要缩短,教育要革命"。随后,一场教育革命开始了。教育革命首先从高等院校开刀,按照一系列政策指示,中共中央决定:"1966 年高等学校招收新生的工作推迟半年进行。"实际上一直推迟到 1970 年。期间,正规大专院校四年没有招生,从而堵住了四届适龄高中毕业生的升学之路。1966 年 6 月 27 日,高教部发出通知,因开展"文化大革命"运动,1966 年和 1967 年暂停招收研究生工作,此后,全国停止招收研究生达 12 年之久。1970 年,在中共中央转批的《北京大学、清华大学关于招生(试点)的请示报告》中要求,通过群众推荐、领导批准和学校复审相结合的办法选拔政治思想好、身体健康、具有 3 年以上实践经验、年龄在 20 岁左右并有相当于初中以上文化程度的工人、贫下中农、解放军战士和青年干部上大学;另外,有丰富实践经验的工人、贫下中农,不受年龄和文化的限制。这种招生标准一方面将许多阶级出身"不好"的适龄青年拒绝在高等学校的大门之外,使他们失去了通过高等教育而实现向上流动的机会;另一方面,这些办法把文化知识考核置于无关紧要的位置,等于取消了招生时的任何客观而平等的评判标准,以至于不少人利用权力和社会关系资本进大学。

第五,分配制度和劳动用工制度再次改变,分配上的平均主义更加彻底,劳动用工制度重新走向单一化,体制性待遇较低的临时工等获得了向上流动的机会。

(四) 社会分化与流动模式的转换(1978—1991)

从 1978 年起,中国社会进入了第二次制度创新阶段,包括在政治上放弃阶级斗争并纠正过去的政策错误,在经济上开始体制改革,逐步引进市场机制,同时调整国家工业化模式等重大制度和政策变革。这次制度创新在社会分化与社会流动方面产生了重大的影响:原有的阶级阶层出现大规模分化,新的社会阶层逐渐形成;界定各阶级阶层之间关系的依据,不再是国家的政治意识形态理论,而是现实的经济社会利益差别;人们在不同的社会地位之间的流动,在制度安排和政策规定不断松动和改革的过程中,变得越来越依赖于他们自己所掌握的资源以及为了实现流动而付出的努力。

在此阶段,中国的社会分化和社会流动逐步发生了模式转换,发生了大规模的向上流动,其中存在着以下几种趋势和特征:

1. 政治阶级二元身份体系的终结

1976 年 10 月,"文化大革命"基本结束,一些错误的思想受到清理和抛弃,中国共产党采取了一系列新的组织和政策措施。这包括:第一,平反"文化大革命"及以前的运动造成的冤假错案;第二,摘掉各种政治上受歧视的社会阶级阶层的帽子。从 1978 年起,中共中央在全国范围内开展了大规模的平反和"摘帽"工作。

平反工作于 1981 年前后完成,使得 300 万干部洗雪了以往的政治斗争和运动加在他们身上的一切诬陷不实之词,重新获得了干部的身份;此外,在"文化大革命"中受到清查和迫害的其余数千万人的问题也得到了解决。

摘帽工作也是在同时进行。首先是给 1957 年被错划为"右派"的人摘帽,改正工作到 1981 年上半年基本完成,获得改正的错划"右派"54 万余人,占原划人数的 98%。其次是给地主和富农摘帽,对于那些遵守政府法令、未做违法事情的地主、富农分子以及"反革命分子"、"坏分子"进行摘帽,据此,先后有 2 000 多万"地、富、反、坏"分子被摘掉帽子,他们及其子女也从此享受与其他公民同等的待遇和权利。最后,把原工商业者中的劳动者区分出来,并摘掉工商业者及其代理人的资本家和资本家代理人的帽子。

国家的知识分子政策也在这个时期发生了根本的变化。1978 年,邓小平在全国科学大会开幕式上讲话,认为知识分子"绝大多数已经是工人阶级和劳动人民自己的知识分子,因此也可以说,已经是工人阶级自己的一部分"。此后,一系列政策和措施的出台又使得上千万知识分子不再背负"资产阶级知识分子"的污名。社会经济地位也逐步得到改善。一方面,提高了知识分子的经济待遇;另一方面,建立了正常的技术等级评定制度,从而确立了其内部的正常流动结构和机会空间。在此期间,在全国2 300万专业技术人员中,95万获得了高级技术职称(职务),542万获得中级技术职称(职务)。

这样,中国社会阶层的分化和流动,将不再是完全由制度安排和政策规定的结果,而是随着经济社会的发展而展开的自然历史过程。

2. 体制改革与新的社会分化—流动机制开始形成

1978年党的十一届三中全会的召开,启动了中国体制改革的进程。在经济体制改革方面,确定了党的工作中心转向经济工作的大方向,并提出恢复和建设社会主义商品经济的初步设想和思路。与经济体制改革相配套,国家还进行了初步的政治管理体制改革。从社会流动的角度来看,体制改革导致了许多新的社会分化—流动机制的出现。这主要表现为:

(1) 农村经济体制改革与农村社会自主性、后致性流动机制的形成。经济体制改革首先是从农村实行家庭承包责任制开始的,此外,国家还进行了与此相匹配的一系列改革,这些改革使得农村社会形成了新的分化和流动机制。

首先,农民由于获得了对土地等农业生产资源的使用权和经营权,以及完粮纳税后对剩余农产品的处置权,因此,无论他们曾经是什么阶级身份,现在的发展起点和机会是基本平等的。其次,由于家庭生产经营成果直接与农民的收入水平挂钩,因此极大地调动了农民的生产积极性,在此基础上,农村社会出现了收入和财富积累的分化,一部分农户由于有较强的生产经营能力,逐渐上升为专业经营大户或所谓的"万元户",这种分化在农村社会内部形成了新的流动空间和机会。再次,农民能够进入的生产经营领域也在不断扩展,农户获得了新的选择和发展机会。这就意味着,他们无须通过以前的社队企业、城市招工或上学参军,就能自主地实现职业转换。据统计,1979—1987年,乡村劳动力从事非农产业的人数平均从3 150万人增至8 130万人。

总之,这一时期农民分化和流动的机制具有充分的自主性,很少受制于国家的计划安排;同时,还具有较高的后致性,农户的生产经营能力和绩效是影响其流动的最主要的决定性因素。

(2) 国有企业管理体制改革与企业内部权力配置的变化。除了农村体制改革外,这一时期,城市体制改革也随后进行。最值得关注的是扩大企业自主权的改革以及企业分配制度的改革。

　　扩大企业自主权的改革使得社会分化与流动出现了以下新的特征:首先,由于国有企业开始形成了自己独立的利益,因此,企业必须重视市场调节对其生产经营的作用。相应的,国有企业的经营管理人员开始从计划经济体制下的国家经济管理干部向市场经济体制下的企业经理人员转变。其次,城镇劳动就业实现机制发生变化,从而导致企业管理者和普通职工之间的传统关系,尤其是传统的权力—地位关系发生了变化,企业普通职工所要服从的不再是企业管理者所代表的国家,而是企业管理者。组织资源的这种重新配置,无疑将在企业的管理者和被管理者之间形成日益鲜明的阶层化差异。再次,企业内部流动机制也发生了相应的变化:一方面,企业可以根据需要设置新的机构,这就可以增加企业内部的中层管理职位数,从而增加企业内部的向上流动空间;另一方面,既然企业有权任免中层干部,企业负责人就可以根据自己的标准进行提拔或罢黜。一般而言,在这个变化过程中,能干的管理人员和技术人员将比普通员工获得更多向上流动的机会。

　　(3)教育制度改革与升学机制的更新。随着"文化大革命"的结束,中国教育开始走上正轨,现代社会的主要社会流动机制重新发挥作用。除了恢复高等院校招生外,与"文革"时期的大学招生制度不同,这一时期大学招生制度不再将家庭出身作为一个必要指标,也不需要工作单位(包括农村公社或大队)的推荐意见,考试分数几乎成为录取与否的唯一决定性因素。

　　(4)人事制度改革与干部流动机制的创新。邓小平提出要"打破老框框"来进行人事制度改革。据此,从 1982 年起,国家对干部人事制度和流动机制改革进行了大量探索,在一定制度范围内形成了一些新的流动机制:第一,年轻化和公开考试制度的确立,为不具有干部身份的人进入干部系列提供了机会或可能;第二,离退休制度的确立废除了干部终身制,因而即使干部系列的职位数量不变,年轻一些的下级干部也有较多升迁的机会;第三,知识化、专业化的要求使得具有干部身份但实际上处于边缘的专业技术人员,有机会凭借自己掌握的文化资源,进入各级权力核心,这使得在这一时期,有一大批来自学校和科研单位的专业技术人员进入权力部门,担任领导职务;第四,"革命化"的要求实际上意味着能力—政绩标准,这也成为干部系列内向上流动的重要指标。

　　(5)所有制改革与新社会阶层的出现。20 世纪 80 年代初期开始,国家逐步改变了有关所有制的意识形态偏好、制度安排和政策规定,允许和鼓励非公有制经济发展。这对社会流动具有深远的影响,其中最重要的是催生了两个新的社会阶层:个体工商户与私营企业主。

1978年,全国城乡有个体工商户183万户,从业人员227万,而且主要分布在农村;到1991年,户数和从业人数分别增长到1 417万户和2 258万人。而且,一旦个体工商户得到发展,有关政策界限就会不断被突破,最终必然会促使私营企业的发展。从1983年起,雇工超过8人以上的私营企业以各种隐蔽的形式迅速产生和发展起来。在从1984年异军突起的乡镇企业中,有相当多实质是私营性质的,即使是乡村集体企业,也具有不同于纯粹公有制的集体企业的混合经济特征:个人投资占有相当比例。到1987年底,全国约有私营企业22.5万户,雇工360.7万人。鉴于此,1988年通过的《宪法修正案》明确赋予私营企业合法的地位,从而进一步促进了私营企业的大发展。

这些所有制改革对社会流动机制也产生了重大的影响。首先,所有制改革意味着所谓体制外分化与流动路径的生成,而这是一种纯粹市场化的流动渠道。有了这条路径,人们就可以不通过再分配体制而是通过自己的体制外的努力来获得新的、较高的经济—社会地位。其次,生产性经济资源的私人占有合法化,开始成为除了组织资源和文化资源之外,人们可以利用来实现社会流动的第三种资源。最后,这一改革将在传统的政治精英以及依附于政治精英的文化精英之外造就第三种精英——相对独立的经济精英,他们的兴起将改变中国社会的权力分配格局,并影响着整个社会关系结构,在传统的干部—群众关系(或领导—被领导关系)之外形成业主—雇工的关系(或劳资关系)。

3. 工业化模式的转变与社会流动空间的大规模扩张

改革开放后,国家逐步调整过去农轻重比率严重失调,商业服务业发展滞后的经济结构,放弃"以钢为纲"的工业化战略,针对中国资金技术稀缺而劳动力充裕的现实,转而采取比较优势战略,加快发展各种与民生息息相关的轻工业,发展商业服务业,实现工业化模式的转型。由于轻工业和商业服务业就业弹性比重工业大,所以,工业化模式的这种转变创造出更多的非农就业职位,从而引起职业流动空间的大规模扩张。

与此同时,为工业化和非农就业空间扩张做出巨大贡献的还有另外一个重要因素:1984年后农村工业化的高速发展。农村工业化的发展,为农民提供了大量的非农就业机会。虽然在 1989—1991 年,乡镇企业由于国家宏观调控压力而出现收缩,农村劳动力非农就业水平也随之下降 20.7％左右,但作为一种替代,从 1989 年起,中国农村的剩余劳动力突破城乡政策藩篱,进入城市打工,即"民工潮",数千万人在城乡之间流动,成为城市农民工,形成一个新的社会群体。

随着工业化模式的转变,中国的城市化进程也被重新启动。从 1978 年到 1991 年,中国城市化率从 17.9％提高到 26.9％,导致此间城镇人口的增长主要有三个因素:一是上山下乡的知识青年、下放农村的干部返城以及部分城乡分居家庭在城镇团聚;二是城镇人口自身的增长;三是农村人口进城并获得城市居民身份,其途径主要有通过正式招工、上学等。

市场经济的发展,工业化模式的转变以及城市化进程的重启,带动了一系列新兴产业和行业的发生与发展,同时还推动着国家经济社会管理方式的改变和新的管理内容的增生,这就进一步扩大了全社会的职业空间和流动机会,诸如保险、证券、律师、信息咨询服务以及 IT 业等蓬勃兴起,这为社会中间层在中国出现提供了空间和机会。

为适应社会经济的发展,中国教育事业也得到长足的发展,高等教育规模不断扩大。1978—1988 年,全国普通高等院校由 598 所增加到 1 075 所;中等专业学校由 2 760 所增至 4 022 所;另外,一种新型的成人高等教育,如广播电视大学、职工大学、职工业余大学、夜大学、函授大学等也迅速发展起来,与之一致的是接受高等教育的人数也快速增长。教育的发展,大大增加了人们通过教育向上流动的机会。

(五) 新的社会阶层结构及流动模式的初步成型(1992 年以来)

从 1992 起,在邓小平南方重要谈话的推动下,中国改革开放的主题被正式明确地确立为建立社会主义市场经济体制,到 1997 年党的第十五次全国代表大会召开,中国经济体制从计划到市场的转轨在宏观制度层面上初步完成。

在各种因素的影响下,社会各阶层的职业地位发生了不同程度的升降变化,其结果是一种由 10 个社会阶层组成的新阶层结构的形成,并具备了现代社会阶层结构的雏形。与此同时,在政治制度和相关政策不再直接规定人们的阶级阶层属性和地位的情况下,在强调市场主体的相对独立性的社会主义市场经济体制被确立为国家的基本经济制度的基础上,一种新的社会流动模式正在形成,宏观结构性流动和微观个体性流动的结合,逐步成为这种新的社会流动模式的主要内涵。在以前各个时期起主导作用的制度性和政策性流动,在这一时期已经被弱化,虽然它们仍具有一定的影响。具体来说,这一时期我国社会流动和社会分化主要表现为以下几个方面:

1. 社会流动空间结构的变化

1992年以来,中国产业结构继续升级,工业化水平继续提高,随之而来的是全国非农产业就业规模的大幅扩张。其中,最值得注意的是,首先,从1999年起,第二、三产业的就业基本与第一产业的就业取得均衡,这是中国就业结构的第二次重大转型,这种基本均势持续到2003年;其次,从1994年起,第三产业的就业份额已经超过第二产业,这意味着中国非农就业的中心在向高端行业移动,这种变化无疑将导致中国以职业为基础形成的新阶层结构重心将出现同样的趋势。这是由一系列因素造成的,从1996年开始,许多工业企业开始转变增长方式,"减员增效"以及"抓大放小"的改革,这种改革一方面提高了企业的技术水平,从而形成技术对劳动的替代,限制了第二产业的就业份额的增长;另一方面,这种改革又使得一部分城市下岗职工以及大量进城的农民工转向第三产业就业,从而提高第三产业的就业份额。

总的来说,中国工业化目前还处于中期阶段,当工业化和城市化达到一定高度后,经济结构可能会出现一个新的巨大变化,这种变化可能还会大规模地扩张职业和社会流动的空间。

2. 教育资源和机会分配格局的复杂化

这一时期中国教育事业总体来说仍在大规模发展,大学招生一直呈扩张态势,年均增长率达到17.0%。虽然与此同时中等专业教育受到某种程度的轻视,但总体上,此时人们获得教育的总机会比前一时期更多。

但我们在考察总的教育机会变动趋势的同时,还应分析教育机会的分布状态,因为教育机会的分布是与教育资源的配置密切相关的,这种配置最主要的不是家庭的教育投入,而是国家公共资源的配置情况。中国公共教育经费投入不足,一直是制约教育发展和教育机会供给的大问题,而教育资源配置不公平则是这一时期另一个性质更为严重的问题。

首先是城乡教育投入的不平等,这种资源配置差异必然在城乡之间造成教育条件和机会的差距,从而影响到其向上流动的可能性;其次,在教育获得机会的直接分配上也存在着一些不公平的现象,例如历年来,高考录取分数线的城乡差别和地区差别把更多的机会留给城镇,特别是经济相对更发达地区的学生。在把公共教育资源更多地配置给城镇以及经济发达地区的同时,又降低这些地区的录取标准,这肯定是一种双重的不公平,严重限制了同等考分的农村和欠发达地区考生的教育机会。

这种不公平是制度化的,是得到国家层面认可的,而且这种不公平还随着高校收费并轨政策以及所谓"教育产业化"的做法越加突出。这种制度变革造成了父母经济条件好的学生上学容易,父母经济条件差的子女上学艰难等情况,从而促使家庭经济状况这样的先赋性因素对子女通过上学实现社会流动发挥更大的影响。

3. 阶层结构与阶层位序的定型化

通过改革开放后二十多年的分化和流动,中国以职业为基础的阶层结构基本成型,各阶层在这一结构中的位序也趋于定型。在此过程中,农村劳动者、产业工人、个体工商户和私营企业主这几个主要社会阶层的经济社会地位最终确定,并产生了重要的影响。国家与社会管理者阶层、经理人员阶层、专业技术人员阶层的地位格局在这二十多年中基本没有发生大的变化。具体来说:

(1)农业劳动者阶层处于明显的劣势位序。在改革开放之前,农民作为一个整体享有较高的政治地位,他们是工人阶级的政治同盟军。改革开放以后,一直延续到 1996 年,随着农村经济体制改革的推进和农村工业化的快速发展,农民最初获得了较大的利益,经济地位也有了较大的提高。但从 1997年开始,农民尤其是农业劳动者阶层的社会经济地位出现下降的趋势。这一趋势也使得他们丧失了改革开放初期的优势,而转变为一个地位较低而且明显处于劣势的社会阶层。

(2)产业工人的地位继续下沉。1992 年,国务院发布了《全民所有制工业企业转换经营机制条例》,作为 1988 年《企业法》的实施细则。随着这一《条例》的颁布,全民所有制企业的经营自主权得到很大的提高,同时对社会政治也产生了巨大的影响。从企业方面来讲,管理层的权力无疑增强,而从工人方面来讲,他们可能逐步丧失参加企业管理和劳动报酬确定的权利。更为严重的是,经营自主权的扩大并没有改善企业的经营绩效,一些企业甚至濒临破产。一方面,企业的一部分国有资产落入企业控制权的内部人以及默许甚至纵容经理人员如此作为的官员手中;另一方面,在"抓大放小"和"减员增效"的改革思路下,大批职工下岗,他们的社会经济地位下沉。

在国有企业和城镇集体企业实行上述改革的同时,乡镇集体企业也从1996年开始进行改制,并于1998年基本完成。改制主要采取拍卖、股份制和股份合作制的形式进行。在拍卖的情况下,乡镇集体企业完全变为私营企业;在股份制或股份合作制的情况下,由于过程的可操作性,集体持股额可能被最大限度的压低,从而使得大部分企业实质上也是私营企业。相应的,原来作为集体企业职工的大量乡镇企业从业人员成为业主的雇工,他们原来享有的待遇在改制过程后基本丧失,其社会经济地位也出现了向下流动的情况。

(3) 非公有制经济高速发展,新社会阶层和群体地位迅速上升。1992年后,中国非公有制经济(包括个体经济、私营企业经济、外商投资经济以及多种所有制并存的混合经济中的私人经济部分)的发展迅速,并对社会分化和流动产生了深远的影响,其表现有四个方面:一是个体工商户的发展,造就了一个庞大的个体工商户业主阶层;二是私营企业的发展,形成了一个私营企业主阶层;三是外商投资企业的发展造就了一个外资企业中方经营管理人员和工程技术人员群体,他们属于高收入的"白领",是中产阶层中的新生组成部分;四是所有这些非公有制企业的发展,造就了一个规模巨大的雇工群体,到2002年,这一群体的人数达5 822万人以上。值得注意的是,非公有制企业的雇工大多数属于"农民工",尽管他们在这些企业中处于雇佣地位,但相比他们原来的农业劳动者职业而言,他们的收入水平也有成倍的提高,其中的第二产业雇工在经济社会地位上可被归入城镇产业工人阶层。

上述阶层分化和阶层地位的变化,初步确定了从农民阶级中分化出来的农业劳动者阶层、从原来工人阶级中分化出来的产业工人阶层以及从原有社会阶级阶层分化出来的个体工商户阶层与私营企业主阶层的经济社会地位,以及他们在新的社会阶层结构中的位序。

二、中国当代社会流动的特点

在新中国建立后的六十多年时间里,先后经历了五次结构性的社会大流

动,从这些流动的过程以及原因中,我们可以发现中国当代社会流动的几个特点:

第一,中国与工业化国家社会流动的模式具有比较大的差异性。工业化国家的社会流动一般都是在政治、经济制度和社会政策基本稳定的背景下发生的社会流动,而我们的社会流动更多的是在社会政治经济制度发生重大变革的背景下进行的。同时,工业化国家的社会一般都是开放型的社会,自致因素在社会流动中起着主导作用;而在中国,无论是自致性因素还是先赋性因素,都常常是要通过制度与结构因素而发挥作用。这在改革开放之前表现得尤为明显,即使是改革开放之后,其作用在一定程度上仍然存在。

第二,1978 年前后,中国社会流动的模式、流动的机制都发生了巨大的变化。在改革开放前,国内的政治运动不断,国家实行计划经济体制,控制了一切政治、经济、文化资源,形成了所谓的"总体性社会"。国家的政治经济制度和政策安排,直接影响着每一个社会成员乃至一个社会阶层的社会位置和社会流动机会。因此,这个时期的社会流动模式,是一种政治主宰型的模式。

改革开放后,国家的工作重心转移到经济建设的轨道上,开始了以市场经济为导向的一系列改革,使计划经济体制逐步向社会主义市场经济体制转变。工业化、城市化和市场化推动了中国从农业社会向工业社会的转变,也推动了社会结构的分化,促使自致性因素对社会流动机制的影响越来越大,社会流动的渠道也越来越多元化。虽然国家的制度安排和政策对个人、阶层地位的获得仍具有相当大的影响,但现代社会流动机制和模式正在逐步形成。

第三,中国的职业结构正在渐趋高级化,而且将有一个跳跃式的发展,从而促使更多的人进入社会中间阶层。职业结构的高级化是工业化国家普遍发生的一般趋势,高层次职业数量的增加,低层次职业比重的不断减少,必然会形成向上流动的潮流。根据我国的情况发现,当人均 GDP 超过 12 500 元后,经理人员、专业技术人员、办事人员、商业服务人员、产业工人的人数和比重就会出现一个跳跃式的发展,而农业劳动者则大幅度减少。2001 年,人均 GDP 达到这一水平的有 7 个省市:上海、北京、天津、浙江、广东、江苏和福建,这些省市的职业都在不同程度上发生了上述变化,此后,有越来越多的省市跨过这一门槛,大量的人进入社会中间阶层。

第四,中国社会阶层结构正逐步走向一个开放社会。这可以从代际流动和代内流动进行分析。从代际流动率来看,1980 年以前只有 41.4％,其中上升流动率为 32.4％,不流动率为 58.6％。1980 年以后,代际总流动率达到 54％,其中上升流动率为 40.9％。从代内流动来看,1979 年以前,从以前的职业到现在职业的总流动率只有 13.3％,1980—1989 年为 30.3％,1990—2001 年为 54.2％。也就是说,在改革开放以前,大部分人都是在一个职位上长期工作,很少流动,而且向上升迁流动率只有 7.4％;改革开放后,不仅职位流动明显加快,而且向上流动率也提高,如 1980—1989 年,向上升迁的流动率提高到 18.2％,1990—2001 年则进一步提高到 30.5％。通过比较可以看出,自 1978 年改革开放后,我国社会正在逐步走向一个开放的社会。

第五,公正、合理和开放的现代社会流动模式尚未最终形成。一方面,中国社会正在逐步走向开放社会;但另一方面,就目前情况而言,制度和政策安排对社会流动的作用仍然相当显著,制约中国社会流动的制度性障碍,如户籍制度、某些人事制度和劳动就业制度等,有的正在改革,有的还基本没得到改革。同时,从既有的社会流动情况来看,1980 年以来,在处于优势地位的国家与社会管理者、经理人员、专业技术人员阶层中,代际继承性明显增加,代内流动明显减弱,表现为多进少出的趋势;而处于经济地位位置较低阶层的子女,发生向上流动的门槛明显提高,阶层之间的边界开始形成,两者间的流动开始减少。而且,从 20 世纪 90 年代以来,经济资源、组织资源和文化资源有向上层聚集的趋势,大量原来只拥有其中一类或两类资源的人,到近些年则基本同时拥有这三种资源,这些趋向对于形成公正、合理和开放的现代社会流动模式可能产生一些不利的影响。①

总体来说,当代中国的社会流动,显示出我国社会转型和体制转轨的双重转变特征,要形成现代社会应有的社会流动模式,还需要一个过程。

---

① 参见陆学艺主编:《当代中国社会流动》,社会科学文献出版社 2004 年版,第 9—14 页;许欣欣:《当代中国社会结构变迁与流动》,中国社会科学文献出版社 2000 年版。

第十一章　越轨行为与社会控制

第一节　越轨行为

一、越轨行为的含义

任何社会都有按照其主流价值观念制定的规范,希望所有的社会成员都能按照这些规范行动。中国古代的哲人孔子将其总结为:"非礼勿言"、"非礼勿视"、"非礼勿听"、"非礼勿动"。但实际上在任何社会都不可能达到所有社会成员都按规范行动的理想状态,总有些人会违背正常的行为规范,做出一些违背伦理道德、宗教习俗甚至是国家法律的事情,在社会学中我们将这些统称为"越轨行为"。

越轨行为的英语词汇是"deviance",我国社会学对此有不同的译法,如译成异常行为、反常行为、偏离行为、离轨行为、违规行为、偏常行为、偏差行为等等。虽然这些名称译法不一,但基本意思大体还是相近的。越轨行为总与不正常、出偏差及病态连在一起的。但要清楚地回答究竟什么是越轨行为,越轨行为的界定标准是什么,怎样把越轨行为与正常行为区分开来,确实是一件不容易的事。因为违反社会规范的一切行为都有可能被认为是越轨行为,而社会规范本身就是一个复杂的系统。而且什么样的行为被界定为越轨行为还取决于不同的社会环境,越轨的定义也随着时间的推移和地点的变换而有所不同。有些行为在一定时代被认为是"不道德"或"邪恶"的东西,在另一时期则可能是符合社会规范的。如在我国"文化大革命"时期,流行歌曲(通俗唱法)被视为黄色的靡靡之音,属禁止之列;现在则成为大家所欢迎的、健康的城市商业文化之一。过去比基尼三点式泳装为社会习惯势力和舆论所反对,斥责为黄色、不健康,而现在则为社会所容忍和肯定。有些行为在一定社会里是可以接受及允许的行为,而在另一社会里却可能是属偏差违规行为。如某一个集团的"自由主义战士",在另一个集团看来则可能是一个恐怖分子。

很多学者在界定越轨行为时总认为越轨行为并不是个人行动的属性,而是他人沿用规则以制裁"冒犯者"的后果,偏差行为者就是被人成功地贴上标签的人。简单的说,偏差行为并不是行为的本质,而是他人对某种行为的反应。所以,一个人所做的算不算越轨,要视社会的反应,而最重要的是执政掌权者的反应。但是,这种纯粹从别人的反应来界定偏差行为的"社会反应"的观点已经遭到了批判,因为它把越轨者看作是社会势力的牺牲品。

另外一种对越轨行为的界定,是把偏离行为看成是偏离"正常状态",也就是一般人所说的常态的偏离。常态可以从四个角度来理解:(1)从统计角度来看,出现次数最多的就是常态(例如,右手写字就是常态,一日三餐就是常态)。(2)生理上或心理上的健康就是常态。(3)从社会的角度来看,凡是符合行为规范的就是常态。(4)个人心目中所期待的常态。

总而言之,越轨行为既然是偏离常态,而常态有不同形态,所以越轨行为的定义理所当然地不能一言而蔽之,需要根据不同情况予以不同的表述。从社会学角度出发,自然是以规范常态为研究对象,所以,大多数有关越轨行为的定义,都是把"轨"视为规范,越轨行为就是指违反社会规范的行为。违反规范包含着两层意思,一是违反特定社会的行为规范的行为,是一种受社会规范所摒斥的社会行为;二是越轨行为必然为社会上大多数人所非难、反对、不赞成的行为,是一种与公认的行为标准相偏离或冲突的行为。

越轨行为的表现形式各种各样,这些行为总是有轻重之分,一般可分为10个层次,每个层次的容量逐渐减少:

(1) 某种事物不对劲、陌生、奇特的感觉。

(2) 厌恶、反感的感觉。

(3) 某种事物违反准则或价值观念的感觉。

(4) 某种事物违反道德准则和道德价值的感觉。

(5) 某种事物违反准则或价值的判断。

(6) 某种事物违反道德准则和道德价值的判断。

（7）某种事物违反正统道德的轻罪法的判断。

（8）某种事物违反正统道德的重罪法的判断。

（9）某种事物违反人类本性的判断。

（10）某种事物绝对邪恶的判断。

第一层次是最为宽泛的定义,只要人们觉得某一件事物奇特和怪异,就可以将它视为越轨。正由于其太过宽泛,以至于不可能在这一层次上给越轨下定义。最后一层次,是彻彻底底的"邪恶"的行为,由于这种邪恶非常稀有,所以就很难对其进行研究,也就不可能先从这一层次来界定何为"越轨"。因此,研究越轨行为的美国学者道格拉斯认为,应当在综合这 10 个层次的基础上,将越轨行为定义为违反准则或价值观念的任何思想、感受和行动。

二、越轨行为的特点

一是越轨行为的界定具有相对性。每个社会都会建立起一些行为规则或规范,而违反这些行为规范的人或行为就会受到惩罚。但越轨行为又具有相对性,不同社会对越轨的界定大不相同。也就是说,某些行为总是在特定的时间、地点和条件下才成为越轨行为。没有任何行为原本就被认为是不合常规的,只是在人们赋予了它这一定义时,它才成为越轨行为。例如,印度人禁食牛肉,大多数美国人却靠吃牛肉保持身体健康。即便是在同一社会内部,人们对越轨的看法也依当事人、具体情景和听众或观众而变化。例如,一个穿着女装的男子在大街上可能会遭到人们的耻笑,而在化装舞会、狂欢节上男扮女装并不奇怪。平时,我们可能认为杀人就是犯罪,就要偿命或受到惩罚,但在战场杀敌不仅不会被惩罚,反而会受到表彰,等等。因此,究竟什么人和什么行为能被确定为越轨则取决于谁在做出这一定义和谁有权将越轨者这一标记强加于别人。社会受众,而不是单个个人,对于研究越轨现象是一个很重要的变量,因为是这些人最终确定某种行为或某个人是否该被称为越轨。

二是越轨行为必须是违反了重要的社会规范的行为。在日常生活中,也许个别人或少数人会具有一些特殊的爱好或行为特点,但是,只要他们的行为没有与社会规范发生冲突,就不属于我们所说的越轨行为。这里的社会规范主要是指风俗习惯、规章制度、法律,等等。比方说有的人穿衣喜欢标新立异,和周围的人群相比显得非常另类,但这只属于个人爱好的范围,并未触及严重的社会规范,所以不属于越轨行为。

三是越轨行为是多数人所不赞成的行为。越轨行为是社会大多数人所不能接受和认同的行为,对什么样的行为视为越轨行为,是社会整体价值观的反映。

四是某个行为越轨的程度以及此行为受到惩罚的程度取决于该类行为所触犯的规范的重要性,即取决于该规范在维系社会与群体上所处的地位。当越轨行为触犯到与社会及其统治者生死攸关的规范时,其越轨行为所受到的惩罚必然严重。反之,则较轻。

五是越轨行为中,一种是有利于社会进步的越轨行为,它们是推动社会进步的积极因素;比如哥白尼提出"太阳中心说"时,虽然与当时人们的理解不一致,是对当时的社会规范和传统观念的越轨,但是他的理论却代表了进步的力量,推动了社会的进步。另一种越轨行为是不利于社会进步的不合理的越轨行为,诸如违反人类本性和绝对邪恶的行为,以及有害于大多数人利益的损人利己的行为,我们所要控制的主要是后一种越轨行为。

三、越轨行为的类型

在越轨行为的定义中我们已经介绍了越轨行为是多层次的,它的内涵极其丰富,因此,可以根据不同的标准对越轨行为进行分类。

(一) 把越轨行为分为偏常行为、偏常习癖、偏常心理、偏差文化四类

1. 偏常行为

指的是必须以具体的动作和行动完成的偏常行为。这类行为是一些明显的偏常行为,往往构成对社会秩序的很大威胁,影响较大。暴力犯罪(如谋杀、抢劫、掠夺等)以及卖淫、自杀等基本都属于偏常行为。

2. 偏常习癖

指的是社会公认的不良习惯与嗜好。它是连续出现的一种生活方式,此类行为如是轻微或中度,社会尚能宽忍,但如积习成性,程度严重,对社会及他

人造成一定危害时则将会被强迫制止或隔离。酗酒、赌博、吸毒、同性恋、懒惰成性都属这一类型。

3. 偏常心理

指的是一些精神和心理不正常的人。这类人一般无法与社会上的正常人正常交往和互动。这类人所表达的语言、行动方式呈现病态,违反了社会互动的规范,精神病患者即为此类偏常行为的典型。

4. 偏差文化

指的是那些与社会公认的主流文化不同的反文化、犯罪副文化、职业性犯罪副文化,等等。他们的规范明显与大社会不同,会导致越轨和犯罪。

(二) 把越轨行为分为对风俗习惯、对某种纪律规范和对某种法律的违背的行为

1. 对风俗习惯的违背

风俗习惯,是一个民族的人们在生产、居住、饮食、衣着、婚姻、丧葬、节日、庆典、礼仪等物质文化生活上的共同喜好、习惯和禁忌。风俗习惯是各民族在长期历史发展中逐渐形成的,也是随着生活条件的变化不断变化的。它是人们生产生活的最一般的规则,对人类的影响几乎涵盖了所有的方面。因此,对风俗习惯的越轨行为涉及面极广,它包括了一切违反或偏离社会规范的行为,也就是说,一切不按常规办事的行为都属于此类。

2. 对某种纪律规范的(包括章程的)违背

这种越轨也可以称为违规行为,即违反有关维护社会治安和公共秩序的章程、纪律、规章、规则等行为。如违反交通规则,违反劳动纪律,不遵守公共秩序,赌博、吸毒、酗酒等。此类行为一般应予以批评教育,给以纪律处分或行政处罚。

3. 对某种法律的违背

该类行为就是违法行为。违法行为,顾名思义就是违反法律的行为。该类行为是最容易被人们认识的越轨行为。它主要包括两种:第一种是触犯刑事法律,但情节显著轻微,危害不大,以及违反一般法律规范的行为,如民法中的违约行为,盗窃数额未达到较大,虐待家庭成员情节轻微等即属此类。另一种即触犯具有强制性的刑事法律,符合犯罪构成要件的犯罪行为。

(三) 把越轨行为分为一般类型的越轨行为和特殊类型的越轨行为

一般类型的越轨行为,指的就是违反一般社会规范的行为,主要包括违反既定的办事程序和规则的行为,违反传统的风俗习惯的行为,违反公共秩序的行为以及违反社会公德的行为。

特殊类型的越轨行为,就是指违法犯罪行为。主要包括触犯了法律,但情节轻微未构成犯罪的行为和依照法律应受到刑罚处罚的已构成犯罪的行为。

四、越轨行为的社会学分析

对越轨行为可以从心理学、生理学和社会学等多门学科的角度来进行分析,例如,生理学角度主要侧重于从人的生理因素来解释越轨行为,如研究人的体型、相貌与越轨行为的关系,等等。生理学角度的研究主要以意大利犯罪学家龙布罗梭(C. Lombroso)为代表,他经过研究提出了"天生犯罪人"理论,即一些人基于天生的生理特点而较其他人更具有犯罪的倾向。心理学角度主要侧重于从人的心理因素来解释越轨行为。比方说"挫折—侵犯"理论就是从心理学角度出发,认为越轨行为是越轨者由于心理上的挫折而产生的针对他人和针对社会的侵犯形式。当一种需要未被满足时,人们就会变得沮丧,并且把他们的挫折发泄为侵犯。

越轨行为的社会学分析,主要是从社会学的角度来解释越轨行为,和生理学、心理学角度不同,社会学主要侧重从社会环境中去探求越轨行为是如何产生或发生的,许多社会学家对越轨行为进行了分析,并提出了许多解释越轨行为成因的理论。

(一) 差别交往理论

社会学家萨瑟兰(E. H. Sutherland)的差别交往理论,是以类似于中国俗语中常说的"近朱者赤,近墨者黑"的普通常识为基础发展而来的。关于越轨行为,尤其是犯罪行为的产生原因,他的差别交往理论是这样分析的:(1)犯罪是个人学习所得的行为。(2)犯罪行为是与他人互动中习得的行为。(3)犯罪学习的场所主要是亲密小团体。(4)犯罪学习的主要内容有犯罪技巧、犯罪的特殊理由、借口、态度、动机,以及如何钻法律空子。(5)差别交往可能在频率、持久性、优先性、强度上有所不同,也就是与传授越轨行为者关系越密切,接触的次数就越多,频率就越大,时间就越长,而且接触时年龄越小,这个人就越容易变成违规者。(6)犯罪行为也是一种需要和价值的表现。

(二) 失范理论

"失范"的概念是法国社会学家迪尔凯姆提出的,它指的是一个社会因规范丧失制约的力量,呈现出无规范或无制约力的脱序状态,也就是原有的社会行为规范、文化价值体系处于全盘解组的混沌无序状态,用中国人的话说,就是"礼崩乐坏",这种状态的结果使得个人很容易走向偏差,出现令不行、禁不止,行动无所适从,冲突无法解决的状态。社会失范必然导致人们社会心理失衡和倾斜,反过来破坏社会结构和社会秩序的有序性,同时,对个人身心健康产生紧张和各种疾病,对群体酿成反社会集体行动,进而破坏社会整合,危及社会的稳定和发展。

(三) 结构紧张理论

1938 年,美国社会学家默顿(R. K. Merton,1910—　)在迪尔凯姆失范概念的基础上提出了自己的一套越轨理论。所谓失范,是指一个社会因规范丧失制约的力量而形成相对脆弱、阙如的一种社会状态。换言之,即社会呈现无规范或无制约力的状态。这种状态的结果使得个人很容易走向越轨。默顿在此基础上提出当社会的文化与结构之间存在紧张或冲突时,越轨行为就容易产生。文化提供给社会成员普遍追求的目标及实现这些目标的合法手段,因此社会就必须提供条件给所有的人去达成这些社会目标。假如社会提供给他们机会,他们则会遵守社会规范,按部就班地走向成功。然而,现实中这样的机会是稀少的,人与人并不总是处在完全平等的状态,因此有些群体的人可能很少或根本没有机会通过合法的途径去实现理想目标。现实的社会结构限制了他们成功的机会,因此这群人或是拒绝、逃避社会目标的实现,或是为了急于达成目标运用了非法的手段。当社会产生了失范或无规则状态时,他们就以各式各样的越轨行为当作对社会结构的反抗。默顿认为这些受阻人群主

要是社会上的弱势群体,他们基本上是少数民族和穷人。他把个人对目标和社会规范两者之间的可能适应方式分成五种:

(1)遵从者。这是最经常的反应,是指认可文化所倡导的目标,运用文化所认可的手段去实现社会认同的目标。这种类型的人完全接受文化的目标,也通过合法手段去实现,因而他们是正正当当的公民。

(2)创新者。即接受文化所倡导的目标,但却拒绝社会所认可的手段,而代之以"新"的非法手段。如挪用公款者,他们接受了创造社会财富的目标,却使用了法律所禁止的手段。

(3)形式主义者。即盲目地坚持那些制度化的手段,而忽视或拒绝文化的目标。如官僚作风等。

(4)退缩者。既拒绝文化目标又反对社会倡导的手段,完全退缩到一个自我的世界中,如退隐山林的人。

(5)反叛者。拒绝文化所倡导的目标和手段,代之以新的目标和手段。这类人往往有自己的一套理想、抱负和达到此理想抱负的手段,很希望用自己的这一套来改变旧有的社会系统。

这五种反应中,只有第一类人群是合法、有序的,其他四种方式中都伴随着越轨行为。默顿的理论可以使我们了解一个社会和比较各社会之间有何不同类型的越轨行为,但他的理论仅局限于社会弱势群体的越轨,对社会特权阶层中普遍存在的越轨行为却无法加以解释。为了修正和补充默顿的理论,学者们又提出了亚文化理论。

(四)亚文化理论

亚文化理论,又称文化传递理论,该理论试图从人们的社会文化背景中寻找越轨行为的原因,认为越轨行为是由文化决定的社会行为。一个社会在主流文化之外还存在很多与主文化的价值体系不一致甚至相对立的亚文化群。亚文化群是由阶级地位、经济收入、教育程度、种族背景、居住地区、宗教渊源等多种因素结合而成的。亚文化群中的人们在该群体中发展而不接受社会主流文化价值的约束。亚文化群主要有以下一些特征:

(1)他们是主体社会中可以辨认出的组成部分,在某些方面(而不是所有方面)不同于主体社会。

（2）作为主体社会的一个组成部分，他们至少服从该社会的一部分准则和法律。

（3）作为与主体社会有显著差异的集团，他们为其成员规定了自己所特有的行为规范。

（4）他们是一个发挥某种功能的单位，也就是说他们至少能够为了某些目标而作为一个整体行动。

（5）他们意识到自己是在某些方面与主体社会相离异的单位。

亚文化是与主流文化不同的或者相互冲突的，这一群体中的人们并不完全遵守代表社会主流文化的强势群体制定的各种准则，他们只是按他们自己所属的亚文化规定的行为方式去实现理想的目标，因而他们不符合主流文化的行为则被视为越轨。社会学家库恩指出由亚文化决定的犯罪行为主要有这样几种特点：非功利性、预谋性、抗拒性、暂时享乐性、团体自治性，即不容忍外来的压力。

（五）社会冲突理论

社会冲突理论者认为，社会中并不存在一个所有社会成员共享的、相同的目标和价值，社会中总是会存在不同的价值观念，那些有权有势的人和那些没有权力、没有地位的人的价值观念大不相同，而社会规范和法律却是由那些有权有势的人制定的，并没有反映出那些无权势的人群的愿望，因而在权力的剥削和压迫下，这群人往往容易产生强烈的敌视和报复的欲望，而这种对权力的反抗无疑是一种越轨行为。社会冲突理论中又包含了两大理论学派，即文化冲突理论和马克思主义冲突理论。

1. 文化冲突理论

文化冲突理论认为，不同民族、宗教、职业、地区在不同的时期之间的价值观念与道德规范各不相同。现代社会变迁迅速，文化的接触和交流日益增加，不同文化之间的矛盾也频繁出现，此时个人在文化的冲突下不能适应，则很有可能产生越轨行为。这个理论的代表人物塞林（T. Sellin）指出，所有的团体都有其行为规范，不同的团体有不同的行为规范和价值。都市是不同团体的聚集区，从而也是不同规范的辐射区，于是产生了文化冲突。另外，文化冲突有时被视为是文化成长过程中的副产品，有时被视为是因移民或区域性的迁移所产生的结果。总之,不论其形成的原因如何,文化冲突的结果,常会导致非法或越轨行为的出现。

2. 马克思主义冲突理论

马克思主义冲突理论,即阶级冲突理论。马克思主义冲突理论认为越轨根源于阶级冲突,而并不是一般的文化差异。一个社会大多数的刑法是统治阶级意志的体现,因此,为了维护社会的现状,保护统治阶级的利益,不惜牺牲或损害其他被统治阶级的利益。这样的法律只是将注意力集中于被统治阶级的越轨行为上,却对那些造成更大社会损失的富人和权贵的犯罪置之不理,因而忽视了最基本的越轨根源于社会生活的巨大不平等。

(六) 标签理论

标签理论家们在吸收利用符号互动思想的基础上集中探究了越轨行为的过程。他们突出地强调越轨是相对的,一个行为及其违反者只有当被他人标签为越轨时才变成了越轨者。

美国社会学家雷梅特(E. Lemert)提出了两种越轨行为:一是一级越轨,这种越轨一般是偶然的,可能越轨者自己不会把自己看作是越轨者,也不会被别人当作是异常者,并且本人也如是接受。二级越轨通常是对一级越轨的反应结果。他还指出,二级越轨要经过八个程序:(1)初步越轨;(2)社会处罚;(3)进一步异常;(4)强烈处罚和拒绝;(5)再进一步异常,开始对处罚及其行为者表现出敌意和怨恨的态度;(6)危机达到容忍边缘,社会正式责难其越轨行为;(7)越轨行为者以更严重的罪行来回答责难与处罚;(8)社会把此人看作是越轨者。

社会的排斥和疏远使得那些被标签的个体进一步走向越轨,迫使他们加入一个越轨者所组成的群体,从该组织中学习如何在越轨时少惹麻烦并从群体中获得情感慰藉和社会支持。

五、越轨行为的社会功能

我国研究失范问题的学者渠敬东曾指出,越轨行为代表了"社会秩序紊乱和道德规范失衡的反动倾向,是对规范的违背。很显然越轨行为的存在会导致社会功能的失调"。虽然越轨行为会对社会造成危害,但是不可否认的事实是,越轨也是一把双刃剑,它并不总是妨碍社会的协调和发展的,在有时或有些场合却有助于社会系统更好地发挥作用,并朝着理想的方向发展。

(一) 越轨行为的负功能

越轨行为毕竟是对社会现有的规范或主流文化的一种偏离,某一越轨行为对社会系统的负功能是不明显甚至是可能忽略不计的,但长期普遍的越轨行为还是有可能导致社会功能的失调。

1. 越轨的广泛流传,有可能弱化人们遵从的动机

人们总是很容易受到周围环境的影响。如果所有的朋友都偷税漏税,并且未受到惩罚,那我为什么要诚实呢? 如果过马路时许多人都闯红灯而没有受到惩罚,那我为什么总是要等到绿灯亮了才通行呢? 如果越轨行为与遵从得到的是同样的回报,那么还有人持续地遵从吗? 因此,越轨行为的广泛流传,会导致更频繁的越轨。

2. 越轨会使生活充满不可预知的风险

社会规范维护着社会的正常秩序,使社会有序发展。越轨行为是对社会规范的违背,不遵守人们期望的社会规则,打破了社会正常的角色定位,因而很可能使社会处于危险之中。例如,红灯停绿灯行是最基本的交通法规,如果有人违背这一法规,交通事故也就容易发生。再如,空中飞人的杂技表演中,如一人未按照规定的程序完成动作要求,那么其他人也就难免会遇到危险。

3. 严重的越轨是一种社会解构的力量

社会解构是指社会设置的崩溃。一个高度组织的社会系统能够承受大量的越轨而不会出现严重的混乱。但是长时间、广泛的越轨,渐渐严重地破坏基本的社会结构和社会价值观时,社会解构便会发生,整个社会将处于一种无序状态。

(二) 越轨行为的正功能

在人类历史上,无论是在科学史还是生活史中,一种创举或革命性的观念,在其产生的初期,往往是对当时现存的社会规范和传统观念的越轨,然而也正是它们推动了社会进步。譬如,哥白尼的"太阳中心说"、英国爱德华八世

宁要爱情不要王位的行为等等。确切地说,任何一种标新立异都是程度不同的越轨行为,它的特点就是与众不同,就是对公众的观念和现存的规范的违背,然而它意味着某种革新和创造。因此,越轨行为在社会发展中的积极作用也是明显的,主要表现在以下几个方面:

1. 越轨有助于澄清或重新定义社会规范

许多社会规范在被破坏之前还是模糊不清的,或者即使明文规定人们也并未意识到其约束力,甚至也并未意识到它的存在。人们按照自己认为的某些要求去行为,认为自己所做的是理所当然、不言而喻的,以一种不言自明的方式发生着互动,他们并不去注意现存的社会规范。当某人违反社会习以为常的价值观或行为方式并被认为是越轨时,人们便开始关注社会规范,对规范产生了一种强烈的需求,深深地感觉到缺少规范的无依托和空虚,有序和可预期成为人们追求的目标,进而社会规范得以澄清或重新定义。

2. 越轨能增进群体的团结

越轨是对社会共有的某种规范的偏离,因而社会群体成员往往对越轨会有着同样的态度。社会心理学家米德(G. H. Mead)的研究表明:"对违法者的敌意态度有一个独特的优点,即促进共同体的所有成员在感情上团结起来以对付破坏行为。"当某一成员的越轨行为违反社会主流价值观念而且背离群体亚文化和行为方式时,群体成员必须采取一些共同的行动去控制和阻止越轨行为,并帮助这名成员学会遵从社会规范或对其采取敌对措施。在另一些情况下,当越轨行为仅仅是违背主流的价值趋向和行为方式,而遵从群体亚文化时,群体成员则会采取共同的行动保护和支持越轨者免受越轨行为后果的影响。不管是哪种情况,对越轨行为的一致态度使群体成员意识到共同抵御越轨或共同保护越轨是值得的,客观上便促进群体的团结。

3. 越轨能促进社会的变迁

某些越轨者的行为会使其他成员意识到某些现存的社会规则不好甚至是落后的或者与其他更重要的规则相冲突,这时变革往往会发生。如果这种情况被社会的统治者或有权有势的人发现并认可时,他们便会通过被认为是合法的手段去改变不合时宜的规则,和平地实现社会的变迁,此时并没有发生越轨。然而,当这些规则是维护权贵们的根本利益时,他们根本就不可能去动摇这些规则。于是社会中的有识之士只能借助各种禁止和否定的手段,通过暴力手段促进规则的调整,而他们的行为也被视为严重的越轨。然而,这种类型的越轨却代表着社会进步的方向,促进社会的变迁。如辛亥革命、武昌起义,利用暴力推翻腐败的清朝政府,推翻了落后的封建制度。这场被视为严重越轨行为的运动,却促进了中国社会的迅速发展。

第二节　社会控制

一、社会控制的含义

(一) 社会控制的定义

为了维护社会秩序,保证社会成员的正常生活,必须通过社会控制使社会成员按照社会规范指导自己的行动。社会控制(又译做社会约制)一词,作为一个非常重要的社会学术语,最早是由美国社会学家罗斯(E. A. Ross,1866—1951)在他 1901 年出版的《社会控制》一书中提出来的。罗斯认为,在人的天性中存在着一种"自然秩序",它包括同情心、互助性和正义感三个组成部分。正因为人性中存在这些"自然秩序"的成分,人类社会才会处在自然秩序的状态。大家在这种状态中,互相同情,互相帮助,互相约束,自行调节自己的行为,和平共处,相安无事。而 19 世纪末到 20 世纪初,美国都市化浪潮兴起和大批移民涌入美国,造成了初级群体和社区的迅速解体,人们不得不生活在一个瞬息万变的完全陌生的环境之中,因而人性中的"自然秩序"对人的行为的约束力已遭破坏,出现了严重城市病及一系列越轨和犯罪等社会问题,在这种社会背景下,罗斯认为,必须要有一种新的机制来维持社会秩序,这种新机制就是社会控制,而社会控制,就是一种有意识、有目的的社会统治。

因此,我们可以这样来界定社会控制:所谓社会控制,就是通过各种社会或文化的手段对个人或集体的行为进行引导和约束,使其符合社会传统的行为模式,以维持社会秩序的过程。

社会控制有广义和狭义之分。广义的社会控制是指社会组织体系运用社会规范以及与之相应的手段和方式,对社会成员(包括社会个体、社会群体及社会组织)的社会行为及价值观念能够指导和约束,对各类社会关系进行调节和制约的过程。狭义的社会控制是指对社会越轨者施以社会惩罚和重新教育的过程。社会学研究一般在广义上使用社会控制这一概念。因为在一个正常的社会里,大多数人是遵纪守法的,背离社会规范的人只是少数,采用广义的概念可以使社会控制这一概念更具涵盖力。因此,我们是在维持社会秩序的意义上使用社会控制这一概念的,它从积极方面是对社会成员进行指导,使人们明白社会的各种规范,懂得为什么和怎样去遵守社会规范,进而促使人们自觉地遵守社会规范;而从消极方面则是对违反和背离社会规范的行为进行制裁,它是一种后置的控制方式。

(二) 社会控制的内涵

要全面理解社会控制的内涵,还需要注意下列问题:

一是社会控制不能只理解为对破坏社会秩序、违反社会规范行为的消极制裁作用,也应理解为对社会成员行为的积极指导,使其了解和遵从社会规范,并自觉地与背离社会规范的行为作斗争。不论是积极意义上的社会控制,还是消极意义上的社会控制,两者的目的都是为了协调社会的各个部分之间以及个人和社会之间的关系,以维系一定的社会体系的稳定性,使社会正常运转和协调发展。

二是社会控制不能只理解为社会对人的控制,也包括人对社会的控制。从人和社会的双向运动角度考察,社会控制的过程,实质上是人和社会双向控制的过程,一方面社会通过一系列的政治的、经济的、制度的、舆论的措施引导社会成员的行为,使其纳入社会需求的轨道。另一方面人们对社会团体、领导机关、舆论工具进行批评、监督,这也是一种社会控制。社会是由人群组成的。人民群众是历史的创造者,是社会前进的推动力量。随着社会的不断进步,人民群众对社会的控制作用也越来越大、越来越自觉。

三是社会控制不能只理解为宏观上的人与社会的相互作用,也应包括微观上的社会成员之间的互相控制。社会成员间的相互影响、相互激励、相互批评、相互制约,是社会控制的一个重要方面。人在社会生活中总是自觉或不自觉地模仿和效法他人的言行,同时又总是希望自己的言行得到他人的赞誉、模仿和效法。这样,在现实社会生活中,人们之间总是自觉或不自觉地在影响别人的行为或被别人行为所影响,这种影响和被影响的活动和过程,就是社会成员之间的互相控制的过程。

四是社会控制不能只理解为现实社会秩序的维护,同时它应包括社会秩序的建立。社会控制是为了维护现存的社会秩序,但同时也是为了促进社会的向前发展,促使新的社会秩序的建立。如当前中国社会在改革开放政策的指导下发生了日新月异的变化,中国采取的一系列社会控制的措施(健全各项法规、建立现代企业管理制度、推行公务员制度)都是为了促进社会的发展,建立新的社会秩序。不能把社会控制理解为仅仅维护现存的东西,还应当理解为创造新生的东西。

(三) 控制与管理的区别

首先,管理的范围比社会控制要小得多。人际关系受风俗习惯的控制,一切社会行为受一定的关系和制度的控制,我们还可以说,政府受人民的控制,政治受经济的控制,精神受物质的控制等等。然而对于管理,就不能这么说了。控制无所不在,管理则总有管不到的地方。控制的威力还在于,当社会力量无法施展其影响的时候,自然力就会出现,并代行控制的职能。在这一点上,社会规律和自然规律有高度的同一性。最近的一个有说服力的例子,就是人类性关系的紊乱导致(至少是加速了)艾滋病的蔓延。艾滋病因而意外地发挥了一种制约人类性生活的社会功能。

其次,管理是一种组织行为,是人的一种有计划、有组织的活动。管理遵循的原则是科层制的原则,是一种自上而下的活动。管理者与管理对象的关系是明确而固定的。而根据我们前面的分析,控制显然不具备这样的特点。

再次,控制与管理的最大的一点不同,可能就是它的非预期性了。既然管理是一种有意识、有目的、有组织的活动,只要目标定得合理,手段使用得当,是能够获得预期效果的。控制则不然,它取决于双方力量的消长,常常并不能由控制者一方来决定。毋庸讳言,控制和反控制的力量较量,也会渗透到管理领域,使管理工作不那么轻松。管理的有效性,同组织内部力量的平衡程度成正比。如果说,控制可以划分为管理控制和非管理控制;那么,管理也可以划分为直接管理与间接管理两种,后者是一种以自觉利用控制原理为主的管理方式。

二、社会控制的特征

(一) 社会控制具有普遍性

任何社会或群体若要存在和发展,必须确保一定的社会秩序。而社会秩序的产生与维系则有赖于社会控制。正如美国早期社会学家白克马所说的:"社会秩序绝不能偶然产生。既经产生,如无外力控制,亦不能维持;因个人常各寻自己私利,而茫然于社会利益。"社会控制的普遍性即是指社会控制作为一种维系社会秩序的必不可少的机制,存在于任何社会、任何时代。在原始社会和原始部落中,虽然人类的活动空间比较狭小,社会结构也比较简单,但仍然存在着社会控制,只不过控制手段主要是基于人们的同情心、友善、正义感和怨恨等情感之上的习俗和民风,维系着亲情关系和宗法关系。随着社会生产力和社会分化的发展,社会结构也日益复杂,个人与个人、个人与群体,以及群体与群体之间的利益争端和冲突也越来越多,社会控制的作用也越来越重要,控制的手段和方法也日臻完善和严密,越来越趋向于制度化和规范化,其鲜明特征是法律取代习俗成了主要的控制手段。另外,社会控制的普遍性还内在地包含着它的超个人性。所谓社会控制的超个人性,是指社会控制要求所有的社会成员都要遵守社会规范,社会控制超越个人利益,并约束个人的社会行为。在阶级社会里,阶级利益会通过社会控制表现出来,其中政治统治是最集中的体现。

(二) 社会控制具有集中性和强制性

社会控制的集中性指它总是代表社会组织的利益和意志,不管其具有什么具体内容和采取什么具体手段,都是服务于社会组织的总体利益和最高意志。

社会控制的强制性主要表现在任何人不管愿意与否,都要受到外在于他的社会规范的束缚和影响。当然,如果人们能够成功地将社会规范内化为他的主观意愿,他就感受不到强制作用。但这不意味着这种强制作用的消失。一旦人们试图对某些社会规范加以抵制,表现出不服从,社会控制的强制力量就会以正式和非正式的方式显示出来,证明自己的存在。

(三) 社会控制具有超个人性

社会控制总是以某种社会名义,代表某个社会组织施行,它总是凭借社会成员共同遵守的规则,凌驾于个人之上实行控制个人行为。社会控制的超个人性也是它的集中性的一种表现形式。

(四) 社会控制具有依赖性和互动性

社会控制必须依赖于社会实体才能起作用,因为社会规范只有通过实体才能变为人们的言行规则,在实践中发挥作用。社会规范是一种意识,与其他一切意识要素(艺术、信仰、科学等)一起构成与社会存在相对立的哲学范畴——社会意识。它的产生及其本质和特性都是由社会存在(特别是物质资料生产方式)决定的,它只有通过社会实体才能起作用。社会控制赖以实施的实体有社会组织和社会个体,以及传递社会规范信息内容的信息媒介。社会组织是信源(把社会规范作为社会信息发送出去的主体或发信者),社会个体是信宿(是把社会规范作为社会信件接下来的对象或收信者),信息媒介是运载信息的媒介物(如大众传播工具,包括广播、电视、报纸等)。社会个体有时也可能会充当信息媒介物。社会实体是社会规范作用的媒介物——物质承担者,没有社会实体,社会控制就成了空中楼阁。同时,社会控制必须通过社会行为之间的互动、影响而起作用。社会行为互动又可分为直接和间接两种不同形式,直接互动是通过人际面对面的接触形成的,间接互动是通过大众传播媒介进行的。大众传播给人们提供的内容,就成了影响社会成员行为的重要因素。随着科技进步,文化教育的普及,间接互动将成为社会控制的不可忽视的重要环节。可见,社会为其成员提供的个人间的间接互动的机会越多,越有助于社会控制。

三、社会控制的类型

对于社会控制的类型,学术界存在不同的观点和分类方法,以下介绍一些社会学家对社会控制的分类法。

美国社会学家罗斯按照社会控制的对象把社会控制分为三类:(1)对社会

成员意志的控制。这包括运用社会暗示、教育等直接的方法影响社会成员的
意志;运用法律、宗教等赏罚手段影响社会成员的意志。例如,社会暗示运用
"范例"、"期望"等手段造成的社会气氛促使个人意愿符合社会的要求,使人们
自觉不自觉地服从社会规范。(2)对于社会成员情感的控制。这包括运用个
人的理想、礼仪、人格等方式来控制人的情感。这些方式必将导致和谐、服从
和对他人权利的尊重。其基本形式是用一种情感平息另一种情感,辅以控制
全部感情的制裁,从而达到社会控制的目的。例如,运用理想来控制狂热的个
人目标,由于受强烈的羡慕和眷恋情绪所驱使,这些目标被个体认为是十分珍
贵和有价值的东西。(3)对于社会成员判断能力的控制。这包括运用启发、社
会评价等方式控制社会成员的判断力。如同意志和情感一样,判断力也是可
以塑造而成的。通过启发、社会评价等方式影响人的判断力的形成,进而对行
为方法进行检查,从而达到社会控制的目的,比如,启发可以使一个人为了自
身的生活目的理智地安排自己的生活,它是一种实现道德化的手段。由此可
见,罗斯的社会控制理论,是从社会心理学角度来加以论述的,他强调的是社
会成员之间的心理互动。

　　德国社会学家曼海姆(K. Mannheim)按照社会控制的形式,将社会控制
分为直接控制和间接控制两类:(1)直接控制。就是社会对其成员的个人行为
施以直接影响的控制。教育、法律及武力的强制制裁、处罚、期望、说服、报酬
等等,大多指控制者亲自约束被控制者。(2)间接控制。就是社会对其成员的
个人行为借用别的媒介施以间接影响的控制方法。包括对社会公众的影响;
对群体或团体的影响;人类互动关系的影响;情景影响;社会机能的影响,等等。

　　从这些学者对社会控制的分类可以看到,社会控制的内容广泛,可以从不
同的角度,按照不同的标准进行分类。

　　1. 根据社会控制的目的分类

　　根据社会控制的目的不同,可以分为:(1)限制的控制。即将社会成员的
行为控制在限定的规则及风俗的范围内,如封建社会的三纲五常、女诫,宗教
的十戒,等。(2)压迫的控制。控制的目的是为了控制者而不是被控制者的利
益,如帝国主义对殖民地的控制,"华人与狗不得入内"的警示语就是一个很好
的例子。(3)建设性的控制。控制的目的是为了被控制者的利益,如劳动教
养、感化院等,就是为了被控制者自身素质的提高、为了整个社会的稳定和发

展、为了全社会的福利而设计的。

2. 根据控制主体分类

根据控制主体可以划分为个人对个人的控制(如家长对子女的控制,教师对学生的控制等);个人对群体的控制(如君王对百姓的控制)和群体对群体的控制(如阶级压迫和剥削,上等阶层对底层社会的经济、政治和文化剥夺等)。

3. 根据控制的价值和意义分类

根据控制者对被控制者的价值和意义,可以区分为积极的控制和消极的控制。积极的社会控制是指建立在积极的个人顺从的动机上,以物质的刺激和精神的鼓励进行。大多数的形式是通过社会化的内化作用形成的,人们相信这样做是对的,社区中大多数人也都认为这样做是对的。所谓消极的社会控制,是指建立在惩罚或对某些惩罚的畏惧心之上的。人们知道不守法就要被处以罚款、坐牢或死刑。人们也知道,如果不按风俗习惯办事,其行为就要遭到非难、嘲笑和拒绝。其中,积极的社会控制包括记功、晋升、奖状、奖章、奖金、荣誉称号等,消极的惩罚性社会控制包括判处死刑、监禁、流放、记过、开除、降级、点名批评等。

4. 根据社会控制的方式分类

根据社会控制的方式,可以把社会控制分为内在控制和外在控制。外在控制是利用外部力量即各种形式的社会规范对社会成员实施社会控制。对被控制者来说,外在控制相对而言是一种不自觉地消极地接受控制的过程。社会成员在参与社会生活中,随时随地都会遇到来自外界的社会权威以及各方面行为规范的影响,这些外部约束是一种不得不服从的"命令"。外在控制的形式多种多样,包括行政控制、法律控制,也包括道德控制和习俗控制。内在控制则是由个人将社会规范内化为自己的观念,并对自己的行为实施控制。相对于外在控制而言,它是一种自觉地、积极地控制行为的过程。在社会生活中,无论是行政控制、法律控制,还是习俗、道德控制,最终都要落实到对个人行为的控制上。绝大部分社会成员在绝大多数场合下都能够通过内在控制约束自己的社会行为,积极参与社会生活。内在控制是人们通过不断的社会化过程,积极地习得各种社会规范,并以此来修养自身,逐渐达到一种境地。这种境地就是社会控制的最终目的。中国传统文化中讲的"慎独",指的就是独自一人时,仍能保守自己、把握自己,使自己的行为符合社会规范。一般来说,社会控制总是由外在控制转向内在控制的。人在幼年时期的社会行为往往需要外部力量的引导,如家长的训斥、教师的指点等等,这时的内在控制尚未形成。当人的个性心理逐渐成熟,个人的自尊心和自我意识逐步发展起来、所获得的社会经验越来越多时,众多外在的社会规范为个人所习得,人们才能在社会生活中自觉地遵守行为规范,从而实现社会的内在控制。

5. 根据社会控制力的程度分类

根据社会控制力的程度不同,可以把社会控制分为硬控制与软控制。硬控制是指运用强制性控制手段,如政权、法律、纪律等对社会成员的价值观、行为方式实行控制,因而又称之为强制性控制。软控制是运用非强制性手段,如舆论、风俗、习惯、伦理道德等对社会成员的价值观和行为方式的控制,因而又称之为非强制性控制。

6. 根据社会控制的形式分类

根据社会控制的形式,可以把社会控制分为制度化控制和非制度化控制。制度化控制是按照一整套业已形成的条文规定,由某种组织体系加以推行的一种社会控制形式。制度化控制包括法律控制、宗教控制、规章制度的控制,等等。这种控制形式有着固定的和严密的行为规范,这些行为规范是由一定的团体或组织为维护其生存发展而建立的,任何触犯某种行为规范的行为,都有可能遭到惩处。

制度化控制在整个社会控制方式中占有重要地位。由于制度的构成包括了一定的社会规范体系、组织体系以及保证其实施的物质条件。因此,在这层意义上讲,制度化控制是带有根本性的社会控制形式,它影响到社会生活的各个层面,规范制约着人们的行为模式和相互之间的关系。社会制度中的经济制度、政治制度、家庭制度、教育制度和宗教制度等等,都是在社会生活的各个不同方面发挥它们的作用,来实现制度化控制的。

非制度化控制,则是指社会控制的形式并不是以明文规定的条文来实现,而是按照通常做法以及社会成员中的相互影响来实现的。非制度化控制虽然没有十分严格的行为规范,也不具有执行或监督这些规范的组织体系,但却能深入地影响行为者的心理活动,改变他们对生活的态度,从而起到约束和限制其行为的作用。非制度化控制包括习俗控制、道德控制、社会舆论控制等等。其中,社会舆论控制在非制度化控制形式中表现得最为突出。社会舆论是众多社会成员对某一特定事件所抱的态度和所持意见的一致性反映,亦即一种公意,其特点是流行迅速,传播范围广,对行为当事人能产生巨大的精神压力。常言道"人言可畏",就是指舆论能够使人产生惧怕心理,从而发挥它的控制作用;所谓"众口铄金",则是指某些舆论(如谣言),足以混淆是非,颠倒黑白。如果借助于报纸杂志、电视广播等大众传播媒介,社会舆论的控制作用会更强。正反两方面,都说明了社会舆论在影响、制约、控制人们态度和行为方面的重大作用。

一般说来,越是现代化水平高的国家和地区,制度化控制在整个社会控制中的作用和意义越大;而在那些前工业社会的传统社区,生产方式和生活方式比较原始、落后的农村社区,非制度化控制的影响力更为明显。制度化控制和非制度化控制要相辅相成,才能为促进社会稳定、推动社会发展做出贡献。

7. 根据社会控制的内容分类

根据社会控制的内容,可以将社会控制分为对社会行为的控制、对社会关系的控制和对社会价值的控制。对社会行为的控制是指社会和组织对其成员的行为都有个体的要求,那些违反社会规范的成员就会受到惩罚,这种控制比较直接外在,它是社会正常秩序和成员合法权益的保证。对社会关系的控制,其目的是协调组织与组织,组织与成员,以及成员与成员之间的关系,与对社会行为的控制相比,它要间接、内在一些,主要通过调节各方的冲突实现社会控制。对社会价值的控制则更为抽象、内在,主要通过社会舆论的推崇和批语影响社会成员的价值观,并内化为社会成员的需要。

8. 从社会结构的层次上分类

从社会结构的层次上划分,我们还可以将社会控制分为宏观控制和微观控制两种类型。

所谓宏观控制,就是社会利用政权的力量对整个社会在总体上加以控制,包括政治、经济、文化、意识形态等方面的控制。宏观控制对稳定社会、促进社会进步意义重大。它实现控制的主要方式是政府部门在宪法规定的范围内制定正确的政策和经济社会发展规划,从而建立社会发展的总体格局。由于经济活动是社会生活的主要内容,人们的社会活动很大一部分是围绕经济活动展开的;在人与人的关系中,经济关系是最基本的一种关系,经济发展状况也直接影响社会整体的发展。因此,在宏观控制中,经济控制是一种重要的手段和主要的内容。对经济活动的宏观控制主要是明确经济活动中的所有制关系、分配关系和劳动组织管理关系,利用经济规律来实现控制。

意识形态的宏观控制也至关重要。社会是人的群体存在方式,人是有意识有思想有智慧的高级动物,如果社会在思想意识上对这种群体的成员放任自流,实际上是一种社会失控。在这种意义上,任何社会都应当宣传、鼓动和促进某种社会精神、理想信念、人生信仰等,并力图用这种思想意识去影响更多的社会成员。一个社会占主流的精神和思想观念如何,人们的价值观念走向怎样,在金钱、权力、财富、美貌、娱乐、精神等方面,人们如何处理各种诱惑之间的矛盾冲突,这些都有赖于对社会意识形态的宏观控制。

微观控制是相对于宏观控制而言的、在社会生活的各种具体领域所实现的控制。这些生活领域涉及人们最基本的需要,比如衣、食、住、行、婚、丧、嫁、娶等,微观控制的实现有赖于宏观控制是否健全和完善。以经济生活为例,宏观经济控制合理与否,直接影响城乡居民的物质生活,在一定时期内还会影响民众的生活方式。但是微观控制能否实现还和社会成员个人以及他们所处的群体密切相关。个人的某种行为是否符合社会规范,往往取决于这些人的自身修养,也受到他们所处的群体的影响。比如,学校作为一个社会组织,构成了一个微观环境,学校教育实际上就是一种微观控制。良好的学校环境和学校教育能够培养出符合社会规范的行为方式;反之,不良的家庭教育和环境,往往导致学校教育和学生社会化的失败。近些年来,在美国的校园里不断发生的枪杀事件,在中国学校里出现的出走、打架、斗殴、偷盗等青少年违法犯罪现象,都在很大程度上证明了这一点。

微观控制和宏观控制的协调一致是一个重要的社会问题。现实生活中往往存在这样的问题:社会上所宣传的,在家庭中则是被批评的;国家所支持提倡的,在家庭中却常常遭到反对。比如说,社会上宣传学习雷锋做好事,而有些家庭往往讥讽这种雷锋式的人为傻子,不鼓励自己的孩子去学习。政府号召公务员全心全意为人民服务,而培养政府公务人员后备力量的某些高等学校的个别教师却从人性论的角度探讨乃至赞赏人的自私本能。某些理论、观点和口号,在报纸、电视、广播中听起来、看起来冠冕堂皇,而具体落实到基层社区和组织的实际生活中,却大大走样。有些孩子在学校里受到的是一种价值观、人生观的教育,而在家庭和社会中则受到的是另一种大相径庭的价值观、人生观熏陶。这实际上是宏观控制和微观控制的矛盾和冲突,是一种既不正常、也不健康的社会病态现象。长此以往,就会造成重大的社会问题,乃至引发社会动乱。这些问题和现象应当引起社会学家、法学家和教育学家的重视。

四、社会控制的机制

(一) 国家政权的社会控制

国家政权的社会控制指的是通过国家权力与行政命令对社会实行的带有强制性的控制,其中包括通过政权、法律、纪律等对社会成员的价值观、行为方式进行的控制。

1. 政权

政权是统治阶级实行阶级统治的权力,是实行社会控制的基本方式。国家政权是一切权力的基础,它凭借军队、警察、法庭、监狱等专政工具,强迫越轨行为者接受和服从一定的社会规范。国家政权通过制定和颁布各种法律条文,通过建立和加强各种社会控制机构,通过授予地方政权以各种社会控制的权限来实行对整个社会的控制,以维持整个社会的秩序和治安。在阶级社会中,不同阶级掌握政权的性质、职能有区别,因而社会控制的性质、作用也有本质的区别。

2. 法律

法律是由国家制定或认可,反映着统治阶级意志,由国家机关用强制手段来保证其实施的行为规范的总和,它包括法律、法令、条例、规则、规定、决议、命令等具体形式。国家通过法律的形式规定人们行为规范的合法与非法的界限,通过对守法者的奖励、违法者的惩罚来引导人们的行为,维护社会秩序。

3. 规章

规章是各社会组织内部制定的劳动、工作、学习、日常生活、文化娱乐的规则、章程的总称。和法律一样,规章也是以"服从"和"强制"为前提的。它一般不能随便更改或变通执行,必须严格遵守。和法律不同的是,法律是由国家机关制定的,适用于整个国家系统。而规章则是由各个社会组织自行制定,适用于本组织的范围内。它也是通过奖励与惩罚的手段来规范人们的行为,划清什么是应该做的,什么是不应该做的界限。

4. 政策

政策是国家和政党指导其成员处理某些重大问题的是非界限和行为准则。政策的社会控制作用对无产阶级来说是非常重要的。毛泽东曾说过,政策和策略是党的生命。中国共产党执政以后,通过制定各项政策来指导工作,规范党员的行为,又通过党员的模范作用来影响群众的行为。党的一些基本政策,通过立法机关制定,上升为法规的形式,成为全国人民的行为准则。因此,政策在社会主义国家中有着重要的社会控制作用。

(二) 市民社会的社会控制

市民社会的社会控制,主要是指通过区别于国家政权强制手段的社会中的非强制性手段来对社会成员实行的控制,如,通过舆论、风俗、习惯、伦理道德等对社会成员的价值观和行为方式实行控制。

1. 社会舆论

社会舆论是一种十分独特的社会控制手段,它渗透在风俗、道德、政权等一切控制手段之中,发挥着广泛的作用。社会舆论是指社会大众对某一事件、人物或问题的议论、意见和评价,是社会全体成员或大多数人的共同信念,也可以说是信息沟通后的一种共鸣。这里的大众指参与议论、评价的人群。以此来划分舆论的话,有的是全国性的,有的是地方性的,有的是群体性的。参与议论的人群范围大小与议论的事件或问题的传播范围及人们对它感兴趣的程度有关。社会舆论不同于谣传。谣传一般是在信息缺乏的情况下产生的,它的基础是毫无根据的以讹传讹,并具有鲜明的个人或集团的目的。讹传只能产生消极的后果。

社会舆论的形成有两种渠道:一是自上而下的渠道。这是由国家或社区的领导机关,通过大众传播媒介,在群众中形成一种舆论,这种舆论是有计划的、有组织的,影响大,范围广。二是由下而上的渠道。这是由少数群众或某一社区的群众自发产生的对某一问题的议论,由于议论之点切中社会的要害,引起群众的共鸣,逐步传播,成为社区性以至全国性的社会舆论。

社会舆论作为一种社会现象,也能约束人们的行为,但与法律、道德、规章

等相比,具有如下一些基本特点:

(1)现实性强。社会舆论总是针对当时众人关心或迫切要求解决的现实问题而发的议论。它往往能反映时代的呼声及社会思潮的倾向,也能反映出各阶层人民的意见和要求。

(2)集体的产物。社会舆论不是一个人或少数人的意见,它往往是集体中带有倾向性的意见。

(3)制约力迅速而缺乏持久性。舆论的扩散,靠众人传播,不胫而走,能抓住人们的心理,引起共鸣,见效快,但历时较短,缺乏持久性。当舆论所议论的问题得到解决或产生一个新的议论"热点"时,先前议论的热点很快消失。另外,社会舆论对人们行为的约束具有一种非强制性的约束力。在舆论的指责面前,有的人可以我行我素,但社会舆论的这种非强制力的约束力量是强大的,它可以使当事人产生巨大的心理压力,从而不得不约束或改变自己的行为。

(4)大众传播。街头巷尾,不胫而走。茶馆酒楼是古代传播舆论的场所。现代化的时代,电视、电台、报纸、广播、卫星是大众传播的载体和工具,在现代社会舆论的形成、传播和扩散中起了决定性的作用。

社会舆论作为公众意见,具有巨大的精神力量,其作用主要体现在以下方面:

第一,社会行为的导向作用。社会舆论往往暗示出特定的社会价值规范和行为准则,对个人而言,当他来到一个陌生的环境不知所措时,往往得到社会舆论的指导而能应付自如。

第二,社会行为的约束作用。社会舆论是一种公意,反映了大多数人的意见。对个人、社会团体及其政府都具有一定的制约与监督作用。对少数人的与众不同的言行或越轨行为具有一定的压力。俗话说,"千夫所指,无疾而死","众怒难犯"。少数人为了缓解这种压力,会改变甚至放弃自己原来的言行,表现出顺从的态度,与众人保持一定程度的一致。

第三,社会行为的鼓动作用。舆论可以成为一种社会行为、社会运动的先导,只有舆论先行,才能发生大的社会运动。如18世纪资产阶级启蒙思想的舆论准备,出现了后来的资产阶级革命。

2. 道德

道德是调整人们之间以及个人与社会之间关系的行为规范的总和。从社会控制的角度来说,道德是人们自觉地用来控制社会生活的行为准则。道德主要是以善恶为评价标准来调整人们的行为。道德和法律的区别明显表现在依靠的力量和作用的范围不同。法律是依靠国家机关强行制定和强制执行的。道德是依靠社会舆论、人们的传统习惯、内心信念、思想教育的力量来起作用的。

3. 风俗

风俗是人类最早的社会行为规范体系。它最初起源于人类在处理最一般的日常生活时形成的各种习惯,如婚丧、起居、交往、衣食等,彼此模拟,蔚然成风,约定俗成。随着人类生活日益复杂多样,风俗也日益复杂多样,体现在人类社会生活的各个方面,起着沟通和调整人们行为的作用。在社会控制中,风俗是维持人类共同生活最基本、最自然、范围最广的一种行为规范。在一些法律和道德还作用不到的地方,风俗却有一定的约束力。在重视风俗的区域,违俗就有可能被认为是众叛亲离的行为。因此,任何社会都比较重视提倡和树立有利于维护社会秩序的新风俗,反对和禁止不利于社会发展的旧风俗,并尊重和维护那些已形成地方文化特色的传统风俗。和其他行为规范相比,风俗还是一种最远离经济关系和阶级利益的相对独立的社会行为规范,它是人类文化传统的一部分。它往往和社会文化背景、民族的社会心理结合在一起,因而有极大的保守性。正是由于这种特点,旧的风俗不易清除,新的风俗也不易建立。风俗形式的形成和变化,不但需要一定的自然条件和社会条件,还需要有一个较长的实践、认同、接受过程。在这个过程中,国家要破旧俗,立新风,主要靠宣传教育或典型示范,使人们在互相仿效、影响中受到教育。如果强行采用外力,靠行政命令、群体运动的方式来推行或禁止某种风俗,就会适得其反,导致逆反心理,出现禁而不止、倡而不导的被动局面。

4. 宗教

宗教是人们对超自然力量的信仰、解释的产物。宗教观念的最初产生,来源于在生产力极低的情况下,原始人由于对自然现象的不解和恐惧而产生的神秘感。人类在社会实践中,由于对各种自然灾害、社会动乱缺乏正确、客观的认识,因而往往乞求神的启示,追求虚幻、神秘的忠告和上帝的启示。宗教规范是神话了的社会行为规范,是通过宗教教育内化为教徒的自觉行为,从而起到控制作用。它采取了超自然、超人间的神秘形式,具有极强的自制性,在一定社会中起着调整人们行为规范的作用。统治阶级往往利用宗教的教义和教规诱导人们安分守己,积德行善。作为一种重要的社会控制手段,宗教规范能在其影响所及的地域范围内对宗教教徒的行为产生很强的约束力。道德的约束力在于舆论,而宗教的约束力在于神,违反教规是要受到神的惩罚的。一般说来,宗教的约束力比道德的约束力更强,越是虔诚的教徒越能更严格地约束自己。

5. 艺术

艺术也是一种独特的社会控制方式。它的作用:第一,艺术能够唤起激情。借助于艺术提供的工具和象征,群体被激发起一种共同的情绪,使人们在扩大交往和团结一致时产生一种普遍的愉悦。第二,艺术运用自己独特的方式,将人们的渴求、希望、恐惧和悲伤表达出来,展示在人们的面前,唤起人们的相互同情,使其成为各种美德的温床。第三,艺术创造美感,以塑造美来培育善,以刻画丑来抑制恶。第四,艺术可以让人们抛弃渺小的自我,走出自己狭小的圈子。第五,艺术使社会象征完善化。文艺作品常常劝说人们为了未来的利益而忍受眼前暂时的艰辛和痛苦,不只是为了自己和自己周围的人,而应为整个民族和社会做出崇高的牺牲。此外,艺术还通过拟人化的表现手法使国家的人格完善化。例如,国家的人格象征总是女性,以母亲来唤起人们心中最强烈的爱,激起人们最强烈的忠诚并愿为之而献身。第六,艺术不断创作新的典型形象使人崇敬、佩服和景仰。艺术家不断地在文艺作品中创造出各种各样的典型形象,尤其是塑造出许多具有巨大吸引力的英雄形象,使读者或观众赞叹和敬佩。在实际生活中,一个民族的文学作品所造成的凝聚力在某种意义上就是通过给人民灌输若干时代典型的方式来同化、统一或整合他们的社会力量。这些典型或许根本没有触及道德问题,或许仅仅是生活中的一点暗示,但是正是因为这些时代典型在公众中的魅力和影响力,艺术作品中的理想人物才成为社会控制中间接的却是有力的助手,发挥着典型的示范作用。艺术正是通过这种表现手段改变着人们的情感、态度和行为。关于这方面的研究和探讨,艺术社会学或文艺社会学作出了自己的贡献。

第十二章　社会变迁与社会发展

　　人类社会是一个动态的存在,这种动态不仅表现为社会内部的运行机制,而且还表现为社会的发展,因此,社会学既要从静态的角度考察社会结构构成和行为规范等问题,还要从动态的角度考察社会各方面的变化和发展等问题。我们可以从社会变迁与发展的起因、过程和规律等方面更好地把握社会变化的规律性,更全面地了解社会现象的全貌。

第一节　社　会　变　迁

一、社会变迁的概念

　　社会变迁(social change)是社会学研究的核心议题之一,自社会学创立后,社会学家们就对这个问题进行了不同的探讨。但社会变迁一词作为社会学的专业术语被广泛确定下来,一般认为是始于美国社会学家威廉·奥格本(W. Ogbum)的著作《社会变迁》。

　　目前社会学界对社会变迁还没有一个统一的界定,美国社会学家罗伯逊把社会变迁定义为文化、社会结构和社会行为模式中无时不刻在发生的变化;日本社会学家富永键一等人认为社会变迁就是社会结构的变动;在我国社会学界,郑杭生将社会变迁看成是一切社会现象,特别是社会结构发生变化的动态过程及其结果影响;陆学艺和李培林等人则把社会变迁理解为社会系统的结构和功能生成变化的过程。

　　综观不同社会学家对社会变迁的定义,可以从广义和狭义两个角度来理解社会变迁的含义。从广义上看,社会变迁可以泛指一切社会现象的变化;从狭义上看,社会变迁特指社会结构及其功能的重大变化。对此,可以从社会变迁的类型、因素和相关理论等几个层面进行深入探究。

二、社会变迁的类型

社会是个巨大的有机体,处于不断的发展变迁之中,而依其规模、方向、性质、速度和人为条件的不同,这些变迁呈现出各种不同的表现,具体而言,社会变迁的表现形式主要有以下几种类型:

第一,根据社会变迁的规模可以把社会变迁分为整体变迁与局部变迁。整体变迁是指整个社会结构体系及其功能的变化,它是从社会结构体系各个构成要素相互联系的有机变迁的合力中演化出来的。例如由奴隶社会进入封建社会,由封建社会进入资本主义社会,中国由半殖民地半封建社会进入社会主义社会等。而局部变迁是指社会各个构成要素自身以及它们之间部分关系的变化。局部变迁具有一定的特殊性,它可以与社会整体变迁的方向和速度不一致,如物质层面的变迁总是最快,而制度和观念层面的社会要素变迁的速度一般都要慢于物质因素的变迁。但是这两种变迁之间存在着密切的相互关系:局部变迁的累积可以引发社会的整体变迁,而整体的社会变迁也会带动局部的变迁。

第二,根据社会变迁的方向可以把社会变迁分为进步的社会变迁和倒退的社会变迁。社会变迁是个中性的概念,它比社会发展、社会进步的含义要广泛得多,还包括社会的倒退。进步的社会变迁是指促进社会良性运行和协调发展的社会变迁,它符合人类社会发展的客观规律,带来社会物质财富的增长和包括社会精神生活在内的社会生活诸方面的普遍提高,使每一个社会成员逐步达到平等。反之则是倒退的社会变迁。例如希特勒上台后实行的一系列纳粹主义措施,就是一次倒退的社会变迁。改革开放后,我国社会、经济等各项事业都取得了长足的发展,人民生活水平也得到了极大的提高,这属于进步的社会变迁。当然,在现实社会变迁过程中,进步和倒退两个方向上的社会变迁还可能是同时存在、同时进行的。

第三,根据社会变迁的速度可以把社会变迁分为渐进的社会变迁与突发的社会变迁。渐进的社会变迁指的是一种缓慢的循序渐进式的变化,它表现为社会变化的量的积累。人类社会在大部分时间里表现出来的是这种渐进式的变化。突发式社会变迁指的是快速、剧烈、突然发生的大规模社会变化,是社会渐进过程的中断和质的飞跃。在这种变迁中,全部社会系统和社会结构都将发生质的变化,社会由一种结构形态迅速转变到另一种社会形态。

第四,根据社会变迁时人的参与和控制程度可以把社会变迁分为自发的社会变迁和有计划的社会变迁。人类以什么样的方式参与社会变迁以及在多大程度上控制社会变迁,取决于人类对社会发展规律的认识程度。当人类社会发展程度较低,人类认识能力也较低时,人类在很多方面以盲目的方式参与社会变迁。社会变迁对于人类来说在很大程度上是一个异己的过程,是一个人类非有意识参与的自发的参与过程。这种社会变迁也会表现为进步的社会变迁,但往往伴随大量倒退的社会变迁。人类社会越发展,自发的社会变迁所同时带来的倒退危害就越大。从目前的情况来看,有计划地进行社会变迁已成为摆在人类社会发展面前的重大问题。有计划的社会变迁即人类有意识、有目的的参与社会变迁和控制社会变迁,就成为现代社会变迁的主要形式。

三、影响社会变迁的因素

社会变迁的原因是什么? 社会学对此进行了广泛的研究。在古典社会学阶段,孔德是从精神(道德)进步角度寻求社会进步的原因;斯宾塞则认为竞争所导致的社会进化是社会变迁的终极原因;迪尔凯姆、齐美尔曾从人口变化上去探求社会变迁的原因;韦伯则从理性化精神来剖析社会变迁的可能动因;马克思是从生产方式上去寻求变迁原因的,认为社会变迁的终极原因就是生产力的发展。

与19世纪后半叶和20世纪初期流行的社会进化论观点,美国社会学家奥格本将社会变迁视为一种文化现象,认为应该从人的文化方面而不是从人的生理本性中去寻求社会变迁的原因。他把文化分为物质文化和适应文化(诸如习惯、信仰、宗教、法律、政府等)两种,并认为,人类步入近代社会后,由于发明的积累效果,使物质文化飞速增长,而其他文化形式发展较慢,结果就破坏了不同文化层次之间的均衡关系,这种现象就叫做文化滞后。我们可以看到,奥格本特别强调技术发明在社会变迁中的作用,因此,又被人称为"技术决定论"的代表。

结构功能主义的主要代表人物帕森斯认为,社会变迁有四种主要的结构变迁过程:一是分化;二是适应力上升;三是包容;四是价值普遍化。[①]分化未清楚、适应力低劣、容纳不完全、缺乏价值普遍化的社会必定是较低等的社会;而分化清晰、适应力高、容纳过程完善、有价值普遍化的社会必定是较高等的社会。低等社会注重先赋性与特殊性,高等社会注重成就性和普遍性。从低等向高等变迁是社会发展的总趋势。

根据马克思主义唯物史观的观点,社会变迁的根本原因在于一个社会生产力和生产关系、经济基础和上层建筑之间的矛盾运动。当生产力发展到一定程度,便与生产关系发生矛盾,要解决这个矛盾,只有通过社会变迁废除旧的生产关系,建立起适应生产力的新的生活关系。

除了这些宏观因素外,社会变迁还有其他一些具体的原因,包括自然环境、人口、经济、社会制度、社会价值观念和生活方式以及科学技术等。

1. 自然环境

自然环境是社会变迁的重要条件。这里所说的自然环境不是指一般的自然环境,而是指那些和人类发生相互作用的自然环境,它包括两类:一是指未经人类改造过的自然环境,又称"原始自然环境"。二是指经过人类改造或受人类活动影响的自然环境,又称"人化自然环境"。自然环境是影响社会变迁的一个不可忽视的因素,它的变化和发展是人类社会变迁的基本前提,它为社会的生存和发展提供物质资源和空间。如果环境发生变化,势必会影响到社会的运作和发展。

在不同的社会发展阶段,环境对社会变迁的影响方式和程度也有所不同。当社会发展水平较低时,环境的影响主要依靠自然变化规律发生,例如地震、海啸等。随着人类与环境相互作用关系的不断扩大和深入,"人化自然"环境对社会的影响越来越大,可以说,现代社会所赖以生存的环境基本上都是经过人类改造或受人类活动影响的环境。在人为的干预下,"人化自然"环境对社

---

① 杰弗里·亚历山大:《社会学二十讲:二战以来的理论发展》,华夏出版社 2000 年版,第 55—63 页。

会发展既有利的一面,也有弊的一面,例如科学地兴修水利工程,改变原始自然环境的局限为人类造福;同时由于当前人类活动对生态环境的破坏和污染,已经严重制约了社会的发展,给人类带来了许多未曾有过的灾难。

2. 人口

人口状况是社会变迁的必要前提。人口的数量、质量、构成、分布及流动,都会给社会变迁产生直接或间接的影响。例如人口过多会使社会经济发展水平和生活水平的提高背上沉重的包袱;人口过少会造成社会发展所必需的劳动力短缺,也会制约社会的快速发展;人口质量低不仅无法适应现代科学技术的要求,同时还会影响精神文明建设的发展;人口分布不均会使得大城市人口过度集中,导致人口拥挤、交通堵塞、住房紧张、犯罪增多和环境污染等"城市病"的出现;人口老龄化会产生社会保障负担过重、劳动力短缺等一系列社会问题。

3. 科学技术

科学技术是社会变迁的直接推动力。科学技术是指在社会体系中独立存在的知识系统。科学技术的发展,正在对人类社会的变迁产生越来越大的影响,成为带动社会变迁的先导。科学技术发明创造的增长,科学技术研究规模和组织形式的变化,不仅扩大了人类生活的范围,直接或间接造成社会物质财富的增加,而且通过新的科学技术成果及其所要求的组织和制度,不断改变着人们的社会互动方式。例如,现代通信技术和交通工具的发展,就为人们建立过去不可能的互动关系和增加互动频率提供了条件。正是由于现代科学技术的飞速发展,才使得现代的社会变迁呈现出加速度的状况。可以说,在现代社会中,如果忽视了科学技术在整个社会变迁中的作用,也就不可能深刻地把握社会变迁。

4. 经济

经济发展是社会变迁的决定性因素。社会经济的发展与变化既包括社会物质财富量的增加,也包括质的提高;既包括不同社会形态生产方式的更替,也包括同一社会形态内经济结构、活动方式的变化。从原始社会人类完全依靠采集和猎取自然界的动、植物而生活,到农业生产和畜牧业生产的出现;从18世纪大机器工业的产生,到现代以信息技术和信息产业为先导的新技术群和新产业群的出现,人类社会经历了巨大的经济变迁,也最终改变了人类的社会活动和社会生活。再如随着我国从计划经济体制向市场经济体制改革的深入,中国社会发生了深刻的整体变迁。

5. 社会制度

社会制度决定社会变迁的方向。社会制度是社会行为规范体系,它既是社会变迁的结果,同时也给予社会变迁以直接的影响。在各种社会制度中,除了经济制度外,人们特别重视政治制度对社会变迁的作用。政治制度既可以为社会的经济发展创造一个有利的环境,又可以限制或束缚经济的发展。政治制度的执行机构——政府还可以直接参与社会经济的发展;政治制度不仅影响社会经济的发展,还对人们的价值观念、人际关系和互动的社会生活方式发生直接的作用;政治制度的性质和稳定与否,在一定的条件下,甚至决定了社会变迁的方向和过程。

6. 文化和价值观

文化变迁是社会变迁的先导。无论是社会局部的变迁还是整体的变迁,都必须有新的思想、新的工具、新的模式出现之后才能发生。文化领域中的变化也可能是独立发生的,并不仅仅是经济或政治的简单的表达,在它们之间存在着极为复杂的关系。文化领域中的变化主要体现在观念的变化上,特别是社会或群体意识形态、认知模式的变化,不同社会观、世界观的合法性和领导地位以及作为承载体的社会群体的地位的变动。而且不同地区和民族的文化交融过程也能对社会变迁产生影响。社会价值观念主要是指人们的行为规范和思想体系。人们的社会活动都是在一定的价值观念指导下发生的。特定的文化价值观和意识形态体系是社会制度的基本构成要素之一。因而,社会价值观念的变化是整个社会变迁的基本方面,并且往往成为整个社会变迁的先声。韦伯对新教伦理和资本主义精神的起源之间关系的研究是这方面研究的范例。

当然,关于社会变迁的影响因素还有许多,例如社会运动、战争、突发事件和生活方式,等等。而且随着社会发展速度的较快,现代社会变迁的步伐也日益加大。

四、社会变迁的理论解释

(一) 社会进化论

用生物进化论观点解释社会变迁的理论称为进化论,它导源于达尔文的生物进化论。社会进化论的思想在古典社会学理论中占有统治地位,他们都认为,社会是个生物有机体,是一个进化的过程。进化既是自然的规律,也是社会的规律。社会进化具有渐进的趋势,它会导致社会和文化的分化、整合、重组,最后达到专业化和复杂化,从而带动社会进步。他们从社会整体出发,论证社会历史是沿一定进化阶梯前进,每一阶梯都比前一阶梯高级,最后可以达到完美及和谐的境界。早期社会进化论者如孔德、斯宾塞等,强调所有社会都经历过同样的发展阶段,每个阶段的社会特征是社会组织越来越复杂,人类为自身造福的能力越来越强,工业化时代必然比农业化时代的生活更舒适快乐。这种进化论被后人称之为自然主义或客观主义单元(直线)进化论。现代进化论者如韦伯等则认为,进化的形式可以是多元的,他们用心理的、意志的、文化的因素去解释社会的变迁和发展。他们大都反对单元发展论,推崇多元进化论,认为不同社会都有自己的进化阶梯,而且每个社会中的不同领域都能构成一个独立的发展方向。多元进化论者强调,随时间的流逝,社会逐渐地适应周围的环境,适应性可以以不同的形式出现,只有经过经验研究才能确定这一过程在一定条件下是怎样产生的。

(二) 历史循环论

历史循环论认为社会历史是周期性变化的,并总是沿着封闭式的轨道周而复始地循环运动。他们认为社会的兴起和衰落好比钟摆,在两个极端之间来回摆动,上升和下降。历史循环论的代表有施本格勒的"文化形态循环"说、汤因比的"社会和自然环境压力"说和帕累托的"精英循环"说等。

1. 施本格勒的"文化形态循环"说

德国哲学家、历史学家施本格勒(O. Spenler)于 1918 年出版了《西方的没落》一书,认为人类社会历史是各自独立的文化形态循环交替的过程,它的特征是危急事件和情况反复出现。他断言,一切社会同生物有机体一样,都经历了发展和衰落这一模式。每一种文化都有自己的形态,并有一个发展过程,就像生物体一样,都要经历青年期、壮年期以至衰退灭亡期,文明是最后的阶段。施本格勒热衷于寻找文明沿着衰败、倒退及彻底消失的轨道行进的神秘莫测的潜在原因。他不是把各种不同的文明按照逐渐完善的程度排成一个递进的等级表,而是把他们排成一个互不相干的圆圈,其中每一种文明虽也带有与前者同源或相似的特征,但总的来说,与前者并不相同,他们根据各自的自主性循环往复地运动。

2. 汤因比的"社会和自然环境压力"说

英国历史学家、历史形态学派主要代表人物汤因比(A. Toynbee)师承施本格勒,深信人类历史都经历了同样的发展阶段:发明、发展、停滞和分化。人类历史的发展就是对自然环境和社会压力的适应。当这种压力过大时,一个民族就会呈现衰微或停留在边缘地带上,如爱斯基摩人那样,生活在阿拉斯加的严寒地带,文化是难以发展的。而当这种压力过小,很容易被克服时,文化也不易成长。一个民族的文化如呈现衰微或停留在边缘地带,那也不易前进,如波利尼西亚人,他们生活在南太平洋群岛上,生活很容易维持下去,没有什么大的压力,但文化也不很发展。只有当社会和自然环境的压力存在,但不足以压倒这个民族时,文化才能得到空前的发展,从而就能进入文明时代。如像古代的埃及,文化得到了良好的发展。据汤因比研究,古代有 21 个民族达到"文明阶段",但几经演变,现只存在 5 种文明,其他都消亡了。

3. 帕累托的"精英循环"说

意大利经济学家、社会学家帕累托(V. Pareto,1848—1923)也认为社会变迁是封闭性的循环往复运动,不过这种循环运动仅限于占统治地位的上层精英的循环。在他看来,历史运动终究只是"上层的变动"。他把上层社会精英分成两派,即狐派和狮派。靠诡计统治的称狐派,靠暴力统治的称狮派。社会异质性就是指社会中民众与精英的分裂与对立。帕累托认为,社会最后要达到均衡,必须通过精英的更替、循环才能实现。社会冲突是下层阶级中的优秀分子和上层阶级中的低劣分子同时增多的结果。通过淘汰上层的退化者和吸收下层中充满活力的新精英而产生新的统治精英,产生新的社会均衡。整个历史循环无非就是政权从狮派手中转入狐派手中,再从狐派手中转入狮派手中,周期性交替。正如政治决定于精英循环的过程一样,社会生活的其他领域也随之经历着他们各自的动乱与修复均衡的循环。

(三) 社会均衡论

社会进化论和历史循环论对社会变迁的观点并不一致,但都强调社会总是在不断的变化过程中。均衡论则完全不同,它将社会体系中社会变迁的重要性减少到最小限度。社会均衡论源自结构功能主义理论,它是由社会均衡模型和有机体模型演化发展而成,是战后美国经济相对繁荣的产物。美国社会学家帕森斯在他的著作中大加倡导,结构功能主义者首先强调平衡和整合,而不是变化。他们认为,均衡是社会体系运行的最终目标。社会中所有群体、组织和文化模式都是相互作用的,社会体系中的任何一部分变化将给这一体系的另一部分带来变化。因此,最初的变化会引起不均衡,但其他部分能自我调节,从而产生一种完整、稳定的体系。社会冲突只是暂时的。平衡才是正常的、绝对的。多种社会现象的对立和发展总是趋向平衡、稳定,社会变迁的最终目标就是趋向平衡状态。

英格尔斯说,"社会均衡模型是功能学派的一个特殊变体","社会学思想中的一股政治上的保守势力"。社会均衡论在应用中也有明显的局限性。这种理论只能检验社会逐渐现代化时所发生的变化,而不能检验由革命、社会运动、灾难所带来的严重的破坏性变化和其他力量所引起的一种不平衡状态。

第二节　以"传统—现代"为核心概念的社会发展理论

以"传统—现代"为核心概念的社会发展理论就是现代化理论,现代化是一个特殊的社会变迁,从广度上讲,它是世界性的,从深度来看,它已经引起了整个世界的深刻变革。以至于不论是学者的论著还是政府的规划,人们总是不厌其烦地讨论着现代化。

一、社会现代化的含义与特点

社会历史在不断地向前发展,而且以加速度进行,从远古的原始群落到高度文明的现代社会,其间的演进、变革、跃迁,都是一部惊心动魄的史剧。在这部延绵不绝的史剧中,每个时代都有自己发展的主题,在社会变迁的道路上留下了不可磨灭的痕迹,从石器时代、金属时代,一直到大机器时代,它们都不断开拓着人类的新时期。

社会发展到今天,呈现的最大特点就是社会现代化。社会现代化,是当代无数人关注的焦点,成为我们时代发展的主旋律,每一个国家,每一个民族,都在朝着社会现代化的目标迈进。那么,社会现代化究竟是什么呢? 简单地说,社会现代化是社会变迁的一种特殊形式,是社会变迁在当代呈现的新形态,它是制度与价值的综合变革。社会现代化既呈现为一种相对状态,更呈现为一种过程。它是人们利用科学技术全面而深刻地改造自己生存环境的过程和结果。通过社会现代化,一个国家、一个民族可以在经济上取得增长,政治上得到发展,逐步走向自足、自由、平等,实现人的全面发展和社会发展的高度统一。

社会现代化作为一场历史运动,可以追溯到三百多年前的英国资产阶级革命。1640 年的英国资产阶级革命,砸碎了封建枷锁,开创了世界的近代历史,在制度和生产力上都给予了深刻的影响,因而成为社会现代化的实际开端。受英国资产阶级革命影响,欧美大陆接连发生了工业革命和政治革命,结束了几百年的中世纪统治,把西方现代化推向高潮。从此之后,现代化进程逐渐向世界各地扩散。

社会现代化作为一场全面而深刻的、特殊的社会变迁,它具有以下特点:

1. 社会现代化是传统社会向现代社会的转变

现代化运动的发端,使得人类历史呈现为两种类型:传统社会和现代社会。这是两种具有不同质的社会,对此,许多社会学家作出了描述和设定。帕森斯以对比方法列举了传统社会与现代社会的模式变项:(1)特殊性对普遍性;(2)广泛性对专一性;(3)先赋性对自致性;(4)情感性对中立性;(5)自我倾向性对集体倾向性。帕森斯及其门徒用每组变项中的前者描述传统社会,用后者描述现代社会。

社会的现代化运动就是要抛弃传统社会的质的规定,向着现代社会进发,它是巨大的质变,以往历史上的任何社会变迁,都没有如此巨大的飞跃,因而都不可与之比拟。

2. 社会现代化具有广泛性,涉及社会生活的方方面面

社会现代化运动是一场全方位的变革,它不仅要极大地发展社会生产力,同时也要改变人们的整个社会关系,改变人们的生活方式和价值观念体系,使整个社会生活合理化、科学化。社会现代化时代,是人类历史上的一个全新时代。

由于社会现代化是全方位的,因此,社会现代化的各目标之间应当是相互协调、相互平衡的,对自然、社会和人本身的改造必须是同步的,仅仅是某一方面或几方面的发展都不能称之为现代化。

3. 社会现代化具有普遍性,是一场全球性的运动

近代科学技术极大地提高了社会生产力,从而打破了传统的生产方式。交通和通信的发展,扫除了各民族、各国家之间交往的障碍,开创了世界历史时期。一个全球性社会正在形成,更有人形象地把这种情况形容为"地球村",作为一个有机整体的世界具有了现实意义。随着西方现代化的号角吹响,世界各地都迈出了现代化的步伐,开始了实现现代化的竞争。世界历史的影响与各民族、各国家自身历史发展的逻辑交织在一起,在这种情形下,一个民族不走现代化的道路将被世界历史抛弃,一个民族如果闭关锁国,那么她的事业将事倍功半。

4. 实现现代化的道路具有特定性

现代化是一个全球性过程。现代化首先在西欧实现的基本事实,并不就意味着发展中国家只能仿效西方国家的过程。西方国家实现现代化的模式和经验,可以为发展中国家提供借鉴,但不能代替其自身的探索。现代化运动是一个复杂的过程,一个国家的生产力水平、人口状况、历史文化传统、民族思维方式等,决定着自身发展道路的选择。民族之间的文化传统和现实状况千差万别,因此,实现现代化的道路也应当是多样的,这也就是说,特定的国家和民族具有实现现代化的特定道路,没有放之四海而皆准的数学公式。我们应当去发现自身社会中可发展的潜力,而不是把西方模式往固有体制上生搬硬套。

二、社会现代化的主要内容

社会现代化是一个全新的历史发展阶段,它对人类事务具有普遍的影响性,那么,到底包括一些什么内容呢? 为此,社会学家作了诸多探索。

丹尼尔·勒纳(D. Lerner)在为《国际社会科学百科全书》撰写"现代化"条目时,他所描述的现代化标准,主要指扩大城市化,扩大文化教育,增加商业交流,提高经济收入(按人口计算的收入)和平民参政(选举)。帕森斯在《现

代社会系统》一书中认为,现代社会应当具备如下一些基本内容:市场体制
及由合同、财产、职业构成的经济复合体;摆脱宗教和种族控制;民族国家;
带有普遍性的法制;社团与利益集团;公民权;有代表性的政府;能胜任的行
政机关等。

帕森斯的得意门生列维(M. J. Levy)继承并发展了帕森斯的理论,在《社
会结构》一书和《现代化与社会结构》一文中解释了帕森斯的模式,并称帕森斯
的模式为"结构功能"分析。列维对"比较现代化的社会"和"比较不现代化的
社会"进行了系统的分析和探讨,认为现代社会应当是这样一个社会:(1)经济
上持续增长,无论生产和消费都是如此。这种增长必须维持相当长的时间。
(2)在政治上人们的参与率提高,人民有代表参与决策。(3)在文化中,以民俗
和理性为基础的规范取代以神话和宗教为基础的规范。(4)社会流动的增加。
(5)在心理上,一种强调理性和效率的新的现代人格的出现。

P. E. 拉扎斯菲尔德在《潜在结构分析》一文中对西方发达国家进行了概
括,认为工业化、城市化、世俗化、大众媒介参与、民主化等方面是现代化的
核心。

还有很多社会学家对现代化社会作了不尽相同的概括和描述。从上述几
位社会学家的论断中可以看出,对现代社会尽管仁者见仁,智者见智,但他们
还是有许多共同的主题,这为认识现代社会的真正面目提供了指南。我们可
以把现代化的基本内容概况为以下几个方面:

(一) 以工业化为核心的经济现代化

现代化的经济方面十分引人注目,以至许多人把它看作是现代化过程的
中心力量。历史表明,在过去的两三个世纪里,较发达社会的人均实际收入增
长了 10 倍到 20 倍,甚至更多一些。而这一增长的源泉是科学和技术革命,它
通过劳动机械化,使生产的快速增长成为可能。

经济现代化包含着广泛的内容,如国民生产总值及人均国民收入的增长、
投资比率的提高,科学技术的广泛应用,合理的产品结构的建立、生产手段的
机械化和自动化等等,而其中最根本的是工业化,工业化是传统社会进入到现
代社会的动力,是大工业在国民经济中发展并取得统治地位的过程。有人认
为,现代经济的发展,实际上就是对工业体制的应用。

广义的工业化包括农业的工业化和农业的商业化。农业的现代化指运用科学技术保持土壤肥力,消灭害虫,采用高产良种和在生产中使用机械动力。农业的商业化意味着以增加产量降低成本为目的的专门化市场机制引入了农业社会。工业化把科学和技术应用于经济,使非人力的生产动力(如蒸汽机)得到利用。劳动力的专业分工也成为工业化的特征,这样,工业化的过程就增加了社会生产力,优化了经济组织和生产体系,因此,工业化既是经济现代化的动力,也是经济现代化的核心标志。

(二) 以民主和效率为标志的政治现代化

政治是社会系统中非常重要的方面。事实上,经济发展在很大程度上依赖于现代化过程的政治方面,依赖于民众的普遍参与和领导人动员资源的能力。政治的现代发展是社会现代化必不可少的内容。

现代化的政治含义最明显地表现为民主和效率两方面。现代国家的兴起,统一了各种地方权威,国家权力扩大到许多活动领域,教育、通讯、交通、社会治安以及大量的生产制造等,都成了国家的职能,国家和每一个社会成员直接相关。现代行政承担着庞大任务,只有在法律章程的基础上才能有效运行,现代治理方法和管理技术成为现代国家的有效工具。

国家职能的集中化和管理化,要求公民普遍理解并接受其统治,这样,国家才能在税收、对外政策、教育、社会治安及其他诸多事务中顺利行使自己的职能。政治上的公共合作使得民众参与不再是一种抽象的理想,而成为一种最强烈的要求,现代社会高度依赖公众的各种形式的承认与合作。

公众的政治参与,一方面是对政治产出的关注,如对政策、法律、措施等的关注;另一方面是对政治投入的关注,如对党派、工会、民主选举等积极配合。公众表达政治要求的途径是多种多样的,利益群体、社会运动、大众舆论,等等。

在现代政治领域中,民主和效率是两根有力的支柱,它们必须协调统一,不可偏废。

(三) 社会结构现代化

社会结构是一个非常复杂的概念。我们这里所说的社会结构主要指社会的区域结构、职业结构、组织结构和社会关系结构。社会结构的现代化指的是结构分化和普遍性社会关系的确立这两个相互关联的方面。

社会的区域结构在现代化社会中表现为城市化。城市化是工业化的必然结果,城市生活形态是现代生活的主要形态。据研究,只有当一个社会的城市人口占全部人口的10%时,知识技能才开始扩展;当这一比例达到25%时,知识技能的增长才与城市的发展有直接关系。

随着产业结构的变化,职业结构也必然发生变化,它表现为:(1)新的职业种类不断增多。随着经济的持续发展,传统工业逐渐消退,代之而起的是新兴的现代工业。由此,一些传统职业消失,或比例减少,而新的职业增加。据资料统计,美国在过去的20年间,已有几千种职业从劳动力市场上消失了,与此同时,产生了六千多种新职业,这些职业大都与计算机有关。(2)各种职业的比例结构发生变化,农业、工业就业人员数量下降,第三产业从业人员剧增。在美国,到1982年,全国非农场雇用的劳动者中,已有73%属于服务性部门;而每五个具有大学学历的从业人员中,就有四人受雇于服务性行业。

现代社会在组织结构方面表现为科层制组织众多,这是一种具有专门化的功能、固定的规章制度、权威分等的组织管理结构,科层组织是社会分工与协作的结果,它极大地提高了组织的工作效率。

在现代社会,社会关系具有普遍性,人们普遍重视的是自身的能力与成就,以门第为标准的严格等级秩序逐渐消失,个体在人格上是相互平等的,而且一视同仁,机会均等,财富、权力和声望不再像传统社会那样结合紧密,它可以是相互分离的。

(四) 人的现代化

人是社会活动的主体,也是社会发展的核心。人的现代化甚至可以蕴含现代化的全部内容。人的现代化的内容是多方面的,它主要包括价值观念、行为方式和生活方式的现代化。在现代社会,人们摆脱了对神灵的膜拜而回到现实,相信科学的力量。社会成员的思想和行为建立在理性的基础上。

英格尔斯从价值观念和行为方式方面把人的现代化概括为10个方面:(1)乐于考虑新经验,欣然接受革新和变革;(2)动辄对他周围的许多问题和争端提出看法;(3)对待别人的意见态度民主,承认意见分歧;(4)眼光不是朝向过去,而是面向现在和未来;(5)随时修正计划以适应新形势;(6)相信人能为他自己的利益而控制自己的脾气;(7)深谋远虑;(8)举止端庄;(9)相信科学技术;(10)赏罚分明,即论功行赏。[①]

实际上,人的现代化还包括其生活方式的现代化。生活方式简而言之可以指人的生存类型和生存状态。生活方式的现代化包括三个方面的内容:(1)生活水平的极大提高,至少人们要免于匮乏;(2)消费结构合理。消费结构的安排要有利于人的生理、心理的全面发展;(3)工作时间和闲暇时间比例科学化,人的发展与社会发展要同时并举。

三、西方社会现代化模式

西方近现代发展的历史,即是其实现社会现代化的历史。西方工业资本主义是现代化的主要模式之一,它对西方国家的社会结构和社会生活产生了深刻的影响,在经济、政治、社会和文化方面实现了一系列巨大变革,这种影响和变化可称之为西方资本主义现代化模式。

西方社会的巨变,按内容可以分为以下几个方面:

(一) 现代经济体系的确立

西方商业金融社会孕育了资本主义。经过 16—18 世纪的掠夺性发展之后,进入 19 世纪工业革命时代,从而确立了工业化为核心的现代经济体系。这既是整个社会现代化的基础,也是社会现代化的中心内容。

工业革命始于 18 世纪 60 年代的英国。继英国之后,法、德、美、俄、日等国也陆续完成了这一转变,工业革命用以机器为主体的工厂制度代替了以手工技术为基础的手工工场,实现了整个生产结构的重大转变。工业革命对西方经济的影响是多方面的:

(1) 社会生产力得到了极大提高。以英国为例,从 1770 年到 1840 年间,每个工人的月生产率平均提高了 20 倍左右,棉织品的产量 1785 年仅 4 000 万码,1850 年增至 20 亿码;煤的产量 1700 年仅 260 万吨,1800 年达 1 000 万

---

① 参见英格尔斯:《人的现代化》,四川人民出版社 1985 年版。

吨,1850 年增至 4 900 万吨;铁的产量 1720 年为 25 000 吨,1800 达 25 万吨,1850 年达 200 万吨。马克思和恩格斯说:"资产阶级在它的不到一百年的阶级统治中所创造的生产力,比过去一切时代创造的全部生产力还要多,还要大。"

(2)产业结构发生了变化。工业革命以后,工业成了社会生产的基本内容。如果将物质生产划为两个主要部门——农业和工业,则这种变化表现得更加明显。英国的工业比重在 1831 年从 42% 增长到 60%,1871 年达 73%。在法国,工业生产从 1781—1790 年的 43% 上升到 1835—1844 年的 55%。

(3)职业结构发生了变化。产业结构的变化必然影响到职业结构。工业化的结果,使大批劳动力从农业部门转移到工业部门。1871 年,英国的工商业就业人口占了 55%,而农业人口仅占 14%。在德国,工业生产劳动者所占的百分比从 1895 年的 41% 上升到 1907 年的 43%。法国和美国的工人人数也大有增加,工人阶级开始成长壮大起来。

(4)城市化有了突出发展。随着工业革命的进展,城市人口显著增加,到 1851 年,英国的城市人口几乎占总人口的一半,1871 年,城市人口约占总人口的四分之三。美国的城市居民从 1880 年的 23% 上升到 1900 年的 32%、1920 年的 44%,城市化的进程创造了集体活动的新条件。

第二次世界大战以后,资本主义世界进行了重建。西方发达国家开始了新的产业革命,这一时期,西方经济获得了令人注目的增长,它表现在工业生产和世界贸易两方面的同时增长。在 1948 年至 1971 年的二十多年时间里,每年平均增长率,工业生产为 5.6%,商业贸易为 7.3%。发达的资本主义国家在工业生产和商业贸易方面占有优势地位,五分之三的工业生产和三分之二的世界贸易来源于这些国家。美国更加突出,它的工业生产占世界工业生产的三分之一。

从战后西方的发展,可以看出其经济体系的一些特征:(1)在产业结构方面,以电子、信息、生物技术为主体的"朝阳工业"迅速崛起,而钢铁、汽车、建筑、纺织等传统的"夕阳工业"、"日暮工业"逐渐消退。这一过程显示出,国民经济中第一、第二、第三产业的结构和比例正在发生变化。第三产业发展迅速,在国民生产总值中的比重越来越大,如美国,1969 年第三产业占其国民生产总值的 60.4%,1976 年上升为 68%。英国则从 51% 上升到 67%。(2)在职业结构方面,第一、第二产业的就业人数相对下降,而第三产业的就业人数迅速扩大,目前第三产业的就业人数至少占全部劳动力的一半。美国在1973年新创造的就业机会92%属于这一行业。

(二) 现代政治体制的确立

随着社会生产力的极大发展,资产阶级在反对封建贵族的斗争中兴起。为了进一步扫清资本主义经济发展道路上的阻碍,资产阶级在政治体制上进行了改革,提出了民主、平等和自由的口号,要求保障人身自由,共同参与国家政权的管理。资产阶级政治体制的建立既是资本主义经济发展的反映,又是资本主义经济继续发展的保障。

现代资产阶级政治体制表现为立宪多元模式,其结构主要由议会(或国会)、君主(或总统)、内阁(或国务院)、法院、政党、官僚阶层、利益集团所组成。政党为公共利益服务,官僚阶层持中立、负责的态度。国内有各种利益集团和社会团体,自由的和敢作敢为的新闻业及其他大众传播媒介。西方学者利普塞特等人认为,在资产阶级政体内部,形成了一种几乎是下意识地容纳变迁的能力。它们发展出一种被证明是有利于容纳社会和政治变迁的制度,某种普遍的政治风格和一系列态度。

资产阶级的政治体制包括以下一些内容:

(1) 议会制。英国是议会制最早产生的一个国家,它是作为反对专制王权而出现的。议会制是由国民选出的议员组成议会,代表国民意志行使管理国家的职权,从而排除神化了的专制君主的绝对权威,它是新兴资产阶级胜利的产物。议会在形式上是唯一的立法机关,享有立法权和决定预算及其他重大问题的权力,议员在议会中言论自由、辩论自由等等。议会的出现和议会制度的确立是巨大的历史进步。议会在资产阶级反对封建制度的斗争中,在资产阶级革命过程中起了积极作用,议会制度确立后,促进了资本主义制度的巩固与发展。

(2) 文官制度。文官,又称为常任文官,是指资本主义国家所有不与内阁共进退的政府工作人员。一经择优录用,无过失即长期任职。对各级文官的考试、录用、考核、奖惩、待遇、培训、晋升、调动、解职、退休、保障以及分类管理等作系统规定的规章和体制,称为文官制度。它是资产阶级在反对君主的"恩赐官职制"的过程中,并在总结资产阶级的"政党分赃制"经验教训的基础上,逐步形成和完善起来的,其主要特点就是公开考试、择优录用;严格考核,论功行赏;提倡知识化、专业化;有比较优厚的工资福利待遇。这样一套文官制度,对于稳定资本主义政府机构,提高行政效率,起了积极作用。

(3) 压力集团。社会压力集团是为某种利益或目的而形成的民间团体。它往往想通过自己的活动对议会立法施加影响,改变或促进政府在某一方面的决策。早期的压力集团多数是群众性政治运动或经济运动,它们明显地表现出阶级色彩。19 世纪下半叶,以职业划分的利益集团越来越普遍。他们为了自己的特殊利益或特别目标,对社会的各方面提出各种要求,向政府表达他们对某种利益的看法。由于国家承担的社会职责越来越多,政治在很多方面都要听取压力集团的意见,于是压力集团的作用越来越大,形成资本主义政治机制中的一个重要环节。压力集团可以促进行政管理部门与有关方面对话,协助沟通政府与民间的联系渠道。

(三) 现代价值体系的确立

价值是指对周围事物的评价及由此而采取的行动取向。它来源于现实社会发展的需要,同时也是对此作出的反映。在传统社会中,支配人们精神体系的是宗教及其他传统观念。它把人变成上帝的手段,严重地禁锢着人们的思想自由,社会由此而缺乏创造性、缺乏前进的动力。经济、社会条件的变化、资产阶级的兴起有力地冲击着宗教观念和宗教态度。在工业革命中,人的价值观念改变了,现世的价值取代了天国的价值,人们追求世俗的利益而不再是宗教的慰藉。从经济领域开始,人们把信仰从一个个领域逐出去,决策和判断都不再从信仰出发,而是从实际的需要出发。蒸汽机和汽锤都与《圣经》无关,而只是生产和经验的积累,工业和科学使人们注重实践,上帝怎么说就无足轻重了。

在这种情况下,国家和社会开始逐步地走向世俗化,政权与宗教慢慢分离,人们有信仰宗教的自由,也有不信仰的自由,非国教徒可以举行自己的宗教仪式,国家确认了宽容的原则,避开以信仰问题来处理政治问题,人与人之间的交往也不必受信仰的约束。在日常生活中,人们只知道做买卖的是一个商人,发表科学论文的是一个皇家学会会员,信仰问题不再像过去那样影响人们的成就。

西方资本主义社会通过宗教改革——宗教宽容——国家和社会的世俗化等步骤，建立了新的精神价值体系，这既是西方社会发展过程中的必然结果，也成为其振兴的起点。马克斯·韦伯在研究现代资本主义生成、发展的历史时，特别强调了以理性为特征，注重世俗中的事业，具有独立和进取精神的现代价值体系在其中的作用。

四、后现代化理论

近代产业革命使西方国家先后走上并完成了现代化之路。第二次世界大战以后，现代科学技术革命又把西方发达国家推向了一个新的发展阶段。西方发达国家的政治、经济、社会生活的各个方面发生了深刻的变化。对此，在现代化理论的关照下，许多学者进行了各种论述，我们将此统称为"后现代化理论"，其中比较著名的有丹尼尔·贝尔（D. Bell）的后工业社会论和罗马俱乐部学派的观点。

（一）后工业社会论

1973年，美国哈佛大学社会学教授丹尼尔·贝尔出版了《后工业社会的到来：社会预测初探》一书，正式提出了后工业社会的概念和体系，用以描述现代西方的巨大变化。后工业社会理论的观点主要体现在以下三个方面：

1. 后工业社会是不同于前工业社会和工业社会的新型社会

贝尔把社会发展划分为三个阶段：前工业社会、工业社会和后工业社会。这三种社会在产业、职业、技术、计划、方法论、时间观念及中轴原理等方面均不一样。从地区分布来看，前工业社会主要分布在亚、非和拉美；工业社会在西欧、苏联和日本；后工业社会则在美国。贝尔认为，社会的不同发展阶段，社会的不同领域，其运转有自身的中心原则，即"中轴原理"。以中轴原理来分析，前工业社会以传统主义为轴心（考虑土地和资源方面的限制）；工业社会以经济增长为轴心，强调国家或私人对投资决策的控制；后工业社会则以理论知识的中心地位和理论知识的整理为轴心。大学、学术研究所、研究公司成了它的主要社会机构，以科学为基础的工业是它的经济基础，人作为一种资本已经成为这种社会的主要资源,技术是社会分层的基础,教育则是社会分层的途径。

2. 后工业社会是工业社会的新发展,是工业社会和未来社会之间的过渡性新社会

贝尔在《后工业社会的到来》一书中列举了标志后工业社会正在到来的五个标志。1976年,他在该书的再版前言中,把这种新发展进一步细分为11个方面:

(1)理论知识占据了中心地位,后工业社会围绕理论知识而组织起来,用理论知识来进行社会管理,指导革新与变革。(2)产生了新的智力技术,人们可以利用模型、模拟、系统分析的其他工具或决策论,合理地解决经济和工程问题。(3)知识阶级不断扩大,技术阶级和专家阶级是社会中增长最快的集团。(4)从产品经济变为服务经济。在后工业社会中,服务性工作主要指人事方面的服务(如保健、教育和社会服务等)、专业技术服务(如研究、评价、计算机、系统分析等)。(5)工作性质发生了变化。在后工业社会,不再是对付自然或人造自然(机器),而主要是"人与人之间的博弈",人们必须学会如何相处。(6)妇女发挥了更大的作用,工业社会为妇女提供了更多的就业机会,妇女第一次有经济独立的可靠保障。(7)科学的形象已经改变。科学不但与技术,而且与军事、社会技术和社会需要结下了不解之缘。(8)政治单位的布局出现了纵向和横向变化,阶层结构复杂化和多元化。(9)由能人来进行统治。后工业社会是技术社会,人们的地位是通过教育和技术而获得的。(10)出现了新的短缺,在后工业社会中,不但有资源的短缺,而且还出现信息、协作和时间的新的短缺。(11)信息经济学提出了新的挑战。信息经济学提倡的不是竞争战略,而是合作战略,主张在对社会知识方面的投资进行选择时,遵循合作的原则,以促进社会知识的传播和利用。

3. 后工业社会是工业社会的社会结构发生变化的结果

这种变化体现为三个方面。第一,在社会地位方面,知识作为社会分层的中轴,社会成员可分为四类:(1)专业阶级,包括科学阶层、技术阶层、行政阶层和文化阶层;(2)技术人员和半专业人员;(3)职员和销售人员;(4)技术工人和半熟练工人。第二,在社会职能方面,其结构可分为五个层次,即经济企业和商业公司、政府部门(司法部门和行政管理部门)、大学和研究机构、社会部门

(医院、社会服务中心等)和军事部门。第三,在政治秩序的控制系统方面,从指导系统来说,它有总统、立法领导人、官僚政治首脑和军事首脑四个子系统。从政策系统来说,它又可分成三个子系统,党派团体;科学界、学术界、商界和军界的名流;其他大众团体(如劳工集团、种族集团、青年集团和妇女集团等)。

后工业社会理论家为西方发达国家描绘了令人乐观的前景,而与此同时,罗马俱乐部的学者则对西方进一步发展所面临的问题充满了担心和忧虑。

(二)罗马俱乐部学派

罗马俱乐部是由意大利企业家贝切伊发起,主要由西方知名的科学家、教育学家、经济学家和企业界人士组成。日本、前苏联及东欧国家均有人参加,成员达一百余人。这是一个著名的国际性的未来研究团体,是全球问题研究中悲观主义思潮的代表。

罗马俱乐部把全球问题中的"人类困境"问题放在突出的位置上。他们认为,在目前这个人类的全球王国时代,人类知识在不断扩展,知道的事情越来越多,但是对于业已改变的环境知之甚少。为此,罗马俱乐部给自己确立了两个主要目标:一是促进和传播对人类困境有较为可靠和有深度的理解;二是在一切可用知识的基础上,激励那些能纠正现在情况的新的态度、政策和制度。围绕这些目标,罗马俱乐部组织和发表了向它提交的一系列报告,如1972年米都斯等人的《增长的极限》的报告,1974年梅萨罗维奇和彼斯特尔等人的《人类处在转折点上》的报告,1982年弗里德里希和沙夫的《微电子学的社会》的报告。除了这些报告、著作之外,他们还直接与政府首脑、著名政治家举行磋商,召开特别会议进行讨论。

罗马俱乐部认为,人类滥用科学技术这一力量,盲目开发自然界,从而造成了对自然界的毁灭。物质技术革命还造成了政治发展与技术进步的矛盾,科学技术的发展使得全世界成为一个超级系统,而人类社会却依然划分为有各自利益的不同单位,每个单位为了自己的独立性和优势而不惜牺牲别人的利益,这是现代人类主要的不稳定因素之一。人类困境在各个方面都表现得非常清楚,贝切伊曾经把它们划为10个方面:人口爆炸;完全缺乏用以满足各国群众生活必需的计划和规划;生物界受到掠夺和退化,支持着人类生活的四大主要系统——农地、牧场、森林、渔业——正在开发过度;世界的经济危机;

世界日趋军事化；社会邪恶如暴行、吸毒、恐怖主义和异化根深蒂固而又被人忽视；科学技术的发展处于无政府状态；现存的许多制度缺乏适应性，政治瘫痪正在扩展；东西对抗，南北分歧；道德上和政治上缺乏统一的领导。

《增长的极限》是罗马俱乐部的第一个也是最有代表性的一个报告。报告围绕着人口增长，粮食生产，投资增加，环境污染和资源消耗等进行讨论，认为上述因素具有指数增长的性质，而我们的空间是有限的，地球对污染物的吸收也是有限的。这样，如果上述因素增长的趋势继续下去，我们就有可能在某一时期达到极限，从而，世界末日来临，人类走向自我毁灭。因此，人类社会要达到均衡和协调，必须对人口、工业资本、资源消耗等进行控制，实现各项指标的零的增长。

《增长的极限》的报告一经发表，立即引起国际社会的注意、震惊，引起了一场国际性的大辩论。在这个过程中，罗马俱乐部逐渐改变了自己的一些观点，最明显的就是由主张零的增长转向了有机增长，主张要改变同质的铁板世界的概念，认为改变人类困境的真正全球观点必须从世界的地区差异性出发并保持这种差异性，把地区特有的发展道路设计得相互依赖相互支持。从而达到均衡，实际上就是使得人类处于有机增长状态。国际合作能延迟甚至避免世界性灾难。这些观点体现在后来发表的《人类处在转折点上》、《重建国际秩序》等报告中。

罗马俱乐部对待全球发展是悲观主义的，把技术的发展估价过高，其建立的世界发展模式主要是形式化的数学理论，是纯粹的人与自然、技术与自然的关系考察，缺乏社会阶级和社会制度、社会文化等变量，所以，其结论有相当的片面性。但是，罗马俱乐部与一般的未来学研究不同，它不是致力于描述未来的具体形式和形象，不是以预告未来为目标，而是研究将来可供选择的方案，研究发展的概率趋势，试图在有可供选择的行为方案的情况下，提供综合体系发展的主要变动趋势。这些对于许多国家的发展战略和具体措施的制定，都具有很大的影响。

五、现代化理论及其缺陷

现代化理论源远流长，经典社会学家和社会哲学家的社会变迁、社会发展阶段论的思想,都深深影响着现代化理论。其中迪尔凯姆、韦伯的思想可谓现代化理论的直接源头。

迪尔凯姆的社会发展理论主要体现在其1893年出版的《社会分工论》一书中。在这里,他提出了两种基本的社会类型,即"机械团结"的社会和"有机团结"的社会。这是两种截然不同的社会结合形式。在机械团结的社会里,社会分工以性别和年龄为基础,人们遵从的是强制性规范,个体在其中没有自由。这是一种相对封闭、以家庭和宗教集团为基础的农业社会。随着社会分工的发达,社会发生分化,人们之间的内在依赖性增加,社会的整合以功能性规范为主,这种社会是有机团结的社会。迪尔凯姆认为,社会发展将使机械团结的社会变成有机团结的社会。

韦伯在探讨西方资本主义发展史时,区分了前资本主义社会和现代资本主义社会。他指出,现代西方资本主义发展的一个关键因素就是合理化,它包括经济活动、政府行政、法律和日常生活的合理化,这正是现代资本主义精神。西方社会恰好是依靠这种特有的资本主义精神,实现了单纯的挣钱动机向从事大规模企业活动的动机转变。东方社会由于缺乏合理化文化,人们安于现状不奋发进取、讲究及时消费,因此,它没有实现向现代资本主义社会的转变。

在迪尔凯姆和韦伯等人的思想基础上,以帕森斯为首的结构功能学派建立了系统化的现代化理论。他们吸收了韦伯和迪尔凯姆关于传统社会和现代社会的观点,强调在两种类型的社会经济系统中,起作用的规范和价值观是不同的。传统社会主要有三方面的特征:(1)传统主义的价值观占据统治地位,即人们向往过去,缺乏文化能力去适应新的环境;(2)世系门第制度是经济、政治、法律控制的主要工具;(3)传统社会的成员在世界观上是宿命论者。现代社会则恰恰与此相反:(1)人们可以保留传统,但却不做传统的奴隶;(2)门第观念淡化,业绩受到高度重视;(3)现代社会的人们富有革新精神,勇往直前,表现出强烈的企业家精神和对世界的理性与科学态度。

概括起来,现代化理论有如下几点主要内容:

(1)现代化理论强调价值体系、个人的进取心、资本积累等的作用,认为价值观、行为规范和信仰是决定社会类型的关键。因此,价值观的转变是社会变革的重要前提。

（2）现代化首先是一种文化过程，这一过程包括接受那种与企业家的雄心，创新精神、合理性和追求业绩取向相适应的价值观和态度，并以此去反对传统的价值观和生活方式。

（3）第三世界的不发达是其社会经济系统本身的缺陷所致。这些国家普遍缺少现代价值观念和结构体系。

（4）西方工业化的道路是全世界发展的普遍道路，现代化是一个朝着欧美型的社会、经济和政治系统演变的过程。

（5）第三世界的发展中国家可以从西方引进现代化，也即发展中国家可以在发达国家的援助下，迈入现代社会，发达国家的思想、观点和技术可以输入穷国并得到传播。

现代化理论主张传播资本主义竞争的思想及企业家的精神，把它们当作发展的动力，并据此而提供了发展政策：首先，把鼓励第三世界的对外贸易和引进外资放在首位，逐渐减少援助项目；其次，鼓励发展现代价值观和进取心，为现代经济组织的繁荣创造一种相宜的文化环境；最后，促进南方国家的发展，因为那里是推销北方国家制造业产品不可缺少的长期的市场。

纵观现代化理论的主要内容和发展政策，它存在着一些不足和理论与实践缺陷：

第一，现代化理论有简单化倾向，它缺乏充分的历史解释和足够的结构分析。从历史角度说，它忽略了大量的历史证据。而这些证据恰恰表明，经济增长过程不能简单地归纳为用现代的价值观念和制度去取代传统的东西；从结构角度说，现代化理论没有揭示诸如引进技术或扩大市场这类经济增长的因素在发挥作用时如何受到现行社会关系的制约。

第二，现代化理论忽视了文化的相对性和多元性，没注意到社会发展的特殊性。现代化理论背后有着一种前提假设：只有西方现代文化和社会才是唯一先进的文化，发展中国家现代化的方向就是西方社会，也就是说，在人类进化序列中，欧美社会的现状是人类进化的最高阶段。这其中具有强烈的"西方中心主义"和"人类发展道路趋同论"的色彩。在现实中，盲目而不加批判地将欧美经验推广到广大的第三世界国家，在许多时候，不仅没带来社会的进步，相反还造成了社会的分裂和动荡，它忽视了人类社会文化的多样性和特殊性。

第三,现代化理论过分强调传统和现代的对立。在现代化理论中,充斥着传统价值观——传统经济、现代价值观——现代经济这种简单的二元对立论,这种片面的二分法将人类社会的发展视为现代性对传统性的全面否认,割裂了传统和现代之间的联系,从而抹杀了不同国家在发展条件和发展时点上的差异。从现实世界来看,传统和现代也并非完全对立,传统的因素并非是现代化的障碍,例如日本、新加坡、韩国、中国香港和台湾等国家和地区的现代化成功经验,曾引起关于"儒家资本主义"的大讨论,现代化并不意味着与本国或本地区传统彻底决裂。

第四,现代化理论在强调内因的同时,忽视了外因的影响。如前所述,现代化理论将第三世界的不发达归因于其社会经济系统本身的缺陷,这在一定程度上的确具有一定的解释力。但它忽视了非西方国家现代化过程中,西方发达国家的"示范效应"和"扩散效应",没有将这些国家的发展放在一个国际大环境中考察。

第三节　以"核心—边陲"为核心概念的
社会发展理论

伴随着对以"传统—现代"为核心概念的现代化理论的批判,自 20 世纪 60 年代末期开始,强调"核心—边陲(center and periphery)"特征的社会发展理论——依附理论和世界体系论开始兴起。

一、依附理论

依附理论最初是由拉丁美洲学者于 20 世纪 60 年代提出的一种发展理论。他们研究的对象是处于不发达的第三世界国家,特别是拉丁美洲国家。20 世纪 60 年代,联合国拉美经济委员会依照西方的现代化模式开展了"拉丁美洲经济复苏计划",最后计划破产。拉丁美洲在经过 50 年代短暂的经济增长后,很快就陷入了发展停滞的状态。持续不断的经济失败引起了拉美学者的关注。他们不同意现代化理论有关先进国家会给第三世界带来好处的观点,相反却认为,在诸如阿根廷、秘鲁、智利和巴西这样一些国家里,民众长期贫困正是先进国家经济影响的结果。

在依附理论看来,世界上所有不同的国家形成一个世界系统。在这个系统中,发达国家和落后国家的关系就是"核心"和"边陲"的关系。西方发达国家通过贸易和技术优势(工业产品价格高)从处于边陲的不发达国家获取财富,边陲国家则因贸易和技术劣势(农产品价格低)而经常出现赤字。也就是说,西方国家好比是大都会,而第三世界则成为卫星国。世界上先进的工业中心的发达,同时意味着某些国家的不发达,因为这些国家的经济剩余被西方剥削去了。因此,不应当把那些贫困国家看成是他们自身在经济上发展不成熟,也不可能幻想经过一段时期,他们就会有所发展。只要它们仍旧受西方经济帝国主义的统治,这些国家的贫困就得持续下去。

依附理论的主要代表人物有 A. G. 弗兰克、T. 多斯桑塔斯和 F. 卡多索。多斯桑塔斯认为,依附指的是这样一种情境,在这种情境中,某些国家的经济为其他国家的经济发展与扩张所制约,而且是前者受制于后者。他还指出,依附有三种类型:(1)殖民式依附。这种依附本质上是商业贸易出口,其基本形式是商业和金融资本联合了殖民主义的政府力量。(2)金融与工业的依附。其主要特征是霸权核心以巨额资本取得优势,巨额资本投资于生产只供霸权核心国内所需消费的原料和农产品,卫星国家内部形成一种"出口经济"的特殊生产结构,此现象即为"外国导向的发展"。(3)科技与工业的依附。第二次世界大战以后,跨国公司逐渐形成,其投资配合不发达国家内部的市场要求,形成科技与工业的依附。在弗兰克看来,世界存在着一个依附性链条,它从世界上高度发达的中心地区,通过卫星城市,直达贫困的城镇和农村,经济剩余沿着这个链条向外转移,最终从穷国转移到富国。因此要阻止经济剩余的转移,只有打碎转移剩余价值的链条。

依附理论由其理论假设出发,为不发达国家提供的发展政策是:(1)第三世界应当割断同资本主义"中心"的联系。(2)要同国际资本主义作斗争,即工人阶级起来推翻本国的买办阶级。(3)第三世界国家之间应加强国际团结、互相帮助,并且在南方国家建立强有力的工业基础。依附理论强调,在资本主义体系中,不能有和谐的未来世界,根除贫困和满足人民需求的唯一办法,就是彻底地根除资本主义制度。因此,第三世界必须通力合作,共同实现自力更生。

依附理论注重从历史角度和国际背景等因素去分析发达与不发达的经济与社会结构原因,指出贫困是经济与社会结构的产物,而不是由于文化价值观不同所致,这就要求人们更多地考虑第三世界各国既存的特殊的社会经济关系,而不应着力去区分何谓传统社会,何谓现代社会。当然,早期依附理论过分强调发达国家对第三世界国家发展的消极影响,认为第三世界国家是停滞不前的。这与发展事实和趋向有些不符,因而受到一些人的质疑和修正。实际上,后期依附理论家如卡多索等人已不再谈论"依附性",而是谈"依附性发展"。不过,依附性发展的条件、依附性发展能否及如何向自主性发展转变等问题仍有待于进一步研究。

二、世界体系论

世界体系论(world system theory)是由美国纽约州立大学的华勒斯坦(Immanuel Wallerstein)于 20 世纪 70 年代中期创立的。他吸取了社会学"阶级系统"和"社会体系"的概念,同时继承了依附理论关于"核心"和"边陲"的划分,将社会学分析概念和历史学的研究方法进行综合,提出了一种新的社会发展理论。

(一)世界体系的形成

华勒斯坦认为,在人类历史上曾出现过两种社会体系:小型体系和世界体系。小型体系即部落社会,它一般有着自己独立的文化传统和政治制度,不过目前这种社会体系已不存在了,只剩下世界体系。世界体系又有两种:帝国体系和全球经济体系。帝国体系有着一个统一的中央政权,而全球经济体系则呈现出政治体制的多元化。

全球经济体系是华勒斯坦关注的焦点,他将其分为两类:一是以欧洲为轴心的世界经济体系,另一个是其他世界的世界经济体系,但后者存在的时间较短,它要么演变为帝国体系,要么自行消亡。现存唯一的世界体系,即现代世界经济体系是以欧洲为轴心的世界经济体系,是随着 15 世纪末 16 世纪初资本主义生产方式的发展而形成的(见图 12-1)。①

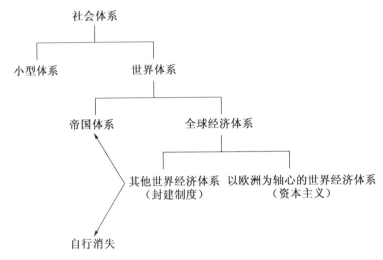

图 12-1   华勒斯坦的社会体系分类图

(二) 世界体系的结构

在以欧洲为轴心的世界经济体系形成的过程中,根据资本积累、技术以及劳动分工,世界体系内的国家被安排进三种结构层次:核心、边陲以及介于两者之间的半边陲。核心国家是那些在世界体系中占据主导地位,依靠先进技术和工业产品控制并支配其他国家的国家,他们国力最强,其产业结构以重工业为主;边陲国家指那些不得不以出口自然资源和初级产品而受控于中心国家的国家,国力最弱,产业结构以农矿业为主;而半边陲国家指那些既在某种程度上控制边缘国家,又在某种程度上受控于中心国家的国家,产业结构以轻工业和农业为主。这种世界体系的结构格局会使得边陲国家和半边陲国家或地区的资源和财富源源不断地流入核心国家,从而导致核心、边陲和半边陲国家之间经济差距的进一步扩大。

当然,这种世界体系的结构安排并非永恒不变的,从 16 世纪到 20 世纪,资本主义世界体系共出现了五个处于绝对核心地位的国家:16 世纪的葡萄牙

---

①   刘祖云:《发展社会学》,高等教育出版社 2006 年版,第 49 页。

和西班牙,17、18 世纪的英国和法国以及 20 世纪中叶的美国。华勒斯坦认为,尽管具体的国家有升有降,但世界体系中的核心、边陲和半边陲的结构格局却不会发生改变。

三、依附理论与世界体系理论的区别

作为两种具有理论承传关系的理论,他们都强调将世界看作一个整体,而不能孤立地对某个国家或社会进行分析;而且他们都认为,发展中国家的落后是由于世界整体格局所造成的,发达国家对此负有不可推卸的责任。但两者之间还是存在着一些重要的区别:

第一,两者虽然都强调依附,但依附理论的依附是单向的,是不发达国家对发达国家的依附,而世界体系论强调的是双向的依附,既存在不发达国家对发达国家的经济依附,也存在着发达国家对不发达国家的资源依赖。

第二,两者在分析维度上也有所不同。世界体系论避免了依附理论过于简单的两分法倾向,更重视现实实际,把世界体系分为三维,指出在核心和边陲之间还存在着一种半边陲状态的国家。

第三,依附理论更多地是对现状的一种静态描述,其核心与边陲的相互关系是一种相对静止的封闭格局;而世界体系论则是一个开放的动态结构,华勒斯坦看到了世界体系中三个结构位置主体的变化,随着世界经济体系格局的发展和变化,边陲国家也可以上升为半边陲甚至是核心国家,而核心国家同样可能会下降为半边陲甚至是边陲国家。

第四节　全　球　化

如果说关于"现代化"的讨论自 20 世纪 50 年代起一直占据社会学研究领域中心的话,那么在 20 世纪 90 年代后,关于"全球化(globalization)"的研究大有取而代之之势,全球化已经成为几乎所有社会人文学科都在探讨的核心议题之一。从某种意义上讲,有关全球化的讨论是对 20 世纪人类知识与社会发展的总结,也是对 21 世纪人类共同发展的展望。

一、全球化概念的社会学界定

对于"全球化"一词源自何时,出自何人之手等问题,目前学界还无定论。如果我们把当代全球问题研究看作是全球化研究的开端的话,那么 20 世纪 70 年代"罗马俱乐部"的一系列研究报告当是其主要的源头。

那么,什么是全球化呢? 对此,不同学科有着不同的界定和侧重,在这些不同的讨论中,出现了许多与全球化相关的术语,我们可以先从对这些术语的区分中逐步加深对全球化的了解[①]:

(一) 全球化与一体化

经济学中的全球化概念是从一体化概念演变而来的,但全球化并不是全球的一体化。一体化是指结构的整体性,质的单一性和体系的统一性,它重在统一;而全球化除了包含统一性和整体性特征之外,更包含结构的层次化和多样化特征。也就是说,全球化不是铁板一块,其追求的是在整体化趋势中的多样化。

(二) 全球化与国际化

全球化与国际化是在两个不同序列和层次上使用的两个不同概念。首先在时序上,国际化是全球化的前奏,是全球化的必由之路,而全球化是国际化的最终结果,总是先有国际化才有全球化。其次在层次上,国际化是指在以民族国家为主体的国家间交往方面,跨出本国的过程即为国际化,而全球化不仅是跨国界、跨区域的过程,它更强调的是非国家的国际主体的行为和全球共同规范的作用,是一种全球范围的作用过程。因此,全球化的范围和层次要比国际化更广、更高。

(三) 全球化与趋同化

与趋同化相比,全球化是一种世界普遍的相关性,这种相关性突出各因素

---

① 参见文军:《全球化概念的社会学考评》,《马克思主义与现实》2000 年第 6 期;文军:《西方社会学理论》,上海人民出版社 2006 年版,第 429—431 页。

之间的相互影响、制约和依存,因此,全球化不排斥矛盾、对抗和冲突,是整合与冲突、趋同与分化的统一体;而趋同化只是指一种普遍的质的一致性,其追求的是内容与方式的完全同一。全球化没有理由要求不同质的文明或社会趋于同质。

(四) 全球化与西方化

在人类迈向全球化的进程中,由于先行发展起来的西方社会凭借其雄厚的物质财富和先进的技术手段,使自己居于发展的"核心"地位,因此,全球化并非全球的平等化,尤其是在全球化的初级阶段,它更多地表现为一种西方霸权主义,但这并不意味着全球的西方化。全球化追求的是人类的整体利益,强调利益、信息和价值共享,倡导民族文化间的全面开放和交流,以西方文明为主导的全球发展上的简单归一,必然意味着全球发展多样性的失去。

(五) 全球化与相互依存

在国际政治和国际关系领域,全球化更多的与相互依存联系在一起。两者尽管含义非常接近,但不能相互替代。相互依存意味着对外部事物的相互脆弱性的状况。全球化过程可以在民族之间产生相互依存,同样也可以产生多样的相互作用,并加强世界体系现存的不平等性。全球化意味着对外部事物或行为的敏感性,其不仅仅是相互依存,而且是相互作用的。

(六) 全球化与现代化

一般认为现代化是以工业化为核心内容,以民族国家为主体的一个特殊的发展阶段。如果把1492年哥伦布远航美洲,第一次把东西半球联系在一起看作全球化进程的序幕,那么现代化就是在全球化背景下启动的一场全球性的社会变迁过程。在此过程中,躲避不开"西方化"、"西方中心主义"的阴影,但全球化进程并不为某个行为主体力量所决定,也绝不是某个行为主体特色的翻版。同时,现代化既可以表示为一种动态的过程,即发展趋势,也可以表示为一种静态的状态,即发达状态,而全球化在目前阶段一般被认为是一种过程、趋势,而非指一种全部的现实状态——尽管可能会在某些领域或某些方面出现这种现实状态。当然,在人类走过的现代化历史进程中,现代化与全球化具有相当程度的关联性,在特定的历史阶段甚至带有重合性,尤其是在全球社会全部实现现代化之前,全球化即是全球的现代化。现代化促进了人类全球化的发展,并为全球化提供了动力源泉和制度保证,且在全球化进程中,现代化制度因素本身也在不断全球化。但从未来发展的角度来看,现代化与全球化并不总是同步存在的,一些民族国家已完成了自己的现代化过程,进入了所谓的后现代时期,体现的是一种历时性关系,而全球化却是一个漫长的人类整体发展过程,它强调的是发展空间的共时性。

作了以上术语间的区分,那么社会学如何界定全球化呢? 相对政治学、经济学和文化学来说,社会学对全球化问题所展开的全面而系统的探讨要晚些,且对全球化概念本身的理解而言,社会学恐怕也是分歧最多的。英国社会学家斯克莱尔(L. Sklair)认为,全球化的中心特征就在于当代的许多问题都无法在民族国家的层次上,即无法从国际(国家间)关系的角度加以研究和说明;德国社会学家贝克(U. Beck)把全球化细化为客观现实、主观战略、主客观相互作用的发展进程等三个不同层面,并分别使用"全球性"、"全球主义"和"全球化"三个不同的概念;吉登斯则从制度转型的角度把全球化看作是具有现代性的各项制度向全球扩展的过程,即全球化就是时间上纵向发生的现代化在空间中的横向的展开。另外,还有许多社会学者认为,应该从危及人类共同命运的全球性问题入手,把全球化视为人类在其所面临共同问题的情况下达成的共同认识。

全球化概念有广义和狭义两种,广义的全球化泛指人类从彼此分隔的多中心民族社会逐步走向全球性社会的历史变迁过程;狭义的全球化特指20世纪末以来,以全球意识为基础,以人类共同利益、共生发展为目标,以科技进步和经济发展为动力,在全球范围内展开的涉及政治、经济、文化和社会等各个领域的人类社会整体化、多样化、依存化和关联化的客观历史进程和趋势。[①]

二、全球化的历史进程及动力

关于全球化的逻辑起点,不同的社会学者之间还存在着一定的分歧,不过

---

① 童星:《现代社会学理论新编》,南京大学出版社 2003 年版,第 393 页。

大多数学者采用广义全球化的概念,倾向于把 1500 年看作是全球化的启动时间(见表 12-1)。

表 12-1　　　　不同社会学家对全球化开始年代的不同意见

社 会 学 家	全球化开始年代	关注的主题
马克思(Marx)	约 1500 年	现代资本主义
沃勒斯坦(Wallerstein)	约 1500 年	现代世界体系
罗伯逊(Robertson)	约 1500 年	包括多个面向
吉登斯(Giddens)	约 1800 年	现代性制度
汤姆林森(Tomlinson)	约 1960 年	文化全球化
帕尔马特(Perlmutter)	约 1990 年	全球文明

尽管当代意义上的全球化时代来临不久,但作为一种客观的历史进程,全球化自哥伦布 1492 年远航美洲大陆时就已启动。这一过程是由一系列动力因素促发的结果。

第一,近代资本主义生产方式的建立及其所带动的社会生产力的大发展是全球化时代形成的前提条件和根本动因。15 世纪的地理大发现,为当时正处于萌芽时期的资本主义经济带来了新的希望,并极大地刺激了早期西方资本主义国家的商品和资本输出,为资产阶级开拓世界市场创造了有利条件。到 19 世纪末,世界市场由原来的西欧、环地中海区域逐步扩展到亚洲、非洲、南北美洲和大洋洲。这不仅进一步推动着西方资本主义的发展,而且还将许多原来处于自给自足和闭关自守状态的民族、国家都拉进这种世界体系。资本主义生产方式的牢固建立以及由此推动的现代工业的兴起,像一条巨链以自己强大的力量把整个世界联结在一起,有利地推动了全球化的进程。

第二,新技术革命的兴起与国际经济交流的大力发展,是全球化时代形成的直接动力。20 世纪中叶以来,在新技术革命与国际经济交流的推动下,全球化进程日益加快。尤其是二战后开始的以原子能、电子计算机和空间技术为主要标志的新技术革命,产生了许多新兴工业,大大促进了生产的进一步社会化和国际化。这不仅再次改变了世界市场的存在形式和人类的生活方式,而且使时间和空间的概念得以完全更新。其中一个明显的特征就是跨国公司的迅速崛起,它们的迅速扩展成为全球化形成的重要动力和主要载体之一,因为跨国公司以需求为前提,以利益为导向,而需求的增加,市场的扩大,客观上要求它们不断扩大规模,增加生产,突破地域限制。

第三,全球性问题的出现则是促进全球化趋势形成的一种反面力量。诸如跨国犯罪、艾滋病、毒品走私、恐怖主义、黑社会组织以及人口老龄化、粮食危机、南北差距和环境污染等全球性问题的出现使得整个人类社会都处于危险境地,它们不再是一个国家或一个民族的问题,而是具有全球性影响的问题。更为重要的是,人类无论要制止自己的恶行,维护自己的幸福,还是要寻求更加美好、协调的未来生存和发展环境,都必须动员整个人类的集体力量,通过全球协调一致的努力,各国的精诚合作,才能真正解决这些问题。这种力图解决全球性问题的决心和实践,无疑大大加速了全球化时代的到来①。

第四,人类对战争的理性思考也是促进全球化趋势的一个重要推动力量。与国家内部情况不同,国际社会基本上处于一种无政府状态,国家之间由于利益冲突很容易爆发战争。经过两次世界大战的洗礼,人类重新开始面对和反思战争。随着科技的发展,现代战争规模和破坏力也越来越大,特别是核弹的发明,使得人类陷入可能被毁灭的危险。为防止这种情况的发生,就需要国与国之间的相互充分沟通和适当的调节机制,联合国以及随后一系列的不同国家政府间组织就是基于此而组建的,这些组织成立后,极力推动国家间的交流,并成为解决全球性问题的主要场所,极大地推动了全球化进程。

三、全球化的发展趋势和后果

在全球化过程中,世界经济、政治和文化交流日益发展,各国相互之间的联系和影响也越益加强,呈现出一系列与以往时代显著不同的发展趋势。

(一) 交通全球化

全球性社会的形成得益于交通事业的发展,500 年前哥伦布 70 天的航程,今天的喷气式客机仅只需要几个小时就能完成。交通技术的发展已经使

---

① 文军:《承传与创新:现代性、全球化与社会学理论的变革》,华东师范大学出版社 2004 年版,第 90—92 页。

全球结成一个紧密活动的整体,便捷快速的跨国界的交通网络,极大地促进了各国之间的政治经济与社会文化的交流,为使传统的地域性活动转向全球性活动提供了基础条件。

(二) 信息全球化

全球体系得以形成的现代科学基础是微电子学的迅速发展以及由此而推动的信息工业的蓬勃兴起。今天,以微电子学理论为基础,以微电子技术和现代通讯技术为主体,以全球信息互联网络的形成为标志的信息技术大革命已使全球结合为一个紧密的信息整体。这种信息传播、处理的共时性,不仅推动了整个人类社会的通讯化、计算机化和自动控制化的进程,而且还大大缩短了现实生活中的时间和空间距离,使人类具有了前所未有的活动范围和创造能力,并由此引起了信息大革命。

(三) 科技全球化

科学技术是推动社会经济发展的强大动力,当代科技革命的一个重要特征就是科学技术的高度综合和理论与应用的一体化。这种一体化不仅表现在学科或者学科领域之间的交叉,而且也表现在科学研究群体的跨国合作。同时,为了进一步加速全球生产力的发展和知识技术的传播与互动,频繁的科技交流和技术转让使任何一个国家的社会与经济发展都不可避免地要融合到全球发展的大趋势之中,科学技术已越来越成为全球共享的财富。

(四) 经济全球化

经济全球化是全球化趋势中最为明显的表现,当前无论是经济体制、经济主体还是经济活动场所都出现全球一体化的雏形。市场经济体制已经席卷全球,几乎所有国家和地区都相继建立了现代市场经济体制,实行对外开放的政策。各国经济、金融和贸易相互渗透,融为一体,高度依存,彼此之间形成你中有我,我中有你的局面。而且,以市场为基础的世界经济的全球化的穿透力越来越强大,可以整合、改造和重塑地球上的生产、经营、流通和消费方式。随着这种市场经济全球化步伐的加快,获得国际市场以及国际性的资金与技术的合作,已成为一个国家发展经济必不可少的前提。

(五) 贸易全球化

近年来,由于信息革命和信息全球化的推动,贸易的全球化进程也大大加快了步伐。跨国性的要素流动和财富分配以过去无法想象的速度进行,电子数据交换(EDI)和贸易网点(TN)等已成为全球贸易中普遍流行的工具,不仅降低了传统面对面交易的费用,而且大大强化了国际贸易的全球化和电子化的趋势。为适应这种新的贸易格局,有管理的自由贸易已经成为多边贸易体系和各国贸易政策的基石。

(六) 经营全球化

21世纪的经营将没有国界,经营也将充分全球化。全球方略、跨国经营已成为当代全球经济的突出特征之一。经营者、经营主体和经营对象、经营客体都迅速地全球化,并正以巨大的力量冲击着传统的国家主体和民族经济,其中一个主要体现便是集生产、贸易、投资、金融、技术开发和转移,以及其他服务于一体的跨国公司所奉行的全球经营战略的大力推行。这些公司以全球市场为目标,跨越国界组织生产,实行全球生产网络,开展全球范围内的竞争,并在经营战略上越来越注重从全球性的战略目标出发组织其业务活动。这一方面表现在以争夺全球市场份额为目标,而不是分散地考虑一时一地的得失;另一方面表现在从全球的范围去合理配置各种资源,而不仅仅考虑本国的优势。在管理方面,许多跨国公司采用全球网络式的经营组织结构;在用人观上也不再以国家、地区为标准,而是充分聘用和发挥当地人才的优势,不分国籍地提拔主要经理人员,从而有力地促进了经营全球化的发展。

(七) 文化全球化

全球化的推动正在全世界形成新的文化样式,各民族文化将突破地域限制,走向世界,并在全球范围内接受考验和评价。其主要表现在全球文化的交融、全球民俗和生活方式的趋同等。近年来,在民族主义、地区主义和民族文化大复兴的同时,全球文明共同体和人类文化共同体逐步形成。无论是东方文化还是西方文化,在全球化浪潮中都不得不重新审视自己,把目光外投,并在与其他文化的沟通和融合中寻求新的发展,兼容并取,消弭文化间的隔阂和矛盾。

（八）观念全球化

与文化全球化紧密相联的是代表着全球整体利益的全球观念的形成。全球化时代的到来不仅把每一个人变成了全球社会的一员,使其具有现代的法理意识和理性精神,而且还极大地拓展了人们的时空观念和社会历史视野,人们彼此之间都成了生活在同一"地球村",联系紧密、利害攸关的"村民"。人们在工业化时代所形成的那些有关人与人、人与自然间关系的观念将受到巨大的冲击,尤其是在传统的主权观念上,将会受到严峻的挑战。其中比较突出的是各国的企业可能会受到共同利益的驱动而相互结合,按地理和政治划分地区和国家范围的传统观念将逐渐淡化,经济的权力将稳步地向全球水平转移,经济上的边界日趋消失。同时,全球性危机的挑战和全球空间的缩短使人类产生同呼吸共命运的感觉。因此,在思维观念上,全球化时代的人们必须时时、处处以全球意识的观念为着眼点,树立全球观念以适应全球化所带来的划时代的社会大革命。

（九）竞争全球化

由于发展条件的有限性,每个国家或地区不可能同时都获得发展所必需的资源与市场,也不可能实现同等程度的发达。因此,在全球化进程中,每个国家或地区为实现自我的超前发展,就不得不借助有利的国际国内条件,动用其内部所拥有的一切力量,包括政治、经济、军事、文化、技术以及其他一切能够与其他国家抗衡的力量,在全球范围内竞争,即综合国力的对比。同时,随着交通和信息等的全球化,资金、技术和产品流动也越来越快,企业和公司之间的竞争也不仅仅是国内的对比,而是在国际市场范围内的竞争。

（十）国际性社会问题全球化

全球化带来的并不只是福祉、安宁和幸福,信息的爆炸性增长、机器人与自动化的危险、资源与能源的短缺、人口爆炸与粮食危机、环境污染与生态失衡、科学技术对人与社会的负面影响、种族冲突、恐怖主义、毒品犯罪等一系列国际性社会问题也随之而来。这些问题不仅仅是一国或两国的问题,而是全人类的问题,它们对整个人类社会的生存和发展都构成了威胁,而且各种问题之间相互联系,相互作用,盘根错节,结成了一个难解难分的全球问题系统,要解决这些问题,只有所有国家、民族和地区的协同作战、共同努力。①

第五节　中国的社会转型

一、转型理论概述

在以前的发展理论中,要么是主要面对近代以来西方发达国家现代化过程的现代化理论,要么是主要面对 20 世纪 60 年代以来发展中国家社会发展(特别是拉丁美洲和非洲以及后来的东亚部分国家和地区)的"核心—边陲"模式下的发展理论。但自 20 世纪 80 年代以来,发生在中国、苏联和东欧等社会主义国家的以市场转型为核心的社会发展过程为发展社会学提出了一系列新的议题:如何看待不同国家和地区的发展道路,如何看待发展和转型过程中国家与社会的关系,如何看待发展过程中社会不平等的问题等。这些议题扩展了发展社会学的视野,也为建构新的发展社会学理论提供了可能。在此基础上,社会学正在形成一种以"市场转型"为核心概念的社会发展理论——社会转型理论。与前两种理论相比,这种理论既不成型也不系统,与其说是社会发展理论,不如说是社会发展研究。

虽然这些研究难成系统,但他们都有着共同的理论前提:在相关的研究中,社会学研究更多的是西方资本主义社会,奠定现代社会学基础的几位大师关注的几乎都是对资本主义文明的解释。马克思关注的是资本主义中的生产关系特别是其中的劳动与资本的关系;韦伯探讨的是资本主义文明形成的精神条件,尤其是与新教伦理之间的关系;迪尔凯姆所面对的则是,如果说在传统社会中,社会整合的机制是人们在共同经历基础上形成的"机械联系"的话,现代资本主义社会中新的整合机制则是"有机联系"。正是这样的一些关怀,构成了古典社会学的基本理论母题。但作为一种人类社会的制度存在,社会

---

① 文军:《承传与创新:现代性、全球化与社会学理论的变革》,华东师范大学出版社 2004 年版,第 96—103 页。

主义则鲜有人如此深入的探讨,而且社会主义国家与西方发达国家或其他发展中国家相比,无论在起始点还是现实的结构性制约条件以及由此形成的发展逻辑上,都有着明显的独特性:他们的社会转型过程却并非是从传统社会开始,而是从一种计划体制向市场体制的转变。斯塔克(D. Stark)和倪志伟(Victor Lee)认为,社会主义既不像极权主义范式所认为的那样是资本主义的另一极,也不像现代化理论所认为的那样其未来是与资本主义相趋同的,而应当把社会主义看作一种独立的社会形态。

从国外相关研究来看,对转型理论的研究主要有两大块,一是对市场转型的前置状态的研究,一是对市场转型的演进进程的研究。前者的研究有著名的匈牙利经济学家科尔奈(János Kornai)的"短缺经济"和"软预算约束"论,撒列尼(I. Szelenyi)的"再分配经济"论以及魏昂德和简·奥伊的"庇护主义"论等;后者的研究主要分为两大阵营,一是关于资本主义取向的市场转型研究,即关于苏联和东欧社会主义国家的市场转型研究;一是关于社会主义取向的市场转型研究,即关于中国的市场转型研究。[1]

二、中国社会转型的内容及其历程

我国社会学学者对社会转型目前还没有统一的界定,一般来说,社会转型主要有三方面的理解:一是指体制转型,即从计划经济体制向市场经济体制的转变。二是指社会形态变迁,即"指中国社会从传统社会向现代社会、从农业社会向工业社会、从封闭性社会向开放性社会的社会变迁和发展"。三是指社会结构变动,持这一观点的学者认为:"社会转型的主体是社会结构,它是指一种整体的和全面的结构状态过渡,而不仅仅是某些单项发展指标的实现。社会转型的具体内容是结构转换、机制转轨、利益调整和观念转变。在社会转型时期,人们的行为方式、生活方式、价值体系都会发生明显的变化。"我们可以这样认为,第一种理解是一种狭义的社会转型概念,主要指改革开放以后的中国社会变迁,而后两者其实都是广义的概念,只是两者强调的重点有所差异,

---

① 详见刘祖云:《发展社会学》,高等教育出版社 2006 年版,第 55—83 页;孙立平:《社会转型:发展社会学的新议题》,《社会学研究》2005 年第 1 期。

"社会形态变迁"说是从社会的表现特征方面来进行界定,而"社会结构"说则是从社会内部因素的质变进行描述。

如果我们采用广义的社会转型界定,那么中国的社会转型是何时起步?大致经历了一个怎样的过程呢?目前,大多数学者都认为,广义的社会转型是从1840年鸦片战争开始,至今大致可以分为三个阶段。

(一) 中国社会转型的慢速发展阶段(1840—1949)

这一阶段,中国社会在内忧外患的国情下,转型极为缓慢,而且非常艰难,这主要表现为:

第一,工业化进程步履艰难。虽然在此阶段,作为现代社会因素的新型工业也在中国开始出现,并得到了一定的发展,但在外国资本主义的巨大压力下,国内封建势力的严重摧残和战争等因素的制约中,工业经济不仅发展缓慢,而且还存在工业结构残缺,基础薄弱,设备落后,规模很小,布局畸形等问题。到1949年,现代工业只占国民生产总值的10%左右。

第二,城市化进程缓慢。随着中国工业化的艰难启动和发展,中国的城市化进程也随之得以推进。中国不仅出现了上海、天津、青岛等商业型城市,而且还出现了武汉、重庆等交通枢纽型城市,同时还出现了大同、唐山等矿产资源型城市。而且城市人口比重也从1843年的5.1%上升到1949年的10.6%。但这一过程是缓慢的,其中既有经济的原因,也有政治和战争等方面的原因。

第三,民主化进程停滞不前。虽然辛亥革命唤起了中国人的民主意识,但此后的国民政府在民主化道路上并没有取得实质的进展,建立新型民主政治国家的方案也一再流产。

(二) 中国社会转型的中速发展阶段(1949—1978)

1949—1978年的中国社会转型较之第一阶段要快,但与后一个阶段相比又要慢得多。

在此阶段,新中国在工业化道路上取得了长足的进步:第一,工业发展速度较快,从1952年到1979年,中国工业总产值年均实际增长率达到11%;第二,工业门类较为齐全;第三,工业布局较为均衡;第四,工业技术水平明显提高,并取得了原子弹爆炸、卫星上天等伟大成绩。中国初步建立起了比较完备的现代工业体系。国内生产总值也从 1952 年的 679 亿元提高到 1978 年的 3 634.1 亿元。

在城市化方面,此时中国的城市化程度逐步提高,到 1978 年,中国城镇人口占总人口的 17.92%。除此之外,随着工业项目的设立,一方面是一些诸如武汉、沈阳和重庆等大中城市的快速发展,另一方面是出现了一批诸如鞍山(钢铁)、大庆(石油)和十堰(汽车)等中小工业城市。

但由于特殊的历史原因,这一阶段中国的社会转型经历曲折,不论是工业化还是城市化都出现了几次波动,而且重工业和轻工业以及农业之间出现了发展失衡。在制度层面上,权力高度集中的计划经济体制的弊端随着经济的发展日益暴露,并且已成为制约中国社会经济发展的瓶颈,经济体制改革既是经济发展的迫切需要,同时也是社会转型的必然要求。

(三) 中国社会转型的快速发展阶段(1978 年至今)

1978 年的中共十一届三中全会作出了从"以阶级斗争为纲"转变到"以经济建设为中心"的重要决策,中国社会开始了从僵化半僵化到全面改革、从封闭半封闭到对外开放的历史性转型,具有划时代的意义。从此,中国的经济发展和社会转型进入了快车道。这不仅表现为工业的快速增长、产业布局的日趋合理以及结构的升级,城市化的健康持续发展,还表现在经济的市场化,社会的开放化以及政治的开明化等方面。陆学艺教授将这一转型概括为"六大转化":中国社会正在从自给半自给的产品经济社会向有计划的商品经济社会转化,从农业社会向工业社会转化,从乡村社会向城镇社会转化,从封闭半封闭社会向开放社会转化,从同质单一性社会向异质多样性社会转化,从伦理社会向法理社会转化。总的来说,1978 年的中国社会转型,不论是在速度、广度、深度,还是在向度和难度等方面都是前所未有的。①

---

① 刘祖云:《发展社会学》,高等教育出版社 2006 年版,第 169—175 页。

第十三章　社　会　问　题

　　世界各国的人们都经历或正面临着各种各样的"公共麻烦"：穷人在贫困线上苦苦挣扎，温饱难以为继，有病得不到及时治疗，子女辍学、失学；当经济不景气时，大量的劳动力找不到工作，失业率上升；社会不平等现象广布于各种领域，弱势群体遭受着各种各样的歧视和不公正对待；社会暴力、冲突事件不断发生，犯罪率居高不下，治安状况恶化；吸毒、卖淫、异常性行为等丑恶现象冲击着主流的价值观念；普通大众的生活质量也面临诸多威胁，环境污染严重，危及人类健康的食品充斥市场，等等。

　　社会学从其产生之日起，就与社会问题结下了不解之缘，对社会问题的关注，是社会学发展历史上的重要传统。法国社会学家涂尔干的《自杀论》，马克思、恩格斯对劳工问题的研究，美国芝加哥学派对城市问题的研究，都是社会学界在社会问题研究领域中的典范。社会学发展至今，当代社会学家早已把对社会问题的研究视为己任，在诸多社会问题的研究、解决及预防方面作出了巨大贡献。可以说，社会学家对社会问题的特征、本质以及规律的研究，有助于我们深入系统地认识社会问题，并努力加以解决。在本章中，我们先对社会问题的概念及理论进行梳理，然后选取几种典型的社会问题予以介绍。

第一节　什么是社会问题

一、社会问题的定义

　　社会问题是一个大家耳熟能详的概念，也是一个歧义颇多的概念。从总体上看,其含义有广义与狭义之分。广义的社会问题概念,泛指某一社会领域中的所有话题和议题,不涉及任何价值判断和主观色彩,比如人口问题、交通问题、能源问题、城市问题、农村问题等;狭义的社会问题概念,则含有主观上的价值评判成分,特指社会运行过程中所发生的失调、冲突等病态的、消极的现象,如犯罪问题、人口老化问题、家庭暴力等。社会学研究倾向于采用狭义的社会问题概念,并赋予其特定的、丰富的含义。

那么,什么是社会问题(social problems)? 不同的社会学家从不同的角度出发,给了了不同的回答。

美国社会学家米尔斯曾经简明扼要地指出,社会问题就是社会某领域中的"公共麻烦",这里强调的是,个别人的烦恼并不构成社会问题。

米佛认为:一个社会问题,是一种社会情况或情景,已引起社会的困苦、紧张、冲突或失败,有加以干涉的必要。

乔恩·谢泼德和哈文·沃斯认为:一个社会的大部分成员和社会一部分有影响的人物认为不理想、不可取,因而需要社会给予关注并设法加以改变的那些社会情况即为社会问题。

美国社会学家富勒认为,社会问题即是一种被相当数目的人们认为,是与他们所持有的某些社会规范产生了偏离情形的状况。是故,每个社会问题都包括着客观条件与主观定义。

我国老一辈社会学家孙本文先生认为:社会问题就是社会结构或环境失调,致使社会全体或一部分人的共同生活或进步发生障碍的问题。当社会秩序安定,人与人之间的共同生活顺利安全,社会是没有问题的。

费孝通先生主持编写的《社会学概论》中的定义:"社会问题是社会关系或环境失调,致使社会全体成员或部分成员的正常生活乃至社会进步发生障碍,从而引起了人们的关注,并需要采取社会的力量加以解决的问题。"

陆学艺主编的《社会学》一书将社会问题定义为:"凡是影响社会进步与发展,妨碍社会大部分成员的正常生活的公共问题就是社会问题。它是由社会结构本身的缺陷或社会变迁过程中社会结构内出现功能障碍、关系失调和整合错位等原因造成的;它为社会上相当多的人所共识,需要运用社会力量才能消除和解决。"

上述社会问题的定义虽然不尽一致,但从中可以看出,社会学家倾向于认为,社会问题包括有不可或缺的两个方面的内容:一是客观的社会事实、情况、现象;二是人们对这种事实的主观认识、态度和评价。也就是说,一种社会情况要成为社会问题,还必须有相当一部分人认为它是社会问题并试图加以改善和解决。

综上所述,我们认为,所谓社会问题就是指那些不合理的社会失调、冲突、消极现象,它们由社会原因所造成、影响到社会的公共生活,已引起社会关注并需要运用社会力量加以改变。

二、社会问题的构成要素

综合社会问题的诸多定义,可以看出,一种社会情况或社会现象,只有具备了特定的条件和要素,才能够被视为社会问题。

从社会问题的内容构成上看,社会问题大体包括客观和主观两方面的要素,客观要素指那些威胁社会运行安全的实际情况,主观要素表现为人们对上述实际情况的认识以及消除危害、解决问题的愿望。

具体来讲,公认的社会问题应该具备下列要素:

第一,客观性的事实依据,即它们对某些人或社会造成了物质或精神方面的损害。比如贫困现象被认为是社会问题,是因为数以亿计的人口难以维持基本生存,营养不良,有病难医,生命健康面临威胁;没钱接受正规教育,缺乏生存竞争能力。

第二,它们触犯了社会中一些权利集团的价值观或准则。无论哪一种社会现状,只要当权利集团的成员认为它会对他们产生某种不良影响甚至于对其利益、地位构成威胁时,它就容易被确定为社会问题。比如同性恋问题,同性之间的性爱对传统的异性恋观念发出了挑战,他们的性行为及性关系冲击着主流社会的婚姻、生育模式。

第三,它们持续存在了较长的时间。对其他相关问题的连带影响、一些人能够从问题中获利的现实、问题解决中的长期性与人们普遍存在的急功近利态度的矛盾等,使得社会问题的存在不仅根深蒂固,而且会造成既得利益集团的阻挠、削弱人们对解决问题的努力,从而使社会问题一般都具有持续时间长的特征。反过来讲,一个在短时间内容易得到解决的问题是不会发展成为社会问题的。例如,中国的环境污染现象从 20 世纪 80 年代已开始显现并日趋严重,但在当时,地方政府因醉心于 GDP 的增长,对污染现象并未给予足够的重视,以至于污染现象愈演愈烈,持续至今,已成为当代中国突出的社会问题之一。

第四,人们遇到的这类问题通过努力是可以改变的。人类社会在发展过程中,会遇到各种各样的难题和障碍,限于人类的能力和科学发展水平,有些麻烦事是根本不可能解决的,如许多人为无法成仙、长生不老而烦恼,但这显然成不了社会问题。而在解决人口过多问题上,中国从 20 世纪 80 年代开始,经过十几年艰苦卓绝的推行计划生育政策,至目前已有效地缓解了人口的巨大压力。

第五,有多样化的解决方案。社会问题的解决方案往往会涉及不同的社会群体,因为各个群体所处的地位、所面临的利益各不相同,因而问题的解决方案往往会有着多种选择,很难达成一致,最终付诸实施的方案往往是妥协、折衷的产物。

三、社会问题的认定过程

一种社会现象,其自身有一个客观的演进过程,这是不以人们的意志为转移的,可大体上把它划分为潜伏期、征兆期、爆发期、挑战期和危机期五个阶段。但某种失调现象或不合理的情况本身并不必然表现为社会问题,换言之,它要被判定为社会问题,还需要有一个认识上的、主观的判定过程。这两方面的发展往往交织在一起,共同决定着社会问题的构建。我们关心的是,社会问题由谁来认定? 什么时候认定?

社会问题判定标准的主观性、多元化特征,并不意味着它就是可以随意认定的。因为"标准"也有重要与次要之分、认同者的多寡之分以及地位高低、影响力大小之分。默顿认为:"处于不同社会地位和群体的人的社会准则是不相同的。……当社会高度分化为极不相同的社会地位,并形成了特定的利益和价值时,对于判定何者构成社会问题,将会有不同的回答,而且常常有尖锐的冲突。""故而,一个群体的问题,可能是另一个群体的财富。"为了解决这种在社会问题判定方面可能存在的随意性,默顿引入了一个"核心标准"作为依据,这就是"广泛持有的社会准则与现实社会生活状况之间的根本不一致"。可以看出,在他所谓的核心标准里,有两个重要的变量:"广泛持有"与"根本不一致",根据前者可以把多数人的标准与少数人的标准区分开来,而根据"不一致"的范围和重要程度则可以决定社会问题的种类和严重程度。

综合来看,社会问题的主观认定过程包含相关社会群体的利益诉求,大致可概括为以下几个发展阶段:

首先是利益受损集团的强烈不满和反抗。利益受损集团指直接受到某类社会问题伤害的对象,它们对某种社会问题感受最深,往往最早进行反抗行动,并争取其他社会成员的理解与支持。反之,如果利益受损集团抱着忍气吞声、息事宁人的态度,将会延迟这一进程。

其次是社会敏感集团、有识之士及有社会正义感、责任感的组织的呼吁。对社会问题敏感度较高的群体通常为专家、学者、媒体、社会精英等,他们利用自己的专业、地位和影响力,为利益受损集团呐喊助威。

第三是大众传播媒介以及某些社会组织的宣扬和推动。某些社会现象能否被定为社会问题,或能否被当作社会问题看待,关键在于社会上广大社会成员对这一问题的反应和看法。

第四,公众普遍的认识和接受。

第五,社会权力集团的认可与支持。

从上述过程来看,社会问题的认定过程是极其复杂的,不是任何个人或群体能够单方面做出决定的,其中涉及不同群体的利益博弈,体现出社会各方尤其是利益直接相关集团的力量较量。但一旦某种社会情况被以社会问题的形式确定下来,就意味着它进入了治理、解决阶段。

四、社会问题的特征

尽管社会问题的内容复杂,表现形式各异,但从总体上看,大致都具有如下共性的特征。

第一,社会问题的产生具有一定的普遍性。社会就好比一个生物有机体,在运行发展过程中,总是难免出现一些结构失调、功能紊乱等病态现象。古往今来,社会问题一直伴随着人类社会,一个没有任何社会问题的所谓"理想社会"是不存在的。从这层意义上说,对待社会问题的科学态度不是避而不谈、故意掩饰,而是要通过深入系统的研究,揭示其本质规律,以便对症下药,寻求解决良策,减轻消极影响,促进社会的健康发展。

第二,社会问题具有客观性和主观建构性的双重特征。社会问题首先表现为一种客观情况,即某种不合理、不协调的客观事实,它不是人们凭空捏造出来的。人们对社会问题的认知水平及判断标准,都是以一定的客观事实为依据的。毫无疑问,社会问题是那些"成问题"而需要加以解决的社会事实,但判定问题的标准却与人们的主观建构有关。这主要是因为,一是人们对某种社会现象的认识有一个不断发展的过程;二是不同的社会文化、价值观念、立场态度等主观因素,都会给社会问题的认识打上主观烙印。正因为如此,我们常常会看到,有些社会情况对社会发展的危害已经相当严重,但我们却没有及时发现,或者被某些既得利益集团故意掩饰。

第三,政治性。任何社会问题,往往都牵涉到社会中的许多不同群体,有人深受其害,也有人从中得益。纵观社会问题的整个演进过程,无不交织着相关各方的利益争夺、力量较量。从这个意义上讲,所有的社会问题都带有一定的政治性。

第四,时间上的持续性。任何社会问题都不是一蹴而就、骤然产生的,而是有一个不断发展、日积月累的演进过程。一些看似新近出现的问题,追本溯源,要么是老问题以新的形式出现,属于旧瓶装新酒,要么是经历了相当长的萌芽、潜伏之后而显现出来。换言之。一种在短期内容易解决的问题是形成不了社会问题的。

第五,关联性。从内容上讲,随着社会分工的日益精细,当代社会各领域之间已形成高度依赖、紧密协作的有机整体。某一领域中的社会问题往往不是孤立存在的,而是与其他社会领域中的问题相互交织,互相关联,你中有我,我中有你。例如,卖淫问题中,就涉及贫困问题、失业问题、道德问题、犯罪问题、性压抑问题、黑恶势力问题等。从地域上看,随着全球化步伐的加快,不同国家、不同地区之间的联系与影响也日益紧密,社会问题也正突破地域限制,向更广阔的地域空间蔓延。例如,时至今日,环境污染问题已不是哪一个地区或国家的问题,而是全人类共同面临的问题。

因此,要正确地认识某一社会问题,必须运用全盘的眼光、全球化的视野,而在解决社会问题的时候,方案也要有前瞻性,"一个问题的解决,往往是另一个问题的开始"。

五、社会问题的类型

对社会问题的类型进行归纳与总结,找出其共同的特征与规律,是社会问题理论研究的一个重要方面。判定社会问题的标准多种多样,其产生原因、本质内容、存在领域、表现形式、影响后果、解决方案等,都可用作区分不同的问题类型及其特征的依据。因此,从不同的角度出发,可以把社会问题划分成不同的类型。下面介绍几种常见的划分方法。

(一) 过失性社会问题和结构性社会问题

社会问题产生的原因错综复杂,依据其产生根源,美国社会学家乔恩·谢泼德把社会问题归纳为两大类,即过失性社会问题和结构性社会问题。

过失性社会问题指社会成员所产生的"偏离社会正常生活和规范的过失行为"所造成的问题,如青少年犯罪、酗酒与吸毒、性行为过失、精神疾病等。这类问题更多地与某些个人不恰当的行为直接相关。

结构性社会问题指那些由社会结构及社会制度不合理、不协调所带来的社会问题,如贫富分化、社会偏见与歧视、腐败现象、环境污染、人口老龄化、性别比例失调等问题。此类问题的形成往往不是个人所能决定的,而是很大程度上源于宏观的社会结构、深层次的社会制度。

可以看出,这两类问题所关注的是完全不同的社会现象。做出这种区分,将有利于我们对两类问题之间的相互作用、相互影响进行深一层次的分析。

(二) 显在的社会问题和潜在的社会问题

社会问题既有其主观性的一面,这表现于社会成员的认识与评价之中,他们明确肯定或者否定某些现象为社会问题;也有其客观性的一面,表现于被评价的实际对象之中。因而,依据问题的表现形式,默顿区分了显在的社会问题和潜在的社会问题。那些已经引起社会成员普遍关注的社会问题就是显在的社会问题,它们的表现形式、社会影响乃至严重后果都被明显认识到。而潜在的社会问题,是指在客观上虽存在着种种的"问题"事实,但其后果、形式及严重性尚没有引起社会的普遍性关注。

区分显在的社会问题和潜在的社会问题具有重要意义。一方面,对显在的社会问题的澄清,以及对潜在的社会问题的发掘,可以提高我们对集体性和制度性行动之后果的认识,可以帮助我们了解社会问题的复杂多样的后果。另一方面,这种区分也使社会学家的视野不再局限于那些在社会中已被明确定义为问题的情况,从而对社会学的学术研究范围和研究价值都有着积极的作用和意义。

(三) 社会性的、制度性和个人性的社会问题

台湾学者杨国枢、叶启政则把社会问题概括为三大类:

一是社会性的社会问题,主要包括人口问题、贫困问题、农村问题、城市问题、环境问题、种族问题等。

二是制度性的社会问题,如家庭问题、老年问题、教育问题、宗教问题、就业问题、婚姻问题等。

三是个人性的社会问题,如犯罪问题、自杀问题、精神病问题、吸毒问题、卖淫问题等。

第二节　社会问题的理论解释

结合社会学理论,社会学家对社会问题的理论阐释主要从三种视角展开,即结构功能论、社会冲突论和社会互动论,它们在探讨社会问题时都包含着对社会运行的一般性假定和独特的研究视角。

结构功能论把社会看作一个由一系列相互联系、相互影响的社会子系统构成的有机整体,如果社会制度和社会规范的结构合理、功能正常,各组成部分的关系和谐,那么,社会就处于一种稳定、平衡的状态。社会的急剧变迁将会造成社会解组和失范现象,从而诱发大量社会病态现象、社会问题的产生。反过来说,要探究社会问题的产生根源和本质内涵,就必须从社会制度、社会结构中去寻找。其代表性观点有社会病态论、社会解组论、社会失范论等。

　　社会冲突论从社会冲突的角度来解释社会问题的成因,该观点认为,不同社会群体在经济利益、政治权利及价值观等方面的分化和冲突,是形成社会问题的主要动因。

　　社会互动论侧重于探讨如何理解和界定社会生活事件,它认为,社会的运行规则不是一套固定的戒律,而是个人在面对问题时所做出的解释的总和,相应地,社会问题也是通过个人、群体之间的互动产生的,它总是表现为一个不断变化的动态过程。其代表性观点有标签理论、越轨理论。

　　从不同的视角来看待社会问题,其侧重点及解释自然有所差异。下面我们循着社会问题理论的发展轨迹,择要介绍几种相关理论。

一、社会病态论(social pathology)

　　在20世纪初的20年间,社会学家受生物进化论的启发,习惯于把社会看作一个有机体,认为社会各功能系统相互协调、良性运转的社会就是健康的、正常的社会,而社会问题的出现,说明社会中的个人、部分或者整体系统本身出了毛病。在这种观点支配下,社会问题被视为非正常的、消极的、有害的病态现象。

　　早期的社会病态论认为社会是健康的,而社会问题是由不健康的个人或某些人造成的。20世纪60年代兴起的新社会病态论则从社会的宏观系统查找病因,认为社会肌体本身是不健康的,是病态的社会造成了各种社会问题。

　　总的来讲,新老社会病态论主要都以道德作为标准,把社会支持的现象和人看成是正常的、健康的,而把那些社会不支持的看成是非正常、非健康的;社会问题即是非正常、非健康或非道德的现象。

二、社会解组论(social disorganization)

　　第一次世界大战后,社会解组论逐渐取代社会病态论,成为占据主导地位的社会问题理论流派,并影响至今。但是,迄今为止,社会学家所使用的社会解组概念并不统一,其共同之处乃强调对社会变迁的分析,或多或少地指出社会系统的异常、规范的混乱、达到集体和个人目标的途径受阻等。简单来讲,所谓社会解组,就是指一个社会的价值规范和制度对社会成员的控制力减弱、社会系统功能难以正常发挥,进而导致社会某些领域失序的现象。一般来讲,当社会发生急剧变迁时,许多旧的规范已不适用于新的社会情况,而新的规范尚未建立或完善,于是,某些领域无规范、规范失效以致相互冲突的情况大量存在,一旦社会行为失去了准则,就容易产生这样那样的社会问题。罗伯特·K.默顿曾把社会解组的根源简要地归纳为四个方面:利益和价值的冲突、地位和角色责任的冲突、社会化的欠缺以及社会沟通的欠缺。

社会解组论中有两个影响力较大的派别。一是文化堕距(culture lag,又译为文化滞后)观点。美国社会学家威廉·奥本格认为,社会问题起源于文化变迁中的各部分内容之间的相互失调和脱节。社会文化本来是一个相互依赖的有机整体,在它发生变迁的过程中,各个组成部分之间的变化速率并非总是完全保持同步,有些内容变化快,有些内容的变化则可能相对慢一些,这样就极易造成相互间的失调和混乱,从而诱发社会问题的产生。一般而言,总是"物质文化"先于"非物质文化"发生变迁,物质文化的变迁速度快于非物质文化;而非物质文化内部各构成部分的变化速度也是不一致的,一般说来总是制度首先变迁,或变迁速度较快,其次是风俗、道德变迁,最后才是价值观念的变迁。

二是异化(Alienation)观点。黑格尔、费尔巴哈和马克思是最早研究异化问题的三位重要思想家,他们对异化问题的解释构成了当代哲学、社会学和心理学界关于异化的所有讨论的出发点。只是在他们那里,"异化"是作为不同的概念范畴而存在的。总的来看,黑格尔是从人的本质的丧失这个意义上理解人的异化。他认为,人的本质的丧失,亦即是人与其所创造的客体的分离;人的异化就是指,本来由人所生产和创造的应当属于人的东西,不再属于人,反而成为异己的、与人对立的和反对人的东西;要克服异化,就必须重新占有人的本质,把异己的东西重归己有,实现人与其所创造的客体的统一。

如果说,黑格尔把"异化"现象作为一个纯哲学概念来加以探讨,显得过于抽象、玄虚的话,那么,在马克思那里,"异化"则是以一个"社会—经济概念"而出现的,这要具体、生动得多。马克思的异化理论主要用于分析资本主义社会中工人阶级的"劳动异化",其内容包含四个方面:第一是劳动产品的异化;第二是劳动本身的异化;第三是人的本质的异化;第四是人与人的异化。这四个方面构成了"异化劳动"的总体结构:劳动—劳动过程—劳动产品—劳动者。马克思认为,资本主义制度及其生产方式所造成的异化现象是资本主义社会危机的重要根源,并最终形成一种"异己"的力量,为资本主义的瓦解消亡准备了条件。

在马克思"异化"概念的基础上,匈牙利著名理论家卢卡奇(1885—1971)所提出的"物化"概念,对解释资本主义社会普遍存在的商品拜物教以及金钱崇拜现象,可谓一针见血,入木三分。按照卢卡奇的说法,"物化"包含两层意思:一是商品经济的运行法则出现之后,人们可以认识这些法则,但却不能改变这些法则;二是"在市场经济充分发展的地方,一个人的活动变得同他自己疏远开来,它变成一种商品,这种商品服从社会的自然法则的非人的客观性"。换言之,在商品社会中,人生产出商品,人自己也变成了商品,商品按市场法则运行,不以人的意志转移,人也像商品一样丧失了自己的主体,这就是"物化"。

在 20 世纪 30 年代以后,异化理论逐渐为社会学界所重视,"异化"的视界被大大地拓宽,广泛应用于对日常生活及诸多社会问题的分析。美国社会学家魏杰热特(Andrew J. Weigret)研究了日常生活中的异化问题,认为在现代社会中,人们在个人感觉上容易产生两种深刻的异化体验:第一,经常觉得自己是自身所处的生活环境中的陌生人;第二,人类失去了对其至关重要的某些东西。有几种比喻形象深刻地说明了这种异化体验,比如,马克斯·韦伯曾把现代生活比喻为铁笼(iron cage),人们被囚于这个铁笼子里而无法逃脱。此外,也有人把日常生活比喻为一架运转不息的机器,它依靠自己的能量、按照自己的逻辑和目标自行地运转,而个人只是这架巨大机器中的一个小部件,不管你是否愿意,也只得被动地、盲目地围绕着机器而四处乱转。还有人把日常生活比喻为社会舞台上的一场戏,个人只是其中的一个演员和小角色,不停地按戏剧的要求去背台词、训练表演技巧、调整个人的行为。在这个过程中,人彻底地被异化了,生活在毫无意义的世界中,成了无家可归的陌生人。

在传统社会向现代社会、传统自然经济向现代市场经济过渡的过程中,异化现象进一步向政治、消费、人际关系等社会各领域广泛渗透,并在程度上逐步加深,从而导致了社会解组现象频频发生。

三、价值冲突论(value conflict theory)

20 世纪 30 年代至 50 年代,把社会问题与价值冲突、利益冲突联系起来的研究范式一度较为盛行。价值冲突论认为,社会问题在本质上表现为某些群体的价值观相互发生冲突而不能相容共存的社会状况。这种理论所蕴含的机理是,不同的社会群体,由于其所处的社会地位不同,所拥有的利益也不尽一致,因而,他们对同一问题的立场和态度就会有所区别,进而,他们判定问题的标准和解决问题的方法就会显出明显的差别。

四、越轨行为论(deviant behavior theory)

"轨"即规范,所谓"越轨"行为,就是指违反重要的社会规范的行为,亦称离轨行为或偏差行为。越轨行为论试图从某些个人或社会群体所存在的行为偏差来解释社会问题的发生原因。

为什么会出现越轨行为? 犯罪学家苏瑟兰(E. H. Sutherland)所提出的差别交往(differentional association)理论认为,在面对面的互动群体中,有些人群比较喜欢从事各种越轨行为,一个人往往由于与这些人结交而成为越轨者。可以看出,差别交往理论与"近朱者赤,近墨者黑"所揭示出的道理具有异曲同工之处,它的关注中心是某些群体的文化传递和对个人行为的影响,并没有涉及越轨行为的最初发生机制。

美国社会学家罗伯特·K. 默顿提出了"失范与机会结构"(anomic and opportunity-structure)理论,对越轨行为在社会结构方面的形成根源做出了解释。该理论认为,当某种社会目标被一种文化非常看重或过于强调,而实现这种目标的合法的、正常的渠道常常受阻时,就容易产生越轨行为。

五、标签理论(labeling theory)

标签理论其实是越轨理论的一种,故而有时也被称为越轨的社会反应观点,只是它所强调的中心已由既定的社会规范转向了对越轨过程的分析。

标签理论认为,社会问题在很大程度上取决于权力集团的主观认定,某一行为或社会现象之所以是"越轨的"或者"成问题"的,乃是因为有人给它贴上了"问题"的标签。换言之,越轨不是行为本身的特质,而是在越轨者同其反应者之间相互作用的一种特质。

这种理论的代表人物 H. S. 贝克尔认为,社会问题的事实表现并不重要,重要的是社会如何看待和对待这些事实,包括它在什么情况下、为什么以及被什么人认定为社会问题等。那些在社会中处于统治地位的权力集团,往往通过给某种社会事实"贴标签"的办法,判定或否定其问题性,借此达到维护其既得利益和巩固其统治地位的目的。

第三节　人口老龄化问题

21 世纪是人口老龄化的时代。目前,世界上所有发达国家都已经进入老龄社会,许多发展中国家正在或即将进入老龄社会。2002 年,中国也进入了老龄社会,是较早进入老龄社会的发展中国家之一。中国是世界上老年人口最多的国家,占全球老年人口总量的五分之一,中国的人口老龄化不仅是中国自身的问题,而且关系到全球人口老龄化的进程,备受世界关注。

人口老龄化对人类生活带来了全方位的影响。在经济领域,人口老龄化将对经济增长、储蓄、投资与消费、劳动力市场、养老金、税收等产生冲击。在社会方面,人口老龄化将影响社会福利、医疗制度、家庭构成以及生活安排、住房和迁移。在政治和文化方面,人口老龄化也会有不同程度的影响。

一、人口老龄化(aging of population)的涵义

人口老龄化可以从两个方面来理解,一是把它视为一个动态的变动过程,指老年人口相对增多,在总人口中所占比例不断上升的过程;二是把它视为一种状态,指老年人口达到了一定比例,整个人口的年龄结构呈现为老龄状态。

国际上通行的"老年"标准有两个,即 60 岁与 65 岁,当一个国家或地区 60 岁以上老年人口占总人口的比例达到 10%,或 65 岁以上老年人口占人口

比例达到 7%，即意味着这个国家或地区的人口进入老龄型。

实际上，仅仅依据老年人口占总人口的比例来判断一个国家或地区的整体人口年龄形态，是一种简单化的做法，并没有考虑到总人口年龄结构分布的极端情况。例如，一个地区总人口为 1 000 万人，其中 60 岁以上的老年人口为 100 万人，已经迈入老龄化行列，但其 14 岁以下的少儿人口多达 500 万人以上，在这种情况下，总人口的老龄化问题就并不突出。因此，人口专家在判定老龄化时，倾向于采用下面更科学严谨的指标体系：

人口年龄结构类型	老年人口系数	少年儿童人口系数	老少比	年龄中位数
年轻型	5%以下	40%以上	15%以下	20 岁以下
成年型	5%—10%	30%—40%	15%—30%	20—30 岁
年老型	10%以上	30%以下	30%以上	30 岁以上

二、人口老龄化的现状及展望

(一) 中国的情况

1. 中国人口老龄化的现状

1982 年第三次人口普查时，中国 65 岁及以上老年人口占总人口的比例还不高，只有 4.9%。

1990 年第四次人口普查时，65 岁及以上老年人口为 6 299 万人，占总人口的 5.7%。

2000 年第五次人口普查时，65 岁及以上老年人口为 8 811 万人，占总人口的比例上升为 6.6%。

2002 年，中国 65 岁及以上老年人口占总人口的比例超过 7%，从而全面进入老龄化社会。

2005 年底全国 1%人口抽样显示，我国 65 岁以上人口达到 10 055 万人，占总人口数的 7.7%。

2008 年底，全国 60 岁及以上人口 15 989 万人，约占全国总人口的 12%，比上年上升了 0.4 个百分点。65 岁及以上人口 10 956 万人，占全国总人口的 8.3%，比上年上升了 0.2 个百分点。

　　据 2010 年第六次人口普查公报,我国人口总数为 13.39 亿人,其中 60 岁及以上人口为 177 648 705 人,占 13.26%,65 岁及以上人口为 118 831 709 人,占 8.87%。

　　总的看来,中国人口老龄化主要表现出如下特征:

　　一是老年人口规模庞大。2004 年底,中国 60 岁及以上老年人口为 1.43 亿人,2014 年将达到 2 亿人,2026 年将达到 3 亿人,2037 年超过 4 亿人,2051 年达到最大值,之后一直维持在 3—4 亿人的规模。根据联合国预测,21 世纪上半叶,中国一直是世界上老年人口最多的国家,占世界老年人口总量的五分之一,21 世纪下半叶,中国也还是仅次于印度的第二老年人口大国。

　　二是老龄化发展速度快,来势猛,高龄化趋势显著。65 岁以上老年人占总人口的比例从 7% 提升到 14%,发达国家大多用了 45 年以上的时间,其中,法国 130 年,瑞典 85 年,澳大利亚和美国 79 年左右,而中国只需用 27 年就可以完成这个历程,并且在今后一个很长的时期内都保持着很高的递增速度,属于老龄化速度最快国家之列。随着我国经济持续发展和人民生活水平的提高,我国人均预期寿命大大延长,高龄化趋势将会日益显著。

　　三是地区发展不平衡。中国人口老龄化发展具有明显的由东向西的区域梯次特征,东部沿海经济发达地区明显快于西部经济欠发达地区,以最早进入人口老年型行列的上海(1979 年)和最迟进入人口老年型行列的宁夏(2012 年)比较,时间跨度长达 33 年。

　　四是城乡倒置显著。发达国家人口老龄化的历程表明,城市人口老龄化水平一般高于农村,而中国的情况恰恰相反。目前,农村的老龄化水平高于城镇 1.24 个百分点,这种城乡倒置的状况将一直持续到 2040 年。到 21 世纪后半叶,城镇的老龄化水平才将超过农村,并逐渐拉开差距。这是中国人口老龄化不同于发达国家的重要特征之一。

　　五是女性老年人口数量多于男性。目前,老年人口中女性比男性多出 464 万人,2049 年将达到峰值,多出 2 645 万人。21 世纪下半叶,多出的女性老年人口基本稳定在 1 700—1 900 万人。需要指出的是,多出的女性老年人口中 50%—70% 都是 80 岁及以上年龄段的高龄女性人口。

　　六是老龄化超前于现代化,未富先老。世界发达国家一般都是在基本实现现代化的条件下进入老龄社会的,属于先富后老或富老同步,而中国则是在尚未实现现代化,经济尚不发达的情况下提前进入老龄社会的,属于未富先老。发达国家进入老龄社会时,中国仍属于中等偏低收入国家行列,应对人口老龄化的经济实力还比较薄弱。

七是"空巢"老人迅速增加。全国老龄办在大中城市进行的老年人居住情况调查结果显示,"三代同堂"式的传统家庭越来越少,"四二一"的人口结构(一对夫妇同时赡养 4 个老人和 1 个小孩)愈加明显。随着城市化的发展和人民生活方式的变化,空巢老人的比例还将进一步增加。数以亿计的年轻农民涌向城市,加快了农村人口老龄化的步伐,农村出现了大量的"留守老人",独立或只与配偶生活的老年人的比例还会上升,农村家庭的养老功能将日益弱化。

2. 21 世纪中国人口老龄化的发展趋势

据人口学家预测,2040 年我国人口总数达到顶峰 14.91 亿人后开始下降,与此同时,老年人口达到 3.12 亿人后仍将继续上升。这一升一降表明,中国人口老龄化的形势将更加严峻。

21 世纪的中国将是一个不可逆转的老龄社会。从 2001 年至 2100 年,中国的人口老龄化发展趋势可以划分为三个阶段:

第一阶段,从 2001 年到 2020 年是快速老龄化阶段。这一阶段,中国将平均每年增加 596 万老年人口,年均增长速度达到 3.28%,大大超过总人口年均 0.66% 的增长速度,人口老龄化进程明显加快。到 2020 年,老年人口将达到 2.48 亿人,老龄化水平将达到 17.17%,其中,80 岁及以上的高龄人口将达到 3 067 万人,占老年人口的 12.37%。

第二阶段,从 2021 年到 2050 年是加速老龄化阶段。伴随着 20 世纪 60 年代到 70 年代中期的新中国成立后第二次生育高峰人群进入老年,中国老年人口数量开始加速增长,平均每年增加 620 万人。同时,由于总人口逐渐实现零增长并开始负增长,人口老龄化将进一步加速。到 2023 年,老年人口数量将增加到 2.7 亿人,与 0—14 岁少儿人口数量相等。到 2050 年,老年人口总量将超过 4 亿人,老龄化水平推进到 30% 以上,其中,80 岁及以上老年人口将达到 9 448 万人,占老年人口的 21.78%。

第三阶段,从 2051 年到 2100 年是稳定的重度老龄化阶段。2051 年,中国老年人口规模将达到峰值 4.37 亿人,约为少儿人口数量的 2 倍。这一阶段,老年人口规模将稳定在 3—4 亿人,老龄化水平基本稳定在 31％左右,80 岁及以上高龄老人占老年总人口的比重将保持在 25％—30％,进入一个高度老龄化的平台期。

(二) 世界的情况

在 19 世纪,法国的生育率下降到更替水平,65 岁及以上老年人口比例从 1800 年的 5％增加到 1900 年的 8％。瑞典是另一个在 19 世纪进入人口老龄化的国家,瑞典人口学家桑德巴将瑞典人口的年龄结构与其他一些国家对比,发现 15 岁以下人口和 50 岁以上人口的比例存在很大差别。于是他根据少儿人口与老年人口的比例差别将不同国家分为增长型(年轻型)、静止型(平衡型)和缩减型(老年型)。

其他西方国家的人口老龄化也相继在 20 世纪发生。20 世纪二三十年代生育率的下降和经济衰退,使西方国家人口减少,人口年龄结构老化,北欧和美国的人口自然增长率已经降到了很低水平,不久即变成静止人口并开始出现人口下降。

联合国自从 1982 年制定《维也纳老龄问题国际行动计划》之后,老龄问题就被列入联合国大会的历届议题。

1992 年,第 47 届联大通过了《1992—2001 年解决人口老龄化问题的全球目标》和《世界老龄问题宣言》,并决定将 1999 年定为"国际老年人年"。

1997 年,第 52 届联大通过了《1999 年国际老年人年的行动框架》,并把"建立不分年龄、人人共享的社会"确定为国际老年人年涵盖一切的主题。

1. 老年人口规模

1950 年,全世界 60 岁以上的老年人约有 2 亿人,1970 年达到 3 亿人,2000 年达到 6 亿人,2002 年达到 6.06 亿人,并且正在以比总人口快得多的速度递增。据联合国估计,2020 年将达到 10 亿人,2050 年,全球将有近 20 亿老年人。在 1950—1970 年的 20 年内,老年人口增加了一个亿,而 2000—2020 年的 20 年内,老年人口将增加 4 个亿。在 1970—2000 年的 30 年内,老年人口在 3 亿人的基础上翻一番,而从 2020—2050 年的 30 年内,世界老年人口将在 10 亿人的基础上再次翻一番。在 1950—2050 年,全球人口将平均每年增长 0.87 个百分点,而老年人口将平均每年增长 2.38 个百分点。

2. 人口老龄化程度

2002 年,在全世界 186 个国家和地区中,有 68 个已进入"老年型"。目前,世界每 10 个人口中有 1 个老年人,预计到 2050 年,每 5 个人中有 1 个老年人,到 2150 年每 3 个人中就有 1 个老年人。发达地区的这一比例远远高于发展中地区,2002 年,发达国家的老年人口已经占到总人口的 1/5(20%),而发展中地区的老年人口仅占总人口的 8%,最不发达国家的老年人口仅占总人口的 5%。意大利人口老龄化程度居世界之最,老年人口比例达到 25%,其次是德国、希腊、日本为 24%,瑞典也达到 23% 的高水平。

到 2050 年,发达地区总人口中老年人口将占 1/3(33%),但是,发展中地区人口老龄化的步伐更加迅速,其比例也将上升到 19%,但最不发达国家的人口老龄化进程仍然十分缓慢,老年人口比例仅上升到 9%。届时,西班牙将成为人口老龄化程度最高的国家,老年人口比例达到 44%,其次是斯洛文尼亚、意大利、日本,老年人口的比例增长到 42%。

2005 年,日本 65 岁以上老龄人口占总人口的比例达到 21%,超过意大利的 20%,成为全球该项指标最高的国家。

3. 人口高龄化

老年人口本身也在老龄化。1950—2000 年间,世界 80 岁以上的高龄老人增加 5 倍,年均速度增长为 3.3%,大大超过 60 岁以上人口的平均增长速度(2.2%)。1950 年,世界上有 0.14 亿高龄老人,占老年总人口的 6.7%。2000 年,高龄老人的人数达 0.69 亿人,占老年总人口的 11.4%。到 2050 年,高龄老人的人数将达到 3.8 亿人,占老年人总数的 19.3%。

目前,北欧人口高龄化程度最高,60 岁以上人口中超过 80 岁的人达到 20%。其次是西欧,达到 17%。比例最高的国家是挪威(24%),其次是瑞典(23%),美国(21%)、巴巴多斯(21%)、英国(20%)和丹麦(20%),高龄老人在 60 岁以上人口中均达到或超过 1/5。

2050 年,西欧将是人口高龄化程度最高的地区,60 岁以上人口中,将有 1/3(33%)的人是高龄老人,北欧(31%)和南欧(30%)仅次于西欧。届时,欧洲的瑞士、亚洲的日本和新加坡都将成为高龄老人最多的国家,高龄老人比例高达 36%,德国(35%)、英吉利海峡群岛(34%)和意大利(33%)高龄老人的比例将高达 30% 以上,即每 10 个老年人中,就有 3 人是 80 岁以上的高龄老人。

百岁老人在老年人口中增长最快。1975 年以前,世界上的百岁老人不足千人。2000 年,世界百岁老人达到 18 万人,其中发达地区为 14.1 万人,发展中地区仅有 4 万人。预计 2000—2050 年,百岁老人将以平均每年 5.94% 急剧增长,人口规模将增长 15 倍,达到 321.9 万人,其中发达地区的百岁老人达到 218.4 万人,发展中地区将达到 103.5 万人,占世界百岁老人的 1/3。

4. 老年人口的地区分布

2002 年,54% 的老年人口生活在亚洲,24% 在欧洲。中国 60 岁及以上老年人口为 1.34 亿人,约占世界老年人口 1/5(21.34%),占亚洲老年人口 2/5(39.7%)。

未来几十年,老年人口的地区分布将发生显著变化。据联合国估计,2050 年亚洲老年人口将增长到 12.27 亿人,占全部老年人口的 63%,而欧洲将上升到 2.21 亿人,比例减少到 11%,与非洲(10%)和拉丁美洲(9%)接近。

5. 老年人口的性别构成

由于女性的预期寿命较男性长,老年人口中女性占大部分。在老年人口中,女性和男性之比为 100∶83,在高龄部分,为 100∶53。发达地区预期寿命的性别差异较大,这一比例(即性别比)为 71,发展中地区为 88。

老年人口性别结构的地区差异十分显著。东欧老年人口的性别比很低,只有 68,最低水平属于拉脱维亚,仅为 51,俄罗斯(53)、白俄罗斯(54)、爱沙尼亚(55)也接近这一比例。而不少国家的性别比水平超过 100,甚至高达 200 以上。阿拉伯联合酋长国(287)、卡塔尔(265)、科威特(212)的老年人口中,男性与女性的比与东欧相反,超过 2∶1。

6. 老年人口的预期寿命延长

全世界的寿命将得到显著延长。出生时的预期寿命从 1950 年的 29 岁提升到当前的 66 岁。存活到 60 岁的人中,男性人口预期有 17 年的寿命,女性人口预期可以再活 20 年。然而,各国之间死亡率的差异是非常大的。2002 年,在最不发达国家,60 岁的男、女性人口预期再活 15 岁和 16 岁,而发达国家 60 岁的男、女性人口预期分别达到 18 岁和 23 岁。

对于男性老人来说,日本的老年人预期活得最长,60 岁的预期寿命有 27 岁,较世界平均水平高 7 岁。其次是法国为 26 岁,预期寿命达到 25 岁的国家有:瑞典、西班牙、比利时、瑞士、澳大利亚和拉丁美洲的瓜德罗普岛及马丁尼克。

对于女性老人来说,绝大多数国家的差异不大,与世界平均水平最多高 3 岁,60 岁的预期寿命达到 21 岁。

世界老年人口中,男性的预期寿命比女性低,性别差为 3 岁,发达地区(5 岁)较发展中地区(3 岁)差异大。最不发达国家的性别差异仅为 1 岁。在卡塔尔,男女性之间的预期寿命没有差异。女性的预期寿命与男性的预期寿命最多相差 6 岁,欧洲有 4 个(爱沙尼亚、拉脱维亚、斯洛文尼亚和法国),还有 1 个在非洲,是留尼汪岛。

三、人口老龄化的社会后果

(一) 人口老龄化对社会保障体系的挑战

人口老龄化对我国社会保障体系的挑战最为直接,主要表现在:

首先,对社会保障覆盖面提出了挑战。我国 20 世纪 80 年代逐渐建立起来的社会保障制度本应遵循广覆盖原则,可是,现有的社会保障制度没有做到应保尽保,覆盖面非常有限。2004 年全国参加基本养老保险人数为 1.64 亿人,占总人口数的 12.57%,2005 年为 1.74 亿人,占总人口数的 13.38%。虽然覆盖面有所上升,但是远远低于国际劳工组织规定的 20% 最低线。事实上,我国现行的社会保障制度完全排斥了 8 亿农村人口,基本排斥了 1 亿农民工群体,广大农民及农民工仍然依靠自我保障。

其次,对现行的家庭养老方式提出了挑战。我国现行的养老方式是以居家养老为基础、社会养老为依托、机构养老为补充的家庭养老方式。但是,人口老龄化所产生的"四、二、一"家庭模式和抚养系数比上升将使得现行的家庭养老模式发生变化。一方面,人口老龄化普遍产生了"四位老人、一对年轻夫妇以及一个未成年小孩"这样一种家庭结构模式,另一方面,它也导致老年抚养比从 1964 年的 6.3% 逐渐上升到 2000 年的 10.1% 以及 2050 年的 33%。在人口流动频繁的今天,这两种情况必然导致家庭物质供养、生活照料以及精神安慰等方面严重缺乏,依靠现有的居家养老方式难以实现养老目标。

再次,对我国养老金支付能力提出了挑战。为了解决新中国成立以来城镇职工养老保障存在的矛盾与困难,我国实行了"个人账户与社会统筹"相结合的部分积累制度。但是,这种"老人老办法、新人新措施"的养老金制度在实际运行过程中必然产生"空账"问题,2000 年我国养老金"空账"还仅仅为 360多亿元,到了 2005 年底,"空账"已经达到 8 000 亿元。

最后,对我国医疗保障制度提出了挑战。老年人是一个容易患病的特殊群体,随着人口老龄化的加剧,他们对医疗保险的需求将会急剧增加。2000年全国参加基本医疗保险的离退休人员为 924 万人,2001 年为 1 815 万人,2004 年增加到 3 359 万人,当年医疗保险基金支出达到 862 亿元,比 2003 年上涨 31.6%。由于我国目前离退休人员医疗费用实行国家与单位共同负担,因此,在离退休人员高速增长的情况下,人口老龄化对整个医疗费用的承受能力提出了严峻挑战。

(二) 人口老龄化对劳动力结构的挑战

人口老龄化对劳动力结构的冲击和挑战最为明显。与西方国家不同,我国人口老龄化对劳动力的挑战主要不是体现在劳动力数量不足问题,而是深刻地体现在我国劳动力质量不能满足经济社会的发展需要。统计显示,我国15—64 岁劳动年龄人口中,45 岁以上的中老年劳动力人口比重从 1990 年的19%上升到 2000 年的 24%以及 2005 年的 27%左右,预计到 2040 年,这部分劳动力人口将上升到 37%左右。尽管这些人口拥有丰富的经验,但是他们接受新技术、采用新方法、使用新工艺、学习新知识的能力与水平一般要低于青年人,他们动手能力、协调能力也相对较弱,因而往往难以适应快节奏的经济社会活动,难以适应科技革命对劳动者自身的要求,从而不利于技术的革新以及生产率的提高,长此以往,必将削弱我国的综合竞争力。另外,中老年劳动者重新学习与培训的费用较高、职业流动性较差,他们往往是结构性失业的最先承担者,而且一旦失业常常很难再就业。因此,在劳动力年龄结构发生老化时,如何采取措施使中老年劳动力资源适应经济社会的发展就成为一个重要的课题。

(三) 人口老龄化挑战消费产业的服务能力

人是消费的主体与直接承担者,社会的发展是为了满足人的某种需要。

一定社会的消费水平、消费结构以及由此形成的产业结构是与这个社会的人口构成因素密切相关。随着我国人口结构的转变,人口老龄化的加剧将使得未成年人口的消费品需求逐渐下降,而适应老年人口需求的各种消费品以及服务将会不断增加,并由此对我国现有的产业结构提出挑战。

一方面,14岁以下人口的消费总量逐渐下降,该群体的整体购买力也随之下降,针对该年龄段所生产的服装、日用品、保健品以及文化教育等数量及产业相对减少,如对尿布、奶瓶、玩具、少儿服装与食品、少儿图书、幼儿园、中小学教育等的需求将逐渐萎缩或减少,这些行业的从业人员也会相应减少。

另一方面,老年消费品需求增大,老年人口消费总量持续上升,从而改变着人们的消费结构,影响人们的消费偏好。因此,适应老龄化、针对老年人自身需要的产品与服务如老年服装、老年食品、老年保健用品、老年休闲旅游养生娱乐等的消费需求将越来越大。这种消费结构的变化又会自觉或不自觉地吸引更多的人员从事老年产业研究,开发老年消费市场,从而引发整个产业结构的调整与变迁。这样,社会必将大力兴建公共养老设施,扩大老年活动场所,增加老年服务项目,提升老年服务水平,发展老年服务产业。所有这些必将对我国消费结构以及产业结构的变动产生深远的影响。

四、解决中国人口老龄化问题的主要对策

人口老龄化是世界各国普遍面临的共同难题。我国老龄化问题目前还处于初期阶段,从现在起到2020年前后,是劳动年龄人口比重较大,总供养系数不高,国家负担较轻的"人口红利"黄金时期。因此,我国要抓住"人口红利"时机,推动经济快速发展,为迎接老龄化高峰的到来奠定坚实的物质基础。在充分借鉴国外经验的基础上,结合我国的实际,可从以下方面入手应对人口老龄化问题。

(一) 做实"个人账户",逐步增强养老保险基金的支付能力

城镇职工养老保险制度由现收现付制改为"统账结合"的部分积累制,目的就是为了迎接下世纪人口老龄化高峰时养老金支付的危机。基金累积制养老金拥有许多优势,它可以帮助正在走向老龄化的中国维持充足的存款率和

良好的投资与生活水准的不断提升,它能让劳动者分享经济改革成功的果实,并且拓宽和拓深中国的资本市场。

(二) 完善老年医疗保健保护体系,逐步实现健康老龄化、积极老龄化

老年人不只是被关怀照顾的对象,也是社会发展的参与者和创造者;健康老龄化也不只是终极目标,让老龄化迅速迸发出积极的政治、经济和文化的影响力,进一步增强社会可持续发展的能力,使老年人成为社会发展的建设性力量,才是解决老龄化问题的重要途径。

健康老龄化(aging of the health)是世界卫生组织提出并在全世界积极推行的老年人健康生活目标。它是指老年人在晚年能够保持躯体、心理和社会生活的完好状态,将疾病或生活不能自理推迟到生命的最后阶段。积极老龄化是在健康老龄化基础上提出的新观念,它强调老年群体和老年人不仅在机体、社会、心理方面保持良好的状态,而且要积极地面对晚年生活,作为家庭和社会的重要资源,继续为社会作出有益的贡献。各级政府和全社会各行各业要根据老年人的需要、愿望和能力,充分发挥他们的余热,使他们活得有价值,有意义。

首先要建立和健全老年医疗保险制度。为老年人提供基本医疗保险,满足他们的基本医疗需求,使老年人及其家庭不致因为疾病导致个人及家庭经济危机;开展面向老龄化社会的教育,医学教育要兼顾人口老龄化对医疗保健需求的特殊性,在医学院校、护士学校的课程中增加有关内容,使医务工作者系统掌握老年人身心健康和疾病特点;要培养一批适合社区初级卫生保健工作的全科卫生工作者,为包括老年人在内的社区成员提供初级医疗保健服务。

其次要逐步实现健康老龄化,及时提供相应的帮助措施。在逐步妥善解决老年人物质生活的同时,强调并重视老年人的文化养老,提高老年人的生活质量,促使老年福利、老年教育、老年文化、老年卫生、老年体育等事业有一定的发展,为广大老年人安度晚年创造条件。

再次要健全老年人医疗保健防护体系。医疗保健是老年人众多需求中最为突出和重要的需求,但目前老年人"看病难,住院难"的问题十分突出。因此,应加快深化医疗卫生改革,加强人口老化的医疗保健与护理服务,健全社区卫生服务体系和组织,构建医疗保健防护体系,为老年人提供方便、快捷的

综合性社区卫生服务,同时建立和发展多种形式的医疗保障制度,以缓解老年人患病后对家庭和个人造成的经济压力,妥善解决看病就医的费用问题。

(三) 探索切实可行的养老模式

在农村实行家庭养老为主与社会扶持相结合的养老模式。未来我国的养老问题,难点在农村,重点也在农村。广大农村,由于家庭规模逐步萎缩,子女数量持续下降,青壮年劳动力大量流入城市,农村人口老龄化的动态速度也在加快。由于农村老人数量极大,农民本身又有土地使用权,因此从主体来说,农村养老应以家庭为主,社会为辅,提倡老人自养,树立自我养老意识。对于农村"三无"老人(无生活来源、无劳动能力、无子女依靠),继续实行"五保"制度。对于遵守国家生育政策而形成的独子(女)户、双女户,继续推行计划生育养老保险。

在城市积极推进社区养老建设,发挥社区养老功能。社区养老服务包括提供家务劳动、家庭医疗保健、老人照料、护理等,还包括在社区兴办老年食堂、茶室、托老所、老年病防治站、法律咨询服务站以及各种老年文体设施,等等。面向老年人提供全方位、多功能、多形式的系列服务,努力做到老年人的小事不出家门,难事不出居委会,有些大事也不出街道。

(四) 延长退休年龄,充分发挥老年人力资源优势

目前,大多数国家都对退休年龄做了具体规定,总体上看,男女退休年龄相同的国家占多数,发展中国家的法定退休年龄低于发达国家。发达国家的男性退休年龄多为 65 岁以上,女性多数是 55—59 岁。发展中国家的退休年龄稍低,多为男性 60—64 岁,女性 60 岁以下。法定退休年龄最高的如丹麦、冰岛和挪威,男女性均为 67 岁;较低的如斯威士兰、赞比亚、科威特等国,男女都在 50 岁退休;最低的所罗门群岛,男女均仅为 40 岁。

延长退休年龄对于应对老龄化问题具有积极的作用。在初次就业年龄推迟、平均寿命延长的情况下,延长退休年龄既有利于有效使用人力资源,充分发挥老年人的余热,也有利于减轻社会保险方面的压力。

(五) 积极发展老龄产业,开拓老年消费市场

人口老龄化呼唤老龄产业。所谓老龄产业,就是指由老年消费市场需求

增长带动而形成的产业,它包括所有有关满足老年人特殊需求的生产、经营、服务等设施和经济活动。市场专家指出,全国老龄消费者中每年有 100 亿元的购买力没有实现,换句话说,老龄产业现今还无法满足老年人的需求。我们缺乏专门为老年人服务的专业医护和服务人员;缺乏足够的养老机构;缺乏上门服务的保健机构,而这些服务产业和岗位将创造许多新的工作机会,缓解社会就业压力。再看看老年消费市场:老年人很难买到合适的服装鞋帽,老年食品也很少研究开发,老年药品、老年保健护理用品以及其他各种老年商品都处于匮乏状态。

第四节　卖　淫　问　题

卖淫现象是一个历史悠久的社会现象,在不同的时代、不同的国度,虽历经兴衰沉浮,饱受世人诟议,但始终屡禁不止,并发展出丰富多彩的娼妓文化。可以说,在不同的道德、文化、民俗、法律背景下,卖淫现象所涉及的相关问题便会以不同的形式显露出来。

一、卖淫行为的定义

卖淫可谓是世界上最古老、最普遍的职业之一,其从业主体多为女性,故一般把卖淫者称为妓女。汉语中对妓女的称呼多达数百种,较为常见的就有诸如青楼女、烟花女、风尘女、窑姐、鸡、卖笑者、小姐、婊子、援交妹、站街女、花娘等褒贬不一的叫法。

在中国古代,一般把提供性服务的女子分为两种,即娼和妓。娼即"站街女",多为已婚或已育的中年女子。没有取悦男性的专门知识和技能,在街市热闹处揽客,交易对象多为社会底层劳动者。妓,年纪轻,受过专业训练,有专门的服务技能,比如琴棋书画、吟诵弹唱,服务对象多为达官贵人、文人雅士。古代的娼妓不全是通过出卖肉体来获得收入的女子,有的娼妓只卖艺、不卖身,有的娼妓虽卖身却又多才多艺。

时至今天,卖淫行为越来越局限于肉体方面的交易,人们已经不加区分地把卖淫的妇女统称为娼妓。但鉴于卖淫行为的特征及双方关系的复杂性,人们对卖淫的定义也有不同的看法。按照罗马法的解释,卖淫是不加选择、没有乐趣、有代价地提供本人身体。日本《卖淫防止法》规定,卖淫指有代价的或有接受代价之约的与不固定的对象发生的性交。王书奴在《中国娼妓史》把娼妓定义为"因要得他人相当报酬,乃实行性的乱交,以满足对方性欲的,是为娼妓"。

其他还有许多定义,各从两性关系的不同角度反映出卖淫的某些特征,如,卖淫是在乱交和实利基础上的感情冷漠的性交;卖淫是性交前做交易;卖淫是提供非婚性行为的机会,由妇女、她的顾客和她的雇主相互协议建立,其酬劳用作她生活的一部分或全部。简言之,卖淫就是有偿地提供性服务。

对这个定义可以从广义和狭义上来认识。西方女权主义者往往从广义层面来理解卖淫行为,把卖淫视为补偿既非属于性欲方面的、又非属于感情方面的一切性行为。隐含在这定义中的预设是,为了性或感情方面的一切报偿或乐趣而从事的性行为才是正常的,而且这种性欲及感情方面的报偿或乐趣必须是来源于性行为本身。反之,出于其他任何别的目的、动机、原因而与他人进行的性行为均属于妓女卖淫。按照这一观点,妓女可以分为两大类:典型妓女,即直接以肉体换取金钱,其服务对象比较随便,可以是任何付钱的人,这属于狭义的卖淫定义;与其相对的则是非典型妓女,指那些为在调换工作、晋升职位、生活需要等方面获取特殊关照而主动提供性服务者,这就是广义上的卖淫概念。

显而易见,广义上的卖淫概念,外延上是比较宽泛的,比如,以金钱维系的情人关系、为在电影中扮演主角而与导演上床的女演员、为获上司青睐而与上司保持暧昧关系的女下属、偶尔委身于权贵的性贿赂者、被包养的"二奶"等,统统都可归入卖淫者范畴。显然,这有悖于人们平时所采用的狭义上的"卖淫"概念。

与此同时,如何从法律层面上来界定卖淫行为,我国至今未有权威的定义。1991年9月全国人大常委会第七届第二十一次会议通过的《关于严禁卖淫嫖娼的决定》和国务院1993年9月颁布的《卖淫嫖娼人员收容教育办法》中都未见卖淫嫖娼的定义。卖淫与嫖娼是一对相互依存的概念,根据1997年的刑法及相关的刑事法规和单行条例的规定,卖淫是指行为人为获取金钱或财物以及其他利益,以性器官达到异性满足的行为。而与之相对应的嫖娼则是指行为人以给付金钱或财物以及其他利益为手段,与卖淫者发生性关系的活动。人们一度把卖淫者与妓女等同起来,但是,近些年来,为同性提供有偿性服务者、为女性提供有偿性服务的男性,在许多大城市都不断出现,这些人在实际执法中往往也被视为卖淫者。

综上所述,卖淫(者)的主要特征可概括为几点:不分对象;收取报酬;没有感情;性行为并非出于个人生理需要或乐趣。

二、卖淫的起源及历史

卖淫嫖娼现象由来已久,早在公元前 3000 年的古巴比伦王国就出现了妓女。卖淫现象最初是怎么产生的? 主要有三个假说,一是宗教起源说,源于"宗教卖淫"(Religious Prostitution)或"神圣卖淫"(holy Prostitution)。恩格斯在《家庭私有制和国家的起源》中指出:卖淫"直接起源于群婚制,起源于妇女为赎买贞操权利而作的献身精神。为金钱而献身,最初是一种宗教行为,它是在爱神庙举行的,所得的钱最初都归于神庙的财库。阿尔明尼亚的阿娜伊蒂斯庙、科林斯的阿芙罗狄蒂庙的庙奴,以及印度神庙中的宗教舞女,都是最初的娼妓。这种献身起初是每个妇女的义务,后来便只由这些女尼代替其他所有妇女来实行了。"[1]二是私有制说。在原始社会,两性关系实施群婚制,性的主要职能在于生育,那时无所谓贞女、妓女之分。随着人类社会的发展,私有制出现了,人类两性关系从群婚制逐步发展到一夫一妻制。以女性为主导的母系社会逐渐被以男子为中心的父系社会取代,原始共产主义社会也被私有制的奴隶社会所取代,男人们成了社会的主宰,凭借权力、财富可以奴役、供养妇女,而女人们的地位一落千丈,某些女子则为了生计所迫不得不出卖色相,于是便产生了娼妓。三是娱乐说,认为娼妓起源于"女乐"、"倡优"。武舟在《中国妓女生活史》认为:"最早的妓女就是为满足奴隶主的娱乐需要而产生的。当然并不是所有的女奴隶都能够充当他们的妓女的,他们必须是姿色超群、擅长歌舞伎艺的女子。因此,有籍可查的中国最早的妓女是供天子诸侯宫中娱乐的女乐、倡优。"

---

① 《马克思恩格斯选集》第四卷,人民出版社 1977 年版,第 62 页。

　　王书奴在《中国娼妓史》中考证了中国在殷商时期就存在类似宗教卖淫的"巫娼"，认为这是中国娼妓的起源，后来形成了娼妓制度。刘达临先生在《中国古代性文化》中指出，妓女在古代可能有多种来源，有多种因素促成了妓女的产生。

　　在西方，卖淫业经过一个堕落衰败的过程。在古代的美索不达米亚，所有的女性都必须有一段时间在神庙里度过，她们在那里接待男性前来性交。在古希腊，法国的路易十四、路易十五时期，英国的维多利亚时代，卖淫都曾受到法律的公开承认或默许。在1820年，维也纳曾是欧洲性活动的中心，在它的40万人口中，就有2万名妓女；在1839年，伦敦警察总监宣布，伦敦仅有7 000名妓女，可据统计实际上接近8万名；在1860年的巴黎，警方承认有3万名娼妓；在1852年的旧金山，全市仅有25 000名市民，就有3 000名妓女；在1869年的辛辛那提，20万人口中有7 000名妓女；费城的70万人口中有12 000名妓女；在1866年，纽约有99座"幽会院"，有2 690名妓女和数以百计的女招待。卖淫成为当时许多女性的第二职业。

　　早年，高等妓院中常有哲学家和政治家的聚会，此类高雅人士曾将妓院当作讨论智慧与知识方面问题的场所；现在，西方的妓院已经大多成为中下层阶级的泄欲场所，妓女的地位也越来越低下，名誉扫地。

　　20世纪以来，卖淫越来越多地遭到法律的干涉，合法妓院的数量比19世纪中期大为减少。在美国，除了内华达州的少数地区之外，卖淫均被规定为非法。在六七十年代，反对卖淫的呼声很高，西方各国的"红灯区"渐渐销声匿迹。但是，禁止卖淫的法律并未根除卖淫现象，据估计，在美国靠卖淫为生的女性达50万人；还有些人偶尔卖淫，这群人的数量不固定。

　　在日本，从1958年3月31日午夜12时起，公开的卖淫活动在日本历史上第一次遭到正式禁止。全国有15 000个妓女失业。

　　泰国、菲律宾、韩国等地一度把性旅游当作发展战略，日本一些公司将招待客户性旅游作为工作来安排。据1978年的调查，在泰国的曼谷有250多家旅馆提供性服务；另据1980年统计，泰国女性中有近3%的人涉足性服务业；据1986年统计，进入泰国的游客中，有73%是欧美日男性商人。

　　中国历史上的娼妓大致可分为宫妓、官妓、营妓、家妓四种形式。妓院制是封建社会卖淫的重要制度，在春秋时期就有了专门的妓院。齐相管仲被认为是娼妓业的创始人。《东周策》中说:"齐桓公宫中女市七,女闾七百"。"闾"
是门的意思,在宫中以门为市,使女子居之,这就是我国国家经营妓院的开始。
春秋末年,越王勾践和吴国交战,连年用兵,士兵们长期离家,勾践为了稳定军
心,提高士气,也曾专门组织一批妇女到军队"慰劳",其上承管仲的"女闾",下
启汉代"营妓"。在唐朝长安城,平康坊成为最早的商业性妓院。

王书奴在《中国娼妓史》中,把中国历史上的娼妓现象划分为如下几个
阶段:

第一期由殷代成汤至纣亡国(公元前 1783 年—公元前 1123 年),为巫娼
时代(或称宗教卖淫时代)。殷代巫风最盛,确有"宗教卖淫"事实,及"巫娼"
遗迹。

第二期由西周起至东汉灭亡止(公元前 1122—公元 219 年),为奴隶娼妓
及官娼发生时代。中国奴隶制萌芽于殷而大盛于西周,故奴隶娼妓,以西周为
鼻祖。其后管子"女闾",汉武"营妓",唐宋以后的"官妓"、"营妓",所有娼妓,
仍然是奴隶。

第三期由三国起历南北朝至隋亡止(公元 220—617 年止),为"家妓"及
"奴隶娼妓"并进时代。秦汉之间"私奴隶"逐渐发达,魏晋南北朝时"家妓"空
前昌盛,并沿袭汉代"营妓"制度。奇怪的是,与"家妓"并驾齐驱的是"男娼"的
兴盛。

第四期唐宋元明(公元 618—1643 年止)为官妓鼎盛时代。唐宋有"官
妓"、"营妓",明代有"教坊乐户",仍然是"奴隶娼妓"变相,历千余年不衰。

第五期自清开国(1644 年)以后为私人经营娼妓时代。教坊司女乐改用
太监,各省春仪禁用伶人娼妇,解放各省教坊乐籍等贱民阶级,"官妓"至此革
除,娼妓完全为私人经营。但自清末京师及各省先后抽收"妓捐",为"官妓",
否则为"私妓",而变相"官妓"则历久不衰。

民国时期的娼妓业比清朝时更为发达。1917 年,仅北京的注册妓院就有
391 家,妓女为 3 500 人,私娼不下 7 000 人。据上海工部局 1920 年的调查,
当时上海有娼妓总数为 60 141 人,至 1949 年刚解放时,当时登记的妓院还有
800 多家,公私娼及变相卖淫的妓女多达 10 万人之众。

1949 年新中国成立后,便开始废除娼妓制度。仅 1949 年,全国共查封关
闭妓院 840 011 所。1949 年 11 月,北京市第二届人民代表会议率先做出禁娼

决定,当即关闭妓院,将妓女集中起来加以教育,并为她们治病,使其成为自食其力的劳动者。上海在 1951 年开始封闭妓院、取缔娼妓,并设立娼妓处理委员会,成立妇女教养所,对妓女开展教育改造工作,至 1958 年,共改造妓女7 000 多人。卖淫现象在新中国基本绝迹。

三、中国当代的卖淫现象及其特点

20 世纪 80 年代初,卖淫现象在中国死灰复燃,最初出现于广东等改革开放前沿城市,其后迅速蔓延至内陆,充斥于城乡各个角落。在武汉,一度出现三陪小姐要求申领就业证的奇闻;从广东至东莞,沿途的山间别墅形成了蔚为壮观的"二奶村",别墅中多为港商包租的妓女;山西太原,公开登记的歌舞厅曾一度达到 5 000 家,其密度之高,令人咋舌。

中国的妓女群体到底有多大规模? 目前还缺乏一个权威的宏观数据,考虑到卖淫活动的地下性、隐蔽性,这恐怕永远没人弄得清楚。我们只能借助一些零星的数字,如公安部门的"扫黄"战果、某些学者的小范围调查数据等,来了解其大体轮廓。

据有关部门不完全统计,1984 年中国查处卖淫嫖娼人员 1.2 万人次,1989 年达到 10 万人次,1991 年突破 20 万人次,1992 年增加到 25 万人次。从 1984 年到 1998 年,中国累计查处大约 237 万人次。鉴于"查处率"一般较低,上述数据显然过于保守。

改革开放三十多年来,各地政府虽对卖淫现象进行了多次严厉打击,并且屡次硕果累累,但卖淫风潮却愈演愈烈。在 2010 年 4—5 月间短短一个月内,北京警方就打掉 240 多个卖淫嫖娼团伙,39 家娱乐场所因存在涉黄问题被责令停业,445 家涉嫌招嫖发廊遭取缔。警方共抓获涉嫌组织介绍、容留卖淫以及卖淫嫖娼违法人员 1 132 人。

相关研究显示,我国当前卖淫现象已呈现出如下特点:

(一) 地域空间上广泛蔓延

20 世纪 80 年代初,卖淫现象多发生于改革开放较早的沿海经济特区,广东、福建、海南等省份尤为突出。至 90 年代初,卖淫现象已蔓延至全国内地各大中城市,并向农村渗透。

随着改革开放的不断深入,国际往来日益频繁,许多女性还开始到国外从事卖淫活动,近年来已发现多起组织跨境卖淫案件。与此同时,外籍卖淫女性也不断增多。

(二) 产业化

"性产业"是西方 20 世纪 60 年代后出现的概念,该产业一般包括三个方面,一是直接从事性服务的"卖淫业";二是从事间接性服务的"色情服务业",如裸体表演、色情按摩;三是性用品和色情品业,如黄色书刊杂志、影碟等。实际上,与卖淫相关的"连带产业"更为广泛,如星罗密布的娱乐场所、美容理发店、洗脚城、歌舞厅等,甚至旅游业、餐饮业、化妆业等也在一定程度上与性产业共存共荣。可以说,中国的"性产业"链条已经基本形成:"制黄贩黄"是其广告部门,"三陪"是其展销部门,江湖医生是其售后服务部门,直接性服务则是其核心生产部门。

(三) 公开化或半公开化

卖淫在过去多属于极为隐秘的"地下"行为,现在基本已呈公开、半公开状态,不仅皮条客在街头、车站、广场、娱乐场所等地方公然拉客,讨价还价,在许多城市中都出现了大家心照不宣、心知肚明的所谓"红灯区"、"色情街"等。

(四) 团伙化、组织化

卖淫现象产生初期,卖淫者多为单独行事,为个人行为,不具有组织性。近些年来,随着卖淫人员不断增多,为了提高卖淫效率,逃避公安机关打击,卖淫人员的组织化倾向日益明显,出现了许多卖淫团伙。他们组织严密,分工明确,妓女、老鸨、皮条客、"保护伞"、打手等各司其职、各负其责,已形成一个集产、供、销及内部秩序维护、对外公关等功能的"一条龙"式的专业性组织,黑恶势力往往渗透其间。

(五) 卖淫主体多元化

从身份上看,近几年来参与卖淫嫖娼活动的有工人、农民、知识分子、机关干部、个体户、汽车司机、大学生、演员以及无业者等。从年龄上看,有成年人,也有未成年人,且低龄化趋势严重,近年来已出现多起中、小学生参与卖淫的案件。从国籍上看,有本国人,也有外国人。从性别上看,主要为男性嫖娼,女性卖淫,但也出现男性卖淫(俗称鸭子、小弟、"公关先生"等),甚至同性卖淫。

(六) 卖淫场所多样化

从事性交易的场所不断拓展,从私人固定住所,到汽车、轮船等流动性的交通工具,从酒店、美容美发厅、夜总会、桑拿洗浴中心、剧场、茶座等室内公共场所,到公园、绿地、山坡、树林等野外场合,都可以发现卖淫者的身影。

(七) 卖淫形式不断翻新,身份越来越隐蔽

许多卖淫者打着伴舞、陪游、陪聊、陪玩、按摩、探亲访友、谈恋爱、交朋友、陪读等旗号,行苟且之事。为掩人耳目,对外的身份也越来越隐蔽,比如,秘书、保姆、导游、公关、干女儿等。在联系方式上也与时俱进,电话、手机、网络等现代通信工具都为其所用。服务方式也更为便捷,过去多是拉客、候客,现在则出现众多"应召女郎",一个电话或短信,即刻上门服务。

(八) 卖淫动机复杂化

如果说,以前妇女卖淫主要为生活所迫,为养家糊口,那么,现在卖淫妇女的动机则复杂得多。有图发财的,把卖淫作为长久性的职业;有为筹集毒资的,有为解决临时生活困境的;有贪图享受的、爱慕虚荣的;还有受过伤害而报复社会的;甚至有女孩为一顿饭、一件物品、零花钱而走上"援交"。

四、卖淫现象产生的社会根源

(一) 商品经济的副产品

意大利《妇女时报》曾慨叹:"娼妓是世界上一种最古老的职业,除非到了世界末日,否则是禁不绝的。"卖淫作为一种特殊的交易,始终与市场经济息息相关。商品经济本身有许多自然属性,如交换性、价值性、等价性、市场性、盈利性、自主性、盲目性、开放性等,这些属性在促进市场交换的同时,也会给社

会带来负面影响。换言之,正是商品经济条件下的弥漫的"商品拜物教"气息,为卖淫现象的泛滥提供了肥沃的土壤。商品经济的基本特征是以货币为媒介的等价交换,货币作为一切商品的等价物无形中成为流通领域之神,主宰着社会经济生活的一切。正因如此,促使人们绞尽脑汁地获得货币,也必定使人们设法用钱去买那些本来不属于商品的东西,于是,性权利的买卖就成为不可避免。在"金钱万能"的驱使下,不少妇女就选择了卖淫这个"无本万利的生意"。

(二) 贫困及贫富差距

众多相关研究都表明,贫困是导致妇女卖淫的主要根源。农村打工妹、城市失业女性、贫困的学生等,构成了卖淫的主力军。生存的压力、竞争能力低下、发展机会的缺乏、贫富差距的扩大等,使她们置道德和法律于不顾,走上卖淫这条不需要技术门槛而又快捷的致富捷径。

(三) 传统价值观念的改变

受西方"性解放"、"性自由"思想的影响,我国的道德观念发生了重大改变。中国传统文化所看重的"贞操"、"贞洁"观念一向是阻拦卖淫的道德大坝,如今已被许多人看得一文不值,甚至被视为对人性的桎梏。相比之下,极端个人主义、拜金主义、享乐主义、金钱至上的观念大为盛行,此消彼长,大大降低了卖淫者的羞耻感、负罪感。

(四) 媒体宣传及色情文化的传播

许多媒体、网站、录像厅为追逐经济利益,极力渲染色情、婚外恋和向"钱"看,特别是在互联网上,宣扬暴力、色情的图片、视频、淫秽文字大量充斥,随处可见,这对青少年的价值观和性心理都造成了很大的负面影响。"一切向钱看"、"笑贫不笑娼"的扭曲观念在一些青少年人群中逐渐盛行,为卖淫现象的滋生提供了思想土壤和潜在人员基础。

(五) 查禁、打击力度不够

一方面,有些地方政府官员认为,卖淫嫖娼在一定程度上能够促进当地的经济发展,即所谓的"繁荣娼盛",从而对卖淫嫖娼采取暧昧态度,查处和打击卖淫嫖娼的行动"雷声大、雨点小"。另一方面,国家现有法律法规对卖淫嫖娼行为的处罚力度不够,卖淫者被抓后最多就是罚款或者拘留几天,此后又重操旧业,而一些地方公安机关,对卖淫嫖娼人员往往采取以罚款代替处罚的方式来办理,钱一罚完就让走人,明显对卖淫嫖娼者没有起到多少震慑作用。

(六) 庞大的流动人口

商品经济势必促使人、财、物的地域性流动。据劳动部门统计,中国目前中等规模以上的城市日均流动人口量已超过 100 万人,广东省的外来流动人口早已超过千万。庞大的流动人口、日益鼓胀的腰包、长期的性压抑、家庭监督的缺失等,为卖淫提供了强大的市场需求。

(七) 高昂的禁娼成本

中国历史上曾有几次大规模的禁娼记录,许肇荣在《卖淫嫖娼现象的历史演化及娼妓制度存在的原因》中说道:秦代倡导贞洁,官娼为之锐减;宋兴程朱理学,娼妓一度衰落;太平天国禁娼妓,子民谈娼色变;国民党政府也曾在部分省市实行"废娼"政策,但都效果不佳。比较成功的一次"禁娼"应属解放初期,但那时主要是基本消灭商品经济以及加强对个人私生活的控制,其代价之大,不可估量。

时至今天,国家仍然为"禁娼"而努力,但为此付出了高昂的代价。据著名的性社会学家潘绥铭推算,公安机关每抓获一个卖淫嫖娼者,平均耗费 7.5 个人工时,以 1993 年为例,抓获 25 万人次,至少需花费 180 万个人工时,相当于800 名专职"风化"警察整整一年的工作时间。仅工资一项,便高达 1 000 万元人民币,这还仅仅是实际支出的零头。而用于调查、讯问、取证及完善各种法律手续的时间花费,要数倍于"抓人"的时间;各项办案经费远远高于工资。

五、当前卖淫现象中的突出问题

(一) 对传统价值观念、思想道德的冲击

按照传统的价值观念,卖淫行为是丑恶的,违反性道德的,为金钱而出卖肉体,不但有损个人的人格尊严,而且有伤社会风化,污染社会环境,腐蚀人的

灵魂,助长不劳而获的思想,破坏社会主义精神文明建设。所谓"笑贫不笑娼"、"裤带松一松,就抵一年工"等,正在成为某些人扭曲的价值评判标准。

(二) 针对妓女的暴力犯罪

妓女比其他任何一个行业的女性都容易受到暴力犯罪的侵害。美国旧金山一项研究调查了 130 名成年娼妓,发现 82％曾遭受袭击,83％曾被人用武器威胁,68％在接客期间遭强暴。2004 年美国一项研究显示,妓女的被杀率最高,远高于排在其次的两个职业:男性出租车司机和女性酒类售货员。英国伦敦的类似研究也发现,妓女的死亡率比正常人高 12 倍。根据中国公安机关的调查,高达 90％的妓女遭受过抢劫和强奸。

对妓女实施暴力的人有嫖客、皮条客等,甚至还有她们的男友、前男友、家人等。妓女的高风险与其服务方式及特点有关。晚上活动、与陌生男人接触、私密场所、服务对象杂乱低劣等,都使其容易成为暴力对象,尤其是,由于卖淫是非法的,妓女与普通人相比,经常被亲友孤立,容易被警察忽视,遇袭后不敢报案,即使报案也得不到帮助,失踪后经常没人管,死了也很少引起公众的关注与同情,因此她们是凶徒最喜欢的作案对象。

卖淫女性被害案件凸显,且具有普遍性。北京市 2004 年 1 月—2006 年 6 月共有未破疑难命案 156 起,其中卖淫女或疑似卖淫女被害案 60 起,占未破疑难命案件总数的 38.5％。另据资料披露,某城市三年内被恶势力杀掉"三陪小姐"、"卖淫女性"多达 90 名。而以卖淫女为抢劫、诈骗、绑架对象的案件更多,在一些城市甚至出现了专门针对卖淫女性的多种形式的犯罪活动。

(三) 强迫、操纵卖淫问题

在当前中国的卖淫现象中,不论是从卖淫的人员来源,还是从日常卖淫活动来看,强迫、操纵卖淫等犯罪问题都非常突出。一般说来,妓女在现实生活中属于被边缘化的群体,极易受到各种黑恶势力的胁迫。一些犯罪分子组织卖淫团伙,用暴力手段控制胁迫女青年卖淫,并且霸占她们的收入。从法律上看,强迫卖淫罪侵犯的是双重客体,即人身自由和性的不可侵犯性。

强迫卖淫行为的表现形式多种多样,可以是直接危及被害人身体健康与行动自由的行为,如殴打、虐待、捆绑、非法拘禁等;也可以是精神强制方法,如威胁、恐吓、揭发隐私、断绝生活来源等;还可能是虽非暴力、胁迫但仍具有强制意义的其他方法,如将被害人灌醉、给被害人吃安眠药等使其丧失反抗能力。

(四) 未成年人卖淫问题

未成年人卖淫问题是一个全球性的儿童权益问题。据估计,全世界约有300万以上5—17岁的雏妓,亚洲国家最多,其次是拉丁美洲和非洲。这些国家的大量雏妓被运往欧洲,而且人数每年都在上升。

近些年我国的卖淫人群中,未成年人的增多日益引起人们的关注。这些少女中,除少部分是贪图享乐、自愿卖淫之外,大多数人尚是在校中、小学生,她们因受到不法分子的诱骗、拐卖、恐吓,甚至人身操纵和虐待,而误入魔窟。

(五) 失足女性的权益保护问题

近些年来,全国各地公安机关在对卖淫嫖娼违法犯罪人员的打击行动中,一些执法方式、处理方法引起了社会对失足女性的人权方面的争议,如召开公开处理大会、游街示众、公布涉案者的照片及私人信息等,一些未经处理的镜头也屡屡出现在新闻记者的报道中。

为此,公安部在2010年10月下发通知,要求各地公安机关在查处卖淫嫖娼违法犯罪活动时,要坚决制止游街示众等有损违法人员人格尊严的做法。通知中指出,各地在执法办案过程中,要严格按照法律及相关规定的要求,切实改进方式方法,坚决纠正简单执法甚至粗暴执法的问题。既要严格、公正,又要理性、平和、文明、规范;既要坚持执法公开,又要充分尊重和保障人权,努力实现执法的法律效果、社会效果和政治效果的统一。

(六) 性病问题

相关研究表明,卖淫妇女是艾滋病和其他性病的高发人群,由于缺乏性病防护知识和自我保护意识,且性交对象庞杂,她们很容易感染、传播性病。2002年,卫生部和世界卫生组织共同宣布:要在中国4个城市的娱乐场所进行100%地使用安全套的试点工作。此事曾引起舆论大哗,反对者说,卖淫嫖娼是违法行为,现在政府出面在娱乐场所推广使用安全套,就意味着政府默许了违法行为。还有人提出建议,公安部门以后在执法时,不要把安全套作为卖淫嫖娼的证据。

六、不同的态度和政策

从世界范围来看,在看待及处置卖淫现象的问题上,大致可分为三种立场或做法:卖淫非法化;卖淫合法化;卖淫非罪化。

第一种立场是视卖淫为非法。目前世界上有许多国家和地区都从法律上把卖淫规定为非法,但警方对卖淫行为往往采取睁一只眼闭一只眼的态度,并不严格执行,或只做较轻的处罚。

第二种立场是主张卖淫合法化。它主张,不论有无报酬,男女双方在彼此自愿基础上发生的性行为都不应视为犯罪。主张卖淫合法化的一些主要理由是,卖淫行为对交易双方都无害;合法化有利于对妓女加强管理,从而使妓女和嫖客的利益、安全得到保障;可以减轻治安系统的负担,使妓女较少遭受黑社会的侵扰;在妓女受到威胁和盘剥时,能有更多的机会寻求警方的保护。已经采用妓女注册领执照,并开设红灯区的国家和城市有英国、法国、瑞典、荷兰、德国一些地区和阿姆斯特丹、汉堡等城市。

第三种立场,即自由主义女性主义关于卖淫非罪化的观点。对于卖淫现象,女性主义面临着一个两难命题:既要反对卖淫又要保护妓女。一方面,女性主义者不赞成卖淫,因为它使女性的身体商品化,供男性剥削和消费;同时也反映出女性地位的低下。另一方面,女性运动也不能支持禁娼的立法,因为它限制了女性掌握和处置自己身体的权利。于是,女性运动就在卖淫问题上陷入两难境地。

自由主义女性主义指出,反卖淫法是违宪的,这是因为:第一,反卖淫法是歧视女性的,它假定男性自然不会是娼妓,而且它不惩罚嫖客;第二,反卖淫法侵犯了人们控制自己身体的权利。女性是自己的主人,如何处置自己的身体,包括有代价地提供性便利一类的行为,均与他人无关。然而,自由主义女性主义同时又认为,卖淫在道德上是堕落的,所以尽管卖淫应当非罪化,却不应当提倡。

上述三个女性主义流派对卖淫的看法尽管有所差异,但有一个共同点,那就是,从女性的利益出发,它们都不认为卖淫是犯罪。在卖淫问题上分清犯罪与道德的界线,意义重大,因为既然把卖淫视为道德问题,它就无需由法律来处置。所以,卖淫所反映出来的是女性的地位高低问题,是卖淫女性的道德水准和社会的道德水准问题,而不是刑事犯罪问题。

关于卖淫嫖娼行为是否应该入罪,我国法学界也存在激烈争议,大致可归入两种截然不同的观点:

第一种观点认为,我国《刑法》中完全有必要增设"卖淫罪",主要理由是:目前我国卖淫活动日渐严重;卖淫活动对社会危害甚大;现代社会卖淫者大部分是自愿的,并非受害者,不对其科罪量刑,就无法杜绝;现行法律的有关规定不利于打击卖淫活动,许多卖淫者在受罚之后,往往变本加厉,以图弥补损失。

第二种观点认为,我国《刑法》中没有必要增设"卖淫罪"。理由是,卖淫的情况各种各样,有被强迫的,也有被引诱的,有一时失足的,也有被当作长期职业的,不能笼统地定为犯罪,而且卖淫主要是妨害社会管理,视情况给予治安管理处罚即可。

第三版后记

本书自 2007 年修订出版以来,读者反映良好,但作者和读者在本书的使用过程中也发现一些文字错误和其他不足,一直以来都希望有机会修订。只是由于各种原因,这些看起来的小事情却一直没有完成。在这里,我们对读者的包容表示感谢!

本次修改本意只想做一些文字修改,但考虑到修改也是一次难得的完善机会,所以还增加了一些新的数据和其他资料,篇章结构也有些调整,主要考虑是想让本书更加符合时代要求,更务实,也更紧凑。这些篇章结构的调整就是把原书的第一章、第十四章、第十五章合并为第一章,即把社会学的学科性质、研究方法、历史发展重新糅合在一起,力图显得比较简明扼要。因为这些内容分章描述对于专业课程而言显得太浅,而对于非专业课程却又显得太深,时常感觉这些章节不能充分用上。此外,社会问题一章进行了重写,提升了理论性。

由于原书作者人事变动和章节合并的原因,修订版的写作分工有所变化,具体如下(以章节先后为序):

易益典:第一、二、三、四、六章;

李　峰:第五、七、九、十、十二章;

马　姝:第八、十一章;

路学仁:第十三章。

最后,我要对各位作者在修订工作过程中的尽心尽责表示衷心感谢,在这个编写教材不如写论文的时代,在这个一切工作都量化为工分的时代,能够如此认真对待难以计入工分的修订工作,我除了感谢,别无他法。

责任编辑屠玮涓女士一直关心本书的修订工作,她热情友好、耐心细致、兢兢业业,我们的合作始终充满信任和快乐。让我代表全体作者对她的辛勤工作再次表示感谢,祝愿她永远年轻美丽!

易益典

2013 年 6 月

图书在版编目（CIP）数据

社会学教程/易益典主编. —3版. —上海：上
海人民出版社,2013
ISBN 978 - 7 - 208 - 11585 - 9

Ⅰ. ①社… Ⅱ. ①易… Ⅲ. ①社会学-教材 Ⅳ.
①C91

中国版本图书馆 CIP 数据核字(2013)第 181611 号

责任编辑　屠玮涓
美术编辑　甘晓培
封面装帧　王佳妤

社会学教程
（第 3 版）
易益典 主编
世纪出版集团
上海人民出版社出版
（200001 上海福建中路 193 号　www.ewen.cc）
世纪出版集团发行中心发行
常熟市新骅印刷有限公司印刷
开本 720×1000　1/16　印张 28.5　插页 2　字数 445,000
2013 年 8 月第 3 版　2014 年 1 月第 2 次印刷
ISBN 978 - 7 - 208 - 11585 - 9/C・442

定价 55.00 元